措美年鉴 2024

总第八卷

མཚོ་སྨད་ལོ་རིམ་མེ་ལོང་།

措美县地方志编纂委员会 编

中国文史出版社
CHINA CULTURAL AND HISTORICAL PRESS

图书在版编目（CIP）数据

措美年鉴. 2024 / 措美县地方志编纂委员会编.
北京 : 中国文史出版社, 2024. 8. -- ISBN 978-7-5205-4870-0

Ⅰ. Z527.54

中国国家版本馆CIP数据核字第202492T6R7号

责任编辑：刘华夏

出版发行：中国文史出版社
社　　址：北京市海淀区西八里庄路69号院　　邮　　编：100142
电　　话：010-81136606　81136602　81136603（发行部）
传　　真：010-81136655
印　　装：河南金宝丽印刷科技有限公司
设计排版：河南品汉文化传播有限公司
开　　本：889mm × 1194mm　1/16
印　　张：20　　字　　数：541千字
版　　次：2024年8月第1版
印　　次：2024年8月第1次印刷
定　　价：350.00元

《措美年鉴》编纂委员会

《措美年鉴》编辑部

编纂说明

一、《措美年鉴》自2017年开始编纂，每年出版1卷，2024年为总第8卷。

二、《措美年鉴（2024）》以马克思列宁主义、毛泽东思想、邓小平理论、“三个代表”重要思想，科学发展观，习近平新时代中国特色社会主义思想为指导，坚持辩证唯物主义和历史唯物主义的立场、观点和方法，坚持为措美改革、发展、稳定服务的方针，由《措美年鉴（2024）》编辑部编辑。

三、《措美年鉴（2024）》记录2023年措美县的自然、政治、经济、社会发展等基本资料。该卷年鉴设特载、大事记、县情概览、中国共产党措美县委员会、措美县人民代表大会、措美县人民政府、中国人民政治协商会议措美县委员会、中共措美县纪律检查委员会 措美县监察委员会、对口援藏、群众团体、军事、法治、经济综合管理、农业农村、林业·水利·电力、自然资源·生态环境·住建、交通运输·邮政·通信、财税·金融、教育·科技、卫生健康、文化·广电·旅游、民族·宗教、民政与社会保障、应急管理、乡镇、荣誉、附录、索引等栏目。旨在为各级领导了解县情、实施科学决策，为社会各界了解研究措美提供基本资料。

四、《措美年鉴（2024）》分为正文与彩页两部分。正文采取分类编辑法，以类目、分目、条目为主要架构。个别包含多方面资料的条目，在段落间加插楷体标题提示，方便读者查阅全书。

五、《措美年鉴（2024）》所用的稿件由各乡（镇），县委各部委，县政府各局、委、办、室，各人民团体及县（中、区、直）单位负责撰写，并经撰写单位领导审核。但由于口径与统计方法不同，恐有不一致之处，使用时应以县统计局提供的数据为准。

·大事要闻·

2023年2月14日，措美县第十三届人民代表大会常务委员会第十一次会议召开

2023年3月6日，中国共产党措美县第十届纪律检查委员会第三次全体会议召开

2023年3月7日，中国人民政治协商会议第三届措美县委员会第三次会议召开

2023年4月25日，措美县2023年基层党建重点任务暨县委党的建设工作领导小组第一次会议召开

2023年5月31日，措美县2023年宣传思想暨意识形态工作会议召开

2023年10月19日，措美县深化拓展新时代文明实践中心建设工作推进会召开

2023年4月12日，措美县医保局联合卫健委、市监局、财政局、公安局、定点医疗机构开展医保政策宣传活动

2023年4月25日，山南市政协工作组一行到措美镇调研乡镇政协委员联络办工作

2023年5月8日，西藏自治区人大调研工作组到措美县开展调研。图为工作组察看措美县票决制工作展板

2023年5月12日至5月13日，西藏自治区纪委、监委一行调研组到措美县纪委监委调研督导工作

2023年6月28日，措美县与安徽淮北市举行结对共建签约仪式

2023年7月13日，全市人大代表工作现场会上，全体代表在措美镇当许社区达当组听取达当组人畜分离人大代表票决制项目介绍，实地察看了“一墙之隔，隔出美丽，隔出幸福”的项目建设成果

2023年10月16日，水利部专家调研组一行到措美县下巴水库开展调研

2023年11月22日，西藏自治区专项组第三考评督导组一行到措美县政务服务中心开展2023年民族团结进步模范创建工作督导考核验收

2023年3月21日，措美县委副书记、政府县长桑旦（右二）在县信访局接待信访群众

2023年6月18日，措美县国家级非物质文化遗产——扎扎服饰作为山南市唯一受邀参加第五届藏博会传统服饰

2023年7月2日，措美县委副书记、政府县长桑旦（左三）、县政协主席索朗欧珠（左四）实地查看下巴水库建设情况

2023年10月13日，措美县委副书记、县长邢飞（左三）在措美县特困人员集中供养中心检查供暖工作

2023年3月16日，措美县举行2023年重点项目集中开复工仪式

2023年11月13日，总投资1.2亿的措美县雪热村次玛龙组至乃西乡恰杂村公路项目加速推进

2023年5月8日，西藏山南市措美县下巴水库工程开工仪式举行，该项目总投资2.08亿元，建成将解决2个乡镇、4个行政村的人畜饮水和灌溉用水

2023年9月20日，措美县农业农村局检查指导哲古牧业改革试点建设情况，该项目投资2100万元，解放当地剩余劳力50余人，每年通过分红、劳务输出等形式带动当地群众增收370万元

·党的建设·

2023年6月6日，措美县委常委、组织部部长冉启仕（中）主持召开2023年措美县基层党建示范点创建工作推进会

2023年6月15日，县委办党支部开展“主题党日进大棚，锤炼党性促提升”为主题的党日活动

2023年9月18日，措美县组织农牧区党务工作人员开展互学互鉴活动

2023年9月19日，措美县召开农牧区基层党建交流研讨会

2023年9月22日，措美县举办“迎国庆 · 颂党恩 · 促团结”诗歌朗诵比赛（农牧赛区）

2023年11月29日，措美县召开县委常委班子主题教育成果交流会

措美县学习宣传贯彻党的二十大精神　铸牢中华民族共同体意识文艺创作精品汇报演出

7月19日晚，由措美县委、县人民政府主办，措美县委宣传部、县文化（文物局）及县文化综合服务中心、县艺术团承办的措美县学习宣传贯彻党的二十大精神　铸牢中华民族共同体意识文艺创作精品汇报演出在县文化综合服务中心举办。

文艺汇演在谐钦《吉祥三宝》中拉开了帷幕。“你是深藏在高原藏南的明珠，你是深藏在心底的故乡。”白玛德庆表演的独唱《爱在措美》，唱出了所有措美人对家乡的热爱。小品《勤学国家通用语言之求学心切》反映了农牧民群众学习使用国家通用语言文字的热情。阿谐《康桑卓西》、小品《幸福的晚年》等精彩节目轮番上演，现场观众掌声不断。

最后，小型歌舞剧《文成公主扎扎情缘》将文艺演出推向了最高潮。节目通过表演国家级非物质文化遗产扎扎服饰的来由，讲述了文成公主与哲古草原的情缘，再现了民族团结、融合发展的历史，见证着藏汉民族一家亲的深情厚谊。

文艺创作精品汇报演出，大力弘扬了中华民族优秀传统文化，全面加强国家通用语言文字教育，铸牢全县各族干部群众中华民族共同体意识。

为建设团结富裕文明和谐美丽的社会主义现代化新西藏努力奋斗

措美县学习宣传贯彻党的二十大精神
铸牢中华民族共同体意识文艺创作精品

·经济发展·

2023年，措美县人民政府坚持以发展产业为主线，把培育产业作为推动经济转型升级的关键举措，全面推动县域经济高质量发展。粮经饲比例科学调整为68：11：21，农作物播种面积14741亩，粮食产量完成3315.98吨，经济作物产量完成768.09吨，完成肉产量2400.61吨，完成奶产量5301.4吨。哲古50兆瓦风电二期项目和措美雪热30兆瓦保障性光伏项目并网发电。

措美雪热30兆瓦保障性并网光伏发电项目——太阳能光板

风电二期风叶吊装

风电二期塔筒吊装

G219山南段生态厕所及配套设施建设项目，该项目总投资为814.12万元

投资150万元的哲古民宿建成并营业

古堆乡扎西送多村千只绵羊繁育基地于2019年4月建成投用，总投资110.34万元，2023年带动村集体经济收入为120万元

高标准农田建设项目，自2022年开工建设，总投资1730.92万元，项目建设高标准农田5000亩，包括土地平整，客土改良，水利措施，机耕道等

·民生改善·

2023年，措美县住建领域已复工和新建项目共5个，分别为措美县县城供暖、达当大道、老旧小区二期、措美县2020年公租房、县城污水处理厂，开工率100%。同时固定资产录入工作已超原有计划节点，圆满完成了单位固定资产录入工作。2023年，完成投资13973万元。其中供暖项目工程，总投资2.386亿元；达当大道项目总投资2899万元，截至年底，完成投资1100万元；老旧小区项目总投资8492万元，截至年底，完成投资2600万元；县城污水处理厂项目工程总投资3590万元，截至年底，完成投资2872万元；措美县2020年公租房项目工程总投资1985万元，截至年底，完成投资1191万元；哲古镇供暖项目总投资699万元，截至年底，完成投资210万元。

老旧小区改造二期——周转房区域

措美镇当许社区门面房位于社区周边，主要为社区居民或外来经商人员与社区签订租赁合同，2023年带动社区集体经济收入54.4万元

乃西村2023年藏历新年节前村集体经济砂石厂分红

措美县城供暖项目

措美县城供暖——机房设备

措美县城供暖——机房外观

措美县城供暖项目——太阳能板

·2023措美县第十四届哲古牧人节·

措美县哲古牧人节属于传统牧民节日之一，措美县哲古牧人节于每年8月底9月初在哲古湖畔隆重举办。哲古牧人节由来已久，据说是夏季时，牧人们赶着牲畜到离家很远、海拔较高、水草丰茂的牧场上放牧，到了秋季，牧人们赶着肥牛壮马，满载着酥油奶渣返回家中，与家人团聚，为了庆祝一年的好收成，牧民们便自发组织选定一个欢庆的节日，每当节日来临，当地牧民像过年一样身着具有民族特色的服装，在草原上搭起黑色牦牛毛帐篷，摆出精心准备的美味佳肴，席地欢宴，尽兴欢唱。为了保留传统节日和扩大节日的规模及打造生态旅游品牌节庆，自2009年开始，县委、县政府、县旅游局联合主办哲古牧人节。

2023年措美县哲古牧人节期间共搭建10顶特色产品展销帐篷，艺翁有限公司、措美县电商服务中心、宗宗村畜产品加工合作社等10家合作社（企业）参展，重点销售牦牛肉干、羊肉、酥油、酸奶、羊毛披肩、奶渣等特色产品。销售额达118182元。

多彩措美·相约哲
哲古牧人节

牧人节·
协办单位：
人民政府

相约哲古
哲古牧人节·
局、县文化(文物)局 协办单位：哲古镇人民政府

哲古牧人节活动集锦

·社会事业·

2023年5月12日，措美县联合开展“筑牢安全屏障　防灾减灾在路上”宣传活动

2023年8月，措美县足球队参加山南市组织的2023年体彩杯荣获亚军

2023年8月25日，措美县消防救援大队宣传员在辖区开展消防安全宣传活动

2023年9月7日，措美县法院干警以哲古牧人节为契机开展法治宣传活动

2023年9月9日，措美县中学开展“浓情中秋月”活动

2023年9月11日，措美县委政法委开展宣传平安建设相关知识

2023年12月1日，2023年皖藏基层文化交流文艺演出在安徽宿州举行

·措美县第二十二届物资交流会·

本届物交会涉及221家个体商户，其中百货188个、餐饮区10个、娱乐区13个、本地特色产品合作社10家参与展销活动；参展的农特产品和商品琳琅满目，种类多达60余种，主要有措美羊、牛肉、雪菊、蜂蜜、奶渣、金银珠宝、藏式服装、家具等特色产品以及日常百货，各商户5天累计销售额达到851571元，其中合作社达到251262元。山南市第43届雅砻物资交流会。措美县参会商户782户（农牧民757户、特色产品20户、餐饮业5户），销售产品以肉类为主，畜产品为辅，成交额达4606.53万元。

2023年11月19日，措美县物资交流会参展商品展销

藏式家具

藏式木碗

藏族服饰

藏式编织

藏式生活取暖炉

藏式铜壶

藏毯

藏式生活用品

措美县雪菊

蜂蜜

农副产品

·生态建设·

措美县城全景

措美

措美藏语意为“湖的下游”，措美县位于西藏自治区南部，山南市西南部，喜马拉雅山北麓。地处北纬28° 11′ 15″ —28° 57′ 50″ ，东经90° 56′ 18″ —92° 00′ 04″ 。东与隆子县相邻，南与错那县相连，西与洛扎县、浪卡子县相接，北与琼结县接壤。县政府驻地措美镇。县境东西长103千米，南北宽85千米，总面积4177.2平方千米。县城海拔4242米，距山南市130千米，距拉萨市280千米。

哲古草原

哲古草原位于哲古镇，平均海拔4500米，草场总面积为4000多万亩。草原上随处可见野生动物，有国家一级保护动物藏野驴、盘羊、黑颈鹤、雪豹、丹顶鹤；国家二级保护动物岩羊、黄羊、银狐、猞猁、雪鸡、水獭、旱獭、灰鸭、斑头雁、豺狼等。

置身哲古草原，仿佛置身世外桃源。绵延千里的绿地毯，把每一个到草原的人都当作最尊贵的客人；高耸入云的的雪山，始终招着手，向每一名来这里的人表达着最热烈的欢迎；湛蓝的天空点缀着朵朵白云，见证了哲古这片土地的沧桑巨变，轻轻的微风不断诉说着文成公主一个又一个的传奇故事；体形硕大的秃鹫，在时间的河里，不知疲惫地在天堂翱翔；胆大的野生动物，见有生人临近也不会立刻跑掉，你走它也走，你停它也停，它们始终注视着你，注视着每一个远方来的客人。

哲古草原

哲古草原观景台

藏野驴

恰拉脱岗

恰拉脱岗雪山旁古如拉措——“爱心湖”

哲古景区观景台

哲古湖

目录

特 载

大事记

县情概览

中国共产党措美县委员会

措美县人民代表大会

措美县人民政府

中国人民政治协商会议措美县委员会

中共措美县纪律检查委员会 措美县监察委员会

对口援藏

群众团体

军 事

法　　治

经济综合管理

农业农村

林业·水利·电力

自然资源·生态环境·住建

交通运输·邮政·通信

财税·金融

教育·科技

卫生健康

文化·广电·旅游

民族·宗教

民政与社会保障

应急管理

乡 镇

荣　誉

附　录

索　引

特 载

桑旦同志在县委十届七次全会上的讲话（节选）

（2024年1月4日）

2023年以来，全县上下在党中央和区委、市委的坚强领导下，深入贯彻落实习近平新时代中国特色社会主义思想，坚决贯彻落实习近平总书记关于西藏工作重要指示和新时代党的治藏方略，贯彻落实党的二十大和二十届二中全会精神，贯彻落实自治区第十次党代会和十届区委历次全会精神，贯彻落实市第二次党代会和二届市委历次全会精神，充分发挥“把方向、管大局、做决策、保落实”职能和总揽全局、协调各方作用，团结带领全县各族干部群众，锚定“四件大事”“四个确保”，围绕自治区“四个创建”“四个走在前列”和全市“六个走在全区前列”的目标任务，抢抓机遇、锐意进取，攻坚克难、真抓实干，改进作风、狠抓落实，建设团结富裕文明和谐美丽的社会主义现代化新措美稳步推进。

一年来，我们毫不动摇坚持党的领导，常抓不懈用党的创新理论凝心铸魂

始终高举习近平新时代中国特色社会主义思想伟大旗帜，始终把捍卫“两个确立”、做到“两个维护”作为最高政治原则和根本政治规矩，坚决服从党中央和区委、市委的领导，坚决落实中央和自治区、山南市各项决策部署。召开十届县委常委会20次、县委理论学习中心组集中学习会17次，及时传达学习中央和自治区、山南市各类会议、文件及相关讲话精神，并就重点工作、重大问题作出科学决策部署，确保全县各族干部群众在思想上政治上行动上同以习近平同志为核心的党中央同心同德、同向同行。

始终坚持党对一切工作的集中统一领导，充分发展全过程人民民主，加强民主法治建设，积极发挥党总揽全局、协调各方的作用，支持人大、政府、政协、监察机关、审判机关、检察机关依法履职、发挥作用，社会主义民主政治建设扎实推进。旗帜鲜明把讲政治融入各项工作，凡事都从政治上认识、考量和把握，认真落实“三重一大”、民主集中制等相关制度，确保了党中央、区委、市委各项重大决策部署在措美落地落实、见行见效。

一年来，我们坚定不移加快基层治理，慎终如始确保社会大局持续和谐稳定

始终把维护稳定作为第一位的工作来抓，树牢总体国家安全观，坚持底线思维和问题导向，用实际行动始终保持全县社会大局持续稳定、长期稳定、全

面稳定。

坚持不懈维护社会稳定。认真贯彻落实党中央和区委、市委关于维护国家安全和社会稳定的各项部署要求，对照市委"五个严防""十个方面重点工作"举措，圆满完成了关键节点、重点领域、重要部位各项维稳安保工作；常态化扫黑除恶斗争、"八五"普法和"平安措美""法治措美""先进双联户"创建等工作稳步推进。认真落实"7+1"维稳防控模式，广泛开展矛盾纠纷排查716次，发现矛盾纠纷95件，化解95件；受理办结信访事项24批34人，解决拖欠民工工资143人、297.8万元；组建群防群治队伍11支1888人；严格落实安全生产责任制，开展隐患排查230次，检查单位1200余家，整治安全隐患450余处，行政处罚12.52万元；防灾减灾抗灾能力逐步提升，全年未发生重特大安全生产事故。

团结一致紧抓意识形态。严格落实党委（党组）意识形态工作责任制，建立既管好"肚子"又管好"脑子"的长效机制，牢牢掌握意识形态工作领导权和主动权。深化意识形态领域反分裂斗争，深入揭批达赖集团反动本质，扎实推进扫黄打非"正道""新风"等专项行动，牢牢把握主流舆论导向。深化新时代文明实践中心（所、站）阵地、队伍、活动、项目、机制建设，完善组织设置、工作制度、运行流程、项目计划，把各类阵地资源、文化资源、人才资源等充分挖掘调动起来，基层阵地资源效能全面发挥。将意识形态工作纳入县委巡察，严格落实网络通信活动"二十禁"，加强突发情况和敏感舆情的分析研判处置，着力营造风清气正的网络空间，确保了意识形态领域绝对安全。

多措并举加强基层治理。投入资金500余万元用于推动基层治理，并召开十届县委第六次全体会议，专题部署有关工作。充分利用党建引领基层治理，设立97个网格党组织，县、乡（镇）、村（社区）综治中心实现实体化规范化运行，"一统六联"机制得到有效落实；持续推进"一张网"与指挥中心联通，横向连接14个县直单位，纵向连接4个乡镇、4个派出所、5个寺管会和2个重点村，194个监控点位接入指挥中心，综治信息App平台运行正常，基层社会治理体系新格局逐步构建，基层治理能力不断提升。

一年来，我们铸牢中华民族共同体意识，一以贯之加强民族团结进步创建

始终坚持以铸牢中华民族共同体意识为主线和根本方向，进一步巩固各民族和睦相处、和衷共济、和谐发展的良好局面。

依法管理宗教事务。全面贯彻党的宗教工作基本方针，坚持藏传佛教中国化方向，认真落实"五个有利于"要求，坚持在"导"上下功夫，积极引导藏传佛教与社会主义社会相适应。依法加强对寺庙人、财、物和佛事活动管理，寺庙财税监管改革全面完成。扎实开展宗教领域调研，切实帮助解决民族宗教实际困难和问题。扎实开展"三个意识"教育和"遵行四条标准、争做先进僧尼"教育实践活动，"五个认同""三个离不开"思想更加深入人心。

坚持推动民族团结。紧紧围绕维护祖国统一、加强民族团结这个着眼点和着力点，持续加强民族团结"九进"创建工作，切实将模范区创建工作融入全县经济社会发展的全领域、各方面，创新发展民族工作，以"六三"工作法全力推动各民族广泛交往、全面交流、深度交融，像石榴籽一样紧紧抱在一起。表彰民族团结进步集体10家，民族团结进步模范个人15名，授牌县级民族团结示范单位53家。入围自治区第三批民族团结进步模范县创建名单。

全面推进交往交流交融。扎实开展各类公共文化服务活动494场次，开展各类文艺演出活动200余场次，受众人数2.6万余人次；为县中队、企业和机关单位送去图书600余册；宗教领域国家通用语言文字培训持续推进；国家级非物质文化遗产——扎扎服饰推广项目全面启动；第四次全国文物普查工作稳步推进，积极推动文化"走出去、引进来"工程，前往安徽宿州市、淮北市开展基层文化交流及考察文旅产业，各族群众交往交流交融更加紧密。

一年来，我们全力以赴推动经济发展，勠力同心实现县域经济平稳健康发展

始终坚持稳中求进工作总基调，2023年，预计完成地区生产总值109600万元，同比增长8.1%；全社会固定资产投资103435万元，同比增长51.94%；社会消费品零售总额20620万元，同比增长10%；财政收入3705万元，同比增长473%；税收收入5287万元，同比增长391%；农村居民人均可支配收入

20060 元，同比增长 13%；全面完成了年初既定的目标任务。

狠抓项目建设。始终把项目建设摆在高质量发展的关键位置，继续落实重大项目包保推进工作机制，2023 年重点实施项目 33 个，其中新建项目 19 个，续建项目 14 个，全力推进县城供暖、下巴水库、老旧小区改造、县城提升改造工程、措美县雪热村次玛龙组至恰杂村公路等一批重大项目落地实施。完成招商引资项目 3 个，累计完成投资 44668 万元，同比增长 156.82%。积极申报 2024 年中央预算内投资项目 22 个、新能源开发项目 3 个、乡村振兴衔接资金项目 26 个。投入资金 500 万元持续实施人大民生票决制项目，“水电路讯网、科教文卫保”等基础设施体系日趋完善。

加快产业发展。科学调整粮经饲比例为 68∶11∶21，农作物播种面积 14741 亩，粮食产量完成 3315.98 吨；投入 250 余万元积极协助乡镇巩固整治耕地抛荒撂荒、“非农化”、基本农田“非粮化”隐患点工作，年内整治“非粮化”隐患点 900 余亩。牲畜存栏 129617 头（只匹），预计牲畜出栏数 59860 头（只匹），肉产量预计达 2400.61 吨、奶产量预计达 5301.4 吨。文旅工作扎实推进，成功举办第 14 届哲古牧人节和第 22 届物资交流会；全年接待区内外游客 11.03 万人次，实现旅游综合收入 337.1 万元，同比分别增长 90% 和 108%。

推动乡村振兴。坚持巩固拓展脱贫攻坚成果同全面推进乡村振兴有效衔接，扎实做好考核评估反馈问题整改工作。严格落实“四个不摘”要求，精准识别监测户 26 户 87 人，坚决守住不发生规模性返贫的底线，2023 年脱贫群众人均纯收入预计达 18112 元，同比增长 14.1%，顺利完成既定增收目标。争取衔接资金 14665.03 万元，实施乡村振兴项目 14 个。强化易地搬迁宣传，187 户 614 人搬迁至错那、隆子等地。

深化改革开放。深入推进“放管服”改革，大力实施“互联网 + 政务服务”和“一网一门一次”改革，共办理事项 4578 件，办结率 100%。坚持“因地制宜、分类指导、依法依规、循序渐进”的思路，以清产核资为基础，加快农村集体产权制度改革工作进度，完成 3850 户股权证书制定工作。发展“村集体经济 + 牧户”养殖模式，完成总投资 2149.66 万元的哲古牧业改革试点项目；巩固农村集体产权制度改革成果，对全县 55 家集体经济组织合作社开展赋码信息核对工作，进一步强化集体资产管理运营水平；针对易地搬迁群众难以返回耕种的实际困难，实行粮食生产托管服务 1600 余亩。深化受援工作，完成援藏项目 8 个，总投资 70474.8 万元。

一年来，我们坚定不移增进民生福祉，全心全意提升人民群众生产生活品质

始终坚持以人民为中心的发展思想，将人民幸福安康作为推动高质量发展的最终目的，不断增强人民群众的获得感、幸福感、安全感。

统筹兼顾推动城乡建设。大力推进城乡基础设施建设，县城供暖、达当大道、老旧小区二期、措美县 2020 年公租房建设项目、县城污水处理及收集系统、措美县雨污分流建设项目、措美县城区道路改造工程等项目建设推进有力；措美镇雪热村波里曲防洪堤项目、乃西乡下藏灌区工程、农村公路安防工程、乡村振兴人畜过往桥建设、哲古镇哲古居美丽宜居、措美县公立医院供暖建设项目、措美县集中式牲畜棚圈建设项目等城乡基础设施项目稳步实施，城乡基础设施短板得到有效补齐。

持续提升公共服务水平。全面落实党的系列惠民利民富民政策，城乡低保、特困人员救助、临时救助、残疾对象“两项补贴”“十大民心”生活补贴等资金及时足额兑现。中、小学入学率达 100%，城乡幼儿学前三年入园率达 100%；广播和电视覆盖率均达到 98% 以上。开展新生儿、孕产妇产后访视 64 人次，全民健康体检 12159 人次。对 23 名大病贫困患者，实施分类救治，精准服务；对 1757 人慢病落实签约服务制度，签约服务率达 100%。五大保险参保率均达 100%。统筹做好退役军人事务、双拥各项工作，完成退役军人优待证申领发放工作。联乡包村、结对帮扶持续推进，极大帮助农牧民群众解决了一批急难愁盼问题，群众获得感、幸福感、安全感持续提升。

责无旁贷推进富民增收。紧盯群众增收工作，制定和实施《措美县全面消除村级集体经济薄弱村三年行动计划（2023—2025 年）》，实施薄弱村集体经济提升行动，整合强基惠民等资金 223.6 万元，组织实施“整乡抱团”“联村抱团”“飞地模式”村集体经济项目4个、覆盖村(社区)9个等因地制宜发展村集体经济。开展了农牧民技能培训9期646人,完成转移就业5218人,创收6614万元;150名高校毕业生实现全部就业,其中区外就业率达10%;落实农牧民首次创业补贴及高校毕业生各类创业就业补贴211万元;城镇登记失业率控制在4%以内,实现零就业家庭动态清零。

一年来,我们大力发展清洁能源产业,锲而不舍加快打造藏中清洁能源基地

始终在抢抓机遇、发挥优势上想办法、出实招,全力推动风电、光伏等清洁能源资源优势转化为发展优势、经济优势。

聚力发展狠抓规划建设。成立清洁能源发展领导小组,组织招商团赴区外开展招商引资工作,围绕光伏风电等清洁能源项目,招商团与协合新能源集团进行了深度洽谈,累计达成投资意向协议18亿元,为进一步推动清洁能源对外合作打下了坚实基础。同时结合措美县实际,制定《措美县风光热储一体化发电项目规划》,其中,风电项目总体规划装机1300兆瓦、光伏项目总体规划装机光伏发电3250兆瓦,为措美县发展清洁能源奠定了良好基础。

聚焦优势发展清洁能源。紧紧围绕"藏中清洁能源基地的重要接续区"功能定位,在前期光伏项目有效开发利用的基础上,大力发展风能,截至目前,西藏自治区超高海拔风电开发技术研究及应用科技示范项目——措美县哲古分散式风电场工程(当前属全世界海拔最高的规模化风电场),第一期总投资21739.39万元,第二期哲古50兆瓦风电项目总投资44094.86万元;措美协合30兆瓦光伏保供项目总投资18000万元,均建设完成并网发电。

一年来,我们久久为功推动生态环保,绵绵用力推动美丽措美建设走深走实

始终坚持走生态优先、绿色发展之路,统筹山水林田湖草沙冰一体化保护和系统治理,美丽措美建设稳步向前。

生态环境保护不断加强。持续推进"蓝天碧水净土"三大保卫战,统筹山水林田湖草沙冰一体化保护和系统治理,加快"无废城市"建设,抓好工地扬尘、渣土运输、垃圾焚烧综合防控,持续推进"禁白"和农药化肥零增长工程,完成义务植树造林1350亩,植树10万株,29个主要河湖和20个山林全面推行"河湖长制""林长制"。兑现2023年1784名生态岗位补助资金624.4万元。全县耕地面积、基本农田保护面积稳定保持在3.008万亩、2.27万亩以上,禁牧草场170万亩。大气、水质、噪声、土壤等得到有效监测和常态防护。严格落实项目程序,网上环评备案项目46个,未发生"未批先建"违规项目;扎实推进森林草原重点火险区防火体系建设项目、8万亩草原生态修复项目、6万亩有害生物防治项目、措美镇植树造林项目等建设;自治区级生态保护示范县创建工作积极推进。

人居环境整治持续向好。积极申报哲古社区美丽宜居整村推进项目1个,总投资4500万元;波嘎村人居环境整治项目1个,总投资1660.37万元,均建设完成。大力开展村庄清洁、农村乱象治理、农村户厕改造和"人畜分离"等活动,累计动员6565人次,机械302辆次,转运处理农村垃圾45.6吨,清理河道淤泥垃圾2600余吨,清理沟渠、河湖123.6千米,清理河道、湖泊50.4千米;全面实施私搭乱建整治工作,截至目前,全县范围内累计清理村内乱堆乱放94处,整治残垣断壁16处,整治拆除私搭乱建123处,一户多宅170户,推进完成户厕改造174户,完成人畜分离467户,有效改善人畜混居现象。

督察整改工作扎实推进。根据《山南市贯彻落实第二轮中央环保督察反馈意见整改方案》要求,制定措美县环保督察工作实施方案,成立工作领导小组,组建工作专班,形成了县委、县政府主要领导亲自抓、分管领导直接抓、一级抓一级、层层抓落实的工作推进机制。主动认领问题18个,制定具体整改措施58条,截至目前,34条措施已整改完成并销号,其余整改任务有序推进。

一年来,我们坚持全面从严管党治党,不遗余力夯实党在措美的执政根基

始终坚持党要管党、全面从严治党,坚持新时代党的建设总要求和新时代党的组织路线,党在措美的执政根基更加牢固。

高质高效开展主题教育。把组织好开展好主题教育作为首要政治任务,县委常委班子带领全县31名县级以上领导班子、99个基层党组织、2000余名党员干部,按照"学思想、强党性、重实践、建新功"

的总要求，全力以赴在理论学习上走“深”，配发学习资料3600余套，举办读书班1场次、专题研讨4场次、交流发言79人次、讲党课107人次；在调查研究上抓“实”，严格落实习近平总书记“深、实、细、准、效”五字诀，确定调研课题13个，实地调研38次，形成调研报告13篇，发现问题26个，提出思路对策51条；在推动发展上做“细”，深入开展“四下基层”活动，积极深入基层、走进群众，累计完成宣讲80场次，受众2252人次，下访接访40次，化解信访案件20个，现场办公46次，解决问题36个；在检视整改上瞄“准”，明确6个方面专项整治，梳理检视问题287个，整改完成287个；在检验成果上问“效”，坚持“当下改”与“长久立”相结合，统筹推进立改废释，新建制度4项、修订制度3项。

尽心竭力夯实基层组织。巩固拓展“四心”党建工作，全面提升“八星党支部”建设，“两新”党建逐步规范，机关党建“灯下黑”问题得到有效根治；1个软弱涣散党组织实现转化提升、晋位升级；创先争优强基础惠民生成绩显著。聚焦新时期好干部标准和“三个特别”要求，累计提拔调整干部129名，其中提拔4名90后干部到正科级岗位。严格程序发展党员，对党的十八大之前发展的392名党员档案再过筛，重新认定身份392名；新发展党员53名，基层组织战斗力明显提升。扎实开展村干部国家通用语言培训，举办党务工作能力大比拼、村级党组织书记抓党建促乡村振兴擂台比武等活动，全县基层党组织凝聚力和影响力进一步增强，基层基础得到有效夯实。

锲而不舍改进工作作风。制定印发《2023年进一步改进作风狠抓落实工作实施方案》《2023年措美县各级各部门重点工作任务督导清单》，进一步巩固拓展“五突出”工作法，各族党员干部改进作风成效明显、狠抓落实能力突出；扎实开展“七聚焦七查找”专项整治，累计排查问题346个，制定整改措施346条，均整改到位。围绕“信仰缺失、政治动摇”等六个方面逐一对照检视，完成4轮自查自纠报告和个人检视问题清单审核反馈，检视问题706条，制定措施732条；在主题教育中开展作风领域突出问题专项整治，查摆问题12个，完成整改12个。采取“一对一”方式开展谈心谈话3轮，整理谈心谈话记录89份。持续改进文风会风，县级层面发文开会牢牢守住不增加底线。

矢志不渝推动巡察工作。完成十届县委第四轮、第五轮巡察工作，累计反馈问题353个，移交问题线索3件。落实市委巡察上下联动工作部署，将医疗领域纳入十届县委第五轮巡察范围并有序推进；坚持全覆盖、高标准要求，不断加强巡察干部队伍能力建设，进一步充实巡察人才库12人，组织开展2轮49人次巡前培训工作，切实增强巡察干部监督本领。

坚定不移全面从严治党。始终坚持把“严”的总基调贯穿措美全面从严治党全过程、各方面，坚持严管与厚爱结合、激励和约束并重，不断完善干部考核机制及容错纠错机制。锲而不舍落实中央八项规定及其实施细则精神，驰而不息纠治“四风”。紧盯元旦、春节、藏历新年等重大节日、重要节点，开展节前廉政提醒8次，发送廉政短信6000余条，围绕公车私用、违规公款吃喝、滥发津贴补贴、违规占用周转房、餐饮浪费等问题开展监督检查14次，督促整改问题48个；开展党员干部酒驾、醉驾情况监督4次，立案审查2人；开展违规发放津补贴专项整治工作“回头看”，查处违规发放津补贴问题2人，收缴违纪资金1.2万余元。

一年来，县委常委会班子高度重视自身建设，带头严守政治纪律和政治规矩，严格执行民主集中、请示报告等制度，自觉接受党和人民监督，着力维护措美政治生态的海晏河清、朗朗乾坤。带头加快能力提升，虚心向基层学习、向群众学习、向实践学习，加快知识更新，丰富知识储备，不断增强“八项本领”、提高“七种能力”。带头始终紧跟时代前进的步伐、适应工作的需要，切实维护党中央权威，不折不扣执行区委、市委决策部署。带头勤政为民、奋发有为、加快发展，在其位、谋其政、履其职、尽其责。带头转变作风、狠抓落实，勇于担当、务求实效，重实际、说实话、办实事。带头团结奋斗，上下齐心、同频共振，努力营造同心同德搞建设、群策群力促发展的良好氛围和生动局面。带头清正廉洁，知敬畏、存戒惧、守底线，始终做到自重自省自警。

以上报告是县委十届五次全会以来的主要工作，请同志们提出意见和建议。

措美县人民代表大会常务委员会工作报告（节选）

——在措美县第十三届人民代表大会第七次会议上

县委副书记、人大常委会主任　李申武

（2024年1月18日）

2023年主要工作回顾

一年来，在县委的坚强领导和市人大常委会的有力支持下，人大常委会坚持以习近平新时代中国特色社会主义思想为指导，深入学习贯彻习近平法治思想、习近平总书记关于坚持和完善人民代表大会制度的重要思想、关于西藏工作的重要指示和新时代党的治藏方略，深入学习贯彻党的二十大和二十届二中全会精神，锚定“四件大事”，聚力“四个创建”，围绕“一带五区”发展定位，全面加强新时代人大工作，突出重点，体现特点，形成亮点。认真履行各项法定职权，共召开人民代表大会2次，常委会会议8次、主任会议16次，组织开展执法检查、视察、调研工作23项，听取审议专项工作报告41项，专题询问1次、工作评议1项，作出决议决定14项，提出审议意见63条，圆满完成了年度各项任务，为助力“六个走在全区前列”、推动全县经济长治久安和高质量发展持续注入了人大智慧和力量。

一、铸牢忠诚品格，锤炼党性修养，在强化政治自觉上提升新境界

党的领导是全面的、系统的、整体的。长期以来，县人大常委会坚持把党的全面领导贯穿于人大工作各方面、全过程，不断淬炼绝对忠诚的政治品格，确保政治信仰不变色，政治立场不动摇，政治方向不偏移。

（一）思想理论武装入脑入心。把学习贯彻习近平新时代中国特色社会主义思想作为首要政治任务，与学习贯彻党的二十大和二十届二中全会精神以及习近平总书记关于党的建设的重要思想、关于坚持和完善人民代表大会制度的重要思想、关于西藏工作的重要指示和新时代党的治藏方略有机结合起来，组织党组理论学习中心组学习研讨12次，交流发言60人次，着力真学真懂真信真用，把牢思想“总开关”，坚定不移争做“两个确立”的捍卫者、“四个意识”的执行者、“四个自信”的推动者、“两个维护”的践行者，不断强化践行初心使命的政治自觉、为民履职的思想境界、服务大局的担当主动。

（二）党委意图贯彻坚定坚决。人大有需求，党委有支持。县委高度重视人大工作，把人大工作纳入整体工作布局，摆在重要位置，通过强化组织领导、阵地建设、人员配备、资金支持等，切实帮助解决人大工作中的实际问题，使人大政治上有地位，工作上有作为。党委有号召，人大有行动。在县委领导下行使各项法定职权，聚焦中心工作、聚情民生关切、聚合代表力量，年初制定“一要点、三计划”时，主动把人大工作融入全县大局统筹推进，确保县委工作重心在哪里，人大工作就跟进到哪里。严格执行重大事项请示报告制度，2023年向县委报告重要事项30余次；坚持党管干部与人大依法任免有机统一，共任免国家机关工作人员28人次，组织召开县十三届人大六次会议，圆满完成县人民政府县长的选举任务。

（三）主题教育开展见行见效。学习贯彻习近平新时代中国特色社会主义思想主题教育开展以来，人大常委会牢牢把握“学思想、强党性、重实践、建新功”的总要求，聚焦贯彻落实党中央决策部署

和习近平总书记重要指示批示精神，对标第二批主题教育的各项任务目标，一体推进理论学习、调查研究、推动发展、检视整改。常委会党组班子成员通读悟透必读选读书目，开展专题研讨4次，讲党课4次，围绕3个调研课题，采用“四不两直”方式，深入基层调研12次，发现的10个问题已解决5个，其余正在推进；推动解决民生实事22件，检视整改问题10条，切实推动了主题教育走深走实。

二、紧扣中心大局，依法履职尽责，在提升监督实效上彰显新作为

围绕中心、服务大局，是做好人大工作的重要原则和重大使命。县人大常委会聚焦稳定、发展、生态、强边“四件大事”和民生福祉，坚持正确、有效、依法监督，以提升监督实效增强群众获得感、幸福感、安全感。

（一）聚焦和谐稳定大局强化监督。牢固树立总体国家安全观，以铸牢中华民族共同体意识为主线，切实维护群众生命财产安全和社会大局和谐稳定。深入开展“民族团结进步雅砻行——措美行”活动，对《宗教事务条例》和自治区实施办法的贯彻实施情况进行执法检查。深入农牧区基层群众婚姻家庭，就《中华人民共和国民法典》婚姻家庭篇目普及情况进行调研，了解群众知悉知晓度，并进行宣传教育，提升群众化解家庭矛盾纠纷能力。基层代表自发成立村巡逻队，对村、组、户用火、用电、饮水、洪灾、雪灾等安全隐患进行排查，确保辖区生活环境和谐、稳定、安全。

（二）聚焦经济社会发展强化监督。始终坚持完整准确全面贯彻新发展理念，认真落实“三个赋予、一个有利于”要求。听取审议上半年计划执行、预算执行、预算调整方案报告和财政决算报告以及政府债务管理、产业分红、行政事业性国有资产管理情况报告并提出工作要求。审议县人民政府关于2022年度全县乡村振兴农村环境整治工作情况的专项工作报告，并开展专题询问；审议县人民政府关于审计查出问题整改情况的报告，并开展满意度测评。对统计法及实施条例、乡村振兴促进法等法律法规执行情况进行执法检查。县人大常委会组成人员对如何助推全县乃至全市经济社会高质量发展“望闻问切”，提出、交办审议意见和问题清单，并对落实情况加强跟踪督办。

（三）聚焦生态环境保护强化监督。始终坚持以高水平生态环境保护推动高质量发展，坚定不移走生态优先、绿色发展之路，推动山水林田湖草沙一体化保护和系统治理。听取审议县人民政府关于2022年度环境质量状况和环境保护目标完成与国家生态文明高地建设情况的报告，对土地管理法实施情况进行执法检查，对林长制工作开展情况进行专题调研。与市人大联动，持续深入开展以“全面落实林长制 当好绿色守护者”为主题的“雅砻环保行”活动，就哲古镇同心湖环境卫生问题下发了专项督办通知，通报了存在的问题，并提出督办建议。

（四）聚焦民生福祉改善强化监督。始终坚持以人民为中心的发展思想，用心用情用力保障民生，用监督成果诠释人大代表为人民的初衷使命。对《中华人民共和国食品安全法》贯彻实施情况进行执法检查，听取审议县人民政府关于《强化医疗服务能力建设 提升公共卫生保障水平情况》的专项工作报告，听取审议县人大常委会关于措美县社会救助工作开展情况的专题调研报告和措美籍高校毕业生就业及创业各项政策资金落实情况的专题调研报告。县人大常委会既充分肯定取得的主要成绩，也指出存在的突出问题，提出改进工作的意见建议。

三、致力良法善治，巩固法治之基，在推进县域治理上取得新成效

全面依法治国是国家治理的一场深刻革命，关系党执政兴国，关系人民幸福安康，关系党和国家长治久安。县人大常委会保障法律法规贯彻实施，为实现法治治理现代化提供制度支撑。

（一）基层治理焕发活力。基层立法联系点是全过程人民民主在立法领域的实践平台，是广大基层群众和社会各界人士表达立法诉求的有效载体，也是加强和改进人大工作、立法工作的重要抓手。县人大常委会高度重视哲古镇人大立法联系点作用发挥，指导哲古镇人大成立“固定成员＋征询单位＋咨询专家”的工作专班，建立立法听证和民意调查机制，构建“线上＋线下”意见征集双渠道，不断拓展群众参与立法、表达诉求的途径，激发群众参与立法工作的热情，切实发挥基层立法联系点吸纳民意的作用。

（二）宪法观念深入人心。维护宪法权威，捍卫宪法尊严，是党和人民共同意志，人大常委会始终将其贯穿于学习、宣传、执行、监督全过程，不断增强宪法的凝聚力、感召力和生命力。坚持宪法学习制度，将宪法纳入人大“两级”党组理论学习中心组必学内容，做到逢会必讲宪法、逢学必学宪法；坚持宪法宣传制度，利用调研、视察和“宪法宣传周”之机，强化宪法宣传，切实增强全民法治观念，夯实法治群众基础；坚持干部任前法律考试制度，增强干部学法自觉性和主动性；坚持宪法宣誓制度，2023年对16名新任职干部组织进行了宪法宣誓，确保宪法权威可知、可感、可用。

（三）法治水平稳中求进。法治政府建设是全面依法治国的重点任务和主体工程，是推进国家治理体系和治理能力现代化的重要支撑。2023年，县人大常委会听取审议法治政府建设、“八五”普法和法院行政审判工作情况的报告，对“八五”普法专项工作进行了中期评估。按照“有件必备、有备必审、有错必纠”的要求，有序推进规范性文件备案审查工作，切实做到规范性文件应报尽报、应备尽备、有备必审，实现了备案审查全覆盖。

四、发挥代表作用，激发履职活力，在发展全过程人民民主上探索新路径

人民民主是社会主义的生命，是全面建设社会主义现代化国家的应有之义。人大常委会深刻把握人民代表大会制度是实现全过程人民民主的重要制度载体，坚持以人民为中心，以代表为主体，密切人大代表同人民群众的联系，做到民有所呼、我有所应。

（一）坚持“纵向＋群众”，政治参与有覆盖。人大常委会采取“开门监督”，坚持每次常委会邀请2名基层人大代表出席会议、2名不是人大代表的基层群众旁听会议，鼓励他们在分组审议时发表意见建议；邀请群众共同参与人大调研、执法检查、集中视察、建议督办等工作70余人次；认真落实人大常委会组成人员联系代表、代表联系人民群众制度；积极探索实行民生实事项目代表票决制等创新做法，广泛听取群众心声，解决群众急难愁盼，项目成果惠及人民并由人民评判，有效贯通了民主协商、民主决策、民主管理、民主监督，有力保障了人民通过人民代表大会充分行使国家权力。

（二）坚持“答复＋办理”，代表作用有发挥。狠抓代表建议落实，提高代表建言献策主动性、积极性。十三届人大五次会议收到人大代表意见建议21件。截至目前，各承办单位通过现场答复或电话答复21件，答复率100%，已办理或正在办理20件，占95.2%；无法办理1件，占4.8%。狠抓代表家站管理，促进代表进家站机制落实。全县5个代表之家和15个代表联络站常态化开展“三日四周八个一”“八岗三结对双联系”等活动，就近就便组织代表参加县乡人大组织的视察调研、执法检查。2023年，各级代表参加调研视察264人次，执法检查117人次，参加“八岗三结对”活动562人次、“双联系”活动221人次，充分展现了代表履职活力。

（三）坚持“横向＋交流”，履职服务有保障。举办人大代表能力素质提升培训班3期，组织县乡级人大干部和代表在安徽、加查县党校和措美县城学习履职基础知识，参训人大干部和代表124人次，实现了农牧民代表均参加1次集中培训。组织外出考察学习3次，人大干部及代表赴阿里、林芝和山南5个县学习兄弟县先进经验做法45人次，助力代表拓宽视野、丰富见识、提高本领。出台了《措美县县乡人大代表履职补贴发放管理办法》，按县级每年1500元、乡级每年1200元的标准发放履职补贴，不断激发代表履职热情。制定和实施了《措美县人大代表履职积分考核管理办法》，专人细化考核，定期全县通报，代表履职责任感明显增强，积极性明显提高。

五、聚焦提效升级，坚持守正创新，在打造工作品牌上实现新突破

追求卓越，臻于至善。县人大常委会不断创新思维理念，创新方式方法，争先进位，创优出彩，着力打造具有措美辨识度的人大工作新品牌。

（一）打造“票决牌”增效能。实行群众按需“点单”、代表票决“选单”、政府依法“领单”、人大跟进“查单”的“四单”模式，全力推进民生实事人大代表票决制工作。2023年22个票决制项目在县委、人大、政府“三方推动”下，已全部完成竣工验收并开展了满意度测评，人大代表责任感充分体现、参与感充分增强、荣誉感充分彰显。在推进票决制工作的同时，县人大常委会致力于票决工作的宣传推广，积极与

山南市11个兄弟县交流分享工作经验；题为《让代表唱好为民履职“主角戏”》文章在中国人大杂志上刊载；措美镇人大受邀参加全国人大民生实事项目人大代表票决制工作视频座谈会，并作交流发言。

（二）打造“智慧牌”提水平。在互联网大数据迅猛发展的今天，人大常委会探索“互联网+”新模式，推动人大工作高质量、助推代表履职高效率。争取资金180万元，自主设计开发建设“措美智慧人大”系统，于2023年3月建成投入使用，同年7月13日全市人大代表工作现场会正式上线。通过措美智慧人大后台、微信小程序、数据驾驶舱等3个部分操作运转，实时分析人大工作数据，全面展示措美县乡人大各项工作、代表履职服务管理，实现会议“一码签到”、民情民意“一键直达”、理论知识“一手掌握”等功能，促进了人大工作数字化、信息化，代表服务智能化、便捷化。

（三）打造“提升牌”强联动。人大常委会聚焦主责主业，奋力探索与“一府一委两院”协同联动的路径，不断提升代表工作和监督工作质效。8月14日，召开人大代表暨监督工作“双提升”会议，会议就县人大常委会和“一府一委两院”如何密切协作，认真履行宪法法律赋予的各项职责作了充分探讨。“一府两院”围绕全力以赴为人大履职提供优质保障，坚决执行人大决议，自觉接受人大监督，全力办好代表建议作了交流发言。人大常委会深刻分析了代表和监督工作存在的不足之处，明确了下一步工作方向，力求与“一府一委两院”凝聚共识、齐心协力、同频共振，为推进措美经济社会高质量发展给予最强保障。

六、坚持固本强基，凝聚实干力量，在强化自身建设上塑造新形象

主动适应新形势新任务对地方人大的新要求，切实加强自身建设，着力打造更专更精、善作善成的人大方阵。

（一）干部队伍持续“强化”。把贯彻中央、自治区、市委、县委人大工作会议精神作为主抓手，着力破解“一人一委”困境，选拔了7名政治素质高、业务能力强、工作积极主动、有奉献精神的人大代表，担任各专门委员会专职或兼职副主任委员、委员，直接参与人大各专委会的各项工作，补齐了县人大专委会人员力量薄弱的短板，提升了专委会工作的质效，激发了人大系统工作的活力，适应了新时代人大工作的需要，深化了人民代表大会制度在措美的生动实践。

（二）作风建设持续“优化”。坚决贯彻落实中央八项规定及其实施细则精神和区委实施办法、市委实施意见，扎实开展改进作风、狠抓落实工作，认真落实“四查四问”，持之以恒纠“四风”，力戒形式主义、官僚主义，切实转变作风，强化制度约束，对存在的问题进行通报批评。全面落实意识形态工作责任制，坚决扛起防范化解意识形态风险、筑牢守好意识形态阵地的重大责任。推进全面从严治党，严肃党内政治生活，精心组织召开专题民主生活会，开展党员、干部廉洁自律学习教育，严格落实党风廉政建设责任制，强化纪律约束和自觉接受监督意识。

（三）制度约束持续“深化”。进一步完善人民代表大会、常委会会议和主任会议议事规则，保证人大监督权、任免权、决定权有效规范行使；建立工作计划制度，根据常委会年度工作要点，制订常委会季度工作计划和月工作计划，统筹细分工作任务开展，全面提升工作落实质效；建立乡镇人大工作清单化管理制度，按季度下发工作指导清单，提升基层人大阵地建设水平；建立健全人大常委会理论学习中心组学习制度和人大干部每月学习一部法律机制，强化理论学习和业务学习，提升服务大局的能力和水平。

各位代表，积力所举无不胜，众智所为无不成，一年来，县人大常委会紧扣中心、紧贴民心，依法履行监督、决定、任免等各项法定职权，增强监督效能、提升发展成色，发挥代表作用、坚守为民本色，打造创新品牌、增添实干亮色，书写了新时代措美人大工作新答卷。这些工作成绩的取得，根本在于坚定拥护“两个确立”、坚决做到“两个维护”的强大力量，是山南市人大常委会有力指导和县委坚强领导的结果，是全体人大代表、常委会组成人员、人大工作者和基层人大凝心聚力、履职尽责的结果，是县“一府一委两院”和县政协积极配合、鼎力支持的结果，是广大人民群众和社会各界真诚关心、热情帮助的结果。在此，我谨代表县人大常委会，向全体代表，向所有关心、支持、帮助人大工作的同志们、朋友们，表示衷心感谢并致以崇高敬意！

在肯定成绩的同时，我们清醒认识到，县人大常

委会的工作还存在一些差距和不足，主要是：监督工作的针对性和刚性需要进一步增强，“双联”工作的深度和广度需要进一步拓展，代表主体作用发挥上还需要持续用力，常委会自身建设和基层人大建设还需要综合发力等。对这些问题和不足，县人大常委会将在今后工作中认真加以解决。

2024年的重点工作安排

2024年，是中华人民共和国成立75周年，是人民代表大会制度建立70周年，是全面落实自治区第十次党代会和市第二次党代会精神的重要一年，也是本届县人大常委会承上启下的关键一年，做好常委会各项工作，责任重大、使命光荣。

2024年人大工作总体要求是：高举中国特色社会主义伟大旗帜，以习近平新时代中国特色社会主义思想为指导，深入学习贯彻习近平法治思想、习近平总书记关于坚持和完善人民代表大会制度的重要思想、关于西藏工作的重要指示和新时代党的治藏方略，全面贯彻党的二十大和二十届二中全会精神，不断拓展主题教育成果，坚定拥护“两个确立”、坚决做到“两个维护”，坚持党的领导、人民当家作主、依法治国有机统一，聚焦“四件大事”、聚力“四个创建”“四个走在前列”和山南“六个走在全区前列”目标任务，积极践行全过程人民民主，依法行使监督权、决定权、任免权，为全面建设社会主义现代化新措美作出新的更大贡献。

一、以更高站位坚持党的领导，把准把牢正确政治方向

坚持在永葆政治本色上秉持人大定力。坚持不懈用习近平新时代中国特色社会主义思想统揽和指导人大工作，深学细悟习近平新时代中国特色社会主义思想，学深悟透习近平法治思想、习近平总书记关于党的建设的重要思想、关于坚持和完善人民代表大会制度的重要思想、关于西藏工作的重要指示和新时代党的治藏方略，及时跟进学习贯彻习近平总书记最新重要讲话重要指示批示精神，学出忠诚信仰、学出责任担当、学出奋进力量，努力做到学思用贯通、知信行统一，把“两个确立”的政治共识转化为“两个维护”的实际行动，既讲好党言党语、又讲好法言法语，不断提高人大工作的政治站位和政治效果。自觉把党中央决策和区委、市委、县委要求转化为人大履职行动，把党的领导贯穿人大工作各方面全过程。认真落实意识形态工作责任制，进一步加强人大制度和人大工作宣传，扎实抓好新中国成立75周年和人民代表大会制度建立70周年庆祝活动，让根本政治制度意识和民主法治观念更加深入人心。

二、以更高质量凸显监督实效，服从服务全县发展大局

聚焦党委确定的大事、群众关心的难事、改革发展的要事，围绕中心、突出重点、增强实效，全面落实依法监督、正确监督、有效监督的总要求，加强对计划执行情况的监督，强化预算决算和政府债务、国有资产管理情况监督，加强对法治政府建设、环境状况和环境保护目标完成与青藏高原生态保护及国家生态文明高地建设、乡村振兴、优化营商环境、保障农民工工资支付、审计查出问题整改、审议意见办理等工作的监督；对环境保护法、民族团结进步模范区创建条例、国家生态文明高地建设条例等法律法规实施情况进行执法检查；建立和完善预算审查监督制度，实现对预算资金多层次、全过程的动态监督，切实发挥预算监督系统的监督实效；加强规范性文件备案审查工作，做到有件必备、有备必审、有错必纠；坚持党管干部与人大依法任免有机统一，认真落实任命人员法律知识考试、拟任职发言、宪法宣誓等制度，加强人大选举任命干部任后监督，确保县委有号召、有部署，人大有行动、有作为。

三、以更高要求践行人民民主，激发激活代表履职效能

人大代表依法履职行权是人民当家作主的重要体现，只有激励代表更好地为人民代言、为人民履职、为人民服务，才能彰显人民代表大会制度的独特优势。要更加重视密切常委会与代表的联系，常态化邀请代表、群众参加常委会会议及工作评议、专项监督等活动；更加重视代表履职平台建设，充分发挥措美“智慧人大”平台作用，为代表履职和人大工作提供信息化、智慧化服务；更加重视代表素质提升，继续分批举办代表履职培训班；更加重视代表履职评价，选树一批优秀代表事迹，持续开展代表向原选

区选民报告履职情况；更加重视代表作用发挥，倡导代表按时进"家"入"站"，鼓励引导代表"随手拍""随时提"，积极建言献策，强化代表建议督办工作，力争办理一件建议、促进一项工作、解决一类问题。

四、以更高标准加强自身建设，建好建强过硬干部队伍

加强思想政治建设，坚持不懈用习近平新时代中国特色社会主义思想武装头脑，持续深化和拓展主题教育成果，不断提高政治判断力、政治领悟力、政治执行力，努力打造党和人民满意的政治机关、国家权力机关、工作机关、代表机关。加强组织建设，认真履行全面从严治党主体责任，全面提升人大机关党组织的政治功能和组织力凝聚力。加强能力建设，不断优化人大常委会组成人员及机关干部队伍结构，全力打造一支政治坚定、服务人民、尊崇法治、发扬民主、勤勉尽责的人大工作队伍。加强作风建设，严格落实中央八项规定及其实施细则精神和区委实施办法、市委实施意见，驰而不息纠"四风"树"新风"，全面展现忠诚履职、干净担当的人大良好形象。加强工作指导，密切县乡人大的联系，加大对乡（镇）人大工作的指导，鼓励支持基层创新实践，进一步提升全县人大工作整体合力。

各位代表，蓝图绘就千般景，奋楫扬帆万里程。让我们更加紧密地团结在以习近平同志为核心的党中央周围，在县委坚强领导下，坚持守正创新，团结奋斗，为推进措美长治久安和高质量发展作出新的更大贡献！

措美县政府工作报告（节选）

——在措美县第十三届人民代表大会第七次全体会议上

措美县委副书记、政府县长　邢　飞

（2024年1月18日）

2023年工作回顾

各位代表，2023年是全面贯彻落实党的二十大精神的开局之年，是三年新冠疫情防控转段后经济恢复发展的一年。我们坚持以习近平新时代中国特色社会主义思想为指导，全面贯彻党的二十大精神，深入贯彻习近平总书记关于西藏工作的重要论述和新时代党的治藏方略，坚定不移贯彻落实党中央决策部署和区委、市委、县委工作安排，锚定“四件大事”，聚力“四个创建”，立足“六个走在全区前列”目标，坚持稳中求进工作总基调，立足新发展阶段，完整准确全面贯彻新发展理念，服务和融入新发展格局，扎实推进县委经济工作会议明确的9项重点经济目标任务，实现了经济社会平稳健康发展。

——过去一年，我们坚持迎难而上、加压奋进，经济保持稳健发展。坚持点线面协调发力，质效量齐头并进，突出以稳求进、以进固稳，主要经济指标平稳增长，为全县经济持续稳定发展增添了信心、注入了动力、奠定了良好基础。预计全年完成地区生产总值109600万元，同比增长8.1%以上；完成全社会固定资产投资108604万元，同比增长58.82%以上；完成社会消费品零售总额20620万元，同比增长10%左右；完成财政收入3705万元，同比增长473%以上；完成税收收入5287万元，同比增长391%以上；完成农村居民人均可支配收入20060元，同比增长13%左右。

——过去一年，我们坚持抢抓机遇、真抓实干，重点项目有序推进。始终把项目建设作为经济发展的“第一抓手”，全力以赴谋项目、争项目、引项目，定期抓调度、抓督查、抓问效，为发展提供强力支撑和后劲，实行重大项目包保机制，强化协调对接，以项目促发展、稳投资、保增长。全力推进县城供暖、扎西松多水库及配套供水工程、措美县雪热村至小扎扎组公路改建工程、老旧小区改造等一批重大项目建设，全年实施重点项目33个，预计完成固定资产投资108604万元，同比增长58.82%，重点项目的有序推进为措美经济社会发展，特别是疫情后稳增长作出有力贡献。

——过去一年，我们坚持以人为本、发展为民，民生福祉日益殷实。用心用情用力办好民生实事，足额兑现城乡低保生活补助、特困人员供养金、残疾人“两项补贴”和“十大民心”工程生活补贴、医保等惠民资金2000余万元，全民免费健康体检实现全覆盖，家庭医生签约率达100%，基本养老保险、医疗保险参保率保持在98%以上。严格落实“四个最严”要求，强化部门联动，加强监督检查，保障了人民群众食品药品安全。落实教育“三包”和“营改”资金773.8万元，大学生资助资金314.6万元，中小学入学率达100%，城乡幼儿学前三年入园率达100%。广播和电视覆盖率均达到98%以上，开展各类文艺演出活动200余场次，受众达2.6万人次。本级投入资金500万元，实施乡村基础设施、教育、卫生等票决制项目22个，已全部完工。完成转移就业5218人，累计创收6614万元，开展各类技能培训9期646人；措美籍高校毕业生就业率达100%。落实农牧民首次创业补贴及高校毕业生各类创业就业补贴资金

211 万元，兑现 1784 名生态岗位补助资金 624.4 万元，各族人民的生活更加殷实、更加美满、更加幸福。

——过去一年，我们坚持提质增效、做大做强，产业结构不断优化。坚持以发展产业为主线，把培育产业作为推动经济转型升级的关键举措，全面推动县域经济高质量发展。粮经饲比例科学调整为 68∶11∶21，农作物播种面积 14741 亩，粮食产量完成 3315.98 吨，经济作物产量完成 768.09 吨，完成肉产量 2400.61 吨，完成奶产量 5301.4 吨。哲古 50 兆瓦风电二期项目和措美雪热 30 兆瓦保障性光伏项目并网发电。旅游发展优势日渐明显，积极推动旅游业与多种业态融合发展，推广新 G219 国之大道旅游线路，顺利完成参与 G219 集结赛、极地金卡纳场地赛（措美段）和“冬游山南”旅游推介会，建立完善旅游资源基础信息库，开展措美县旅游资源普查工作，成功举办第 14 届哲古牧人节和第 22 届物资交流会。累计接待游客 11.03 万人次，创收 337.1 万元，同比分别增长 90%、108%。

——过去一年，我们坚持破解难题、勇于担当，乡村振兴步伐坚实。始终坚持立足实际，巩固成果，全面推动乡村振兴建设，坚持和巩固拓展脱贫攻坚成果同全面推进乡村振兴有效衔接，严格落实“四个不摘”要求，紧盯 26 户 86 人防返贫监测帮扶工作，牢牢守住了不发生规模性返贫底线。脱贫户人均可支配收入达 18112 元，同比增长 14.1%。全力抓好农牧区建设和人居环境整治工作，建成宜居宜业和美乡村 2 个，争取衔接资金 14665.03 万元，实施产业发展、基础设施、人居环境等 14 个项目，目前均已开工，支出资金 14580.5 万元，支出率达 99.4%。扎实推进边境搬迁工作，2023 年兑现边境搬迁户 2 万元一次性搬迁补贴，共计 356 万元。

——过去一年，我们坚持解放思想、深化改革，发展活力稳步增强。深入推进“放管服”改革，大力实施“互联网 + 政务服务”，目前可办理事项 28 项，共办理事项 4578 件，办结率 100%，开展送证上门 133 张。持续优化营商环境，对政务服务事项时限再次优化升级，压缩时限达 50% 以上。市场活力有效激发，目前全县市场主体总量达 1788 户，同比增长 10.4%，超额完成市场主体增长 6.5% 的目标。审批政府采购 143 项，涉及资金 5127.7 万元。扎实推进招商引资工作，完成招商引资 43668 万元，完成目标任务的 436%。深化受援工作，开展各领域双向交流交往 10 余次，实施对口援藏项目 9 个，实现区外“组团式”市场化就业 16 人。

——过去一年，我们坚持绿色发展、兜牢底线，生态环境保持良好。坚持生态保护第一，严格执行环境保护“三线一单”制度，高质量完成“三区三线”划定，实行最严格水资源管理制度，创建自治区级生态文明示范乡镇 2 个，示范村（社区）14 个。29 个主要河湖和 20 个山林全面落实河湖长制、林长制，完成植树造林 1350 亩，植树 10 万株，扎实推进营造林“先造后补”工程、2021 年重点区域生态保护和修复项目等 6 个项目建设。县域空气质量保持优良，集中式饮用水水源质量达标率 100%。中央生态环境保护督察，措美县主动认领 18 个共性问题，制定 58 条具体整改措施，目前已完成整改 5 个问题 34 条整改措施，其他整改任务正在按时序整改。

——过去一年，我们坚持多管齐下、多措并举，社会大局和谐稳定。坚持把维护稳定作为第一位的工作任务，深入推进平安措美创建，扎实做好“双联户”服务管理工作。坚持和发展新时代“枫桥经验”，受理办结信访事项 24 批 34 人，解决拖欠民工工资 297.8 万元，涉及 143 人次；排查矛盾纠纷隐患 716 次 95 件，均得到有效化解。加强民族团结和创新寺庙管理，宗教领域“三个意识”教育深入开展，扎实推进民族团结示范创建，表彰民族团结进步集体 10 家，授牌 53 家单位为县级民族团结示范单位。严格落实安全生产“十五条硬措施”，加强道路交通、危险化学品、建筑施工领域等 8 个重点行业领域安全生产管理，开展安全隐患排查 270 次，检查单位 1300 余家，排查整治安全隐患 470 余处，防灾减灾抗灾能力逐步提升，未发生重特大安全生产事故。

——过去一年，我们坚持勤政务实、依法履职，政府效能明显提升。深入开展学习贯彻习近平新时代中国特色社会主义思想主题教育，一体推进理论学习、调查研究、推动发展、检视整改、建章立制等措施，强化政治理论学习，召开政府党组理论学习中心组学习 13 次，召开政府常务会议 14 次，研究事项 210 余项，提请县委审议 32 项，向人大报告各项工作18项，下发任务交办单18期，上报督查专报100余期，进一步优化了决策、细化了部署、督促了落实。自觉接受人大法律监督和政协民主监督，主动接受社会监督和舆论监督，高质量办理人大建议、政协提案38件，办复率、满意率、见面率均达100%。大力推进廉洁政府建设，驰而不息纠治“四风”问题，认真贯彻落实中央八项规定及其实施细则精神，坚持政府过紧日子、群众过好日子的思想，县级“三公”经费同比下降3%，法治政府、廉洁政府和服务型政府建设取得新进展。

各位代表，过去一年，我们强化工作统筹，国防教育、双拥共建、退役军人服务保障等工作不断加强，大力支持工会、团委、妇联、残联、工商联等群团组织工作，统计、审计、外事、档案、方志、保密、体育、消防、气象、编译等各项事业取得新成效。

各位代表，历尽天华成此景，看似平常却艰辛。过去的一年，我们抢抓机遇，主动适应新常态，主动把握新发展阶段，积极应对各种风险挑战，攻克了许多长期没有解决的问题，办成了许多事关长远的大事要事，干成了一批措美人民期盼已久的好事实事，一切成绩的取得，经验的积累，根本在于习近平新时代中国特色社会主义思想的定向领航，关键在于区委、市委和县委的坚强领导，是县人大、县政协监督支持的结果，是安徽援藏省市的大力支援的结果，是全县干部群众团结奋斗的结果。在此，我代表县人民政府，向全县干部群众、各人民团体，向各位人大代表、政协委员，向驻县部队全体官兵、公安政法干警以及所有关心、支持、参与措美建设发展的各界人士，表示衷心的感谢并致以崇高的敬意！

各位代表！思危方能居安，知忧方能克难。我们清醒认识到，经济社会发展中还存在不少矛盾问题。重大项目储备不足、体量不大，投资拉动作用有待进一步提升；农村基础设施和公共服务设施还不够完善，民生工作还存在不少短板；灾害防治、安全生产、产业发展、生态环境、社会治理、信访维稳等领域仍存在薄弱环节；政务服务效能和水平仍需持续提升。对此，我们一定要高度重视，采取有力措施，切实加以解决，不辜负全县人民的期盼和重托。

2024年目标任务和重点工作

2024年是新中国成立75周年，是西藏民主改革65周年，是实施“十四五”规划的关键之年。做好今年政府工作，必须坚持以习近平新时代中国特色社会主义思想为指导，深入贯彻党的二十大精神，全面落实习近平总书记关于西藏工作的重要论述和新时代党的治藏方略，扎实推进中国式现代化，坚持稳中求进、以进促稳、先立后破，以推动高质量发展为主题，完整准确全面贯彻新发展理念，主动服务和融入新发展格局，锚定“四件大事”，聚力“四个创建”，立足“六个走在全区前列”目标，贯彻落实中央、区委、市委、县委经济工作会议精神，深刻领悟“两个确立”的决定性意义，增强“四个意识”、坚定“四个自信”、做到“两个维护”，全力以赴完成各项工作任务，推进措美长治久安和高质量发展，为全面建设社会主义现代化新措美而努力奋斗。

2024年经济社会发展的预期目标是：地区生产总值增长8%左右，全社会固定资产投资增长13%左右，社会消费品零售总额增长10%左右，农牧民人均可支配收入增长12%左右，城镇调查失业率控制在4.5%以内，能耗、碳排放强度和污染减排指标控制在核定范围内。要实现上述目标，重点做好以下八个方面工作。

（一）聚焦项目拉动，持续扩大有效投资。坚定不移抓投资、抓招商、抓项目，推动项目数量、投资总量、建设质量“三量齐升”，提前启动“十五五”规划项目储备工作，建立重点项目库，为措美转型升级、追赶超越注入源源不断动力。加大招商引资。坚持“靶向招商”，围绕清洁能源、农畜产品加工、旅游业开发等产业开展重点招商，大力宣传措美的产业配套、区位优势、文化内涵，在用地保障、财税政策、金融支持、配套服务等方面制定相应扶持措施，倾情倾心倾力“筑巢引凤”，力争招商引资完成2亿元以上。加快项目建设。坚持把项目开工作为起跑线，明确时间表、路线图、任务书，确保天天有新进展。计划新开工重点项目22个，力争完成投资8.7亿元以上。加快次玛龙至恰杂、县城供暖、下巴水库等项目建设步伐。全力推进垃圾处理厂二期、岗当南路及南环路一期、公租房、县委党校、措美镇市政设施补短板等项目建设。做好当许社区防洪堤项目前期工作，力争哲古扎扎小学等13所学校、幼儿园供氧、定巴村至洛扎县拉康镇民间居委会公路、综合管沟建设等项目落地。加强项目监管。继续落实县级领导督办、“两办”督查等工作制度。坚持重点项目建设分析研判、定期调度、项目台账管理等制度，强化项目协调、跟踪问效，确保项目真开工、快建成、早见效。严格项目预算管理，健全投资概算、施工预算、项目决算全过程评审机制，严控设计变更和投资追加，最大限度地节约资金。加强项目质量管理，继续打造阳光工程、精品工程、廉洁工程。

（二）聚焦产业培育，持续壮大特色产业。重点突出农牧业、清洁能源、文化旅游等领域，促进一二三产业融合发展，不断提升产业发展质量和效益。稳定一产强支撑。全力推进农业高质量发展，科学调整粮经饲比例，扛稳粮食安全重任，坚决制止耕地抛荒撂荒和非农化、非粮化，落实“藏粮于地、藏粮于技”战略，推动荒滩地综合开发利用，做好耕地后备资源开发，加强农田水利基础设施建设，确保完成播种面积1.4741万亩以上，力争粮食总产达到3310吨以上。仔畜成活率达94%以上、牲畜免疫密度达100%。肉类、奶类产量完成上级目标任务。立足二产强供给。大力发展清洁能源产业，统筹做好风能、太阳能开发，加快推进哲古三峡150兆瓦风电项目、古堆协合100兆瓦风电项目、哲古山高50兆瓦风力发电项目。大力发展“飞地”经济，力争更多产业落户江北幸福家园。大力发展民族手工业、藏医药等产业，做大做强畜产品加工，加快推进4个计划实施的产业项目，力争完成资金4500万元。优化三产强服务。全力打造藏源文化旅游品牌，推动文旅融合发展，持续完善G219旅游线路、恰拉脱岗雪山、哲古景区基础设施建设，争取措美县G219沿线旅游基础设施建设项目落地实施，力争哲古景区创建3A级以上景区。完善“吃、住、行、游、购、娱”旅游要素，带动更多农牧民吃上“旅游饭”。全年接待游客12.58万人次、旅游收入达到377万元以上，分别增长14%、12%以上。举办好措美县第23届物资交流会、第15届哲古牧人节。

（三）聚焦乡村振兴，持续促进城乡发展。把群众对美好生活的向往作为我们的奋斗目标，按照既定蓝图，绵绵用力、久久为功，坚持不懈狠抓乡村振兴各项工作。发挥环境整治的引领作用。坚持生态优先、绿色发展的原则，以实现宜居宜业为根本目标，持续推进农牧区人居环境综合整治行动，加强户厕改造，建设宜居宜业和美乡村，加快实施卓德村、当许社区等3个巩固提升人居环境整治项目，完成投资5545万元。大力推动措美县垃圾处理厂二期、哲古镇垃圾处理厂二期项目建设。把握乡村建设的重点方向。大力争取国家乡村振兴项目，强化县城综合服务能力，把乡镇建成服务农牧民的区域中心。统筹县、乡、村规划建设，完善乡村水、电、路、信、网、物流等基础设施，加快“四好农村路”建设，实施通信覆盖工程，消除通信盲区，推动乡邮、村邮站点实现100%全覆盖。加快推进城乡供水一体化工程、哲古镇哲古村饲草料基地灌溉工程、玉美村人饮工程、哲古镇和古堆乡放牧点除险工程等项目建设。焕发广袤乡村的生机活力。深化农村集体产权制度改革、牧业改革，积极主动融入山南市农村集体资产信息管理平台和农村产权交易平台。力争每个村（社区）集体经济稳定达到6万元以上，部分村（社区）达到60万元。引导基层群众转变观念，自觉摒弃陈规陋习，完善村规民约，以实际行动推动移风易俗。要健全自治、法治、德治相结合的乡村治理体系，以自治化解矛盾，以法治定纷止争，以德治教化约束，实现乡村善治，建设风清气正的文明乡村。

（四）聚焦群众增收，持续提高群众收入。全力抓好农牧民致富增收工作，走出具有措美特色、富有实效的增收路子。千方百计抓增收。紧盯农牧民人均可支配收入增长12%以上的目标，全力缩小与市农牧民人均可支配收入差距，采取“一帮一、富帮穷”、党员干部结对帮扶、签订目标责任书等形式，把金融惠民、征地补偿工作进一步细化强化，推动“举措到户”工程落实落细。全面兑现各项惠民补助资金。严格落实400万元以下项目交由符合条件的农牧民施工队实施，吸纳农牧民劳动力总数达到用工总数的80%以上。利益联结促增收。引导推动农牧区资源变资产、资金变股金、群众变股东，鼓励农牧民投工投劳参与经济建设。按照《利益联结及运营机制方案》，严格执行脱贫户利益联结机制。稳步推进哲古一体化畜产品综合加工项目运营，稳妥解决哲古漫其牦牛食品加工问题，谨防扶贫项目发挥效益不明显。转移就业稳增收。加大技能培训，培训农牧民750人以上，通过转移就业、以工代训、订单定向、民族手工艺技能培训等方式提高就业率。采取政策激励、机构推介、产业发展吸纳转移等多种途径，引导农牧民“走出去”，促进没有条件或不愿离土离乡的农牧民阶段性、季节性、短期性就近就业。加大劳务输出力度，不断提高组织化劳务输出人数占比，确保转移就业5200人以上。

（五）聚焦民生改善，持续增进人民福祉。民之所望，施政所向。我们要用心用情办好各项民生实事，让1.3万措美人民生活得更加自强自信自尊。努力提高就业实效。重点抓好退役军人、就业困难人员、残疾人等重点群体就业，开发公益性岗位，推进零就业家庭动态清零。大力开发区外“组团式”市场化就业，落实大学生各项创业优惠政策，确保措美籍应届高校毕业生就业率达98%以上，其中区外就业占10%以上。规范农民工工资支付行为，维护农民工劳动报酬权益。城镇登记失业率控制在3%以内，城镇调查失业率控制在4.5%以内。全力办好民生实事。扎实推进素质教育、优质均衡教育、学前普及普惠教育工作，认真落实15年公费教育“三包”、营养改善等政策，开办好思政课，普及好国家通用语言文字，推进体育事业健康发展。落实《措美县妇女儿童发展规划》，扎实推进青年发展10个领域重点工作，努力推动青年发展规划落地见效。大力实施文化惠民工程，加强新时代优秀文艺作品创作，全面加强公共文化场所免费开放工作，推动广播电视提质增效。加大非物质文化遗产保护传承力度，提升国家级非遗传承扎扎服饰影响力和知名度。发挥好村（社区）文艺演出队作用，扎实开展文化科技卫生“三下乡”活动。着力强化社会保障。进一步健全城乡医疗、养老、就业、低保、救助一体化社会保障体系，确保各类社保参保率保持在98%以上。持续提高公共卫生服务水平，争取将哲古镇卫生院打造成国家标准化乡镇卫生院，广泛开展爱国卫生运动，大力推动卫生城市创建。扎实做好城乡居民健康体检、“两降一升”、包虫病消除等工作。加大对残疾人、孤寡老人、留守儿童、困难职工等弱势群体的关心关怀，确保有集中供养意愿的特困人员100%集中供养。配合落实好异地就医结算制度，用好市设大病救助基金。统筹做好退役军人事务各项工作，落实优抚安置制度。

（六）聚焦改革开放，持续激发市场活力。做好改革各项工作，提高劳动力、土地、资金等要素生产率、综合配置率、转化利用率。深化重点领域改革。综合推进事业单位、医疗卫生、牧业、统计管理体制、国有企业等重点领域改革，全面推进第五次全国经济普查工作。开展工程建设项目审批制度改革，推进环评制度、用地规划“联审联批”“多审合一”，压缩项目前置手续办理时限。加强国有资产和自然资源资产管理，强化预算执行和绩效，有效防范化解政府债务风险，严格控制和压减一般性支出。严格规范行政执法，推动“双随机、一公开”全覆盖，落实完善市场准入负面清单制度。严格落实政府信息公开条例，以政务公开倒逼政府工作规范运行。持续优化营商环境。深入实施“互联网+政务服务”，推进“一网一门一次”、证照分离、压缩企业开办时间等改革，让企业多用时间跑市场、少费工夫跑审批。全面贯彻落实《优化营商环境条例》，禁止各种变相增加企业负担和损害企业合法权益的行为，力争市场主体增长6.5%。落实领导干部联系企业机制，着力解决企业反映强烈的堵点、痛点和难点问题，拿出解决措施和办法，列出责任清单限时办理，对损害民营企业和发展环境的人和事从重问责处理。推进更高水平援藏。持续做好经济、文化、卫生、科技、就业全方位、高层次援藏受援工作，极力争取计划外援藏资金。鼓励两地各族群众加强经商、旅游合作往来，切实加强短期人才援藏、干部培训交流、援藏扶贫等工作，努力构建藏皖两地联系更加紧密、交往更加频繁、合作更加宽广、友谊更加厚实的大好局面，党政代表团双向考察汇报不少于2次。

（七）聚焦绿色发展，持续筑牢生态屏障。认真践行习近平生态文明思想，坚定走绿色发展之路，让良好生态成为最普惠的民生福祉、最亮丽的乡村画卷。污染防治加强推进。坚决扛起污染防治攻坚战政治责任，以改善生态环境质量为核心，持续推进“蓝天碧水净土”三大保卫战，持续推进各级环保督察问题整改，确保各类生态环境问题高质量高标准整改到位。加快补齐环保基础设施短板，扎实推进生态修复、农村饮用水水源地保护、水质检测等工作，加快推进县城污水处理厂项目建设。生态保护加强修复。扎实做好国家级生态保护示范县创建工作，推进“无废城市”建设，统筹推进山水林田湖草沙冰系统治理，深入开展国土绿化行动，将义务植树与“四旁”植树相结合，实施见缝插绿工程，力争2024年完成义务植树及四旁植树10万株以上，不断提高森林覆盖率。严格落实河湖长制和林长制，县级河湖、林长要做到一季一巡、一季一报告。严明责任加强监管。严格落实环境监管“党政同责、一岗双责”，全面落实企业主体责任和政府监管责任。严格执行环境保护“三线一单”“一票否决”制度，实行最严格水资源管理制度，建立健全城乡垃圾分类处理体系。加大对重大基础设施建设的环境执法监管，确保环保措施落实到位、执法监管到位、责任追究到位，用最严格的制度守好措美的生灵草木、山山水水。

（八）聚焦社会治理，持续夯实稳定根基。加强和创新社会治理，提升法治化、多元化、精细化程度，完善社会治安防控、矛盾纠纷化解、公共安全保障等体制机制，深化平安措美建设。系统治理化解矛盾。健全城乡基层治理体系，推动社区管理和服务更加精准精细，提高群众满意度。扎实做好网格化管理服务、先进双联户创建评选、常态化扫黑除恶、“7+1”维稳防控等工作。坚持和发展新时代“枫桥经验”“浦江经验”，扎实推进“十星文明村”“美丽宜居示范村”创建工作，做到矛盾不上交、平安不出事、服务不缺位。畅通和规范群众诉求表达、利益协调、权益保障的通道，发挥好信访制度和“三调联动”工作体系的作用，努力将矛盾纠纷化解在基层、化解在源头。加强团结共筑和谐。全面把握好铸牢中华民族共同体意识的新任务，扎实做好民族工作，积极创建国家级民族团结进步示范县。积极推进藏传佛教中国化，引导藏传佛教与社会主义社会相适应，与中国特色社会主义新时代相适应，持续深入开展“三个意识”教育，促进宗教事务管理制度化、法治化、规范化。提高宗教事务治理能力，加强和改进宗教活动场所管理，巩固和发展最广泛的爱国统一战线，加强国家安全人民防线建设，严厉打击分裂破坏活动。突出重点保障安全。落实安全生产责任制，加强建筑施工、食品药品、道路交通、消防旅游、危险化学品等重点行业领域安全生产管理和专项整治，夯实基础，严格监管执法，加强自然灾害、防汛抗旱、森林草原火险等监测预警和应急救援演练，不断提高防灾减灾救灾综合应急处置能力，坚决防范和遏制重特大事故发生，全力确保人民群众生命财产安全。

加强政府自身建设

各位代表，人民群众满意是政府工作的最高标准，把麻烦和困难留给政府，把便利和实惠送给群众是我们向人民的庄严承诺，我们必须不忘初心、牢记使命、不负韶华，为党和人民的事业砥砺前行、不懈奋斗。

（一）坚持把讲政治贯穿政府工作始终，做到严守党的纪律。深刻领悟“两个确立”的决定性意义，增强“四个意识”、坚定“四个自信”、做到“两个维护”，始终在思想上政治上行动上同以习近平同志为核心的党中央保持高度一致。严格落实意识形态工作责任制，坚持做习近平新时代中国特色社会主义思想的坚定信仰者和忠实实践者，确保意识形态领域绝对安全。加强对党中央大政方针、决策部署，自治区、山南市、县委工作安排落实情况的督查，确保政令畅通、执行有力。

（二）坚持把重法治贯穿政府工作始终，做到全面依法治县。大力弘扬宪法精神，增强政府公职人员法治意识，自觉接受人大法律监督、政协民主监督、纪委监委监督。高质量办理人大代表建议和政协委员提案，广泛听取各方面意见，主动接受新闻舆论和社会公众监督。健全科学民主决策机制。深入推进政务公开。加强行政执法规范化、标准化建设。坚持依法统计，防范和惩治统计造假、弄虚作假行为。

（三）坚持把敢担当贯穿政府工作始终，做到积极主动作为。拓展深化学习贯彻习近平新时代中国特色社会主义思想主题教育成果，聚焦解决不想为、不会为、不敢为等突出问题，健全抓落实的责任链，练就敢担当的铁肩膀，勇做破难题的多面手，提高执行力和落实力。建立完善正向激励、容错纠错、关心关爱等机制，改进和规范督查考核工作，充分调动广大干部职工的积极性。

（四）坚持把提效能贯穿政府工作始终，做到高效优质服务。全面深化“放管服”改革，全面推行“最多跑一次”“网上办、就近办、一次办”，推进政务服务便民化高效化。加强和创新事中事后监管，推进“双随机、一公开”跨部门联合监管，强化重点领域重点监管。增强宗旨意识、服务意识，切实改进工作作风，去除繁文缛节，主动服务、靠前服务，提高办事效率和服务质量。

（五）坚持把严廉洁贯穿政府工作始终，做到全面从严治党。落实全面从严治党主体责任，强化“一岗双责”。严格落实中央八项规定及其实施细则精神，大力整治形式主义、官僚主义，严防不正之风和腐败问题发生。加强节约型机关建设，“三公”经费支出下降3%左右。强化巡视巡察监察和审计结果运用，健全监督制约机制，规范行政权力运行。

各位代表，实干成就事业，奋斗创造辉煌。让我们更加紧密团结在以习近平同志为核心的党中央周围，坚持以习近平新时代中国特色社会主义思想为指导，在区委、市委和县委坚强领导下，团结和依靠全县人民，以时不我待的责任感和使命感，以只争朝夕的事业心和进取心，以百折不挠的创新意识和实干精神，齐心协力、勇于担当，埋头苦干、勇毅前行，以优异成绩向新中国成立75周年、西藏民主改革65周年献礼！

名词解释

1.“四件大事”：是指稳定、发展、生态、强边。

2.“四个创建”：是指着力创建全国民族团结进步示范区；着力创建高原经济高质量发展先行区；着力创建国家生态文明高地；着力创建国家固边兴边富民行动示范区。

3.“六个走在全区前列”：是指在铸牢政治忠诚上走在全区前列；在推进社会治理体系和治理能力现代化上走在全区前列；在推动高质量发展上走在全区前列；在提升各族人民生活品质上走在全区前列；在加强生态文明建设上走在全区前列；在强边固防兴边富民上走在全区前列。

4.残疾人“两项补贴”：是指困难残疾人生活补贴和重度残疾人护理补贴。

5.“十大民心”工程：是指教育优先、卫生提质、社保提标、扶残助孤、幸福养老、脱贫攻坚、安居保障、失地保障、文化惠民、平安山南。

6.教育“三包”：是国家对西藏实施的一项特殊教育政策，是促进西藏教育事业发展的重大举措，即包吃、包住、包学习费。

7.“营改”：是指学生营养改善计划，是2011年以来农村义务教育阶段学生的健康计划。

8.“四个不摘”：是指摘帽不摘责任、摘帽不摘政策、摘帽不摘帮扶、摘帽不摘监管。

9.“三线一单”：是生态环境保护的重要措施，包括设定生态保护红线、环境质量底线、资源利用上线，编制生态环境准入清单。

10.“三区三线”：是根据城镇空间、农业空间、生态空间三种类型的空间，分别对应划定的城镇开发边界、永久基本农田保护红线、生态保护红线三条控制线。

11.“三个意识”教育：是宗教界深入开展的“国家意识、公民意识、法治意识”教育。

12.“十五条硬措施”：是指严格落实地方党委安全生产责任；严格落实各级政府安全生产责任；严格落实部门安全生产责任；严肃追究领导责任和监管责任；严格落实企业主要负责人责任；深入扎实开展安全生产大检查；牢牢守住项目审批安全红线；严厉查处违法分包转包挂靠资质行为；切实加强劳务派遣和灵活用工安全管理；重拳出击开展打非治违；坚决整治执法检查宽松软问题；加强安全生产监管执法队伍建设；重奖激励安全生产隐患举报；严肃查处瞒报谎报迟报漏报生产安全事故行为；统筹做好经济发展、疫情防控和安全生产工作。

13.“两个确立”“四个意识”“四个自信”“两个维护”：是指确立习近平同志党中央的核心、全党的核心地位，确立习近平新时代中国特色社会主义思想的指导地位；政治意识、大局意识、核心意识、看齐意识；中国特色社会主义道路自信、理论自信、制度自信、文化自信；坚决维护习近平总书记党中央的核心、全党的核心地位，坚决维护党中央权威和集中统一领导。

14.“四好公路”：是指“建好、管好、护好、运营好”这四好。

15.“双随机、一公开”：是指随机抽取检查对象、随机选派执法检查人员，将抽查情况和查处结果及时向社会公开。

16.“一网一门一次”：是指推动企业和群众办事线上“一网通办”；线下“只进一扇门”，现场办理“最多跑一次”。

17.“无废城市”：是以新发展理念为引领，通过推动形成绿色发展方式和生活方式，持续推进固体废物源头减量和资源化利用，最大限度减少填埋量，将固体废物环境影响降至最低的城市发展模式。

18.“三线一单”：是生态环境保护的重要措施，包括设定生态保护红线、环境质量底线、资源利用上线，编制生态环境准入清单。

19. 新时代“枫桥经验”：发动和依靠群众就地化解矛盾，自下而上推进社会治理。

20.“三调联动”：是指人民调解、司法调解、行政调解。

中国人民政治协商会议第三届措美县委员会常务委员会工作报告（节选）

——在政协第三届措美县委员会第四次会议上

索朗欧珠

（2024年1月17日）

2023年工作回顾

一年来，政协措美县委员会坚持以习近平新时代中国特色社会主义思想为指导，在县委的坚强领导和县人大、政府的大力支持下。全面贯彻党的二十大精神，深入贯彻习近平总书记关于加强和改进人民政协工作的重要思想、关于西藏工作的重要指示和新时代党的治藏方略，紧紧围绕全县中心工作，认真履行政治协商、民主监督、参政议政和凝聚共识职能，积极广纳良言、广谋良策、广聚共识，干出了新时代人民政协的新样子，展现出了新时代政协委员的新形象，为措美长治久安和高质量发展作出了积极贡献。

一、毫不动摇坚持党的全面领导，牢牢把握正确政治方向

常委会自觉坚持党对政协工作的全面领导，把坚持县委的领导贯穿于政协履职全过程、各方面，以高度的政治自觉始终做县委部署安排的坚定拥护者、执行者。始终不渝坚持党的全面领导。深刻领悟“两个确立”的决定性意义，增强“四个意识”、坚定“四个自信”、做到“两个维护”，不断提高政治判断力、政治领悟力、政治执行力，自觉在思想上政治上行动上同以习近平同志为核心的党中央保持高度一致。严格执行重大事项请示报告制度，坚持将政协年度协商计划、常委会工作报告、考察视察调研报告等呈报县委审定，确保县委的安排部署在政协得到不折不扣贯彻落实。一年来，主动向县委请示汇报重要工作12次。不断夯实共同思想政治基础。坚持学习习近平新时代中国特色社会主义思想长效机制，以党组理论学习会议为引领，采取主席会议和常委会会议集体学习、集中培训、自主学习相结合的学习方式，自觉用党的创新理论武装头脑、指导实践、推动工作。一年来，共召开党组理论学习会议12次、党组专题会议7次、常委会会议4次，政协党组成员和政协机关干部参加县委理论学习中心组学习会议17次，切实在学深悟透、融会贯通、知行合一上下功夫。健全完善党对政协工作领导的组织体系。认真落实新时代人民政协党的建设总体要求，充分发挥政协党组、机关党组、党支部作用，制定完善《政协措美县委员会委员联系界别群众制度》《措美县政协党组班子成员 主席会议成员联系界别制度》《措美县政协党组党员委员联系党外委员制度》，落实党支部“三会一课”制度，确保人民政协更好地成为坚持和加强党对各项工作领导的重要阵地。2023年，召开支部委员会会议12次，党员大会4次，讲党课4次，开展“主题党日”活动12次、党员委员联系党外委员23次。强化政治担当助推主题教育取得实效。牢牢把握“学思想、强党性、重实践、建新功”的总要求，紧扣目标任务，把理论学习、调查研究、推动发展、检视整改、建章立制贯穿始终，切实做到高度重视、对标对表、直面问题、抓紧抓实，确保在以学铸魂、以学增智、以学正风、以学促干上取得实实在在

的成效。通过参加读书班、开展专题研讨、践行“四下基层”、组织专题调研、查摆整改问题、健全完善制度和讲党课、在职党员“双报到”等，着力推动主题教育走深走实。政协党组共召开政协交流研讨会4次，讲党课4次，检视问题11条，整改销号11条，形成调研报告3篇，查找问题10条，提出了17条整改对策建议，制定完善规章制度4项。通过开展主题教育，政协党员、干部和广大委员将主题教育中迸发的政治热情转化为担当作为、履职尽责的强大动力，为政协工作提质增效提供了有力支撑。

二、全面提升专门协商机构效能，彰显人民政协独特价值

常委会始终充分发挥人民政协专门协商机构作用，坚持围绕中心、服务大局，把建言资政和凝聚共识双向发力作为工作主旨，建净言、献良策、出实招。调研视察深入扎实。坚持调研于协商之前，既宣传政策、凝聚共识，又发现问题、提出对策。组织委员赴拉萨市，围绕“农村人居环境整治、巩固拓展脱贫攻坚成果同乡村振兴有效衔接工作”、考察学习农村人居环境综合整治、产业发展等方面工作，就好经验、好做法进行了深入总结探讨，并提出了相关建议。协助市政协完成“助推电商产业发展”“加强城乡养老服务体系建设、促进养老服务事业高质量发展”“建强乡村文化阵地、助力乡村文化振兴”等调研视察任务。以学习交流为主，组织委员和政协机关干部赴安徽省宿州市、淮北市考察市县政协工作开展情况，学习援藏省市在推进政协工作向基层延伸规范化建设、阵地建立和委员履职等方面的经验做法，形成考察学习报告1篇。协商议政成果丰硕。围绕推进边境搬迁工作，组织召开以践行“神圣国土守护者，幸福家园建设者”为主题的专题议政性常委会1次；围绕措美镇波嘎村广场修建舞台顶棚、维修古堆乡帕仓村前当组杰德放牧点道路、在全县各寺庙修建国旗台及增设国旗杆、完善灌溉设施提高粮食产量、修建措美镇卫生院输液室阳光棚、修建哲古镇卫生院业务用房供水工程建设、实施玛悟觉寺寺管会干部澡堂升级改造项目等提案开展现场协商10余次，推动“提”“办”双方协商办理取得成效，进一步提升了“提”“办”双方工作积极性、主动性。县政协三届三次会议期间，委员们围绕全县中心工作提出意见建议29条，为县委、县政府科学决策积极贡献政协智慧和力量。民主监督管用有效。坚持以民为本的履职理念，聚焦民众关切，建立健全政协委员常态化监督机制，政协委员应邀出席县委、县政府及职能部门的民主生活会、征求意见会、法院审判会等；参与中考、小考等监考活动。2023年，组织政协委员80余人次参加各项民主监督活动，重点对涉及群众切身利益、社会各界关注度高的问题开展了民主监督，如实反映基层一线情况，坦率提出意见建议，有效发挥了政协协商式监督的重要作用。中心工作鼓劲给力。在维护稳定、民族团结创建、“三大节日”慰问、强基惠民、结对帮扶、农牧民增收、巡河湖、林草长制、安全生产、“包保”、联系村（社区）、平安建设等重要活动与重点工作中，政协班子全员参与，发挥了重要作用，取得了优异成绩。

三、充分发挥统一战线组织功能，广泛汇聚奋进磅礴伟力

常委会牢牢把握团结奋斗的时代要求，把思想政治引领、广泛凝聚共识作为政协履职工作的中心环节，积极做好团结引领各界群众的工作，广泛凝聚团结奋斗正能量。在强化思想中引领凝聚共识。始终坚持多形式、多层次、常态化开展理论学习，举办“书香浸润心灵 阅读凝聚共识”为主题的书香政协活动，向委员发放《习近平著作选读》第一卷、第二卷等学习资料。着重依托乡（镇）政协委员联络办通过以阅读的方式锤炼素养。广泛真诚“交朋友”，在广泛联谊中加强团结、增进友谊。2023年，县政协班子成员及机关干部“交朋友”27人，邀请“朋友”参加各类协商会议和视察调研活动，举办春节藏历新年茶话会，谈发展、增友谊、聚共识。在宣讲故事中引领凝聚共识。以铸牢中华民族共同体意识为引领，积极组织政协委员开展讲好“委员故事”“西藏故事”“政协故事”“村史”“家史”活动9场，通过一个个“小而美”的故事和真实鲜活的案例，感恩习近平总书记和党中央的亲切关怀，展现全县各族人民建设社会主义新措美的生动实践。收集整理“委员故事”10余篇，特别是措美县政协委员久美扎西受市政协，浪卡子、琼结县等政协邀请宣讲“村史”，引起当地农牧民群众的深度共鸣。在广泛联系中引领凝聚共识。积极教育引导政协委员发挥表率作用，带头铸牢中华民

族共同体意识，带头促进各民族交往交流交融。政协班子成员深入联系寺庙开展“三个意识”教育宣讲活动，引导宗教界人士进一步树牢国大于教、公民大于教民、国法大于教规的观念；充分发挥宗教界委员作用，深入宣传党的宗教政策，积极协助党委、政府加强寺庙管理。加强与兄弟县区政协联系，先后接待日喀则、阿里等地市兄弟县政协来措美考察，在联谊中联络了感情，开阔了视野，推介了措美。

四、始终强化经常性工作质量，推动经常性工作提质增效

常委会着力规范提升政协经常性工作，注重突出重点抓落实，努力提高履职实效，推动政协工作出彩出新。提案质量稳步提升。加强“提、立、办、督”各环节工作，流程更加规范、程序不断优化、督办持续加强。县政协三届三次会议立案的29件提案已全部办复，提案答复率达100%。向县政府争取提案办理资金60万元，召开主席会议专题研究解决8件提案办理资金，确保将提案办理资金用到实处，用在“刀刃上”，受到委员和农牧民群众的一致好评；实行县政协副主席领衔督办提案制度，加大对提案办理落实情况进行监督；围绕A类提案，组成视察调研组开展视察；住县的市政协委员充分利用参加上级政协重要会议等有利时机，提交提案5件，助推解决了一批群众关注的基础设施建设、民生改善等问题。基层阵地作用明显。始终把加强乡（镇）政协机构建设、制度建设、提档升级作为专门协商机构向纵深发展的着力点，加大对乡（镇）政协委员联络办工作的指导力度，做到“多督促、多检查、多引导”，建立健全乡（镇）政协委员联络办考核制度，推动乡（镇）政协委员联络办制度化、规范化、程序化建设，切实把党的方针政策传达到基层，把基层真实情况反映上来，真正在基层委员和群众之间架起一座“连心桥”，真正让乡（镇）政协委员联络办成为当地党委、政府开展工作的“好帮手”。宣传工作凸显成效。以山南政协微信公众号、网信措美、措美融媒等为载体，加大宣传报道和工作交流力度，今年共撰写信息211期，采用136期。其中，被“学习强国”采用1期；网信西藏采用1期；山南政协采用12期；山南电视台采用2期；网信措美采用102期、措美融媒体采用18期。在市政协二届四次会议委员发言大会上，我代表县政协作了题为《强举措　抓落实　推动政协委员履职考核显成效》的发言，在大会上与各位委员深入交流了措美县政协委员考核工作的好经验、好做法；书面交流了阿旺措姆委员撰写的题为《夯实政协基层建设　充分发挥平台作用》材料，就乡（镇）政协委员联络办在推动政协工作向基层延伸发挥积极作用情况进行了交流。在网信措美报道了久美扎西、拉巴次仁委员的优秀事迹。向市政协报送社情民意信息1条，信息约稿1篇，报送3篇措美县政协工作中的创新做法和经验典型，其中2篇被山南市政协转发至全市政协系统。

五、始终坚持强化两支队伍建设，进一步树立政协新形象

常委会坚持强基固本，切实加强自身建设，激发干事创业精气神，展现新时代人民政协崭新形象。强化委员责任担当。着眼委员服务管理更加规范，严格落实《县政协委员履职量化考核管理办法及其实施细则》，推进委员履职量化考评，实行委员年度履职情况打分制，引导委员知责思进、担责有为。2023年，对县级政协委员参加政协会议、调研和视察、提交提案、反映社情民意信息等进行全方面考核，经过考核评选出10名优秀委员。三届三次会议期间，召开委员发言大会，11名委员围绕民主监督、参政议政等方面进行了大会交流发言，进一步强化责任感和使命感。提升委员履职能力。举办乡（镇）政协委员联络办、政协委员学习培训班，通过邀请自治区优秀宣讲员和政协机关干部集中授课的方式，围绕党的二十大精神、意识形态、《民族团结进步创建条例》《提案工作条例》等相关内容，对60余名政协委员、机关干部和乡（镇）政协委员联络办人员进行专题培训，切实增强了履职本领。安排5名政协委员参加市政协学习培训，促进政协委员在新时代履职“跟得上趟、承得了重”。增强机关服务保障作用。深入贯彻落实习近平总书记关于新时代办公厅工作的重要指示精神，着力优化规范各项工作，提升办公室“三服务”水平。坚持全面从严治党，认真落实加强党风廉政建设的各项措施，从严教育管理政协干部、职工和政协委员，切实提高政协工作效能，确保政协系统政治生态风清气正。改进作风狠抓落实。深入贯彻落实中央八项规定及其实施细则精神，

认真落实县委改进作风狠抓落实工作要求，深化纠治形式主义、官僚主义。严格落实政协班子联系乡（镇）制度，主动做好联系服务群众工作。认真落实巡察整改工作，反馈问题15条已全部整改完成。积极开展结对帮扶、“三包五带五促”工作，积极帮助群众解决实际困难。

各位委员，一年来政协工作取得的成绩，关键在于有习近平总书记作为党中央的核心、全党的核心领航掌舵，在于有习近平新时代中国特色社会主义思想科学指引，是县委坚强领导和县人大、县政府大力支持帮助的结果，是全县各级各部门积极配合和社会各界广泛参与的结果，是全县政协各参加单位和广大政协委员、政协干部职工共同团结奋斗的结果。在此，我代表县政协常委会致以崇高的敬意和衷心的感谢！

在看到成绩的同时，也要清醒地认识到，我们的工作与新时代人民政协的新使命新要求和人民群众的新期盼相比，还有一定的差距。乡（镇）政协委员联络办制度化、规范化、程序化建设仍需加强；调研视察成果转化运用水平有待进一步提高；服务管理委员工作仍需进一步优化；等等。这些都需要在今后工作中切实加以改进。

2024年工作安排

2024年是中华人民共和国成立75周年，是实施“十四五”规划的关键之年，做好政协工作意义重大。总体要求是：高举中国特色社会主义伟大旗帜，坚持以习近平新时代中国特色社会主义思想为指导，深入贯彻落实党的二十大和二十届一中二中三中全会精神，贯彻落实习近平总书记关于加强和改进人民政协工作的重要思想、关于西藏工作的重要指示和新时代党的治藏方略，贯彻落实区党委十届三次四次五次全会和市委二届五次六次七次全会以及县委十届七次全会精神，按照县委对政协工作的部署要求，团结引领全县政协各参加单位和广大政协委员，牢牢把握团结和民主两大主题，锚定“四件大事”“四个确保”，聚力“四个创建”“四个走在前列”和山南市“六个走在全区前列”，着力提升建言资政和凝聚共识双向发力水平，充分发挥人民政协统战组织功能和专门协商机构作用，为全面建设社会主义现代化新措美贡献政协智慧和力量。

一、以高站位的政治自觉，在擦亮忠诚底色上见行动、求实效

中国共产党的领导是人民政协事业发展进步的根本保证，旗帜鲜明讲政治是对新时代人民政协工作的本质要求。要始终坚持把党的领导贯穿履职工作各方面全过程，自觉捍卫党的核心，深刻领悟“两个确立”的决定性意义，增强“四个意识”、坚定“四个自信”、做到“两个维护”，坚定坚决贯彻落实党中央、区委、市委、县委决策部署，严格执行重大事项请示报告制度，确保政协工作始终与党的中心大局同心同向、同频共振。要着力凝心铸魂，带头学深悟透习近平新时代中国特色社会主义思想，全面学习宣传贯彻党的二十大、二十届三中全会、中央经济工作会议、区党委十届五次全会、市委二届七次全会和县委十届七次全会精神，把党的主张转化成各族各界群众的思想政治共识，更好发挥政协“重要阵地、重要平台、重要渠道”作用，凝聚起推进长治久安和高质量发展的强大力量。要着力夯实党的建设，切实发挥政协党组在政协组织和政协工作中的领导核心作用，加强政治引领，贯彻落实好党组成员联系界别、党员委员联系党外委员和党员委员参加双重组织生活等制度，把政协大团结大联合的主题落实好，引领政协委员认真履职尽责、主动参政议政。

二、以高质量的建言资政，在服务中心工作上见行动、求实效

人民政协只有围绕中心、服务大局，才能更好发挥优势，彰显作为。要坚持把聚焦我县中心工作、践行全过程人民民主作为重要履职原则，针对高质量发展的难点、堵点和焦点问题，深入调研、深度协商，为全面建设社会主义现代化新措美添助力、增合力。要围绕乡村产业振兴，组织开展“发展特色产业、助推乡村振兴”专题调研，积极助力农牧民增收；围绕增强学生安全防范意识，组织开展“加强学校安全教育、促进青少年健康成长”专题调研，守牢校园安全稳定底线；围绕铸牢中华民族共同体意识，组织开展“深化村（社区）民族团结创建、推动社会治理工作”专题调研，促进社会和谐稳定；组织不同界别委员开展“加强草原生态保护建设”“铸牢中华民族共同体

意识宣传教育”以及政协三届四次会议立案提案等专题视察、民主监督和考察学习活动，努力提出有针对性、建设性的意见建议，为县委、政府决策提供有效参考。要强化调研协商成果转化落实情况的跟踪了解，通过有效的民主监督推动协商成果落实落地。

三、以高水平的思想引领，在广泛汇聚团结力量上见行动、求实效

人民政协作为最广泛的爱国统一战线组织，因团结而生、依团结而存、靠团结而兴，承担着发扬民主、增进团结的重要职责使命。要从严落实与委员“交朋友”、党组成员联系界别等制度，加强与各族各界沟通联系，主动邀请他们参与政协组织的协商议政、调研视察等活动，进一步健全合作共事制度机制。要加强和改进委员联系界别群众工作，采取“走出去”与“请进来”相结合的方式，着力畅通群众意见诉求表达渠道，多做解疑释惑、疏导思想的工作，做到群众在哪里，思想引领就跟到哪里，委员作用就发挥到哪里。要引导各族各界群众深学笃用习近平新时代中国特色社会主义思想，不断增强对中国共产党领导和中国特色社会主义的政治认同、思想认同、理论认同、情感认同，最大限度地把各方面的智慧和力量凝聚起来，最大限度地把各族各界的积极性、主动性、创造性发挥出来，共同为推动措美长治久安和高质量发展作出新的更大贡献。要鼓励委员在工作单位、居住地就近就便开展联系服务群众工作，帮助群众及时解决急难愁盼问题。同时，在为民服务中加强对身边群众的思想政治引领，将广大群众紧紧团结在党委政府的周围，切实当好“宣传员”“知心人”。要创新载体方式，用心用情“讲故事”，把党的好声音送到千家万户，不断提升影响力、说服力、感染力，汇聚起全面建设社会主义现代化新措美的磅礴力量。

四、以高效能的履职尽责，在增进民生福祉上见行动、求实效

坚持以人民为中心的发展思想始终是人民政协履职尽责的根本价值导向。必须心存恪守为民之心，推动各项履职活动从“做了什么”“做了多少”向“做出了什么效果”转变，协助县委、县政府增进民生福祉，进一步干出新样子、干出好口碑。要坚持“紧扣全县发展大局、紧贴人民群众需求、吸取委员意见建议”原则，科学制订年度协商计划，深入调研、深度协商，确保形成的意见建议可操作、有实效。要落实民主监督，灵活运用视察调研、会议监督、提案监督等方式，开展立体式、全方位的民主监督，用民主监督倒逼协商成果落实。要始终坚持协商于民、协商为民，聚焦群众关注的“热点事”、关心的“身边事”、关切的“麻烦事”，积极反映社情民意，让委员建言更有民生温度、政协履职更具民生厚度，在围绕中心、服务大局中有为有位。

五、以高标准的自身建设，在提升履职服务能力上见行动、求实效

认真贯彻落实《关于加强和改进新时代市县政协工作的意见》，坚持把建强“两支队伍”作为开展工作的主抓手和着力点，进一步提升政协委员政治协商能力和政协干部的服务保障水平，不断增强开创政协工作新局面的动力。要强化委员主体作用，加强委员学习培训，增强委员责任意识，提高委员履职本领，打造一支“懂政协、会协商、善议政，守纪律、讲规矩、重品行”的高素质委员队伍。要强化委员履职考核与管理，建立健全委员履职档案，对表现突出的予以通报表彰，对履职不力的进行批评教育，让干和不干、干多干少确实不一样。要强化机关服务保障作用，坚持新时代好干部标准和民族地区干部“四个特别”政治标准，模范践行“六个表率”，带头做到“八个必须”，着力提高“七种能力”，努力打造一支忠诚干净担当的高素质政协干部队伍。要持续改进作风狠抓落实，切实推动调研视察、政协提案、对外宣传、文史资料、社情民意等工作提质增效，不断加强乡（镇）政协委员联络办工作指导，形成上下协调、整体联动履职格局。

各位委员，使命昭示未来、奋斗铸就梦想。让我们更加紧密地团结在以习近平同志为核心的党中央周围，深入学习贯彻习近平新时代中国特色社会主义思想，在区委、市委、县委的坚强领导下，奋力做好新时代人民政协工作，为全面建设社会主义现代化新措美、全面推进中华民族伟大复兴而努力奋斗！

大事记

1月

9日　措美县召开青年工作县际联席会议第二次全体会议，县青年工作联席会议召集人、县委常委、组织部部长冉启仕参加会议并讲话，成员单位相关负责同志、各乡（镇）以及县中学负责人等共41人参加此次会议。

10日　县委经济工作会议在县城召开。会议的主要任务是坚持以习近平新时代中国特色社会主义思想为指导，深入学习贯彻党的二十大精神和中央经济工作会议精神，学习贯彻区党委十届三次全会、区党委经济工作会议和市委二届五次全会、市委经济工作会议精神，总结成绩，分析形势，部署今年经济工作，动员全县上下，踔厉奋发、笃行不怠，撸起袖子加油干、风雨无阻向前行，全力以赴推动措美长治久安和高质量发展。县委书记范和平出席并讲话。县委常委、政府常务副县长王小荣对做好2023年全县经济工作作出具体安排。

10—12日　措美县县农牧综合服务中心技术人员深入四个乡镇放牧点、养殖场开展动物疫病检测采样工作。

11日　措美县乃西村驻村工作队协助村“两委”圆满完成乃西村宜居型农房改造房屋分房工作。

同日　措美县举办2023年“春节、藏历新年”文艺汇演。演出以“党的光辉照边疆、踔厉奋发新征程”为主题，讴歌党的十八大以来全县政治、经济、文化等各方面取得的巨大成就，全面展现在习近平新时代中国特色社会主义思想指引下，全县广大干部群众不忘初心迈入新时代，砥砺奋进踏上新征程的精神风貌。

12日　措美县哲古社区驻村工作队开展关爱重点人群“敲门行动”，以独居、空巢、留守、失能、重残、计划生育特殊家庭等老年人为重点，建立常态化探访关爱服务机制。

18日　措美县委副书记、县长桑旦主持召开措美县冬春季森林草原防灭火工作会议，县政府在岗班子成员，县森林草原防灭火指挥部各成员单位、各乡镇负责人参加会议。

30日　县妇联为各村市级“美丽家园　幸福人家”示范户授牌。通过村民自荐、所在乡镇、村“社区”推荐以及县妇联积极深入村（社区）挖掘，选出4户市级示范户，并举行授牌仪式、挂牌仪式。县妇联实地察看示范户的庭院、居室等布置情况，现场为示范户授牌，鼓励示范户继续发挥典型引领作用，分享好做法、好经验。

31日　措美县乃西乡乃西村第二期转移就业引导培训在乃西村顺利开班。县人社局、乃西乡、乃西村相关领导，培训机构相关负责人以及30名群众参加仪式。

同日　措美县政府副县长向晓花主持召开《措美县妇女发展规划（2021—2025年）》和《措美县儿

童发展规划（2021—2025年）》征求意见会。妇儿工委各成员单位负责人参加。

2月

1日　措美县鲁麦村联合乃西村开展“党的二十大精神文艺交流演出”春节、藏历新年文化交流活动。

同日　措美镇当许社区多糖基地雅江雪牛养殖项目，对措美县“十三五”期间易地扶贫搬迁集中安置点70户分红，每户300元、共落实资金21000元，增加措美镇易地搬迁户收入，实现整镇、整村增收。

同日　措美县政协举行2023年迎新年茶话会。县政协党组书记、主席索朗欧珠代表县委、人大、政府、政协向全县不同界别委员致以新春祝福，对各界委员在过去一年为推动措美政协工作作出贡献表示感谢！

2日　措美县司法局邀请拉萨欧珠律师事务所次旺扎西律师，深入卓德村开展“法律进乡村”法治专题讲座活动。

4日　措美县波嘎村“两委”班子成员、驻村工作队、双联户长结合新时代文明实践开展活动，以走访入户形式为辖区内80岁以上老人，并发放血氧仪。

5日　措美县定巴村返乡大学生和社会青年志愿者开展“青年学子展担当　环境整治亮家园”活动。

同日　山南市委统战部副部长李建斌带队的市级督导考核组到措美县对2022年全县宗教界“三个意识”教育工作开展情况进行实地督导考核，县委副书记卓嘎陪同。

6日　措美县乃西乡召开2022年底具巴短期育肥合作社对辖区内困难群众进行产业分红大会，会上向10户困难群众每户发放500元的分红，使困难群众实实在在地享受产业发展带来的红利。

7日　措美县政府副县长向晓花前往玉美村幼儿园实地督导检查高海拔学校供暖项目进度。

同日　措美县人社局委托措美县雪热妇女手工综合专业合作社承办的氆氇编织技能培训班，20名学员经过60天的学习，全部顺利结业。

10日　措美县团县委以“暖蜂行动　传递温情”为主题，前往县邮政局为6名快递小哥送去医用口罩、洗衣液、保温杯、饮料等慰问品。

11日　措美县当许社区举行村集体经济分红仪式。社区在岗“两委”班子、驻村工作队员及村民400余人参加仪式，为社区429户1531人分红635400元。

14日　措美县政府副县长杨东林一行到县商务局检查电商工作，重点对电商商品销售、商品质量、储备库使用、消防设施器材配备等情况进行全面排查。

19日　措美县哲古社区牧业改革集体经济股份合作社举行牧民务工补贴发放仪式，为200余户群众分红65万元。

3月

1日　措美县委书记范和平前往2023年拟选址造林点开展国土绿化调研工作。政府副县长张伟良，县委办、县林草局相关人员一同调研。

同日　措美县艺术团前往乃西乡恰杂村，开展以深入学习宣传贯彻党的二十大精神——“我们的中国梦”文化进万家为主题的文艺巡演活动。

2日　措美县交通运输局在县委、县政府的大力支持下，积极争取项目资金，并严格按照项目审批相关程序流程，完成2023年农村公路安防设施项目前期各项筹备工作，顺利开展项目技术交底、交桩放线工作。

同日　县政协党组书记、主席索朗欧珠一行考核组深入乃西乡对2022年度乡（镇）政协委员联络办工作开展情况进行考核。考核组通过听取汇报、查阅资料、实地查看、召开座谈会等方式，对乡（镇）政协委员联络办协商计划完成、经费使用、反映社情民意、视频资料录制、委员提案立案等6个方面进行综合考核。

同日　县委副书记、措美县第十一批驻村工作总领队张湘和为全县15个驻村工作队发放收集社情民意电动车。

同日　措美县农业农村局组织召开2022年畜

牧业生产通报暨2023年工作安排部署会议，四个乡（镇）分管统计领导及统计工作人员参加会议。

3日　措美县人民政府副县长向晓花带领县教育局、供电公司、施工单位、设计公司等相关单位工作人员对措美县14所幼儿园供暖项目进行竣工验收。

同日　县委宣传部、县文化（文物）局联合在县城主干道开展以“学雷锋　树新风　扬正气　比奉献　促和谐”为主题的流动图书“文化润心　书香措美”暨“文明用网　安全用网”志愿服务活动，并前往当许社区达当组对残疾人及单亲母亲家庭开展志愿服务活动。

4日　古堆乡政协联络办组织在岗委员，以“政协委员学雷锋　志愿活动暖人心”为主题，开展义诊、普法宣传、公益理发等系列志愿服务活动。

同日　措美县住建局联合司法局、交通运输局、退役军人事务局、海星物业等相关部门开展“敲门行动”矛盾纠纷排查化解主题活动。

6日　措美县教育局召开2023年春季开学工作安排部署专题会议，县人民政府党组成员、副县长向晓花主持会议。县教育局、市场监督管理局、卫健委、应急管理局、消防大队、交警大队等相关单位负责人以及各学校校长（幼儿园园长）参加会议。

同日　措美县网信办牵头，组织新时代文明实践中心志愿者在措美县主干道、学校、敬老院、茶馆、网吧等场所，通过发放宣传资料、播放网络安全知识影音、面对面讲等方式开展“文明用网、安全用网”宣传活动。活动发放宣传资料280份，宣传品300余份，受教育群众达600人次。

7—9日　政协第三届措美县委员会第三次会议召开。本次会议应到委员60人，实到委员53人，符合政协章程规定。会议审议通过政协第三届措美县委员会第三次会议政治决议（草案）、审议通过政协第三届措美县委员会第三次会议常务委员会工作报告决议（草案）和提案工作情况报告决议（草案）。同时，听取和审议刘志斌副主席代表县政协常务委员会向会议所作措美县政协三届三次会议提案审查情况报告（草案）。各乡镇、各寺管会县、中（区）直各单位、驻军部队负责同志列席会议。

7—9日　措美县第十三届人民代表大会第五次会议召开，会议应到代表120名，实到代表110名。会议表决通过关于措美县人民政府工作报告；审查和批准措美县2022年国民经济和社会发展计划执行情况与2023年国民经济和社会发展计划草案的报告、批准措美县2023年国民经济和社会发展计划；审查和批准措美县2022年财政预算执行情况及2023年财政预算草案的报告，批准措美县2023年财政预算；听取和审议措美县人大常委会工作报告；听取和审议措美县人民法院工作报告；听取和审议措美县人民检察院工作报告。

15日　措美县委召开农村工作会议，县委书记范和平出席会议并讲话。县委副书记卓嘎宣读《关于表彰2023年度农牧民增收工作先进集体和先进个人的决定》。县委副书记、政府县长桑旦，县政协主席索朗欧珠等参加会议。县委副书记、人大常委会主任杜祝涛主持会议。会议表彰增收工作先进集体及个人，县委副书记、政府县长桑旦与各乡（镇）及相关单位签订《措美县2023年“三农”工作目标责任书》。

同日　措美县召开2023年度县委政法工作会议，县委书记范和平出席并讲话，县委副书记卓嘎主持会议。会上，书面传达习近平总书记对政法工作的重要指示精神、《信访工作条例》和各级政法工作会议精神；通报2022年山南市平安建设考核情况及全县平安建设考核情况；通报表扬获得平安建设及先进双联户创建评选先进集体和先进双联户单位，并颁发奖牌、荣誉证书；县委常委、政法委书记、公安局局长朱清全面客观总结去年全县政法、平安建设工作，安排部署今年全县政法、维护稳定、平安建设工作。

16日　措美县举行2023年重点项目集中开工仪式。县委书记范和平出席开工仪式并作讲话，县委副书记、政府县长桑旦主持开工仪式，县“四大班子”在岗县级领导，县直各部门负责人、县人大和政协委员代表、重点项目施工单位、监理单位代表参加开工仪式。

同日　措美县召开全县统战民族宗教工作会议，县委书记范和平出席会议并讲话。会议总结2022年全县统战民族宗教工作，安排部署2023年目标任务。各乡镇党委书记、统战委员，各寺管会主任、县（中、区）直各单位主要负责人以及统战民宗全体干部、僧人代表参加会议。

同日　措美县举办复工项目安全生产培训“第一课”。县委常委、政府常务副县长王小荣主持培训会议，县应急管理局有关人员进行授课，县重点项目单位、各施工企业、公司负责人、安全员、监理员、施工员等50余人参加培训会。

同日　措美县召开十届县委巡察工作领导小组第12次会议，县委巡察工作领导小组组长范和平主持会议。县委常委、纪委书记、监委主任、县委巡察工作领导小组常务副组长李胜军，县委常委、组织部部长、巡察工作领导小组副组长冉启仕，县委巡察工作领导小组成员邓先圣参加会议，巡察办（组）人员列席会议。

18日　由措美县兴源投资有限责任公司组织，措美县水利局、措美镇人民政府、乃西乡人民政府、项目施工、设计、监理、跟审等单位主要负责人参加。开展措美县措美镇雪热村波里曲防洪堤工程与乃西乡下藏灌区工程交桩放线工作。

19日　措美县人力资源和社会保障局开展高校毕业生就业创业政策法规“进企业、进机关（事业单位）、进农牧区、进村（社区）、进家庭”活动。

22日　西藏自治区山南公路事业发展和应急保障中心措美养护段举办揭牌仪式，措美县人民政府、县交通运输局、应急管理局、交警大队相关领导和措美养护段全体干部职工、各工区代表参加揭牌仪式。

28日　措美县举办庆祝“3·28西藏百万农奴解放64周年纪念日”升国旗唱国歌仪式活动。县委书记范和平出席活动并致辞，在家县级领导，县（中、区）直各单位党员干部职工、农牧民群众代表、僧人代表、学生代表、军人代表参加升旗仪式。群众代表多吉讲述旧社会的苦、新社会的甜；学生代表次仁旺姆讲述当下幸福生活。

29日　林草局组织全县干部职工、部队官兵、县域企业职工等齐聚在水厂二期厂房植树点参加2023年春季义务植树活动，以实际行动践行“绿水青山就是金山银山”的理念。县委书记范和平出席活动并作动员讲话。干部职工集中种植点面积300亩，植树1.2万株，树种主要为柳树、青杨，管护工作由林草局负责。

31日　措美县召开民族团结进步表彰大会。县委书记、县着力创建民族团结进步创建工作领导小组组长范和平出席会议并讲话。县委副书记、县人大常委会主任、县着力创建民族团结进步模范区工作领导小组副组长杜祝涛主持会议；县委常委、统战部部长、民宗局局长、县着力创建民族团结进步模范区工作领导小组副组长罗布顿珠宣读表彰决定。县委、县政府、人大、政协在家领导干部出席会议。各（乡）镇党委书记、县（中、区）直各部门、寺管会负责人、群众代表、僧人代表、受表彰集体和个人代表共计90余人参加会议。会议对措美县民族团结进步10家模范集体和15名模范个人进行表彰。

4月

6日　自治区宣讲团赴措美县开展纪念西藏民主改革64周年宣讲报告会，县委副书记、政府县长桑旦主持报告会。自治区宣讲团成员、西藏自治区社会科学院马克思主义理论研究所副研究员王文令作报告。

同日　县政府副县长杨东林组织相关部门召开2023年政务服务工作推进会议。会上通报2022年政务服务各项工作开展情况以及存在的问题，并对下一步政务服务中心各项工作进行安排部署。

同日　在县中学阶梯教室举办措美县政府系统学习党的二十大精神，政府“是什么、干什么、怎么干”学习实践活动之“学思践悟党的二十大精神、踔厉奋发谱新篇”主题演讲比赛，县委副书记、县长桑旦及政府在家班子成员出席活动，全县政府系统各单位13名优秀选手参加演讲比赛。

11日　措美县召开2022年度专题述法会。会议由县委常委、政法委书记、公安局局长、县委依法治县委员会办公室主任朱清主持。县委书记、县委依法治县委员会主任范和平出席会议并讲话。县委常委、纪委书记、监委主任李胜军及县人大、政府、政协在家县级领导及措美县“两代表一委员”、群众代表应邀参加会议。

12日　县退役军人事务局、县人武部、乃西乡人大和退役军人服务站相关负责人，前往荣获“三等功”优秀军官阿旺单增家进行“立功送喜报”活动，并慰问其家属。

13—14日　措美县委、县政府牵头举办的2023年全县文秘工作培训班圆满结束，各乡（镇）、村（社区）、县各级各部门、各人民团体主要文秘人员参加培训。

18日　措美县卫生服务中心体检组医务人员前往哲古镇开展2023年农牧民暨在编僧尼免费健康体检活动。此次体检包括，一般体格检查，血压、血脂、肝功能、血糖、糖尿病、肾功能、白内障、心电图、藏医体质辨识及健康指导、B超（腹部B超、泌尿系统B超、妇科B超）、眼科，血常规、先心病等服务项目，同时为前来体检的农牧民群众讲解常见疾病的预防及流感疫苗接种相关知识。

19日　措美县2023年党员干部政治教育暨综合能力素质培训班在山南市委党校正式开班。

20日　措美县组织全县党员干部集中观看《永远吹冲锋号》专题警示教育片第四集《永远在路上》专题片。

23日　措美县召开宣传思想暨意识形态工作会议，县委书记范和平出席会议并讲话。县委副书记、人大常委会主任杜祝涛主持会议，县委常委、宣传部部长占堆通报2022年宣传思想暨意识形态工作，具体部署2023年各项工作。会议传达学习全国、全区、全市宣传部长、网信办主任会议精神，表彰2022年宣传思想先进单位和优秀工作者。

26日　措美县召开2022年农村人居环境整治工作总结暨2023年工作安排部署会。会议由县委常委、宣传部长占堆主持；县委常务副书记、政府常务副县长刘聪出席会议并作讲话。县人大常委会副主任白玛格桑、县政府副县长普布扎西、县政协副主席刘志斌和政府各乡镇、村（社区）、乡村振兴专干、县中（区）直各部门负责人以及县乡村振兴局副科级以上干部、人居办全体工作人员参加会议。

5月

8日　措美县下巴水库工程项目开工仪式在措美镇雪热村境内施工现场隆重举行开工仪式。该工程项目建设工期为24个月，总投资20834.838万元。工程任务是解决2个乡镇4个行政村5730人，38779头（只、匹）牲畜饮水，耕地11040.24亩的灌溉用水。

同日　措美县召开关于着力推动加强生态文明建设走在全区前列暨中央生态环境保护督察反馈意见整改销号工作推进会。会议由县委常委、县政府常务副县长王小荣主持召开，各相关部门、各乡镇负责人参加会议。

9日　自治区文联党组书记、副主席段胜前一行到措美县调研文艺精品创作工作。县委副书记、人大常委会主任杜祝涛，县委常委、宣传部部长占堆陪同调研。

11日　措美县召开乡村振兴领域自查自纠工作动员部署会，会议由政府副县长杨东林主持，县委副书记、政府县长桑旦出席并讲话。会上传达学习中央纪委《关于开展乡村振兴领域不正之风和腐败问题专项整治的意见》，农业农村局负责人宣读措美县乡村振兴领域突出问题自查自纠工作方案，并汇报农工办涉农领域重点工作。

12日　措美县在县中学举行2023年应急综合演练。此次演练由中共措美县委员会、措美县人民政府主办，措美县应急管理局、县消防救援大队承办，县教育局、自然资源局、县中学、县人民医院协办。县中学全体师生代表、周边双联户户长等263人参加演练和观摩。

14日　自治区文物局党组书记赵兴邦带队的调研组赴措美县调研指导文物保护工作。措美县委副书记、政府县长桑旦，县文物局主要负责同志陪同调研。

18日　措美县未成年人保护工作领导小组召开全体会议，措美县政府副县长、未成年保护工作领导小组副组长普布扎西出席会议并讲话，民政局长拉巴央金主持会议。

21日　自治区发展改革委党组成员、副主任、能源局党组书记、局长梅方权一行到措美县检查指导清洁能源工作。山南市委常委、常务副市长牟永文，山南市发改委党组副书记、主任翟坤，措美县委副书记、政府县长桑旦等相关单位人员陪同。

23日　为有序推进驻村轮换工作，确保驻村工作“交得好、接得住”，措美县聚焦“优”“实”“严”，从人员选派、工作交接、跟踪监督上下功夫，推动新一轮驻村工作队继续接力奋斗，助力乡村振兴。

同日　团区委书记周亦峰一行5人调研组深入措美县哲古镇、乃西乡、税务局开展调查研究。县委常委、政府副县长郝朝军、县委常委、县委办主任秦中磊等人陪同。

25日　措美县召开重大事故隐患专项排查整治行动动员部署会议，政府副县长周兆青主持会议并作动员部署讲话。各乡镇，县安委会各成员单位，辖区在建项目和企业负责人参加会议。

30日　措美县人力资源和社会保障局召开项目带动促农牧民增收会议。

同日　县委副书记、政府县长桑旦前往哲古镇慰问哲古风电项目（二期）参建单位，县委常委、县委办主任秦中磊陪同，县政府办公室、发改委、人社局等相关单位负责人参加。

6月

3日　措美县2023年第三期病虫害防治培训在哲古镇卡珠村正式开班。培训为期五天，由措美县人社局主办，共有84名农牧民学员报名参加。

4—7日　措美县艺术团到隆子县开展学习宣传贯彻党的二十大精神“我们的中国梦”文化进万家文艺交流活动。通过活动进一步加强措美、隆子两县的文化交往交流交融，共享文化发展成果。此次文化交流举办10场次，受众人数5000余人。

5日　山南市生态环境局措美县分局组织县直单位各部门在县城主干道上集中开展主题为“建设人与自然和谐共生的现代化”第52个“6·5”世界环境日的宣传活动。

6日　措美县团县委邀请扎囊县“青年讲师”曾明强为措美县130名中学生带来一场以“争做神圣国土的守护者　幸福家园的建设者”为主题的线上宣讲活动。

同日　措美县举办第十二批驻村干部集中培训班，县委副书记、县长桑旦出席并讲话，驻村工作队总领队次仁达瓦主持会议。驻村工作队副领队，各乡镇、县直派驻部门负责人，各驻村队员共计70余人参加开班仪式。

7日　措美县商务局联合县市监局、县发改委、县农业农村局在全县范围内集中开展茶叶过度包装专项整治行动。

同日　措美团县委联合县妇联、措美镇小学组织六年级学生和老师开展“轻松备考12355与你同行”小考减压活动。

10—11日　措美县交警大队在辖区组织开展“一盔一带”交通违法行为专项整治行动。

12日　措美县召开着力创建全国民族团结进步示范区工作领导小组第一次会议暨迎接中央民族宗教工作检查动员部署会议。县委副书记、政府县长、县着力创建民族团结进步模范区工作领导小组组长桑旦出席会议并讲话；全体在岗县级干部出席会议；各乡（镇）主要负责人、各寺管会、县（中、区）直各部门负责人、拟授措美县第三批民族团结进步模范单位代表、县宗教工作领导小组办公室负责人、县民创办全体工作人员参加会议。

13日　西藏阿吉卓姆农畜产品开发有限责任公司在措美县哲古镇哲古社区、宗宗村、卡珠村开展免费发放农畜产品加工器具活动。西藏阿吉卓姆农畜产品开发有限责任公司为哲古镇27个生产小组和广大牧民群众免费发放黑帐篷240卷、测温设备420个、奶渣发酵木桶275个、食品级晾晒布275件以及工作服275件，折合人民币共62.7万余元。

14日　自治区宣讲团到措美县开展铸牢中华民族共同体意识和牢固树立国家意识公民意识法治意识宣讲报告会。县政协党组书记、主席索朗欧珠主持宣讲报告会，自治区宣讲团成员、那曲市委党校副校长、副教授普穷作报告。

同日　措美县召开防汛抗旱工作会议暨“安全生产月”部署会议，政府副县长周兆青主持会议并作讲话。各乡镇，县安委会、县防汛抗旱指挥部各成员单位，辖区在建项目和企业负责人参加会议。

15日　由措美县人大常委会副主任、人居环境整治领导小组办公室副组长白玛格桑，措美县政府副县长、人居环境整治领导小组办公室副组长普布扎西带队，组织各乡（镇）、村（社区）主要领导及分管农村人居环境工作的副乡（镇）长到浪卡子县张达乡、伦布雪乡学习人居环境整治工作先进经验及典型做法。

同日　措美县召开第二轮中央环保督察反馈意见整改工作暨“无废城市”建设工作推进会，会议由县委副书记、县长桑旦主持，县直各部门、4个乡（镇）主要负责同志以及企业代表、海星物业负责人参加会议。

16日　由县宗教界“三个意识”教育办主办，县法院、检察院、司法局、应急管理局、民创办、各寺管会联合承办的全县宗教界首届“团结杯”篮球赛在县体育馆举办。山南市民宗局党组副书记、局长孟子伟亲临现场并督导调研有关工作。县委常委、统战部部长、民宗局局长罗布顿珠出席并致辞。

20日　县总工会、团县委、县妇联在县文化活动中心开展“学习宣传贯彻党的二十大精神、铸牢中华民族共同体意识”书法比赛。

28日　措美县举行西藏措美县中心医院、西藏措美县人民医院、西藏措美县中心医院藏医分院挂牌。

同日　措美县与淮北市党政代表团召开座谈会，山南市委副书记尼玛旦增主持会议。淮北市委书记覃卫国一行，山南市委副书记、常务副市长、安徽省第八批援藏工作队领队单强，措美县委副书记、政府县长桑旦等在家县级领导，以及各相关部门负责人参加座谈会。

7月

1日　措美县文化局在县文化综合服务中心举办“党的光辉照边疆　边疆人民心向党”庆祝中国共产党成立102周年文艺汇演。

3日　山南市乃东区政协党组书记、主席带队政协机关干部、乡镇政协联络员及政协委员到措美县措美镇学习政协委员联络办建设和运行情况。

同日　措美县召开欢迎安徽省短期援藏专业技术人才座谈会。县委常委、县委办主任秦中磊出席座谈会。县委组织部、各受援单位相关负责同志出席座谈会。

同日　阿里地区札达县政协副主席扎西旺久一行到措美县措美镇考察学习，县政协党组书记、主席索朗欧珠全程陪同。

4日　措美县委副书记、政府县长桑旦采取“四不两直”方式前往县中学、措美镇完小检查指导校园安全工作。县住建局、应急管理局等部门负责人陪同检查。

6日　措美县人民医院在西藏自治区藏医院麻醉主任索朗热旦的麻醉指导下，成功为患者格桑单增完成无痛胃镜检查，在措美县尚属首例，填补县人民医院无痛胃镜检查诊疗技术的空白。

7日　安徽省萧县鹏程教育——民生中学与措美县中学结对帮扶签约仪式在措美县委四楼会议室举行。萧县鹏程中学副校长马骏与措美县中学党支部书记赵昊代表双方签订结对帮扶协议。签约仪式后，萧县鹏程教育执行董事张洁代表萧县鹏程中学向措美县中学捐款5万元。

同日　措美县委组织部举办为期一天的组工信息和网评文章写作培训会。重点围绕组工信息、新闻宣传、网络宣传三个方面，为各乡（镇）、县直各单位33名信息员带来干货满满的培训内容，切实为信息员充电蓄能。

9日　县交警大队在辖区组织开展农村道路交通安全整治工作。重点对面包车、三轮车、摩托车等开展路面查处，严查酒驾醉驾、无证驾驶、超员超速、不系安全带、驾驶摩托车（电动车）未佩戴安全头盔等交通违法行为进行检查，做到发现一起，纠正一起。

13日　全市人大代表工作现场会在措美县召开。市人大常委会党组副书记、副主任松嘎，市人大常委会党组成员、副主任牛堃出席会议。

13—14日　应安徽省第八批援藏工作组的邀请，淮北市青年企业家协会组织六名企业家代表组成考察团，来到山南市、措美县开展考察交流活动。

14日　中国共产党措美县第十届委员会第六次全体会议召开，全会审议通过《中共措美县委员会　措美县人民政府　贯彻落实山南市委、市政府关于进一步提升基层治理体系和治理能力现代化水平的实施方案》《中国共产党措美县第十届委员会第六次全体会议公报》，对全县提升基层治理体系和治理能力现代化建设水平相关工作作出安排部署。全会由县委常委会主持。县委副书记、县长桑旦讲话，并就《实施方案（讨论稿）》作说明。出席会议的有县委委员18名，县委候补委员1名，其他现职副县级领导和有关方面负责同志列席会议。

18日 措美县召开“无废城市”建设工作调度会。县政府副县长周兆青主持会议并讲话。会议传达学习习近平总书记在内蒙古考察时的重要讲话精神；听取县教育局、卫健委、农业农村局、住建局、旅发局等部门“无废城市”建设工作的推进情况。

同日 县政府副县长周兆青主持召开措美县知识产权保护工作推进会。县直相关部门、各乡（镇）政府负责人参加。会议全面总结2022年知识产权工作开展情况并对2022年知识产权保护工作目标绩效考核整改工作和下一步知识产权工作进行安排部署。

同日 由新华社、人民日报社、安徽日报社、安徽广播电视台、安徽新媒体集团、山南市融媒体中心等多家中央、省、市媒体记者组成的安徽省援藏事迹采访团一行抵达措美县进行集中采访活动，全面报道安徽省第八批援藏干部人才工作队措美工作组深入贯彻落实习近平总书记关于西藏工作的重要指示和新时代党的治藏方略，围绕“稳定、发展、生态、强边”四件大事，积极开展对口援助工作的举措和成效，讲好安徽援藏故事。

19日 措美县举办“增强‘三个意识’，争做模范僧尼”国家通用语言演讲比赛，县委常委、统战部部长、民宗局局长罗布顿珠出席并致辞，县政协副主席罗布卓玛出席，全县4个乡镇统战委员、5个寺管会主任、县委宗教工作领导小组成员单位负责同志参加比赛。

同日 由措美县委、县人民政府主办，措美县委宣传部、县文化（文物局）及县文化综合服务中心、县艺术团承办的措美县学习宣传贯彻党的二十大精神 铸牢中华民族共同体意识文艺创作精品汇报演出在县文化综合服务中心举办。县委副书记、县人大常委会主任杜祝涛，县委副书记卓嘎及在家的县级领导观看演出。

21日 安徽省“十四五”援藏规划中期评估及优化调整现场调研组一行四人赴措美县，调研安徽省“十四五”援藏规划实施情况，了解规划主要任务进展、重点项目建设情况，调研分析存在的问题。

25日 措美县召开光荣退休欢送仪式。县委副书记、政府县长桑旦出席会议并讲话，县四大办、组织部、宣传部、统战部、县委老干部局、人社局、财政局、医保局等相关负责人参会，县委副书记、人大常委会主任杜祝涛主持。

26日 县委副书记、政府县长桑旦前往县小学、县中学实地督导检查供暖项目建设情况，政府副县长周兆青陪同。

8月

1日 县委副书记、人大常委会主任杜祝涛，县委常委、县委办主任秦中磊，县政府副县长向晓花一行先后走访慰问县人武部、县武警中队和县消防应急救援大队，为驻地部队和消防救援人员送去慰问品，并向他们致以节日的问候和祝福。

同日 措美县召开2023年上半年农牧民增收工作调度会议。县委副书记、增收工作领导小组常务副组长卓嘎出席会议，县政府副县长张伟良主持会议，各乡（镇）长、各县（中、区）直单位主要负责同志和增收办工作人员参加会议。

同日 县林草局组织项目参建单位深入实地开展措美县2021年营造林先造后补工程县级中期验收工作，政府副县长张伟良参加验收。

同日 措美县文化局组织县艺术团走进武警中队，开展“军民鱼水情 共筑中国梦—送文化进军营”活动。

2日 措美县召开2023年信息工作会议，县委常务副书记、政府常务副县长刘聪出席会议并讲话，县委常委、政府常务副县长王小荣主持会议，县委常委、县委办主任秦中磊出席会议，各乡镇、各寺管会、县（中、区、市）直单位分管负责同志参加会议。

同日 县水利局与县兴源投资有限责任公司联合组织哲古镇人民政府、扎杂村委会、措美县哲古镇扎杂村应急抗旱水塘建设工程施工、监理、设计、跟踪审计、质量检测等单位，对措美县哲古镇扎杂村应急抗旱水塘建设项目开展完工验收工作，县人民政府副县长张伟良参加验收。

3 日　县委副书记、政府县长桑旦主持召开2023 年措美县人民政府第一次全体会议，县委常务副书记、政府常务副县长刘聪，县委常委、政府常务副县长王小荣，县委常委、政府副县长郝朝军，政府副县长张伟良、向晓花、周兆青出席会议。各乡镇乡镇长、县（中、区）直单位主要负责同志，参加会议。

同日　2023 年农牧民民族手工艺品加工（卡垫编织）技能培训班在措美县雪热村举行开班典礼，本次培训共计 60 天，共有 25 名学员参加。

同日　县市场监督管理局组织举行个体工商户微小企业支部委员会集中授牌仪式，被授予党员经营户和诚信经营户称号的商户代表参加仪式。

7 日　措美县人民医院眼科门诊举办的“爱眼底　光明行”义诊活动，自安徽理工大学附属第一人民医院、中国科技大学附属第一人民医院、安徽医科大学附属第一人民医院、芜湖市眼科医院、合肥市滨湖医院的 5 位眼科专家，对近 150 名藏族群众进行角膜病、胬肉、白内障、眼底病等眼科常见病的免费检查。

同日　措美县团县委在县委三楼会议室召开西部计划志愿者迎新仪式暨工作座谈会。会上，县政府副县长向晓花向新来的志愿者献上哈达并致以诚挚的关怀与问候，向老志愿者颁发青马结业证书及优秀学员荣誉证书，新老志愿者代表进行发言。

8 日　市发改委党组书记、副主任白玛多吉带队到措美县哲古镇、措美镇，开展清洁能源产业发展调研工作。措美县委副书记、县长桑旦，政府副县长张伟良，县发改委、商务局负责人陪同调研。

同日　中共安徽省委教育工委副书记、省教育厅机关党委书记王佩刚率队到措美县考察教育援藏项目实施情况，进一步推动安徽省教育援藏工作，深化皖藏两地交流合作。

9 日　市人大常委会党组成员、副主任赵天武一行的调研组，在措美县开展加强冰川保护专题调研。县委副书记、人大常委会主任杜祝涛及相关部门负责人陪同调研。

10 日　中华全国青年联合会主办的全国青联服务团助力西藏高质量发展活动之“专家义诊”活动在措美开展。活动安排首都医科大学附属北京胸科医院党委副书记、纪委书记、主任医师庞宇教授，国家儿童医学中心、首都医科大学附属北京儿童医院心脏超声科副主任、主任医师张鑫教授，复旦大学附属眼耳鼻喉科医院耳鼻喉科研究院副院长、主任医师、国家杰出青年科学基金获得者舒易来教授，到措美县人民医院开展义诊和业务培训。

11 日　措美县召开 2023 年秋季开学工作安排部署会，县人民政府党组成员、副县长向晓花出席会议并作讲话。县教育局、公安局、应急管理局、市场监管局、卫健委，县中学、各小学、县幼儿园等相关负责人参加。

14 日　措美县人大代表暨监督工作“双提升”会议胜利召开。会议由县委副书记、县人大常委会主任杜祝涛主持。县人大常委会副主任达瓦、次仁，县人民政府副县长张伟良出席会议。县监察委员会、县人民法院、县人民检察院、县（中、区）直各单位负责同志，各乡镇人大主席，各专门委员会主任委员，县人大常委会机关部分同志参加会议。

同日　措美县公安局 2023 年全警实战大练兵开班仪式在公安局三楼会议室举行，县委常委、政法委书记、公安局局长兼督察长朱清出席并作开训动员，局党委班子成员、全体参训民辅警参加仪式，此次民（辅）警警务实战大练兵轮训为期一周。

16 日　县人大常委会在加查县委党校举办措美县人大代表 2023 年度履职能力提升培训班，52 名人大代表参加培训，县人大常委会副主任次仁出席开班仪式并讲话。

17 日　山南市医疗保障局党组书记、副局长潘华泉率领工作组一行到措美县开展医保工作调研。调研主要围绕乡（镇）村（社区）联网结算情况、医保经办服务、医疗保险基金使用管理等工作展开。市医保局相关科室负责同志陪同调研，措美县委常委、县委办主任秦中磊参加座谈会。

18 日　县委组织部举办乡村振兴专题讲座，全县党员干部、村“两委”班子、驻村工作队、乡村振兴专干等 102 人参加。

20 日　措美县召开农牧民转移就业暨高校毕业生就业创业工作领导小组会议，县委副书记、县长桑旦出席会议并讲话，县政府副县长向晓花主持会议，全县各乡镇、领导小组成员单位负责同志参加会议。

21 日　措美县委宣传部、县新时代文明实践中心办公室牵头，组织措美镇、县人民法院、检察院、公安局、司法局、农业农村局、文化局、卫健委、旅发局、人民医院、藏医院等部门，在措美镇玉美村举行2023年措美县文化科技卫生“三下乡”集中示范活动启动仪式。

22日　团县委组织召开2023—2024年度措美县大学生志愿服务西部计划志愿服务协议书签订现场会。会上，宣读并讲解《大学生志愿服务西部计划西藏专项志愿者应知应会手册》相关内容，随后，县西部计划项目办与志愿者、服务单位三方共同签订志愿服务协议书。

30日　县委副书记、政府县长桑旦带领在家班子成员前往县城各重点项目建设点，实地督导检查工程建设情况，县政府办、住建局、发改委等有关部门负责同志陪同。

31日　县商务局联合县发改委、生态环境局、市监局等部门对全县各类商场、超市、餐饮（外卖）、住宿、电子商务等重点领域开展禁塑限塑专项整治联合检查。同时，发放禁塑限塑宣传材料40余份。

同日　措美县举行县武警中队2023年度退役士兵欢送仪式。副县长向晓花及县退役军人事务局相关负责同志参加，并为退役士兵献上哈达，送上拉杆箱、背包等慰问品。

9月

1日　山南市水利局党组副书记、局长念扎一行先后深入措美县下巴水库工程、扎西松多水库工程施工现场围绕当前施工进度、安全文明施工、工程质量等方面实地督导检查，市水利质监站、市水利项目建设中心、措美县水利局等相关单位工作人员陪同。

2日　措美县召开第五次全国经济普查清查工作动员部署会暨统计工作专题会议暨措美县居民收支调查和住户监测工作调度会。县委副书记、政府县长桑旦出席会议并讲话，县政府副县长普布扎西主持会议，县统计局班子成员，普查办及各乡（镇），各单位主要负责人参加会议。

5日　措美县召开2022年度巩固拓展脱贫攻坚成果同乡村振兴有效衔接考核评估反馈问题整改工作调度会暨农牧民增收推进会，县委副书记、政府县长桑旦出席会议并讲话，县政府副县长普布扎西主持会议。

同日　措美县召开村级党组织领办合作社开展土地流转试点工作第一次会议。县委常委、组织部部长冉启仕，县政府副县长周兆青，措美镇、县委组织部、县农业农村局、县自然资源局、县财政局、县市场监管局在家负责同志参加会议。县委常务副书记、政府常务副县长刘聪主持会议并讲话。

6日　措美县召开2024年预算编制部署会暨1至8月财政预算执行调度会。县委副书记、政府县长桑旦，县政府副县长普布扎西出席会议。各乡镇、寺管会、县直各单位主要负责同志以及财政局在家全体干部职工等60余人参加会议。

7—9日　由中共措美县委员会、措美县人民政府主办，县旅发局、县文化局承办，多彩措美·相约哲古为主题的2023年第十四届措美县哲古牧人节在哲古湖畔举行，县委副书记、政府县长桑旦致辞并宣布开幕。本次哲古牧人节是一次集旅游推介、文化交流、体育竞技为一体的盛会，以草为媒、以节会友、以诚招商，以节共享文化、共叙情谊、共商合作，旨在宣传措美、展示措美、推荐措美，以文塑旅、以旅彰文，加快文化和旅游的深度融合，提高措美的知名度和影响力。

10日　帕仓村“双语”幼儿园组织开展“躬耕教坛　强国有我”教师节主题教育活动，各班根据孩子们的年龄特点开展各种活动，包括爱的作品、爱的表白、爱的歌声、爱的行动等，表达学生对教师的感恩之情。活动中学校为全体教师准备节日慰问鲜花，同时为2023—2024年第一学期工作突出的老师颁发荣誉证书。

11日　措美县开展以“网络安全为人民，网络安全靠人民”为主题的国家网络安全宣传周措美县活动启动仪式暨集中展示活动，县委常委、宣传部部长占堆到活动现场指导宣传工作。本次活动共有34家县（中、区）直各单位参加宣传，发放网络安全宣传资料2500余份，接受群众咨询300余人次，受到广大干部群众的高度好评。

12日　自治区第二轮生态环境保护督察组组长杨天强一行到措美县开展调研督导工作，不折不扣推动第二轮中央生态环境保护督察反馈问题整改落地落实。市住建局局长谭修生陪同。

同日　措美县农业农村局组织农技人员深入15个行政村（社区）指导群众开展秋收工作，对粮食产量进行抽样理论测产，同时宣传农机具安全使用知识。截至年底，措美县秋收面积共计5000余亩，其中粮食作物3200亩、经济作物800亩、饲草作物1000亩。

13日　共青团安徽省委二级巡视员李丹云一行赴措美县看望慰问西部计划志愿者及对口支援人才，措美县委副书记、人大常委会主任杜祝涛，县委常委、组织部部长、县委党校校长、直属机关工委书记冉启仕，县委常委、政府副县长、安徽省第八批援藏工作队措美工作组副组长郝朝军等领导及相关负责同志陪同慰问。

14日　措美县人大常委会副主任次仁带队，县人社局相关负责人一行，前往古堆乡、哲古镇对7家大学生创业点进行调研。

15日　措美县举行2023年秋季新兵欢送仪式，县委常委、县人武部部长车红东、县政府副县长益西加措出席，县退役军人事务局负责同志和5名应征青年及其家属等参加欢送仪式。

同日　以“铸牢中华民族共同体意识、构筑中华民族共有精神家园”主题文艺演出暨民族团结进步宣传活动在民族团结主题公园隆重举行。县委副书记、政府县长出席活动并致辞。县委副书记、县人大常委会主任杜祝涛，县委常委、宣传部部长占堆，县委常委、政法委书记、公安局局长朱清，县委常委、统战部部长、民宗局局长罗布顿珠以及在家县级干部检查指导宣传活动开展情况，并观看文艺演出。

15—16日　2023年度措美县县城离退休干部职工趣味运动会在措美县全民健身活动中心举行。此次运动会由县委组织部主办、县委老干部局承办，共有2支代表队、30名离退休干部参加活动。

16日　措美县与安徽省宿州市卫健系统座谈会在县政府三楼会议室举行。会上，宿州市卫健委与措美县签订结对帮扶协议。措美县委常务副书记、政府常务副县长刘聪，政府副县长张伟良，宿州市老龄工作委员会办公室主任张海宏，宿州市立医院党委书记、主任医师钟平，宿州市中医医院党委委员李文玉及宿州卫健系统医疗专家团全体成员出席座谈会并见证签约。

18日　山南市人大常委会党组成员、副主任晋美一行到措美县实地调研第八个五年法治宣传教育情况。县委副书记、人大常委会主任杜祝涛陪同调研。

同日　措美县文化振兴之扎扎服饰推广项目在扎杂村扎扎服饰传习所正式启动。

19日　措美县召开学习贯彻习近平新时代中国特色社会主义思想主题教育部署会。措美县委副书记、政府县长桑旦作部署讲话。县委副书记、人大常委会主任杜祝涛主持会议，在家县级领导出席会议。

同日　措美县农业农村局召开2023年度“三秋”安全生产部署会议，县政府副县长普布扎西出席会议并讲话，各乡（镇）、各村（社区）农业农村工作专员、大学生科技专干，科技特派员、农技特聘员参加会议。

20日　措美县举办在村（社区）全面实施卓德村基层治理模式推动共建共治共享工作培训会，卓德村党支部纪检委员平措朗珍讲解卓德村“党员群众参治+积分管理”具体程序、工作成效、经验启示，详细介绍实施“码上行动”实现数据多跑路、群众少跑腿；实施微心愿活动，打通“线上+线下”服务群众渠道；建立村干部考核机制，激励村干部为民办实事。

同日　措美县融媒体中心（广播电视台）组织全台在岗工作人员举行设备使用培训，安徽省第十一批短期援藏专业技术人才淮北市传媒中心徐森授课。

21日　县纪委监委组织全县开展“全面加强党的纪律建设　弘扬清风正气”廉政警示教育系列活动。措美县委副书记、政府县长桑旦出席活动并讲话，在家县级领导，各乡（镇）、县（中、区）直各单位四级主任科员以上党员领导干部160余人参加活动。县委常委、纪委书记、监委主任李胜军同志主持活动。

同日　措美县农业农村局组织农机工作人员到县城农机具代销点对措美县部分村集体经济组织近期购买的补贴1万以上机具进行现场核验工作。共核验14台机具，兑现资金共64.9066万元，其中国补

38.9440万元，省补25.9626万元。

22日 措美县举办“迎国庆 颂党恩 促团结”诗歌朗诵比赛，县直机关、乡镇机关党员，15个村（社区）“两委”干部及群众代表等50人参加。此次比赛由安徽省第八批援藏措美县工作队、县委组织部、县创先争优强基惠民领导小组办公室联合举办。县政协副主席罗布卓玛出席比赛并致辞。

同日 措美县召开2023年度迎接中央、自治区巩固拓展脱贫攻坚成果同乡村振兴有效衔接考核工作部署会议，会议以视频形式开至乡镇，县委副书记、驻村工作队总领队次仁达瓦作讲话，县政府副县长普布扎西主持会议。各乡镇党政主要领导，县直相关单位负责人、第一支部书记参加会议。

23日 县委组织部（县委老干部局）举办安置在泽当离退休干部职工思想政治教育培训会。共101人参加集中培训。

24日 县委副书记、政府县长桑旦深入古堆乡调研指导乡村振兴重点工作，督导防贫监测、脱贫人口增收、人居环境整治、迎检排查、乡村振兴项目等工作落实情况。

25日 措美县学习贯彻习近平新时代中国特色社会主义思想主题教育读书班开班。县委副书记、政府县长桑旦在开班仪式上作辅导报告。在家县级领导干部出席开班式。

26日 水利局组织人员对哲古50MW风电项目机井计量设施进行验收。

10月

1日 措美县举行中华人民共和国成立74周年“升国旗 唱国歌”仪式。在家县级领导，县直各部门在家负责人，群众代表，共计160余人参加。升旗仪式由县委副书记、驻村工作总领队次仁达瓦主持。县委副书记、政府县长桑旦出席仪式并讲话。

4日 我国海拔最高风电项目——西藏措美哲古风电场25台风机全容量并网发电。

13日 由县政府副县长普布扎西带队，县乡村振兴局、住建局、措美镇、波嘎村、设计方、监理方、跟审方组成联合验收组对波嘎村人居环境整治项目进行验收。

14日 县人民政府副县长普布扎西带领县乡村振兴局、县住建局、哲古镇、扎杂村、设计单位、监理单位、跟审单位、村民代表组成的验收组深入扎杂村开展乡村振兴建设项目竣工验收。

15日 措美县招商引资推介会暨集中签约仪式在宿州丰大国际大酒店举行。县委常务副书记、常务副县长刘聪主持推介会。县委常委、常务副县长王小荣讲话。宿州市人民政府副秘书长汪强，市发改委主任朱大忠，宿州市委统战部常务副部长、市民宗局局长刘尚斌等出席并见证签约。

16日 措美县教育局举办《义务教育道德与法治课程标准（2022年版）》解读与教学建议专题培训，全县所有道德与法治教师参加培训。

同日 世界粮食日，措美县开展以“普及节粮知识、提高节粮意识”为主题的第43个世界粮食日宣传活动，共发放宣传资料125份。

17日 措美县召开全县巡察工作会议暨十届县委第五轮巡察工作动员部署会，深入学习贯彻习近平新时代中国特色社会主义思想特别是习近平总书记关于巡视工作重要论述，深入贯彻落实全国巡视工作会议、全区巡视巡察工作会议以及全市巡察工作会议精神，宣布巡察组长、副组长授权任职及任务分工决定，研究全县巡察工作，安排部署十届县委第五轮巡察工作。

同日 山南市政协党组书记、主席巴珠带队的调研组一行深入措美县，就基层政协工作进行实地调研。措美县政协党组书记、主席索朗珠陪同调研。

17—18日 措美县农业农村局在四个乡（镇）工作人员的积极配合下，顺利完成2021—2022年全县牲畜出售补贴资金落实工作。据统计，全县2021—2022年符合条件的出售牛7837.25头（胴体）、羊37629只，共落实补贴资金921.783万元，其中：牛补贴资金470.235万元，羊补贴资金451.548万元，受益户数达到3774户。

18日 县政协办开展以“书香浸润心灵 阅读凝聚共识”为主题的书香政协活动。县政协党组书记、主席索朗欧珠主持，县直机关20名政协委员参加活动。

19日 措美县召开深化拓展新时代文明实践

中心建设工作推进会。县委书记桑旦出席会议并作讲话。县委副书记卓嘎，县委常委、组织部部长冉启仕传达学习文件精神。县委常委、宣传部部长占堆主持会议，县人大常委会副主任、古堆乡党委书记高原、县政府副县长周兆青、县政协副主席、驻村工作副领队刘志斌，以及各乡（镇）党委书记、宣传委员、文化站站长、各村（社区）支部书记、驻村工作队队长，县直各单位主要负责人参加会议。

19—20 日　十届县委第五轮四个巡察组分别召开进驻工作动员会，进驻县委统战部、县工商联、玛悟觉寺管会、扎西曲林寺管会、觉康拉康寺管会、乃西寺管会、县卫生健康委员会、县医疗保障局、县卫生服务中心、县藏医院、县交通运输局、县行政审批和便民服务局开展巡察。

19—20 日　措美县农业农村局在各乡镇、村级防疫人员的积极配合下，协同推进措美县秋季重大动物强制免疫各项工作。村级动物防疫员在全县规定时限内，逐村逐户开展免疫接种工作，涉及 4 个乡（镇）、15 个行政村（社区），共免疫牲畜牛 47823 头、羊 157116 只。

20 日　在中华民族传统节日重阳节即将到来之际，县委常务副书记、政府常务副县长、安徽省第八批援藏工作队措美工作组组长刘聪率工作组一行到措美县特困人员集中供养中心走访慰问老人，祝老人们健康长寿，并送上节日慰问品。

24 日　措美县第十三届人民代表大会第六次会议召开，会议应到代表 119 名，实到代表 93 名。会议表决通过措美县第十三届人民代表大会第六次会议选举办法（草案）；措美县第十三届人民代表大会第六次会议总监票人、监票人名单（草案）；选举邢飞为措美县人民政府县长，补选尼玛顿珠、周宝成为县人大常委会委员，并举行宪法宣誓仪式。

25 日　措美县召开食药安全委员会 2023 年第二次全体会议暨食品药品安全评议考核部署会。

同日　自治区人大常委会副主任、市委书记许成仓在措美调研清洁能源基地建设工作，在措美县哲古 50MW 风电项目（二期）、措美雪热 30MW 保障性并网光伏项目现场解决存在的困难问题。

同日　措美县教育局开展“龙磁·措美奖（助）学金”家庭困难学生资助及品学兼优生捐赠奖学金活动，困难生、残疾生、品学兼优奖学生家长参加活动。2023 年龙磁资助金为困难生 11 名共发放资助 38000 元、残疾生 25 名共发放资助金 62500 元、品学兼优 9 名共发放资金 27000 元，用于鼓励、激励学生勤奋学习、努力进取。

27 日　措美县公安局召开“9 · 18”厅督特大电信网络诈骗案被骗资金集中返还大会，会议由局党委委员、政委中巴旦主持，县委常委、政法委书记、公安局党委书记、局长兼督察长朱清及在家局党委班子成员、局属各警种部门负责同志及刑事侦查大队全体在家民警参加会议。

31 日　措美县妇联联合县人民法院和哲古镇司法所在卓德村开展“维护妇女儿童合法权益　构建和谐文明幸福措美”法治宣讲进村居活动。

11月

1 日　措美县乡村振兴局、驻村办联合举办为期半天的巩固拓展脱贫攻坚成果同乡村振兴有效衔接有关政策业务培训班。县委副书记、驻村工作队总领队次仁达瓦出席培训班开班式并讲话，培训班由县乡村振兴局局长主持，邀请市乡村振兴局数据统计科科长、一级主任科员格桑次仁，县乡村振兴局益西更参分别就巩固拓展脱贫攻坚成果信息动态管理有关政策进行深入解读讲解。各驻村工作队临时党支部书记、各驻村工作队队长、第一书记、乡村振兴专干共 55 人参加培训。

同日　措美县农牧综合服务中心技术人员前往 19 个黄牛改良点开展 2023 年黄牛改良点县级验收工作。验收人员按照年初冻配任务及适龄母畜存栏数，通过“听、查、询、问”等方式进行验收，逐一对各点每周上报数据及配种登记表进行核实，确保数据准确无误。2023 年，措美县上级下达黄牛改良任务 1300 头，除去复配数外，实际完成 1309 头，完成率达到 100.7%。

2 日　措美县司法局开展国家统一行政执法证发放和换证工作，陆续将 44 张行政执法证件发放到执法人员手中。

6—7 日　措美县举办 2023 年“中华民族一家

亲　巾帼同心共筑梦”妇女干部职工趣味运动会。县直机关、措美镇职工90余人参加运动会。

8日　山南市旅发局党组书记旺青带队的工作组深入哲古景区，详细了解G219生态旅游厕所项目建设、旅游厕所在生态旅游岗位发挥作用、“一长两员”岗位职责、岗位资金兑现等情况进行督导检查。县旅发局负责人全程陪同，并对目前生态旅游厕所运营情况以及存在问题进行详细汇报。

9日　县委副书记、政府县长邢飞主持召开措美县2023年安委会第4次全体（扩大）会议暨森林草原防灭火工作会议，县政府在家班子成员，县安委会各成员单位、各乡镇、辖区重点企业负责人参加会议。

13日　措美县召开2024年预算编制培训会。县政府副县长周兆青出席会议并作讲话。各乡镇、寺管会、县直各单位主要负责人员和财务人员以及财政局在家全体干部职工共120余人参加培训会。

15日　措美县委老干部局举办次仁同志光荣退休仪式。县委书记桑旦出席会议并讲话，县“四大班子”、住建、财政、人社、医保局等，部分单位负责同志参加会议。

15—20日　措美县成功举办第22届物资交流会，本次物交会参展商户221家，其中百货188个、餐饮区10个、娱乐区13个、本地特色产品合作社10家参与展销活动。牛羊肉、雪菊、蜂蜜、奶渣、藏式服装、家具等产品受到农牧民群众的热烈追捧，各商户五天累计销售额达到85万余元。

16日　山南市当热雍湖建筑有限责任公司组织人员在措美县雨污分流建设项目部举行“情系环卫”的爱心捐助仪式，人民政府副县长周兆青应邀出席并讲话。县住建局、国泽公司负责人参加活动。

20日　根据措美县“八五”普法规划和县委关于进一步增强“国家意识、公民意识、法治意识”群众性教育宣传工作部署要求，由县委、县政府主办、县普法办承办、县人民法院、县检察院、县公安局、县司法局、西藏哈呼曲艺社协办，举办“美好生活·法治同行”主题法治文艺演出活动。

21日　县文化局开展“数字文化军营建设”验收仪式。县人民政府副县长向晓花出席验收仪式。

26日　山南市旅发局党组书记旺青带队的区内外旅行商、媒体、粤港澳同胞等30余人在措美县以“冬游山南”旅游营销推介为目标进行采风活动，县政府副县长向晓花代表县委、县政府欢迎采风团的到来，并献上洁白的哈达，同时发放措美旅游宣传品和纪念品。

27日　措美县哲古镇组织210多辆牧民车队，共计2829头牛、11741只羊的畜产品进驻山南市第43届雅砻物资交流会市场，措美县是山南的牧业大县，在本次物交会上共有757个展位。

28日　措美县司法局举行“一站式”矛盾纠纷调解中心揭牌仪式。县委常委、政法委书记、公安局党委书记朱清出席仪式并致辞，县人民法院院长卢露出席仪式，县委政法委、法院、检察院、公安局、人社局、信访局、各司法所等相关单位负责同志出席仪式。

同日　措美县召开生态环境保护大会，县委书记桑旦出席会议并讲话，县委副书记、县长邢飞主持会议，县四大班子在家领导，县人民法院、县检察院主要负责同志。4个乡镇、县（中、区）直单位主要负责人参加会议。

29日—12月13日　措美县总工会组织18名干部职工前往福建省厦门市开展2023年第二批疗休养活动。

30日　县政府副县长向晓花带队退役军人事务局、住建局、发改委及施工队相关负责人一同前往武警中队，对武警中队篮球场改造项目进行完工验收，该项目总投资94962.2元。

30日至12月5日　由措美县委常委、宣传部部长占堆带队的基层文化交流团分别在安徽宿州、安徽省淮北市开展了以“凝聚皖藏民族情　携手共筑中国梦”为主题的文艺演出活动，并参与安徽宿州大型群众性文化活动“大地歌会”颁奖晚会，促进皖藏文化交往交流交融，推动援藏工作全面深入开展。

12月

11日　县直属机关工委组织县直机关党组织34名党务工作者，分别到县政府办、县司法局观摩学习示范点党组织创建工作。

13—14 日　措美县政协带队的委员履职考核组一行前往哲古镇、县直相关单位，对 9 名县级政协委员进行年度履职考核。

15 日　措美县团县委面向措美镇小学开展以“防性侵、防猥亵、防霸凌”为主题的法治宣传活动，活动覆盖人数 50 余人。

20—21 日　措美县残联积极配合县卫健委对全县范围内开展重新鉴定原有人员和新增疑似精神障碍患者筛查统计工作。活动邀请山南市人民医院副院长、乃东区人民医院（援藏医生）进行鉴定。

20—21 日　县政府副县长普布扎西带队县乡村振兴局、农业农村局产业办、各乡镇村居以及西藏阿吉卓姆农畜产品开发有限公司负责人组成的工作组深入全县 26 户监测户家庭，开展哲古一体化畜产品综合加工项目 2023 年产业收益分红。

21 日　措美县召开外来入侵物种普查工作汇报会，三方技术支撑单位进行成果汇报，措美县普查面上调查涉及 4 个涉农乡镇，完成 69 个踏查点，20 个标准样地，完全符合“三覆盖”技术要求，踏查面积 79719.86 亩，累计发现外来入侵物种 13 种，分布在全县 4 个乡（镇）、15 个行政村。

22 日　措美县召开乡镇党委书记、行业系统党工委书记 2023 年抓基层党建工作述职评议会。市委组织部干部教育科科长马建业到会指导。

24 日　县委书记桑旦主持召开 2023 年度县委常委班子成员述责述廉会议。

25 日　措美县哲古镇召开 2023 年度十佳“五美家园”表彰会。镇党委书记主持、在岗干部职工、10 个五美户、各村（社区）党支部书记、第一书记及村主任参加。

27 日　措美县直属机关工委召开 2023 年度机关党组织书记抓基层党建工作述职评议会议，县委常委、组织部部长冉启仕主持并讲话，县直机关工委成员、县直机关各党组织书记及“两代表一委员”共计 48 人参加会议。

同日　措美县召开 2024 年农牧民技能培训评审会，对措美县 11 个农牧民技能培训项目进行评审。会议由政府副县长向晓花主持，各乡镇、各有关单位、竞标培训机构参加会议。

28 日　措美县召开 2023 年度“谁执法谁普法”普法责任制述职评议会。会议由县政府副县长益西加措主持。县委常委、政法委书记、公安局局长兼督察长、县委全面依法治县委员会办公室主任朱清出席会议并讲话。各乡（镇）、县委全面依法治县委员会守法普法协调小组各成员单位负责人参加会议。

县情概览

境域沿革

【位置境域】 措美藏语意为“湖的下游”，措美县位于西藏自治区南部，山南市西南部，喜马拉雅山北麓。地处北纬28° 11′ 15″ —28° 57′ 50″，东经90° 56′ 18″ — 92° 00′ 04″。东与隆子县相邻，南与错那县相连，西与洛扎县、浪卡子县相接，北与琼结县接壤。县政府驻地措美镇。县境东西长103千米，南北宽85千米，总面积4177.2平方千米。县城海拔4242米，距山南市130千米，距拉萨280千米。县域东界至哲古镇卡珠村委会和古堆乡帕藏村前当村民小组；南界至乃西乡路美村达玛村民小组和定巴村委会；西界至措美镇雪热村委会次马龙村民小组和扎扎村委会；北界至哲古镇卓德村委会和扎扎村委会。

【历史沿革】 措美县由两个传统地理范围构成，即东洛扎和哲古区。当拉山以南称为东洛扎（今洛扎县称为西洛扎），以北属于哲古地区。哲古湖周围自古以来称作哲古。远古时期，今“当许”一带有藏族先民繁衍生息。7世纪初今措美县各地有不同地方势力，互不统属。1959年3月，中国人民解放军某部155团进驻哲古宗。同年，经中共山南分工委批准，哲古宗和达玛宗堆合并组成哲古县临时县委。1959年3月，西藏地方志上层反动集团发动武装叛乱，中央人民政府解散西藏地方政府，人民解放军奉命平息叛乱，西藏人民获得翻身解放。同年4月，中国共产党西藏工作委员会山南分工委决定成立哲古军事管理制委员会，接管哲古宗地方政权。1959年7月，正式成立中共哲古县委。1960年，全县辖3个区（哲古区、当许区、乃西区），15个乡，其中牧区4个乡、农区11个乡。1961年12月，经中共山南分工委批准，从乃西划出当巴、达玛、藏达、下巴4个乡组成当巴区委。1965年11月2日，经国务院批准，哲古县更名为措美县。1988年撤区并乡，全县的行政区划调整为扎扎、哲古、古堆、当许、雪拉、波嗄、卡珠、乃西、具巴、当巴、路美、下藏等12个乡，设有46个村民委员会。1999年，全县行政区划调整为措美镇、哲古镇、古堆乡、乃西乡2镇2乡，并至今保留。

区划与人口

【行政区划】 全县下辖2乡2镇，15个村（社区），85个村民小组。

2023年措美县行政区划简表

表1

乡（镇）	村（居）
措美镇	居：当许

续表1

乡（镇）	村（居）
措美镇	村：雪热、玉美、波嘎
哲古镇	居：哲古
	村：宗宗、卓德、扎杂、卡珠
古堆乡	村：帕藏、扎西松多
乃西乡	村：乃西、定巴、鲁麦、恰杂

【人口状况分布】 措美县2023年末总人口为13709人，其中：国民经济年报人口为11717人，国民经济年报人口占总人口数的比重为85.47%。2023年全县总户数4399户，其中：国民经济年报户数3274户，占总户数的比重为74.43%。措美县2023年末国民经济统计人口为11717人（其中：男5715人、女6002人）。乡村劳动力资源数6775人（其中：男3398人、女3377人）。乡村劳动力资源数占国民经济年报人口比重为57.82%。

自然资源

【地形地貌资源】 措美县地处喜马拉雅山脉北麓，属藏南高原湖谷区，地势北高南低，平均海拔4500米。境内大小山脉连绵起伏，地质结构复杂。县境内共有大小山脉124座，海拔5500米以上的高山有73座，其中海拔6000米以上终年覆盖冰雪的有9座，最高峰打拉日峰山境内西南端，海拔6777.4米，最低海拔3266米，位于当巴村与洛扎县交界处，全县相对高差为3511.4米，平均海拔为4500米。

【土地资源】 全县总面积4177.2平方千米。净耕地面积982.77公顷，粮食播种面积729.98公顷，经济作物耕地面积194.14公顷。林地面积48874.418公顷，占土地总面积的11.70%。森林面积45220.506公顷，森林覆盖率和林木绿化率均为10.83%。草场面积345834.35公顷，可利用草场面积344764.27公顷。

【水利资源】 全县水资源较丰富，共有大小河流18条，大小湖泊38个、水泉15处，全县水域面积20.44万亩，其中河流水面2.57平方千米，湖泊水面124.54平方千米，水泉面积6平方千米，最大的湖泊哲古湖约66平方千米，南北长15千米，东西最宽5.92千米，最窄2.84千米，属内流湖，补给水源主要靠冰雪融水和降水为主，在夏秋退缩。县内有4条外流河，其中最大的是洛扎雄曲，流经当许、乃西、当巴出境，县境内长约90千米，发源于县境西北部的高山冰川。据措美县电站测定，最大流量在7月，为6～8立方米/秒，最小流量在1月，为0.67～0.86立方米/秒。

【矿产资源】 全县矿产资源丰富，其中，金属矿产4种：金、银、铅、锑；非金属矿产5种：建筑用砂、凝灰岩、板岩、大理石、花岗岩；能源矿产1种：古堆地热。金属矿产资源成矿条件好，地质异常范围大、异常值高，属陆地板块碰撞，深溶作用和岩浆结晶分异作用形成，受控于东西向区域断裂和派生的北东，近南北向次级断裂，与中低温热液有关。金属矿产锑（金）矿分布于哲古镇、古堆乡、措美镇，铅锌矿主要分布在乃西乡。主要矿区有马扎拉锑金矿化区、哲古锑金矿化区，雪拉、次玛龙锑矿化区和恰杂锑金铅矿化区。非金属矿矿产中属于乃西乡的花岗岩色白柔和，属细粒白云母花岗岩，具有加工成高级板材的品质，县域内还有冰洲石、玛瑙、石榴石等多种可开发利用的矿产。

【林业资源】 全县有林木品种26种，其中乔木林树种有北京杨、圆柏、沙棘、柳树、梨树、桃树、核桃树、苹果树、花椒树。天然灌木林树种有雪层杜鹃、小叶杜鹃、大叶杜鹃、密枝杜鹃、高山树、桦树、锦鸡儿、忍冬、香柏、狼牙刺、三颗针、棘豆、高山柳、金露梅、麻黄、蔷薇。人工果木树种有梨树、核桃树、桃树、苹果树、花椒树，主要分布在当巴一带。县域内林木以灌木林为主，另有少量的疏林地和人工种植林地，林地面积占土地总面积的3.89%，灌木林中高大灌木林较少，以矮小灌木林为多，分布在3500～5400米之间的南部高山坡中部、阴坡为主的水分条件较好地带以及北部高原部分沟谷坡中部。南部主要分布的群种有雪层杜鹃、小叶杜鹃、高山柳、锦鸡儿、金露梅、大叶杜鹃(阴坡);忍冬、香柏、黄麻(北坡)。北部高原灌木林 90% 以上为香柏,同时生长少量的金露梅、锦鸡儿。阴坡灌木覆盖率 40% ~ 90% 之间,阳坡灌木覆盖率为 40% ~ 60%。根据不同测点测量,雪层杜鹃平均生长高度为 30 ~ 36 厘米,爬地柏平均生长高度在 30 ~ 90 厘米之间,也有比较高的灌丛,如高山柳、大叶杜鹃等平均生长高度均在 1.5 米以上,但分布地区不广,仅限于恰杂村夏坝曲两边的阳坡水分充足地区。此外还有面积为 5239.4 亩的疏林地,以桦树、柏树为主,分布于恰杂南部与定巴交界的沟谷两岸。截至 2019 年,森林面积 45220.506 公顷,森林覆盖率和林木绿化率均为 10.83%。

【植物资源】 全县植物资源多样。海拔 4000 米以下分布紫花针茅、白花、蒿属为主的草原群落和沙生槐、小角柱花等组成的落叶灌丛,在山麓复沙地上分布着固沙草群落。海拔 4000 ~ 4500 米分布有小檗、绢毛蔷薇、锦鸡儿、绣线菊等亚高山灌丛和百草、丝颖针茅、长芒草等草原群落。海拔 4500 ~ 4800(4900)米为高山灌丛草甸群,植被类型为小蒿草草甸、香柏灌丛(阳坡)樱草杜鹃、雪层杜鹃灌丛、高山柳灌丛、鬼剑锦鸡儿灌丛等;局部石砾质强的地区分布小片垫状植被。海拔 4800(4900)~ 5000(5200)米为小蒿草高山草甸植被,并有片段垫状植物群落。5200 米以上为高山稀疏植物群(高山冰原植被)聚集带,河谷两侧山麓洪积扇台地边缘常有地下水溢出,形成地块状沼泽湿地。县域内藏药材资源丰富,主要有冬虫夏草、当归、贝母、雪莲花、川贝、大黄、高山党参、臭党参、川藏沙参、黄芪、蒲公英、半夏、小檗、赤参、麻黄、夏枯草、独一味、藏黄芪等药材 300 多种药用植物(藏药材 100 余种)。

【动物资源】 全县境内国家级保护野生动物种类繁多,兽类有黑熊、棕熊、藏狐、雪豹、豹、猞猁、小熊猫、青鼬、水獭、盘羊、岩羊、林麝、扭角羚、野猪、松鼠、鼹鼠、喜马拉雅旱獭、高原兔等。鸟类有棕尾红雉、藏雪鸡、绯熊鹦鹉、画眉、杜鹃、戴胜、斑鸠、鹧鸪等飞禽类,河流湖泊内有裸鲤鱼类等。家畜有牦牛、黄牛、犏牛、马、骡、驴、猪、山羊、绵羊、兔、狗、猫等,家禽类动物有藏鸡。

气候

【概况】 措美县属高原温带半干旱季风气候区,日照时间长,昼夜温差大,年温差小,全年气候特点是冬春季干寒多风,夏秋季(6—9 月)温和多雨。年平均气温 5.3℃,最低气温 –20℃,最高气温 27.1℃。年日照时数为 2800 小时,年无霜期 90 天。年降水量少、分布不均,蒸发量大,年均降水量为 286.5 毫米,降水多集中在 6—9 月,年平均蒸发量为 2270.5 毫米。风能资源丰富,风力及风速大、时间长、面积广,年平均风速为 2.75 米 / 秒,最大风速为 24 米 / 秒,年大风日数 164 天左右。

【气候事件】 措美县主要属于高原亚寒带季风半干旱气候区,境内气象、地质等自然灾害时有发生,特别是干旱、雹灾、霜冻、雪灾等气象灾害。但 2023 年无较大灾害现象的发生。

【气候条件影响】 措美县分为 3 种气候类型区:高原温带季风半干旱气候区分布范围小,主要位于乃西乡、措美镇海拔 3400 ~ 4200 米的河谷区,只占全县总面积的 4.3%。

高原亚寒带季风半干旱气候区为本县主要气候类型区,分布在海拔 4200 ~ 4700 米的广阔地带,约占全县总面积的 81.1%,包括哲古镇大部、古堆乡大部、措美镇大部和乃西乡大部。

高原寒带季风干旱气候区分布在海拔 4700 米以上地区,约占全县总面积的 14.6%,主要包括哲古镇西南角、措美镇西边和乃西乡东南边缘等地。

文化旅游与地方特产

【文化旅游资源】 主要旅游景点哲古风景名胜区 2011 年 4 月被评为国家 AA 级风景区,位于山南市措美县县城东北部 50 千米,由美丽的哲古草原和哲古湖组成,是集雪山、草原、湖泊、野生动物为一体的旅游景区,哲古草原平均海拔 4600 米,草场总面积 322 万余亩,草原上有大量的野生动物,主要以国家一级保护动物野驴为主，野羊、草狐、黑颈鹤、雪豹、丹顶鹤、猞猁、雪鸡、水獭、灰鸭、斑头雁、豺狼等野生保护动物亦有分布。哲古湖面积约70平方千米，平均水深20米，湖水清澈无瑕，是西藏高原自然形成的独特高原湖泊。湖内生长着各类高原鱼类，夏季湖水解冻后，有成群的鸟类在湖面觅食，主要以黄鸭为主，哲古风景名胜区内一望无际的辽阔草原、碧波荡漾的圣洁湖水以及绵延起伏的雄伟雪山，成为当地一道亮丽风景线。玛悟觉寺为藏南朝圣第一古刹，位于县城东北玛悟觉山腰上，海拔4500米，于12世纪中叶，由藏传佛教宁玛派伏藏大师阿达・娘尼玛维色始建，距今900余年历史，沿途幽、奇、惊、险、奥、深，是西藏境内独特的旅游资源；扎扎服饰2008年6月被列入国家级非物质文化遗产目录，古堆藏獒闻名全区乃至全国。2019年12月9日，农业农村部农村社会事业促进司、国家发展改革委社会发展司、中国经济信息社在北京联合发布首批18个全国农村公共服务典型案例，其中措美县探索高寒地区全天候便民服务模式获评首批典型案例。2019年乃西乡鲁麦村成功纳入全国第五批传统村落保护名录。

【特色资源】 全县主要有畜产品、黑青稞糌粑、白青稞糌粑、豌豆糌粑、卡垫、藏装、藏野葱、雪莲花、藏式披肩、藏药等特色产品。

社会经济发展

【国民经济和社会发展】 经核算，2023年末全县完成了地区生产总值（GDP）112191.9万元，可比价增长9.8%，其中第一产业6185.3万元，可比价增长24.1%；第二产业62634.8万元，可比价增长11.9%；第三产业43371.8万元，可比价增长7.1%。全年农村经济总收入38849.49万元，比上年增长7.17%。

【种植业和畜牧业】 据统计，2023年措美县农作物总播种面积为982.73公顷，其中粮食作物播种面积666.71公顷；实现粮食产量3315.98吨，比上年同期增长0.07%；油菜籽播种面积70.59公顷，实现油菜产量191.72吨，比上年同期下降1.46%；蔬菜播种面积33.33公顷，实现产量576.37吨，比上年同期下降43.48%；青饲料播种面积212.10公顷，实现产量1798.41吨，比上年同期增长15.84%。措美县粮经饲料比例由2022年的68 ∶ 13 ∶ 19逐渐调整到2023年的68 ∶ 10 ∶ 22。种植结构调整力度较稳，但经济作物种植面积始终没有突破。

2023年牲畜存栏数为129617头（只、匹），比上年同期增加2312头（只、匹），其中：牛25585头，比去年增加493头；马83匹，比去年减少38匹；驴37头，比去年减少26头；羊103912只，比去年增加1883只。新生仔畜成活数44200头（只、匹），年内成畜死亡960头只，死亡率0.82%。据统计，本年累计出售和自宰的猪牛羊数59860头（只）；牛出栏11179头，羊出栏48681只，家禽出栏220只。肉类总产量实现2400.6吨，比上年同期增加100吨，增长4.36%。奶类产量5301.4吨，比上年同期增加24吨，增长0.45%；羊毛产量98.21吨，比上年同期减少10吨，下降9.65%。

【工业和建筑业】 2023年实现规模以下工业生产总值2038万元，可比价增长54.3%。实现建筑业生产总值60596.5万元，可比价增长11.5%。

【固定资产投资】 措美县2023年末在库项目57个，5000万元以上投资项目6个，500万元以上投资项目51个，其中国家投资48个，招商引资2个，专项债券项目1个，民间投资项目2个，企业自筹项目1个，援藏项目2个，一般专项项目1个。本年固定资产投资完成108604万元（反馈数），包含市局反馈的882万元，比上年增长59.5%。

【商业】 据统计，2023年1—12月，措美县实现社会消费品零售总额21250万元，同比增长13.4%。按销售单位所在地分：城镇累计零售总额为12749万元，比上年同期增长9.8%。乡村累计零售总额为8501万元，比上年同期增长19.3%。

【交通和旅游】 全县通车里程约737.688千米，其中国省道通车里程301.286千米、农村公路通车里程436.402千米；全县公路养护里程436.402千米。全年接待国内外游客11.03万人次，实现旅游总收入337.1万元，增长108%。

【财政和金融】1—12月，一般公共预算收入3705万元，比上年同期增加3059万元，同比增长473.53%，其中：税收收入2712万元，比上年同期增加3653万元，同比增长388.2%；非税收入993万元，比上年同期减少594万元，同比下降37.43%。1—12月全县一般公共预算总支出为114392万元，比上年同期增加21914万元，增长23.7%。各项存款余额达到69900万元，其中：住户储蓄存款余额46000万元；各项贷款余额达48987万元。

【教育】全县共有各类学校20所，普通中学1所、小学4所、幼儿园15个，其中：幼儿园在园儿童共361人，女童177人；小学在校生共有937人，女生431人；初中在校生共有342人，女生158人；幼儿园在编教师45人，其中女教师33人；专任教师41人，女教师31人；小学在编教师137人，其中女教师57人；专任教师124人，女教师52人；初中在编教师42人，其中女教师17人。

【文化、卫生】年末全县卫生机构19个，床位34张。其中，医院1个，床位18张；乡镇卫生院4个，床位16张；疾病预防控制中心（防疫站）1个，村卫生室12个，门诊、诊所（卫生所、医务室）1个。卫生人员总数（包括村级卫生人员）142人，其中，卫生技术人员110人。全县民间艺术团1个，从业人员30人，广播电视综合人口覆盖率100%。

【人民生活和社会保障】城镇居民人均可支配收入47289元，农村居民人均可支配收入19874元。2023年机关事业参保人数2046人，企业参保648人，工伤保险参保人数1347人，失业保险参保人数1452人，征缴养老金419万元，征缴失业保险金9万元；征缴工伤保险金2万元；城乡居民养老保险待遇领取1934人（按12月人数），兑现资金621.4万元（含丧葬费），正常缴费5668人，征缴资金112.1万元；待遇领取人员资格认证共1881人，参保人员信息数据清理8644人。年末全县享受城镇最低生活保障有17户34人，已落实城镇低保资金12.65万元，全县农村低保对象176户251人，已落实农村低保资金60.83万元。全县共有农村五保供养对象103人，其中：分散供养24人，集中供养79人，全年落实农村五保对象供养经费146.47万元。全年共救助困难群众2人，救助金额0.03万元。临时救助13户，共发放救助资金24.1万元。享受城乡低保失能老人28人，共计落实补贴资金1.68万元。

【安全生产】2023年以来，措美县共发生道路交通事故3起，死亡3人，受伤3人，其他生产安全领域未发生安全事故。

【班子和队伍建设】2023年共提拔调整干部145人，其中提拔40名，进一步使用4名，平职调整31名，免职18名，兼任7名，重新任职6名，职级晋升39人，其中公务员20人，警务序列晋升5人，事业单位职员等级晋升14人。4名90后干部到正科级岗位，充分考虑经验丰富的干部实际，在班子配备上注重老中青梯次布局和年龄、民族、性别比例。

【生态文明】坚持生态保护第一，严格执行环境保护“三线一单”制度，高质量完成“三区三线”划定，实行最严格水资源管理制度，创建自治区级生态文明示范乡镇2个，示范村（社区）14个。29个主要河湖和20个山林全面落实河湖长制、林长制，完成植树造林1350亩，植树10万株，扎实推进营造林“先造后补”工程、2021年重点区域生态保护和修复项目等6个项目建设。县域空气质量保持优良，集中式饮用水水源质量达标率100%。中央生态环境保护督察，措美县主动认领18个共性问题，制定58条具体整改措施，目前已完成整改5个问题34条整改措施，其他整改任务正在按时序整改。

【民族团结】紧紧围绕维护祖国统一、加强民族团结这个着眼点和着力点，持续加强民族团结“九进”创建工作，深入挖掘各单位各部门创建工作典型做法，积极培养和选树民族团结模范集体和个人进行表彰，表彰民族团结进步集体10家，民族团结进步模范个人15名，授牌县级民族团结示范单位53家，为着力创建民族团结进步模范县打下了坚实基础；突出“7 个 1”和“4 个 3”工作模式，结合措美实际，在全县 4 个乡镇、15 个村居、19 座有僧宗教场所，全年共开展学习教育活动 61 场次、宣传宣讲 159 场次，扎实开展村干部、寺庙僧尼国家通用语言培训，开展“三个意识”教育和“四条标准”教育实践活动，各类实践活动 141 场次，较好完成 2023 年既定各类教育实践活动任务目标。

中国共产党措美县委员会

综述

【概况】 2023年，中共措美县委员会（以下简称措美县委）团结带领全县各族干部群众，在党中央、区委和市委的领导下，深入贯彻落实习近平新时代中国特色社会主义思想，高举中国特色社会主义伟大旗帜，认真贯彻落实习近平总书记关于西藏工作重要论述和新时代党的治藏方略，贯彻落实习近平总书记视察西藏时的重要讲话精神，锚定“四件大事”“四个确保”，围绕自治区“四个创建”“四个走在前列”和山南市“六个走在全区前列”的目标任务，全力以赴抓好各项工作，保持了全县各项事业良好的发展势头。2023年，召开十届县委常委会21次、县委理论学习中心组集中学习会15次，及时传达学习了中央、自治区和山南市各类会议、文件及相关讲话精神，并就重点工作、重大问题作出了科学决策部署，确保了全县各族干部群众在思想上政治上行动上与党中央同心同德、同向同行。

【从严治党】 2023年，措美县委始终把“严”的总基调贯穿措美全面从严治党全过程、各方面。坚持严管和厚爱结合、激励和约束并重，不断完善干部考核机制及容错纠错机制。紧盯重大节日、重要节点，开展节前廉政提醒7次，围绕公车私用、违规公款吃喝、滥发津贴补贴、违规占用周转房、餐饮浪费等问题开展监督检查14次，督促整改问题48个；开展党员干部酒驾、醉驾情况监督4次，立案审查2人；督促县委组织部、财政局等单位开展违规发放津补贴专项整治工作“回头看”，查处违规发放津补贴问题2人，收缴违纪资金1.2万余元。

【民族团结】 2023年，措美县委围绕维护祖国统一、加强民族团结

2023年8月30日，措美县委副书记、县长桑旦（中）带队到重点项目建设点实地督导检查工程建设情况

这个着眼点和着力点，持续加强民族团结“九进”创建工作，深入挖掘各单位各部门创建工作典型做法，积极培养和选树民族团结模范集体和个人进行表彰，表彰民族团结进步集体10家，民族团结进步模范个人15名，授牌县级民族团结示范单位53家，为着力创建民族团结进步模范县打下了坚实基础；突出“7个1”和“4个3”工作模式，结合措美实际，在全县4个乡（镇）、15个村（社区）、19座有僧宗教场所，开展学习教育活动61场次、宣传宣讲159场次，各类实践活动141场次。

2023年1月10日，措美县召开县委经济工作会议

【意识形态】 2023年，措美县委严格落实党委（党组）意识形态工作责任制，建立既管好“肚子”又管好“脑子”的长效机制，牢牢掌握意识形态工作领导权和主动权。深入开展扫黄打非“正道”“新风”等专项行动和打击“藏独”反宣活动，牢牢把握主流舆论导向。对十届县委第四轮巡察的12家党组织开展了意识形态专项巡察工作，为全县意识形态工作稳步推进奠定基础；重要时段、敏感节点，充分发挥网络安全监管员作用，形成“每日一推送”“每月一报告”，及时分析研判措美县舆情态势，严格落实网络通信活动“二十禁”，加强突发情况和敏感舆情的分析研判处置，着力营造风清气正的网络空间，确保意识形态领域绝对安全。

【招商引资】 2023年，措美县计划完成招商引资投资1亿元，实际完成4.4亿元。4月，由政府县长带领招商团到区外开展招商引资工作，围绕光伏风电等清洁能源项目，招商团与协合新能集团进行了深入洽谈，就措美县协合30兆瓦光伏项目达成投资意向，总投资1.5亿元；与三峡集团达成2024年200兆瓦风力发电项目意向，总投资18亿元，为措美县进一步对外合作打下了坚实基础；10月，由县委常委、政府常务副县长王小荣带队前往宿州举办措美县招商推介会，签约项目5个，涵盖畜牧养殖、医疗、辣椒制种等多个领域，总投资2.2亿元。

【平安建设】 2023年，措美县委召开十届县委第六次全体会议，安排部署措美县进一步提升基层治理体系和治理能力现代化相关工作，县、乡（镇）、村（社区）综治中心实现实体化规范化运行；持续推进“一张网”与指挥中心的联通，横向连接14个县直重点单位，纵向连接4个乡镇、4个派出所、5个寺管会和2个重点村，完善治安、雪亮工程、社会资源共计194个监控点位，均已接入指挥中心，综治信息App平台运行正常，持续更新数据和做好日常调度，逐步构建“上面千条线、下面一张网”基层社会治理新格局，基层治理能力不断提升；投入资金500余万元用于推动基层治理有关工作；利用党建引领基层治理，设立97个网格党组织，结合“双报到”等工作，党员干部到村（社区）开展志愿服务活动，切实落实了“一统六联”机制；落实“7+1”维稳防控模式，广泛开展矛盾纠纷排查化解工作，全年排查矛盾152次，发现矛盾纠纷86件，化解82件；全年受理办结信访事项24批34人，组建群防群治队伍11支1880人；持续开展扫黑除恶专项斗争、“八五”普法和“平安措美”“法治措美”“先进双联户”创建等工作稳步推进；严格落实安全生产责任制，开展安全隐患排查230次，检查单位1200余家，排查整治安全隐患450余处，行政处罚12.52万元，防灾减灾抗灾能力逐步提升，全年未发生重特大安全生产事故，全县社会大局始终保持了持续稳定、长期稳定、全面稳定的

2023年4月19日，措美县委召开全面深化改革委员会2023年第一次会议

良好态势。

【经济发展】 2023年，措美县委带领全县各族干部群众，坚持稳中求进工作总基调，贯彻落实党中央、区委、市委经济工作会议精神，按照县委经济工作会议目标任务，踔厉奋发扩投资稳增长，多措并举拓渠道创收益，群策群力保民生增福祉，人民群众满意度、幸福指数明显提高。2023年地区生产总值完成112191.9万元，同比增长10.7%；固定资产投资完成108604万元，同比增长59.5%；农村居民人均可支配收入完成19874元，同比增长12.1%。

【乡村振兴】 2023年，措美县坚持巩固拓展脱贫攻坚成果同全面推进乡村振兴有效衔接，全面实施乡村振兴战略。严格落实"四个不摘"要求，全县共有监测户26户87人，并已录入防止返贫监测信息系统，做到早预警、早发现、早帮扶，坚决守住不发生规模性返贫的底线；争取衔接资金14024.64万元，实施项目13个，支出资金12784.68万元，顺利完成既定的增收目标。

【主题教育】 2023年，措美县主题教育开展以来，常委班子带头先后召开4次县委主题教育领导小组工作推进会，推动上级主题教育决策部署落地落实；78个党支部召开专题党课，1800余名党员聆听了党课；深入开展践行"四下基层"，开展政策宣讲活动60余次，受众人数1000余人；开展调查研究活动60余次，发现问题21件，解决8个；开展现场办公30余次，现场解决20余件；开展信访接待活动9次，化解信访事项3件，用实绩实效推动主题教育走深走实、落地见效。

【生态文明】 2023年，措美县委牢固树立"绿水青山就是金山银山""冰天雪地也是金山银山"的理念，狠抓生态文明建设。扎实开展生态创建工作，完成乡镇和村居80%以上的生态文明示范乡、村创建任务；完成环境空气监测点、水质监测点位等6个常规监测工作，县域空气质量保持优良以上；全县29个主要河湖和20个山林常态化落实河湖长制、林长制，开展国道两侧、县城内"见缝插绿"活动，种植苗木3.38万株，开展义务植树造林1350亩，植树10万株。

办公室工作

【概况】 2023年，中共措美县委员会办公室，充分发挥承上启下、协调左右、连接内外的枢纽作用，紧紧围绕县委中心工作，以"高水平谋事、高效率办事、高质量服务"为原则，尽心当好参谋，尽职抓好协调，尽力做好保障，较好发挥了县委的参谋助手、桥梁和纽带作用，为推动措美长治久安和高质量发展贡献了智慧和力量。坚持每周一工作例会制度、每周至少召开一次学习会制度、每月15日相对固定开展主题党日制度，全面落实"三会一课"制度、民主集中制等制度，严格落实上下班考勤制度、加班下乡出差登记制度、请销假制度、保密制度等工作制度，认真执行文件签批阅办、财务审核把关等制度。探索创新开展文秘培训分组讨论，进一步规范和提高全县办文办会工作水平。坚持原则性与灵活性相结合，统筹协调推进各项工作，做好领导之间的协调工作与"四办"及各单位的沟通协调，化解矛盾、加强协作、凝聚人心、聚合力量，及时把县委的各项决策部署传达到各级各部门。同时把基层的情况及时汇报给县委，就有关事项根据领导的意见给予答复，推动形成团结一致求发展、齐心协力抓落实的工作氛围。

【办文办会】 2023年，县委办基本做到了办文零差错、办会零疏漏、办事零失误。办文方面：收到中央、自治区、山南市、县文件1129份，其中密件311份，转交办领导批示处理件120件，均按收文管理规范化要求处理；以县委、县委办名义印发会议纪要、红头文件、领导批示和各类函件共计400份。办会方面：以县委名义召开的或由县委办组织协办的各类会议约80场次，保障保密视频会议280场次。办事方面：办公室全体人员能够认真负责、积极落实，兢兢业业、任劳任怨，克服日常事务忙、工作人员少、工作任务重等矛盾，较好完成了上级转办、领导交办、同级协办、下级请办的各项工作任务，得到了各级领导干部的认同认可。

【信息服务】 2023年，县委办坚持按照山南市委信息科工作要求，每月按照要求报送直报信息16期信息，累计全年报送普通信息494篇，报送周工作动态29期，及时有效反馈措美县各项工作开展情况。同时认真完成各类专项约稿信息任务，此外县委办还积极在网信措美上发布重要信息，重点反映县委工作及党的建设、经济发展情况以及其他重要业务信息。

【密码通信】 2023年，县委办紧密结合工作实际，突出重点、把握难点，较好地完成了全年各个敏感时段、各类重要会议活动的密码通信服务保障工作。全年通过电子政务内网收发公文2215份。2023年参加区、市两级密码通信演练12次，突出办公服务功能，积极帮助解决各入网单位在使用过程中的问题共80余条，截至年底，全县各入网单位收发公文、信息、资料共751份，其中信息报送539份、公文收发311份。切实提高保密意识，全年进行通信机房及周边环境检查12次，未发生密码安全事故。

【保密业务】 2023年，措美县组织开展全县"文秘培训"开展保密业务专题培训2次，召开2023年上半年措美县保密工作会议暨保密专题培训会1次，召开全县保密工作会议2次，参加各级各类培训60余人次。将保密纳入县委常委会、理论学习中心组、各单位党组织集中学习会等累计学习150余次。年内，开展2023年保密宣传活动，制作保密展板1个，制作发放各类保密宣传资料3000余份(个)，悬挂横幅50余条，设立展板12个，进一步提高群众保密意识和保密能力。组织全县干部通过保密观App答题，参与人数达800余人，确保形成"大宣教"格局。申请资金113.149273万元，建设备用加密视频会议系统，已投入使用；申请资金32.6880万元，建设电子政务内网"网吧式"模式；申请资金13.9万元，对电子政务内网系统新增线路。2023年，全县各单位开展1次保密自查工作，县委保密委、国家保密局前往全县各单位检查3次，联合文化局执法大队对县域内广告店开展检查3次，接受上级保密检查1次。

【档案管理】 2023年，措美县档案局、档案馆创新工作思路，改进工作方法，形成"走出去+请进来"的档案业务培训方式，规范全县档案管理工作，全年开展业务指导2次共90余人参与，其中综合业务指导30余人。年内，在市档案局的具体指导下，统计了2022年度馆藏档案及全县各单位室藏档案情况，进一步摸清了家底，准确掌握全县档案工作动态。在不断加

2023年3月15日，措美县委办党支部召开2022年度组织生活会

强档案工作建设的同时，还积极做好档案服务利用工作，档案利用服务共80人次，260余件，切实为社会各界人士提供优质的档案利用服务。2023年，利用各种宣传活动契机，发放宣传资料200余份，汉语和藏语版的档案宣传布袋150余份、宣传海报90余份，现场咨询解答30余人次，档案知识进一步深入人心，形成人人保护档案、支持档案工作的良好氛围。

【督查检查】 2023年，措美县结合本县实际，收集整理全县各级各部门2023年度重点工作任务清单，以落实党中央、区委、市委关于督查工作的部署要求为重点，建立健全督查工作任务清单和工作台账。对标党中央、区委、市委和县委的重大方针政策和重要会议、文件精神，县委主要领导的指示、批示精神，给相关部门下发中共措美县委员会工作任务交办单142期，形成督查专报142期，进一步完善了督办落实台账，督促各级有关部门定期对账、按时交账，做到管理清单化、跟进常态化、落实责任化。

【深化改革】 2023年，县委改革办承接落实好中央和自治区、山南市重点改革任务，把握全局重点统筹，探索创新求突破，突出问题导向，重视亮点打造，强化改革举措，厚植发展优势，加大产业、就业、教育、医疗、人才等领域的改革力度；修订完善县委全面深化改革领导小组及办公室职责，制定印发《中共措美县委员会全面深化改革委员会2023年工作要点》《全年重点改革事项台账》《措美县深化国防动员体制改革实施方案及国动委领导小组》等文件。召开2次措美县委全面深化改革委员会会议，县委常委会专题研究改革事宜2次，报送10期改革工作典型材料，结合措美县实际，实现项目化推进，完善改革日常跟踪、季度调度、定期汇报、对账销号等制度，确保改革任务落地落实。

组织 编制

【党员队伍建设】 2023年全县发展党员53人，党员总数2057人，其中农牧民党员1106人、占比53.77%；机关党员912人、占比44.34%；两新党员18名、占比0.88%；离退休党员21名、占比1.02%；女党员695人、占比33.79%。举办党员干部培训班5期203人，组织219名机关干部区外交流学习。从安徽省引进2名技术人才。

【干部队伍建设】 2023年，提拔调整科级干部145人次，4名90后干部提任至正科级岗位，高低海拔交流26人，其中县乡交流24人、乡镇之间交流2人。驻寺干部内外交流13人，驻村领域晋升职级3人，公检法司系统内外交流、提拔、调整共计37人；党政群团部门之间交流10人。

【干部教育培训】 2023年，措美县委组织部认真贯彻习近平总书记关于加强领导班子建设和培养选拔年轻干部指示精神，培养政治过硬、适应新时代要求，造就高素质干部队伍，分级分层分类抓好干部教育培训工作。年内，申请专项资金20万元，举办县级培训班6期344人次；发挥援藏资源优势，全县开展交往交流交融活动10批次209人参加；县委召开理论学习中心组学习15次，全县88个党组织，开展干部日常教育，各级党组织集中学习平均26次，推动干部教育培训向纵深发展。落实村干部国家通用语言文字教育培训“两年攻坚行动、三年巩固提升”要求，举办专题集中培训班2期，133人次，覆盖15个村（社区）“两委”班子成员。联合中国浦东干部学院，举办科级干部网络培训班1期，100人参训。做好“西藏组工”“山南组工”领导干部2023年理论水平测试线上答题活动、完成“述学讲学考学评学”工作，合理选派33人参加市委党校主体班次培训，协调做好56名干部调训工作，为高质量干部队伍建设提供助力。

【干部选拔任用】 2023年，县委始终坚持党管干部原则，把政治标准放在首位，认真落实习近平总书记关于民族地区干部“四个特别”要求，严格执行《党政领导干部选拔任用工作条例》和《推进领导干部能上能下规定》《公务员职务与职级并行规定》，围绕落实四件大事开展干部选拔任用，为措美长治久安和高质量发展提供了坚强组织保证。全年共提拔调整干部145人，其中提拔40名，进一步使用4名，平职调整31名，免职18名，兼任7名，重新任职6名，职级晋升39人，其中公务员20人，警务序列晋升5人，事业单位职员等级晋升14人。4名90后干部到正科级岗位，充分考虑经验丰富的干部实际，在班子配备上注重老中青梯次布局和年龄、民族、性别比例。

【干部监督管理】 2023年，措美县委组织部落实全面从严治党工作要求，管人管事抓纪律，严督实导抓日常，干部队伍作风持续向好转变。年内，完成“组织人事部门推进政治监督具体化精准化常态化研究同题共答”课题研究；畅通“12380”举报电话、完成31名县级领导干部“领导干部个人有关事项”填报工作；做好1360名干部职工出入境管理信息更新登记，申请统一撤备49人，收集管理8名干部护照。联合县纪委、县委作风办、县人社局开展督导检查9次，发现问题13个，已整改到位，统筹做好请假报备工作，确保人员在岗率。开展干部“泡病号”专项整治工作，研究执行病假工资2人（王金辉和陈涛）。

【强基惠民】 2023年5月22日，措美县第十一批驻村工作队与第十二批驻村工作队完成交接工作。第十二批驻村工作队共计选派驻村工作队员共69人，市委政研室主任次仁达瓦担任县委副书记、驻村工作总领队；县政协副主席刘志斌担任驻村工作副领队；共计选派7名四级调研员（四级高级警长）在人口大村、村集体经济薄弱、边境搬迁任务较重的村（社区）担任驻村工作队队长；全县30名专干纳入驻村干部。第十二批驻村工作队紧紧围绕“铸牢中华民族共同体意识、带领群众致富、维护社会稳定、守卫边疆领土、扎实开展反分裂斗争”驻村工作五项重点任务，扎实开展驻村各项工作。建立“群众点单、驻村领单、共同买单、代表评单”的社情民意梳理、解决、反馈机制，“把好事办实　让群众说好”“开拓创新谋发展　笃行实干谱新篇”等驻村工作被新华社报道推广。第十二批强基惠民经费支出率达100%、其他驻村经费支出率达80%以上，支出了前三批（第九、十、十一批）强基惠民全部结余资金，解决了一批群众急难愁盼问题，带领群众致富。总领队次仁达瓦所驻当许社区，成立“石榴籽温馨调解室”，通过“一杯水降火、两句话和解”成功化解邻里纠纷9起，群众满意率100%，真正做到问题不上交、矛盾不扩大。出台《驻村干部交通补贴使用管理办法及其细则》，4个乡（镇）实行差异化政策规定，不搞“一刀切”，既杜绝了驻村干部驾驶私车问题，又满足了驻村干部出行需求。

2023年5月22日，措美县当许社区第十一批和第十二批驻村工作队轮换交接

【基层组织建设】 扩大组织覆盖，现有15家“三有”企业中党组织、工会、妇联及团委覆盖率已达到上级要求。完善党组织优化重设、换届提醒和人事安排审批机制。加强对寺管会、学校、医院等领域的党建工作指导和督促检查，形成农牧区、党政机关、事业单位、两新领域、离退休老干部党建“多轮联动”的良好局面。年内调整村“两委”班子成员1人。落实村（社区）党组织书记备案制度，选派村干部参加上级各类培训53人，选派10名村干部到安徽跟岗锻炼，储备后备干部145名。督促各基层党组织落实“三会一课”、主题党日等基本制度作为党建工作的主要抓手，引导党员创先争优、发挥先锋模范作用，使党群关系进一步密切。巩固寺管会基层党组织标准化建设成果。建立“两新”组织联系指导制度，推进党组织标准化建设。

【机构编制管理】 机构设置情况。截至2023年12月31日，措美县共设置机构123家，其中行政机构67家（乡科级67家）；事业单位56家（乡科级37家，股级19家）。

核定编制情况。截至2023年12月31日，措美县核定总编制855名，其中行政编制269名，政法专项编制70名，事业编制516名。县一级总编制623名，其中行政编制157名，政法专项编制70名，事业编制396名；乡镇一级总编制232名，行政编制112名，事业编制120名。实有人员情况。截至2023年12月31日，措美县实有在编人员1076人，总超编221人，其中使用行政编制的339人，超编70人；使用政法专项编制的150人，超编80人；使用事业编制的587人，超编71名。县一级实有人员854人（含县派出机构、乡镇教育人员），超编231人，其中使用行政编制的240人，超编83人；使用政法专项编制的150人，超编80人；使用事业编制的464人，超编68人；乡镇一级实有人员222人，空编10人，其中使用行政编制的99人，空编10人；使用事业编制的123人，空编13人。

2023年9月25日，措美县举行学习贯彻习近平新时代中国特色社会主义思想主题教育读书班开班仪式

【机构编制现状】

机构变动情况。新增事业单位6家，其中1家副科级事业单位：设立措美县社会治安综合治理中心，加挂县网格化管理服务中心牌子；设立措美县综合考核中心，为中共措美县委组织部管理的事业单位，机构规格股级；设立措美县投资项目信息中心，为县发展和改革委员会管理的股级事业单位；设立措美县干部档案管理中心，为措美县委组织部管理的事业单位，机构规格为股级，经费形式为全额拨款。设立措美县林业和草原生态服务中心，为县林业和草原局管理的事业单位，机构规格股级；设立中共措美县委巡察办数据应用中心，为中共措美县委巡察工作领导小组办公室管理的事业单位，机构规格股级；以上6家单位经费来源为全额拨款。

领导职数变动情况。按照西藏自治区纪委监委提出的整改要求，撤销第三纪检监察室，为纪委监委班子核增1名领导职数。

编制变动情况。为工程质量监督管理站核增参公事业编制1名，核增后编制为3名；为道路运输管理所核增参公编制1名，核增后编制为2名；为县纪检监察信息中心核增事业编制1名，核增后编制为4名；为措美镇小学核增事业编制18名；为哲古镇小学核增事业编制2名；为古堆乡小学核增事业编制2名。

【人才保障】 2023年，措美县学习贯彻习近平总书记关于人才工作指示要求，贯彻落实党中央、区委、市委人才工作决策部署，坚持党管人才原则，为全县高质量发展提供人才保障。调整充实措美县委人才工作领导小组，开展人才工作问卷调查，全县337人参与，发现问题7个，收集整理意见12条；开展人才引进工作，从安徽省引进2名专家型人才（胡能兵、张化云），分别在县委宣传部、县农业农村局开展工作，组织专题讲座2次，158人参加，结对帮扶带徒10余人，推动本地专业人才队伍建设。对接做好第十一批8名短期援藏服务管理工作，组织座谈会3次，建立“四个工作台账”（健康台账、结对台账、授课安排、工作计划）、日常督导和月报制度，抓实日常监督考核，促进作用发挥，助力人才管理。截至12月，全县人才总量1575人，其中党政人才506人，专业技术人才314人，企业管理人才33人，社会工作人才9人，农牧实用人才673人，高技能人才40人。

【党的建设】 2023年先后召开基层党建重点任务推进会、调度会4

2023年10月26日，措美县召开学习贯彻习近平新时代中国特色社会主义思想主题教育“以学铸魂”专题研讨会

次，按季度下发党建任务清单，重点工作专项部署会5次，业务培训2次，开展3轮督导。为9名老党员颁发“光荣在党50年”纪念章。组织学习贯彻党的二十大精神和党的创新理论，召开县委理论学习中心组学习15次。扎实推进主题教育，县委班子带头学习理论，举办支部书记讲坛活动，调查研究践行“四下基层”工作法，形成调研报告13份。开展基层党建示范点创建，打造县级党建示范点8个，市级示范点3个。深入开展软弱涣散党组织整顿工作，1个软弱涣散党组织完成县级验收。建立“村党组织—网格党支部—双联户党员中心户”三级组织链条，明确党员中心户职责，成立社区“大党委”2个，深化“双报到”活动。完成十届县委第四轮常规巡察，同步开展意识形态责任落实监督检查，移交线索3件，反馈问题164个、指导完成整改145个。加强作风专项整治，下发督导检查通报5期，涉及单位141家。

【自身建设】 2023年，县委组织部坚持以习近平新时代中国特色社会主义思想为指导，深入贯彻落实新时代党的组织路线，认真学习宣传党的二十大精神，以“争先、进位、提质”为工作目标，建设学习型党组织，提升组工干部业务能力和水平。全年以支部建设为主线，规范党内生活，严格落实“三会一课”制度，采取多种学习研讨方式，提升理论水平，开展支部学习28次。严格管理从严治部，遵循“十严禁”和“五条禁令”行为准则，转变作风、增强服务意识。年内，开展“三包五带五促”活动、完成“八星党支部”创建工作，增强干部职工宗旨意识、大局意识和责任意识，持续打造“最讲党性、最讲政治、最讲忠诚、最讲担当”的组工干部队伍。落实三会一课制度，每周组织党员干部参加集中学习会，深入讨论交流，有针对性地开展内部培训，提升组工干部综合素质。建立工作日志制度，严肃纪律要求，引导组工干部改进作风。开好组织生活会，形成了批评和自我批评的良好氛围。认真落实民主集中制，凡三重一大事项均提交部务会研究。

思想教育与宣传

【理论武装】 2023年，措美县委宣传部（网信办）坚持把县委中心组理论学习作为加强领导干部思想政治建设的重要内容，不断推动理论学习向深度和广度延伸，中心组成员的思想素质和理论水平得到了提高，领导科学发展能力和本领得到了进一步增强。年初，制订理论学习中心组年度学习计划和制度，印发《中共措美县委理论学习中心组2023年专题学习重点内容安排》和《全县各级党委（党组）理论学习中心组2023年专题学习重点内容安排》等文件。坚持用党的创新理论武装党员、教育人民。2023年，县委理论学习中心组集中学习17次，研讨发言100余人次。全县党员干部围绕学习内容进行研讨900余次、撰写心得体会1200余篇。通过“网信措美”“措美融媒”等新媒体平台发布学习内容189次。依托“三会一课”“每周一学”等形式及时组织跟进学习习近平总书记重要讲话、重要指示批示精神。

【理论宣讲】 2023年，措美县委宣传部采取“五讲”模式（县委书记示范讲、县级领导带头讲、科级干部广泛讲、农牧民骨干宣讲员巡回讲、微宣讲）和举办农牧民基层骨干宣讲员培训班，县委宣传部以“道德讲堂”“文化夜校”“文明实践推动日”作为抓手，开展了习近平新时代中国特色社会主义思想宣传宣讲活动，让党的创新理论和各类政策法规“飞入寻常百姓家”，进一步坚定各族干部群众听党话、感党恩、跟党走的信心和决心。开设“学习宣传贯彻党的二十大精神”“聚焦两会”等专栏，发挥“网信措美”微信公众号、“措美融媒”抖音账号两个网上宣传阵地作用。发挥各级宣讲队伍和新时代文明实践理论宣讲志愿者、农牧民骨干宣讲员作用，把宣讲党的二十大精神与宣讲中央“七次会”精神、自治区第十次党代会和十届三次全会精神、市第二次党代会和二届五次全会精神等有机结合起来，常态化开展宣讲，推动党的二十大精神工作取得实效。2023年，利用建筑围墙、广告牌、电子屏等宣传媒介，按照区、市两级社会面宣传标语内容，制作相应的横幅、喷绘等宣传标语358条。“三个意识”群众性宣传教育。用通俗易懂的语言向广大党员干部、农牧民群众讲述什么是“三个意识”（国家意识、公民意识、法治意识）宣传教育的重要意义和深刻内涵。充分发挥新时代文明实践中心（所、站）理论政策宣讲志愿者和骨干宣讲员作用，深入田间地头、寺庙、学校、放牧点等地，开展“国家意识、公民意识、法治意识”宣传宣讲活动。2023年，全县开展“三个意识”宣讲290余场次，受众2.3万余人次。反分裂斗争教育。用群众听得懂、弄得通的语言，通过生动典型的事例讲述反分裂斗争是一项长期的任务。紧紧围绕64周年以来，西藏发生的翻天覆地的变化，深入解读了西藏民主改革的重大政治意义、历史意义和现实意义，从讲政治的高度，进一步认清反分裂斗争形势。2023年，全县开展反分裂斗争宣传宣讲170余场次，受众1.6万余人次。

【中华民族共同体意识宣讲】2023年，措美县委宣传部（网信办）结合党的二十大精神、区党委十次全会及市委二届六次全会精神，深入基层一线开展喜闻乐见的宣传宣讲活动，教育引导各族干部群众树牢“三个离不开”思想，增强“五个认同”，铸牢中华民族共同体意识。隆重举办3·28西藏百万农奴解放纪念日系列活动，通过升国旗、唱国歌，新旧对比展等活动更加坚定各族干部群众感党恩、听党话、跟党走的信心和决心。各村（社区）全面开展国家通用语言文字教育培训工作，全面推动铸牢中华民族共同体意识战略性任务落实落细；发挥文明实践中心（所、站）理论政策宣讲队伍作用，以“甜茶馆里话党恩”“道德讲堂”文明实践推动日为抓手，以哲古牧人节、物资交流会、望果节等节庆契机，深入放牧点开展“黑帐篷里话党恩”志愿服务活动，宣传宣讲“国家意识、公民意识、法治意识”、民法典、安全生产、生态环保等相关知识，采取打比方、举例子方式与群众面对面、零距离、拉家常促膝长谈；用群众听得懂的语言和喜闻乐见的方式开展巡回宣讲，通过寓教于乐、广泛参与的形式，教育引导广大农牧民群众树立正确的国家观、历史观、民族观、文化观、宗教观，增强对伟大祖国、中华民族、中华文化、中国共产党、中国特色社会主义的认同，让中华民族共同体意识根植群众心灵深处；发挥新媒体传播优势，通过形式多样、生动活泼的微宣讲，以小切口宣讲大道理，使铸牢中华民族共同体意识和“三个意识”在措美县各族干部群众中入脑入心。2023年，全县开展微宣讲380余场，常态化开展“甜茶馆里话党恩”活动40余场次，受众3.2万

2023年7月19日，措美县学习宣传贯彻党的二十大精神　铸牢中华民族共同体意识文艺创作精品汇报演出现场

余人次，有力推动铸牢中华民族共同体意识走进基层、走进群众。

【舆论引导】2023年，措美县委宣传部（网信办）始终把宣传阐释习近平新时代中国特色社会主义思想、党的二十大精神作为头等大事，统筹理论舆论、网上网下，充分发挥“网信措美”微信公众号、“措美融媒”抖音账号两个网上宣传阵地作用，开设“学习宣传贯彻党的二十大精神”“聚焦两会”等专栏，宣传报道相关信息257条，开设总专栏378条，在各大节日设置“网络中国节”专栏12条，重大主题宣传浓墨重彩。2023年，共推出公益广告、特色亮点视频32期，其中“村民心中的守护者‘安吉’德吉拉姆”“听不同年代的藏历新年”“访农牧民宣讲员洛桑达瓦”“探访学校食堂”等特色宣传，深受群众喜爱。紧扣重点工作，制作各类融媒产品。在新华社、“学习强国”、西藏电视台等上级媒体播发措美县稿件97条，市级媒体播发稿件189条，“措美融媒”抖音账号上发布526条作品，“网信措美”微信公众号共发布1057条专栏，措美县各类新闻宣传报道总观看人次达到1000万余人次，在社会覆盖面、群众关注度、信息活跃度等方面实现了质的飞跃。重大主题宣传。《西藏措美：党建引领促发展、乡村振兴普新篇》《西藏措美：绽放民族团结之花》《措美县用好用活“五字诀” 努力在生态文明建设上走在全市前列》等新闻作品在新华社、“学习强国”、人民网、西藏日报等中央、自治区主流媒体广泛报道，全面提升措美县知名度，中央、区级主流媒体涉措美县新闻报道浏览量达到1500万人次，其中《民生项目“票决制”、我的水渠我做主》《扎杂牧场的“生意经”》分别在西藏新闻评选中荣获二等奖、三等奖，同时，措美县融媒作品《高原深处的温馨家园》荣获全国县级融媒秋季赛优秀作品奖项。2023年措美县党的建设、乡村振兴、民族团结等重点工作典型经验、特色亮点在CCTV13、新华网、“学习强国”、西藏卫视、西藏日报等中央、自治区主流媒体、重要平台播发120余条，全网传播量达到2000余万人次，2023年3月CCTV13用2分钟播报了世界海拔最高风电场措美县哲古风电场，有力传播措美声音，讲好措美故事。

【精神文明创建】2023年，措美县委宣传部（网信办）坚持“两手抓、两手都要硬”，以创建促文明，以文明促和谐的原则，常态化推进文明城市创建工作，广泛践行社会主义核心价值观，把培育和践行社会主义核心价值观作为意识形态工作的重要组成部分，将文明培育各项措施落细落小落实。志愿服务。措美县新时代文明实践中心各志愿服务队努力践行“奉献、友爱、互助、进步”的志愿服务精神，深化“我为群众办实事”实践活动，充分发挥新时代文明实践中心（所、站）作用，提前策划措美县“西藏新时代文明实践推动日”系列志愿服务活动，每月5日常态化开展新时代文明实践推动日活动12次，组织开展习近平新时代中国特色社会主义思想全民性宣传教育活动、雷锋志愿服务活动、义务植树、爱国卫生运动、助学支教、科学普及等志愿服务活动共计1840场次，受众人数2.8万人次，切实打通宣传群众、教育群众、关心群众、服务群众的“最后一公里”。文明创建。县文明办在各村（社区）开展“注重家教家风·争当文明家庭”宣传宣讲活动，引导群众在实践中转变思想观念，积极参与村（社区）治理活动，村（社区）文明创建工作效果显著。县文明办通过积极申报，县纪委监委、县委宣传部、县人民法院、县市场监督管理局、措美县税务局通过自治区级文明单位审核。县公安局、农行措美县支行、措美县电信局、措美县移动公司通过自治区文明单位复查审核。积极推荐上报许友松、拉巴次仁“中国好人榜”、罗布扎巴（去世）第七届“感动山南人物”。文明行动。巩固拓展“四讲四爱”群众教育实践活动成果，弘扬“讲文明树新风”精神。举办爱国卫生主题活动，开展农村人居环境综合整治活动，营造美丽、整洁、舒适的生活环境，开展文明如厕宣讲活动，提高群众文明如厕意识，争当文明如厕的监督者和参与者。广泛开展文明餐桌行动，倡导节约用餐行为，张贴节约粮食宣传标识，树立“理性消费、文明用餐”的良好风尚。开展“美丽乡村行”交通安全、“注重家教家风·争当文明家庭”宣传宣讲活动，着力破除封建迷信、“黄赌毒”等不良风气。2023年开展文明行动260余场次，受众2.4万余人次，制作印有社会主义核心价值观等各类宣传品8000余份。

【文化文艺】2023年，措美县委宣传部（网信办）创作折嘎《我身边

2023年9月7日，第十四届哲古牧人节开幕

的变化》相声《我们都是一家人》，先后投入50余万元资金，创作《文成公主扎杂情缘》小型歌舞剧，创作小品《勤学国家通用语言之求学心切》等一批群众喜闻乐见的文艺作品，2023年，围绕生态保护、民族团结、医疗政策、传统文化等内容，编创各类节目15个。文艺活动。举办以“党的光辉照边疆、踔厉奋发新征程”为主题的2023年“春节、藏历新年”文艺汇演，举办庆祝“3·28西藏百万农奴解放64周年纪念日”演讲比赛，各村（社区）文艺演出队组织开展藏历新年、纪念西藏民主改革64周年文艺演出活动，让群众在文化熏陶中获得精神滋养、增强精神力量、提升精神风貌。各新时代文明实践所（站）组织干部群众观看《长津湖》《金刚川》等优秀爱国题材影片，进一步坚定基层群众心向党、同心共筑中国梦的信心决心。2023年文艺下乡演出62场，受众人数1.8万余人。文化文艺交流。2023年，措美县文化文艺志愿服务队紧紧围绕学习宣传贯彻党的二十大精神这条主线，先后深入各乡（镇）、村（社区）、县集中供养中心等地组织开展“我们的中国梦”——文化进万家文艺巡演活动。开展了以“加强非遗系统性保护　促进可持续发展”为主题的2023年“文化和自然遗产日”非遗宣传展示系列活动。县艺术团到隆子县开展学习宣传贯彻党的二十大精神“我们的中国梦”文化进万家文艺交流活动，进一步加强措美、隆子两县的文化交往交流交融，共享文化发展成果。错那县卡达乡西午村民间藏戏队到措美县哲古社区开展“濒危剧种”复排成果展演，弘扬了中华优秀传统文化。公共文化服务。2023年，措美县委宣传部（网信办）推进“智慧广电”建设向基层延伸，完成措美镇玉美村200户和古堆乡帕仓村211户的广播电视“户户通”北斗第四代直播卫星更新安装工作，广播电视覆盖率达到99.8%；县政府投入196万元，对县融媒体中心（广播电视台）演播室进行改建，安全播出、机房设施设备进一步完善。每年预算12万元，保障15个村（社区）应急广播链路通畅，使群众足不出户，也能聆听党的声音。为15个行政村、5个寺管会（农家、寺庙书屋）补充更新阅读书籍15000余册，公共文化服务体系得到不断完善。文化旅游交流。2023年，县委常委、宣传部部长占堆带队，县委办、宣传部、文化局、旅游局以及县艺术团共计31人到安徽省宿州市、淮北市开展文化旅游交流考察活动，不断促进与援藏省市交往交流交融。

【意识形态】 2023年，措美县委宣传部（网信办）在建设具有强大凝聚力和引领力的社会主义意识形态上狠下功夫，增强维护意识形态安全的政治敏锐性和政治责任感，发扬斗争精神、提高斗争本领，守住管好各类意识形态阵地，确保意识形态领域安全平稳。坚持认真履行主体责任，落实《中国共产党宣传工作条例》《党委（党组）意识形态工作责任制实施办法》，始终把意识形态工作纳入县委中心工作统筹谋划、一体部署、一体落实。按照县委关于意识形态工作要求，由县委副书记卓嘎，县委常委、宣传部部长占堆带队，抽调县纪委监委、组织部、宣传部、统战部及教育局分管意识形态工作副职领导组成督查组，对措美县四个乡镇、20余家党组织开展意识形态工作责任制落实督查，进一步推动工作落实，有效确保措美县意识形态工作稳步有序开展。根据县委的统一部署，十届县委第四轮巡察意识形态工作专项巡察组安排宣传部人员对古堆乡、拉顶寺管会、团县委、总工会、妇联、国安办、信访局、文

2023年9月8日，第十四届哲古牧人节拔河比赛现场

化局、玉美村、乃西村、鲁麦村、扎西松多村12个党组织开展了意识形态工作专项巡察，指导被巡察单位意识形态工作更好开展，为措美县开展巡察工作提供保障。守稳网上安全“高压线”。开展意识形态专项巡察、监督检查，在重要时段、敏感节点，充分发挥措美县网络安全监管员作用，全面排查网上涉措美不良信息。突出3月、两会期间、萨噶达瓦等重要时段、敏感节点实行24小时舆情监测值班值守制度，充分发挥措美县网络安全监管员作用，全面排查网上涉措美不良信息。依托舆情秘书等智能化手段，围绕重点工作实时更新关键词，形成“每日一推送”“每月一报告”，及时分析研判措美县舆情态势，常态化开展“三微一端”运行维护情况检查，排查整治网络安全隐患，及时分析研判措美县舆情态势。2023年，共采集信息5.7万条，处置负面信息4条；常态化开展“三微一端”运行维护情况检查，排查整治6个网络安全隐患。守牢文化市场“安全线”。以“扫黄打非”五个专项行动为抓手，通过定期检查、高频巡查和随机抽查的形式，以反“藏独”、反分裂、反渗透为重点，组织县文化执法队、公安、市监等相关部门对歌舞娱乐场所、打字复印店等场所开展执法检查30次。抓实安全播出“生命线”。加强对各类播出设备的日常检查与技术维护；认真做好自办节目、转播审查工作，定期开展非法卫星广播电视地面接收设施专项整治行动，实现广播电视安全播出零事故。2023年，定期开展非法卫星广播电视地面接收设施专项整治行动，收缴非法卫星接收设备7套。

统一战线

【统战工作会议】 2023年，措美县召开全县统战民族宗教工作会议，会议传达学习中央、区委、市委统战民族宗教工作会议精神、全市宗教界代表人士座谈会精神、全市统战部长、民宗局长专题会议精神。总结2022年全县统战民族宗教工作，安排部署2023年目标任务和宗教领域意识形态工作。措美镇等4家单位围绕“党的二十大精神怎么学，2023年统战工作怎么干”作了交流发言。

【非公经济领域统战】 2023年，措美县委统战部联合县工商联到会员企业开展民族团结进步创建“进企业”宣讲活动，用通俗易懂的语言和鲜活的案例，围绕党的民族理论政策、民族团结进步教育、铸牢

2023年3月16日，措美县委召开统战民族宗教工作会议

2023年3月31日，措美县召开民族团结进步表彰大会

中华民族共同体意识等内容进行了宣传讲解，进一步加深企业职工对“三个离不开”“五个认同”等民族理论政策的理解和认同，凝聚了铸牢中华民族共同体意识的群众力量。

【藏胞服务管理】 2023年，措美县委统战部充分发挥党和政府联系广大藏胞的桥梁纽带作用，做好境外藏胞回国探亲审核工作，结合习近平新时代中国特色社会主义思想主题教育活动，加强对境外藏胞境内亲属的教育引导，鼓励他们发挥好自身作用，对境外亲属讲好中国故事、宣传好西藏的发展。

【党外人士队伍建设】 2023年，措美县委统战部完成党外委员生活补助申报工作，及时落实生活费。健全完善239名党外人士基础信息数据库，做到了底数清、情况明。年内，选派4名党外人士参加区、市党外代表人士培训班，提高综合素质。

【民族团结】 2023年，措美县委统战部坚持把铸牢中华民族共同体意识作为党的民族工作和民族地区各项工作的主线，深入实施“四大工程”“六项行动”，模范区创建“九进”活动覆盖率100%。全年开展各类主题实践活动360余场次，创建自治区级模范单位2家、模范个人2名；市级模范单位14家；县级模范单位87家，承办全市民族团结进步创建互观互检现场会，成功入围自治区民族团结模范县名单。

党校　行政学校

2023年，县委党校及时统计全县各单位培训需求，合理设置课程，统筹全县其他行业领域，用好区内外培训资源，分领域分层次以请进来带出去的方式，有序推动培训任务落实。2023年，县委党校配合县委组织部开展培训6期344人次，覆盖全县各领域。

机关党建

【概况】 2023年，措美县设立党组34家，成立党组性质党委2个、机关党支部59个，现有党员795名，预备党员21名；女党员278名，占党员总数的34.96%；少数民族党员603名，占党员总数的75.84%；大专及以上学历党员671名，占党

2023年11月15日，措美县委副书记、县长桑旦（主席台）在学习贯彻习近平新时代中国特色社会主义思想主题教育中讲党课

员总数的 84.40%。

【思想政治建设】 2023 年，措美县直属机关工委坚持集中与自主学习相结合，活用各类载体平台，多角度多层次丰富学习内容，开阔思维视野，引导机关党员以理论武装头脑、推动工作。以深化“八星党支部”为抓手，总结推广“政治建警”“1 带 7”等亮点做法，打造公安局机关党支部等 9 个机关党建示范点，促进机关党组织比学赶超、争当先进。按照“五个重点排查内容”要求，排查处置疑似私家车内摆放宗教饰品机关党员 4 名，让不碰政治红线扎进每名党员内心深处、融入生活日常。

【精神文明建设】 2023 年，措美县直属机关工委组织举办“迎国庆 颂党恩 促团结”诗歌朗诵比赛，县直机关、乡镇机关党员干部，15 个村（社区）“两委”干部及群众代表等 50 人参加，比赛分机关赛区和农牧民赛区两个赛区。持续开展党内帮扶活动，常态开展“我为民办实事”、“三包五带五促”、结对帮扶及志愿服务等活动，748 名机关党员与农牧民群众结成对子，合力解决群众急难愁盼问题，全年帮扶资金 56 万元。

【基层党建】 2023 年，措美县直属机关工委先后召开机关工委会议 5 次，召开基层党建重点任务推进会、调度会 4 次，按季度下发党建任务清单，重点工作专项部署会 5 次，业务培训 2 次，开展 3 轮督导，有效压实了各级责任主体、促进了各项工作落实落细；扎实推进主题教育，县委班子带头学习理论，举办支部书记讲坛活动，调查研究践行“四下基层”工作法，形成调研报告 13 份；开展基层党建示范点创建，打造县级党建示范点 8 个，市级示范点 3 个；开展软弱涣散党组织整顿工作，1 个软弱涣散党组织完成县级验收；调整充实机关党支部委员 36 名，指导 7 个党组织进行换届工作，督促更换党组织公章 2 个；年内发展机关党员 21 名；完善更新机关党员信息系统，转入机关党员 63 名，及时转出因调任或离职党员 54 名。2023 年，对党的十八大之前发展的 539 名党员档案再次过筛，其中违规违纪发展党员 392 名（乡镇 248 名，县直机关 144 名）。邀请市委党校教授对 107 名机关党员及积极分子进行专题培训，完成政治审查、党员身份认定及整改归档等工作。

2023年12月11日，措美县委组织部组织开展模范机关创建参观

老干部事务

【概况】 2023 年，措美县退休干部职工共计 216 人，其中退休干部 88 人，退休教师 43 人，退休工人 85 人。

【待遇落实】 2023 年，措美县老干部局建设以落实“两项待遇”为着手点，落实老干部各项政策及规定。年内，走访慰问退休老干部 5 次，共计金额 219000 元。每人发放慰问品（藏式护腰、保温杯），折合人民币 64605 元。每年安排离退休专项工作经费 80000 元、退休党支部党建经费 11500 元，退休党支部班子成员工作补贴 11100 元，代管费 55300 元，特困帮扶资金 100000 元。2023 年，协调措美县人社局、措美县医保局等涉老部门认真落实离退休干部职工护工费、体检费等。严格落实重大事项通报、定期通报等制度，邀请老干部参加县内重要会议，及时传达各级会议精神，确保老干部政策知情权。2023 年 5 月 5 日至 19 日组织 32 名离退休干部到福建开展为期 15 天的健康疗养暨红色教育活动。

【老干部发挥作用】 2023年，措美县老干部局依托老干部宣讲团，以新旧西藏对比、学习贯彻习近平新时代中国特色社会主义思想主题教育“七一”讲话精神等为主题，在学校、村社区、敬老院、退休党支部等开展3次专题宣讲，并结合“三包、五带、五促”活动，成立退休干部志愿服务队，在政策宣传、爱国卫生运动等各方面积极发挥引领示范作用。

2023年5月5—19日，措美县老干局组织离退休干部职工到福建厦门开展疗养

【阵地建设】 2023年，措美县老干部局针对泽当安置地无场所的集体诉求，争取269985.5元，完成泽当老干部服务中心建设项目。为县城退休党支部活动室重新选点、投入9800元完善场地内部设施，推进党支部活动室标准化建设。为老干部发挥余热、建言献策搭建平台提供便利。

【困难帮扶】 2023年，措美县老干部局对3名去世老干部家属进行慰问和安抚工作，并积极申请解决丧葬费、抚恤金、慰问金等经费，第一时间落实经费835586.64元，同时与涉老部门加强沟通，协助去世老干部家属办理兑现剩余医保等后续事宜，让老干部家属“少跑腿”。

【思想政治教育】 2023年，措美县老干部局依托离退休党组织“三会一课”制度，积极围绕党史学习教育，开展“我给家人讲党史”“新旧对比”巡回宣讲等主题活动，以活动聚人心，提升老干部组织观念，让老干部受到教育、收获快乐。加大离退休干部政治纪律学习力度，以反面典型案例开展警示教育，使广大老干部真正学深悟透，严防老干部思想滑坡现象。对离退休干部的来信来访，建立健全老干部信访接访制度，及时解决相关问题。

【文体活动】 2023年，措美县老干部局在“三大节日”“3·28”“七一”“重阳节”等重要时间节点，相继开展“新时代中国特色社会主义”“学习贯彻习近平新时代中国特色社会主义思想主题教育”“迎七一·感党恩”“共同欢度党的生日”“光荣退休仪式”“学习贯彻习近平新时代中国特色社会主义思想主题教育·银龄更有为”等关心关爱与丰富老干部精神文化生活的各类活动，其中包含老干部座谈会、走访慰问、送教上门、参观红色基地、趣味运动会、区外健康疗养、红歌比赛、“我给家人讲党史”等活动。推动退休党员理想信念进一步坚定，确保退休党员思想常新，紧跟时代思潮。

【自身建设】 2023年，措美县老干部局持续坚持电话联系制度，采取定期与不定期的方式，与老干部进行电话联系，倾听老干部意见建议，并且每季度排查老干部的困难及诉求。全年收集困难及诉求3件，解决问题3件。以三大节日、“七一”、“重阳节”等重要节点，开展走访慰问活动，为老干部送去关怀和温暖。在老干部管理工作上，针对老干部年龄结构差异大，状况多样化的问题，采取分类管理模式，根据老干部的实际和突出特点，因人而异开展工作，解决管理难度大、照顾难到位的问题。

措美县人民代表大会

综述

【概况】 2023年，措美县人民代表大会常务委员会（以下简称县人大常委会）共召开人民代表大会2次，常委会会议8次、主任会议16次，组织开展执法检查、视察、调研工作23项，听取审议专项工作报告41项，专题询问1次、工作评议1项，作出决议决定14项，提出审议意见63条，圆满完成了年度各项任务。

【重要会议】 2023年3月7日至9日，措美县第十三届人民代表大会第五次会议召开，会议应到代表120名，实到代表110名。会议表决通过关于措美县人民政府工作报告；审查和批准措美县2022年国民经济和社会发展计划执行情况与2023年国民经济和社会发展计划草案的报告、批准措美县2023年国民经济和社会发展计划；审查和批准措美县2022年财政预算执行情况及2023年财政预算草案的报告，批准措美县2023年财政预算；听取和审议措美县人大常委会工作报告；听取和审议措美县人民法院工作报告；听取和审议措美县人民检察院工作报告。2023年10月24日，措美县第十三届人民代表大会第六次会议召开，会议应到代表119名，实到代表93名。会议表决通过了措美县第十三届人民代表大会第六次会议选举办法（草案）；措美县第十三届人民代表大会第六次会议总监票人、监票人名单（草案）；选举邢飞为措美县人民政府县长，补选尼玛顿珠、周宝成为县人大常委会委员，并举行宪法宣誓仪式。

【监督审查】 2023年，县人大常委会聚焦稳定、发展、生态、强边"四件大事"和民生福祉，切实增强群众获得感、幸福感、安全感。全年听取审议专项工作报告41项，专

2023年3月7日，召开措美县十三届人民代表大会常务委员会第12次会议，会议应到常委会组成人员25名，实到23名，符合法定人数

2023年12月22日，措美县第十三届人民代表大会常务委员会第十八次会议召开

题询问1次、工作评议1项，作出决议决定14项，提出审议意见63条，对行政事业性国有资产情况、林长制工作开展情况、粮食安全情况、产业分红情况等进行专题调研。对《中华人民共和国统计法》《中华人民共和国非物质文化遗产法》《中华人民共和国乡村振兴促进法》《中华人民共和国食品安全法》等法律法规实施情况开展执法检查。就"一府一委两院"对于人大审议意见贯彻落实情况开展跟踪检查。对县十三届人大五次会议审查和批准的2023年国民经济和社会发展计划和2023年财政预算执行情况进行监督。继续加强预算联网监督系统联网运行的后续工作，充分发挥预算联网监督系统的效益和优势，提升监督实效。听取和审查县人民政府关于措美县2023年上半年国民经济和社会发展计划执行情况的报告、关于措美县2022年财政决算的报告、关于措美县2023年上半年财政预算执行情况的报告。听取和审查县人民政府本级财政预算执行和其他财政收支审计查出问题整改情况的报告。听取和审查县人民政府关于2023年县本级财政预算调整方案的报告，听取和审议县人民政府关于2022年环境状况和环境保护目标完成与国家生态文明高地建设情况的报告、县人民政府关于2022年度全县乡村振兴工作情况的报告、政府债务管理情况的报告、对"十四五"规划实施情况进行中期评估。听取县人民政府关于法治政府建设情况的报告、县人民政府关于第八个五年法治宣传教育情况的专项工作报告，并进行中期评估。听取县人民法院关于行政审判工作情况的报告，听取县人大政法委关于2023年度规范性文件备案审查工作情况报告、开展全县法院行政审判工作情况的调研报告。同时，对《中华人民共和国土地管理法》实施情况开展执法检查。

【决定重大事项】 2023年，县人大常委会严格落实常委会讨论决定重大事项规定、各级政府重大决策出台前向本级人大报告的制度要求，严格按照县人大常委会讨论、决定重大事项工作程序，自觉服从服务于县委总体工作部署，对国民经济和社会发展计划情况、财政预算和执行情况依法作出决议决定。2023年，向县委报告重要事项30余次。

【人事任免】 2023年，县人大常委会坚持党管干部原则，完善工作程序，做好国家机关工作人员任免工作。认真进行任前法律知识考试，依法组织常委会决定任命的国家工作人员进行宪法宣誓，激励国家公职人员忠于宪法、维护宪法、履行法定职责，强化国家意识、法治意识、公仆意识。2023年，共任免国家机关工作人员28人。

【代表履职】 全县5个代表之家和15个代表联络站常态化开展"三日四周八个一""八岗三结对双联系"等活动，组织代表就近就便参加县乡人大组织的视察调研、执法检查。2023年，各级代表参加调研视察264人次，执法检查117人次，参加"八岗三结对"活动562人次、"双联系"活动221人次，充分展现了代表履职活力。先后组织代表到安徽、加查县党校和措美县举办了三期人大代表能力素质提升培训班，培训人大干部和代表124人次。积极探索"互联网+"新模式，助推代表履职高效率。争取资金180万元，与四川大学设计院联合，自主设计开发建设"措美智慧人大"系统，于2023年3月建成投入使用。该系统全方位宣传展示措美县乡人大各项工作、代表履职服务管理,全方位实时分析人大工作数据,实现了人大工作数字化、信息化,代表服务智能化、便捷化。狠抓代表建议落实,提高代表建言献策的主动性、积极性。十三届人大五次会议收到人大代表意见建议21件。2023年,各承办单位通过现场答复或电话答复21件,答复率100%,已办理或正在办理20件,占95.2%;无法办理1件,占4.8%。持续开展民生实事项目人大代表票决制工作,推动实施22个惠民生、暖民心的民生实事项目。

专门委员会工作

措美县人民代表大会财经农牧城建环保委员会

【概况】 2023年,措美县人大财政经济和农牧城建环境资源委员会在认真总结2022年度人大票决工作的基础上,制定措美县2023年度民生实事项目人大票决工作的方案,在县、乡两级人大广泛开展了民生实事项目人大代表票决工作。对2023年人大表决产生的22个民生实事项目已完成通过验收的22个项目,开展满意度测评,人大代表满意度100%。

【监督审查】 2023年,措美县人民代表大会财经农牧城建环保委员会听取县财政局关于2022年预算执行情况、2023年预算草案编制情况汇报,为全面了解县财政运行情况打牢基础。向财政局提出《措美县人民政府提出的关于2023年措美县本级财政预算调整方案的报告(草案)》的初步审查意见,并在常委会审议期间向会议提出了《措美县人民政府关于2023年措美县本级财政预算调整方案的审查报告》。听取审议《县政府关于2021年度本级预算执行及其他财政收支审计工作报告》《政府债务管理情况的报告》提请县十三届人大16次常委会。听取审议企事业单位国有资产管理情况,提请18次常委会,提出审查结果报告,提出意见反馈。对县政府提请审议的《2022年度山南市环境质量状况和生态环境保护目标完成与国家生态文明高地建设情况的报告》进行初审,提请县十三届人大常委会第14次常委会会议审议。加强生态文明建设工作监督。深入部分乡(镇)及县直相关部门,开展了《中华人民共和国水污染防治法》《西藏自治区国家生态文明高地建设条例》实施情况执法检查活动,形成检查报告,提请县人大常委会主任会议研究和常委会会议审议。

【专项调研检查】 2023年,措美县人民代表大会财经农牧城建环保委员会深入各部门各项目开展全县2023年上半年经济运行情况专题调研,了解上半年全县经济运行情况,有针对性提出了意见和建议,形成反馈意见报常委会会议审议时参阅,督促政府及相关部门以问题为导向,推动反馈意见落实到位。开展产业振兴调研,听取和审议《县人民政府关于措美县产业振兴情况的报告》,提出审议意见提请县十三届人大常委会第十次常委会会议审议。扎实开展执法检查活动,对《中华人民共和国统计法》《中华人民共和国统计法实施条例》实施情况开展了执法检查,并形成执法检查报告,提出检查问题,提请主任会议研究、常委会会议审议,有力促进了法律法规在措美县全面正确实施。对措美县行

2023年11月10日,措美县人大常委会组织县人大工作者、人大代表、乡镇人大主席到林芝市开展考察学习

政事业单位国有资产管理情况、冰川保护、农牧区环境卫生工作、全县财政资金和重大项目资金支出进展情况、粮食安全、农牧区人居环境整治工作、落实《中华人民共和国环境保护法》《山南市城乡绿化条例》等相关法规、决定、方案开展专题调研并形成调研报告。对《中华人民共和国乡村促进法》开展执法检查。

措美县人民代表大会法制司法和民族宗教委员会

【监督调研】 2023年，措美县人大法制司法监察和民族宗教委员会首次对县法院立案诉讼服务工作和县检察院办理控诉案件工作开展专题调研。坚持问题导向，科学精准提出对法检工作的监督内容，针对发现的问题，提出合理性意见建议。首次对县公安机关执法规范化建设促进公平正义情况开展专题调研并进行工作评议。对全县公安机关执法规范化建设情况进行了工作评议，共发放评议表13份，收回13份。其中，满意12份，占92.3%；基本满意1份，占7.7%；不满意0份，满意和基本满意占统计100%。常态化开展依法行政监督。听取和审议法治政府建设工作报告1次，开展执法检查2次，开展专题调研2次，协助完成市人大常委会在措美县开展或委托的执法检查和专题调研3次。并根据相关法律规定，完善人大常委会人事任免工作程序，对11名人员进行了任前法律知识考试。持续开展"民族团结进步雅砻行"活动。以铸牢中华民族共同体意识为主线，先后深入4个乡（镇）22座宗教活动场所开展《西藏自治区民族团结进步模范区创建条例》的贯彻实施情况调研、宣传活动。围绕深化拓展民族团结进步创建工作，不断增强广大僧尼"五观""五个认同"，把积极争创和谐模范寺庙、争做爱国守法先进僧尼教育活动引向深入。

【备案审查】 2023年，措美县人大法制司法监察和民族宗教委员会按照"有件必备、有备必审、有错必纠"的要求，以维护法制统一为宗旨，以合法性审查为主线，突出抓好"备案、审查、纠正"三个关键环节，着力完善"主体、权限、内容、程序"四项审查标准，对所有报送的规范性文件及时进行了登记和初步审查，并分送有关工作机构进行审查。经有关部门审查。截至年底，报送的规范性文件3件，除个别文字表述不准确外，基本能够遵循法律、法规的规定，文件制定机关没有超越法定权限增设自身权力或违法设定他人义务，相关规定也没有出现与法律法规相抵触或不一致的情形，规范的内容基本符合措美县经济和社会发展的实际需要。

措美县人民代表大会教育科学文化卫生和社会建设委员会

【概况】 2023年，县人大教育科学文化卫生和社会建设委员会充分发挥法制司法监察和民族宗教委员会在立法、法治政府建设等方面的职能优势，认真完成常委会交办的各项工作任务。认真承办市人大常委会办公室、市人大法制司法监察和民族宗教委员会交办的法规草案征求意见工作。对每一部法规草案认真进行讨论研究，提出意见建议，并及时梳理汇总各方面意见建议，形成综合意见建议后报送市人大。扎实推进法治政府建设，对政府及其有关部门报送的具备规范性文件要素的征求意见稿、送审稿等文件进行认真研究，提出意见建议，并及时与政府及其有关

2023年7月13日，全市人大代表工作现场会上，全体代表观摩措美镇"人大代表之家"建设运行情况

2023年7月13日，“措美智慧人大”平台正式上线

部门进行沟通反馈。根据常委会工作安排，全力做好民主生活会、组织生活会、疫情防控、维稳值班等相关服务保障工作，积极参加理论学习中心组和机关党支部的各类学习活动，并及时办理常委会交办的其他工作。

【依法监督】 2023年，措美县人大教育科学文化卫生和社会建设委员会围绕党中央、区委、市委和县委重大决策部署，认真落实、积极承担常委会监督工作计划相关安排，以人民群众普遍关心的热点难点作为监督工作的切入点，实行正确监督、有效监督、依法监督，务求推动解决实际问题，不断提升监督工作实效。

【专题调研】 2023年，措美县人大教育科学文化卫生和社会建设委员会组成专题调研组，对全县传染病预防和突出公共卫生实践应急能力建设情况、措美籍高校毕业生就业及就业创业各项政策资金落实情况、措美县十三届人大五次会议代表提出的意见建议办理情况以及措美县社会救助工作开展情况进行了专题调研。调研组采取深入实地、查看资料、听取汇报、座谈等方式开展专题调研，形成调研报告并经县人大常委会审议通过。

【执法检查】 2023年，措美县人大教育科学文化卫生和社会建设委员会根据年初既定的工作计划，组成执法检查组，对措美县贯彻落实《中华人民共和国国防教育法》和《西藏自治区实施〈中华人民共和国国防教育法〉办法》《中华人民共和国非物质文化遗产法》和《西藏自治区实施〈非物质文化遗产法〉办法》以及《中华人民共和国食品安全法》等三部法律的情况进行了执法检查。为搞好这三次执法检查，县人大教育科学文化卫生和社会建设委员会首先提前制定了详细的执法检查方案，其次组织执法检查组成员学习相关法律法规，明确相关法律要求，最后按照方案深入相关单位、乡镇、村居开展执法检查，了解两部法律在措美县的贯彻落实情况。通过认真细致的准备和全体执法检查组成员的共同努力，执法检查工作均取得了圆满成功。

办公室工作

【办文办会】 2023年，措美县人大常委会办公室坚持把提高文字服务水平作为机关一项重要的工作，切实把好文字材料的草拟、审核关，力求公文符合政策、法律法规；认真领会文件精神，贯彻领导意图，努力提高文字的理论性、政策性、可操作性，通过办文、办会服务，发挥办公室的参谋助手作用。2023年办公室起草各类公文、专项报告、汇报材料、领导发言等82篇，撰写信息简报96篇。筹办2次代表大会（县十三届人大五次会议、十三届人大六次会议），8次常委会会议、16次主任会议、12次人大常委会党组暨机关党组理论学习中心组学习会、48次人大办党支部集中学习和研讨，保证了县人大常委会工作的有序开展。

【自身建设】 2023年，措美县人大在县委的领导和市人大常委会的指导下，坚持以习近平新时代中国特色社会主义思想为指导，深入学习贯彻习近平法治思想、习近平总书记关于坚持和完善人民代表大会制度的重要思想、关于西藏工作的重要指示和新时代党的治藏方略，全面加强新时代人大工作。结合人大业务工作，坚持每月学习一部法律法规，重点学习了《中华人民共和国统计法》《中华人民共和

2023年5月23日，措美县人大组织县人大代表到阿里地区考察学习

国非物质文化遗产法》《中华人民共和国乡村振兴促进法》《中华人民共和国土地管理法》等法律法规。坚持每月开展一次理论学习中心组学习，每星期开展一次支部学习。2023年，县人大常委会党组暨机关党组理论学习中心组召开集中学习会12次，人大办党支部集中学习48次，人大党员干部业务水平和理论水平不断提升。年内，组织人大干部及代表45人次到阿里、林芝和山南5个县开展考察学习，不断助力代表拓宽视野、丰富见识、提高本领，强化代表意识，增强人大制度自信。进一步加强党员干部的廉政教育，认真开展专题警示教育活动，引导县人大党员领导干部从中吸取深刻教训，警钟长鸣，切实筑牢拒腐防变的道德防线。

措美县人民政府

综述

【概况】 2023年，措美县人民政府坚持以习近平新时代中国特色社会主义思想为指导，坚定不移贯彻落实党中央决策部署和区委、市委、县委工作安排，锚定“四件大事”，聚力“四个创建”，立足“六个走在全区前列”目标，坚持稳中求进工作总基调，立足新发展阶段，完整准确全面贯彻新发展理念，服务和融入新发展格局，扎实推进县委经济工作会议明确的9项重点经济目标任务，实现了经济社会平稳健康发展。2023年全年完成地区生产总值112191.9万元，同比增长10.7%；完成全社会固定资产投资108604万元，同比增长59.5%；完成农村居民人均可支配收入19874元，同比增长12.1%。

2023年8月3日，措美县委副书记、县长桑旦（后排左四）主持召开2023年措美县人民政府第一次全体会议

【招商引资】 2023年，措美县人民政府扎实推进招商引资工作，完成招商引资43668万元，完成目标任务的436%。

【生态环保】 2023年，措美县人民政府坚持生态保护第一，严格执行环境保护“三线一单”制度，高质量完成“三区三线”划定，实行最严格水资源管理制度，创建自治区级生态文明示范乡镇2个，示范村（社区）14个。29个主要河湖和20个山林全面落实河湖长制、林长制，完成植树造林1350亩，植树10万株，扎实推进营造林“先造后补”工程。县域空气质量保持优良，集中式饮用水水源质量达标率100%。

【项目建设】 2023年，措美县人民政府把项目建设作为经济发展的“第一抓手”，全力以赴谋项目、争项目、引项目，定期抓调度、抓督查、抓问效，为发展提供强力支撑和后劲，实行重大项目包保机制，强化协调对接，以项目促发展、稳投资、保增长。全力推进县城供暖、扎西松多水库及配套供水工程、措美县雪热村至小扎扎组公路改建工程、老旧小区改造等一批重大项目建设，全年实施重点项目33个，完成固定资产投资108604万元，同比增长59.5%，重点项目的有序推进为措美经济社会发展，特别是疫情后稳增长作出有力贡献。

2023年8月6日，措美县委常委、常务副县长王小荣（右一）带领工作组现场督导检查企业安全生产各项措施落实及设备运行情况

【产业发展】 2023年，措美县人民政府坚持以发展产业为主线，把培育产业作为推动经济转型升级的关键举措，全面推动县域经济高质量发展。粮经饲比例科学调整为68∶11∶21，农作物播种面积14741亩，粮食产量完成3315.98吨，经济作物产量完成768.09吨，完成肉产量2400.61吨，完成奶产量5301.4吨。哲古50兆瓦风电二期项目和措美雪热30兆瓦保障性光伏项目并网发电。

【深化受援】 2023年，措美县人民政府深化受援工作，开展各领域双向交流交往10余次，实施对口援藏项目9个，实现区外“组团式”市场化就业16人。

【乡村振兴】 2023年，措美县人民政府立足实际，巩固成果，全面推动乡村振兴建设，坚持和巩固拓展脱贫攻坚成果，同全面推进乡村振兴有效衔接，严格落实“四个不摘”要求，紧盯26户86人防返贫监测帮扶工作，牢牢守住了不发生规模性返贫底线。脱贫户人均可支配收入达18112元，同比增长14.1%。全力抓好农牧区建设和人居环境整治工作，建成宜居宜业和美乡村2个，争取衔接资金14665.03万元，实施产业发展、基础设施、人居环境等14个项目，支出资金14580.5万元，支出率达99.4%。

【就业创业】 2023年，措美县人民政府完成转移就业5218人，累计创收6614万元，开展各类技能培训9期646人；措美籍高校毕业生就业率达100%。落实农牧民首次创业补贴及高校毕业生各类创业就业补贴资金211万元，兑现1784个生态岗位补助资金624.4万元，各族人民的生活更加殷实、更加美满、更加幸福。

【教育保障】 2023年，措美县人民政府落实教育“三包”和“营改”资金773.8万元，大学生资助资金314.6万元，中小学入学率达100%，城乡幼儿学前三年入园率达100%。

【边境建设】 2023年，措美县人民政府扎实推进边境搬迁工作，2023年兑现边境搬迁户2万元一次性搬迁补贴，共计356万元。

【旅游文化】 2023年，措美县人民政府积极推动旅游业与多种业态融合发展，推广G219旅游线路，顺利完成参与G219集结赛、极地金卡纳场地赛（措美段）和“冬游山南”旅游推介会，建立完善旅游资源基础信息库，开展措美县旅游资源普查工作，成功举办第14届哲古牧人节和第22届物资交流会，累计接待游客11.03万人次，创收337.1万元，分别同比增长90%、108%。

【社会保障】 2023年，措美县人民政府足额兑现城乡低保生活补助、特困人员供养金、残疾人“两项补贴”和“十大民心”工程生活补贴、医保等惠民资金2000余万元，全民免费健康体检实现全覆盖，家庭医生签约率达100%，基本养老保险、医疗保险参保率保持在98%以上。

2023年6月28日，措美县与安徽淮北市党政代表团召开座谈会

【执政能力建设】 2023年，措美县人民政府召开政府常务会议14次，研究事项210余项，提请县委审议32项，向人大报告各项工作18项，下发任务交办单18期，上报督查专报100余期，进一步优化了决策、细化了部署、督促了落实。自觉接受人大法律监督和政协民主监督，主动接受社会监督和舆论监督，高质量办理人大建议、政协提案38件，办复率、满意率、见面率均达100%。大力推进廉洁政府建设，驰而不息纠治"四风"问题，认真贯彻落实中央八项规定及其实施细则精神，坚持政府过紧日子、群众过好日子的思想，县级"三公"经费同比下降3%，法治政府、廉洁政府和服务型政府建设取得新进展。

【维护稳定】 2023年，措美县人民政府坚持把维护稳定作为第一位的工作任务，深入推进平安措美创建，扎实做好"双联户"服务管理工作。坚持和发展新时代"枫桥经验"，受理办结信访事项24批34人，解决拖欠民工工资297.8万元，涉及143人次；排查矛盾纠纷隐患716次95件，均得到有效化解。

【重要会议】 2023年，措美县人民政府召开政府党组理论学习中心组学习会13次、召开政府常务会议14次、召开政府专题会66次，研究事项270余项，提请县委审议32项，向人大报告各项工作18项，下发任务交办单18期，上报督查专报100余期，进一步优化了决策、细化了部署、督促了落实。

【综合政务】 2023年，措美县人民政府主动公开政府信息1446条。深入推进"放管服"改革，大力实施"互联网＋政务服务"，全年办理事项4578件，办结率100%，开展送证上门133张。持续优化营商环境，对政务服务事项时限再次优化升级，压缩时限达50%以上。

办公室工作

【督查督办】 2023年，县政府办围绕县委、县政府年初确立各项工作目标，围绕群众反映强烈的热点、难点问题，通过加强责任制度、督查制度、报告制度等制度建设，健全工作机构，完善工作机制，并进行多次督促检查，及时反馈情况，县长、分管副县长亲自听取督查汇报，确保各项工作落在实处，使各项工作都做到有布置、有检查、有落实，保证各项重点工作和阶段性工作的顺利进行。全年下发政府任务交办单18份、督查通报4期、督办文件4期，上报督查专报105期，做到件件有着落、事事有结果。

【信息服务】 2023年，县政府办加大政务信息及综合信息报送力度，提高信息报送质量。积极报送各类信息200余条，被各级采用40余条。

【办文办会】 2023年，县政府办以"压缩数量，提高质量"为原则，严把政策关、程序关、文字关、体式关，严格审签程序，使文件的收、发、传、送、批、借、存、销等环节做到了程序化、制度化、科学化。全年承办各级各类来文1334件，各类会议150余场次，协调安排调研、考察、招商等重大活动80余场次。

【综合协调】 2023年，县政府办始终把综合协调工作渗透到政务服务的各个环节，认真落实统筹协调职责任务，密切联系县政府各班子成员，加大对政府各职能部门的统筹调度，及时掌握工作动态，妥善安排和推进政府中心工作，对部署、重要会议、重大活动，加大对政府各职能部门的统筹调度，及时掌握工作动态，妥善安排和推进政府中心工作，圆满完成重要会议、重大活动等大型会议的筹备、组织召开工作。全年共筹备召开党组理论学习中心组学习会议13次，政府常务会议14次，专题会议66次。

2023年2月8日，措美县行政批和便民服务局在古堆乡帕仓村开展集中宣传党的二十大精神

行政审批和便民服务

【政务服务大厅建设】 2023年，措美县公安户籍、居住证、住建局、医保局、卫健委、市场监管局、自然资源局、人社局（城乡养老、机关养老、社保卡）、民政局、税务局、水厂已入驻政务服务中心。内网、电子政务外网全覆盖。2023年，政务服务中心可办理事项28项，共受理办件4500余件，办结率100%。

【便民服务】 2023年，与群众息息相关的户口迁移、身份证办理、医疗报销、城乡居民养老保险参保、社保卡服务、婚姻登记、健康证办理、社保卡缴费等事项都已入驻政务服务中心。协调公安局、电力公司、水厂，将群众办理事项较多的居住证办理、水电服务事项进驻政务服务中心。协调县邮政局将免费寄递业务由政务服务中心代办窗口统一受理，提供免费寄递服务。针对有的窗口部门办理事项不多，人员不足等问题，实行窗口动态管理，按照（1、3、5、2、4）工作法，住建局、卫健委、自然资源局每周实行轮流在岗，开办一日窗口，逐步实现应进必进。在原有13项政务服务中心管理制度上，研究制定《措美县政务服务中心管理细则》《措美县政务服务中心作风建设专项整治活动方案》《好差评制度》。同时，组织进驻窗口单位负责人及所有窗口工作人员，召开窗口工作人员作风建设专项整治部署会，提出具体工作要求。制作政务服务中心跨省通办台账、投诉意见簿、一把手督导检查政务服务中心台账、政务服务中心办理事项满意度调查表等，进一步规范和约束窗口人员的服务行为。按照“互联网+政务服务+监管”工作相关要求，先后组织4次政府相关部门，召开政务服务工作推进会及培训会，安排部署具体工作任务，确保完成各项考核指标。

2023年11月23日，措美县行政审批和便民服务局组织在岗全体党员开展党员到社区“双报到”服务活动

【政务服务便利化】 2023年，措美县行政审批和便民服务局梳理汇

总了措美县证明事项告知承诺制清单、跨省通办业务清单、行政许可事项清单、最多跑一次清单、帮办代办事项清单、容缺事项清单，切实提升政务服务水平。户籍窗口依托跨省通办工作机制，办理户口迁移、首次申领身份证业务，打造“异地受理、属地审批、就近取证”的全新服务模式。2023 年，共办理跨省通办事项 40 项，涉及三个省份。医保窗口依托跨省通办工作机制，办结跨省异地就医结算 32 个，社保卡窗口依托跨省通办工作机制，办理社保卡 18 张。发挥党员“三包五带五促”结对帮扶机制，走村入户开展送证上门服务。截至年底，户籍窗口开展送证上门 133 张。结合主题党日、各类宣传活动，在广大干部群众中积极宣传“一站式”模式改革工作，制作了进驻窗口单位汉语和藏语办事流程图、宣传册，并通过 LED 显示屏，广播等形式，向群众宣传解读，使广大干部、群众能熟悉内容和办事流程。

【政府采购】 2023 年，措美县行政审批和便民服务局为确保政府集中采购公平、公正、公开运作，严格落实《措美县政府采购暂行办法》，切实加强政府采购项目的审批和监督，在采购过程中，严格监督采购行为，有效杜绝了违纪违规采购行为。2023 年，措美县报备审批政府采购项目 153 项。

信访

【信访维稳】 2023 年，措美县信访局制定下发了《关于集中开展“双拖欠”源头治理专项行动的实施方案》《措美县信访工作联席会议关于开展信访问题源头治理三年攻坚行动的实施方案》《措美县信访矛盾排查化解工作实施方案》《关于进一步做好矛盾纠纷排查化解工作的通知》《措美县信访工作联席会议关于全县“双拖欠”类信访问题专项整治工作方案》等保障措施，并在网信措美发布《措美县领导干部接访公告》，确保在重大活动、敏感节点期间，不发生特殊利益群众及上访老户的集体访、越级访、进京访，恶性缠访闹访等事件。

2023年1月19日，措美县信访局联合县人力资源和社会保障局协调民工工资

【信访服务】 2023 年，措美县信访局严格落实领导干部信访接待日制度，尤其是节假日、重要会议期间，县委、县政府主要领导在县信访局每天轮流坐班接访，安排部分领导在 4 个乡（镇）下访活动、摸排信访隐患。安排 1 名信访专职人员到拉萨开展信访干部靠前值守工作，协助驻拉萨办事处，做好涉及措美县信访问题的先期处理和思想疏导工作。年内，以“八五”普法和综治宣传活动为契机，开展信访法律法规宣传活动，向各乡（镇）、各村（社区）及周边群众发放《信访工作条例》《措美县信访局接访工作流程》和《依法逐级走访》《信访人六不准》等汉语和藏语宣传手册 4000 余份，积极引导群众依法信访、理性表达诉求。2023 年，自治区、市信访局领导和县委、县政府主要领导多次督导检查信访工作。县委、县政府主要领导检查指导信访工作 10 余次。

【群众信访】 2023 年，措美县信访局共接待群众来访 28 批 39 人次，已全部办结，信访事项受理率、办结率、满意率 100%，做到了件件有着落、事事有回音。2023 年，排查信访矛盾纠纷隐患 15 次，排查出信访隐患 77 件，已化解 42 件。

后勤服务

【接待服务】 2023 年，措美县机

关后勤服务中心接待工作一直秉持着中央八项规定精神及其实施细则，山南市委、山南市政府关于印发《山南市公务接待实施细则（暂行）》的通知和措美县人民政府办公室关于进一步规范公务接待的通知要求，认真完成各项服务工作。接待流程。严格按照报告、审核、签批程序实行。接待单位凭公函、领导批示、工作通知等提出接待申请，填报公务接待审批单报县机关后勤服务中心审核，并报分管领导签批。接待用餐。由接待单位填写公务接待审批单，明确接待人数、用餐时间等事宜，县机关后勤服务中心原则上安排自助餐，按每人每天120元标准进行接待。另向接待对象主动收缴伙食费每天50元/人（早餐10元、午餐20元、晚餐20元），由县机关后勤服务中心开具收据，接待一律不安排烟或酒水。费用核销。公务接待经费实行分级管理，由县财政局纳入年度预算，接待报销严格费用核销制度，实行每周报销制度，以接待公函、接待清单、财务票据等要素齐全，完善接待报销归档工作。住宿接待。由接待单位和机关后勤服务中心提前预订酒店房间。住宿用房以标准间为主，住宿费按差旅报销相关标准收费，由接待对象自行支付。职工食堂。机关后勤服务中心高度重视干部职工食堂的管理和食品卫生的管理，建立健全食堂管理机构，通过抽调精兵强将，组成干部职工食堂的管理层，明确优秀内勤工作人员负责日常的正常运行，高薪聘请专业厨师保障菜品质量，以强有力的责任心和良好的服务态度，确保干部职工吃上放心菜、舒心菜。通过制定、完善机关干部职工食堂的各项管理制度，凸显食品安全工作的重要性，以层层把关，逐级审验的责任心，确保食堂的管理工作规范化、程序化、制度化，形成了全员参与、层层落实、分工明确、责任到人的良好工作机制。强化监管过程、严把质量关，食堂管理工作责任重大，必须抓好过程管理，严格把好各种关口。

2023年11月9日，措美县委副书记、县长邢飞（右一）对机关干部职工食堂饭菜质量及食堂工作进行现场检查

【支出方面】 2023年，机关后勤服务中心在职工食堂运行中向干部职工公开财务账。职工食堂共计总收入607.9万余元，含2022年末剩余伙食费57.9万余元，到2023年末剩余伙食费22.3万元。2023年总支出585.5万余元。其中支付职工食堂厨师工资107.4万余元，购买蔬菜、调味品、水果、牛奶、肉类等共计支出421.8万余元，电费13.2万余元、液化气7.8万余元，大米、食用油16.1万余元，购买厨具14.3万余元，购买馒头1.1万元，厨师体检费1.5万元，日常购买所需物品0.3万元，购买糌粑、酥油2万元。截至年底，措美县机关后勤服务中心共接待各类工作组137次，其中大小型工作组早、中、晚接待208次，接待人数1400余人次，接待工作组交纳伙食费4.6万余元，接待报销金额共计12.4万余元。

【自身建设】 2023年，机关后勤服务中心始终把学习作为一种政治责任，作为增强提高全体干部职工工作能力和水平的基础，结合新形势新任务的要求，认真组织干部职工学习党的二十大精神、习近平总书记系列重要讲话精神，以及县委、县政府各项会议精神，并每月组织开展理论学习、观看道路交通安全警示教育片等活动。始终以学习型党组织建设为平台，不断创新载体和方法，切实抓好干部职工思想教育和理论学习工作。2023年措美县机关后勤服务中心组织召开支部学习会议20余次。

中国人民政治协商会议措美县委员会

综述

【概况】 政协措美县委员会于2012年7月成立，起始核定县政协委员名额53名。本届产生委员60名（留任44名、新提名16名），其中，党外委员37名，占委员总数的61.7%；妇女委员20名，占委员总数的33.3%；汉族委员12名，占委员总数的20%。共设6个界别：中国共产党10名、共青团工会妇联社会保障界委员14名、文化教育体育卫生界委员12名、经济科技工商联界委员6名、农业和农村界委员11名、民族宗教界委员7名；驻措美县的市政协委员有9名；按照县政协常委人数不低于委员总数20%的要求，本届产生县政协常委12名。

【社情民意】 2023年，措美县政协切实做好社情民意信息收集上报工作，推动政协社情民意信息收集上报工作规范化、制度化、常态化，反映问题紧扣全县乃至全市经济社会发展和最广大人民群众生活利益的普遍性问题，在深入调查研究的基础上，突出摆事实、讲观点、出思路、提建议。2023年，措美县政协发动委员收集社情民意信息4条。

【专题调研】 2023年，措美县政协坚持调研于协商之前，既宣传政策、凝聚共识，又发现问题、提出对策。组织委员到拉萨市，围绕“农村人居环境整治、巩固拓展脱贫攻坚成果同乡村振兴有效衔接工作”、考察学习农村人居环境综合整治、产业发展等方面工作，就好经验、好做法进行了深入总结探讨，并提出了相关建议。协助市政协完成“助推电商产业发展”“加强城乡养老服务体系建设、促进养老服务事业高质量发展”“建强乡村文化阵地、助力乡村文化振兴”等调研视察任务。以学习交流为

2023年10月10日，措美县政协党组书记、主席索朗欧珠（左一）在措美镇与委员开展“交朋友”活动

措美县政协组织和委员数（截至2023年底）

表2

级别 项目	措美县	合计
组织数	1	1
委员数	60	60

主，组织委员和政协机关干部到安徽省宿州市、淮北市考察市县政协工作开展情况，学习援藏省市在推进政协工作向基层延伸、规范化建设、阵地建立和委员履职等方面的经验做法，形成考察学习报告1篇。

【民主监督】 2023年，措美县政协坚持以民为本的履职理念，聚焦民众关切，建立健全政协委员常态化监督机制，政协委员应邀出席县委、县政府及职能部门的民主生活会、征求意见会、法院审判会等；参与中考、小考等监考活动。年内，组织政协委员80余人次参加各项民主监督活动，重点对涉及群众切身利益、社会各界关注度高的问题开展了民主监督，如实反映基层一线情况，坦率提出意见建议，有效发挥了政协协商式监督的重要作用。

【协商议政】 2023年，措美县政协围绕推进边境搬迁工作，组织召开以践行“神圣国土守护者，幸福家园建设者”为主题的专题议政性常委会1次；围绕措美镇波嘎村广场修建舞台顶棚、维修古堆乡帕仓村前当组杰德放牧点道路、在全县各寺庙修建国旗台及增设国旗杆、完善灌溉设施提高粮食产量、修建措美镇卫生院输液室阳光棚、修建哲古镇卫生院业务用房供水工程建设、实施玛悟觉寺寺管会干部澡堂升级改造项目等提案开展现场协商10余次，推动“提”“办”双方协商办理取得成效，进一步提升了“提”“办”双方工作积极性、主动性。县政协三届三次会议期间，委员们围绕全县中心工作提出意见建议29条，为县委、县政府科学决策积极贡献政协智慧和力量。

【提案办复】 2023年，措美县政协加强“提、立、办、督”各环节工作，流程更加规范、程序不断优化、督办持续加强。县政协三届三次会议立案的29件提案已全部办复，提案答复率达100%。向县政府争取提案办理资金60万元，召开主席会议专题研究解决8件提案办理资金，确保将提案办理资金用到实处，用在“刀刃上”，受到委员和农牧民群众的一致好评；实行县政协副主席领衔督办提案制度，加强对提案办理落实情况进行监督；围绕A类提案，开展视察调研；住县的市政协委员充分利用参加上级政协重要会议等有利时机，提交提案5件，助推解决了一批群众关注的基础设施建设、民生改善等问题。

【政协会议】 3月7日，措美县政协主席索朗欧珠主持召开政协第三届措美县委员会第三次会议。会议应出席委员60名，因事因病请假7人，实到委员53人，符合《政协章程》规定。开幕会上，县政协主席索朗欧珠代表政协常委会向大会报告工作。刘志斌副主席代表县政协常委会向大会作关于提案工作情况的报告。

【常委会会议】 3月6日，措美县

2023年3月9日，中国人民政治协商会议第三届措美县委员会第三次会议圆满闭幕

2023年5月31日，措美县政协开展讲好"委员故事""西藏故事""政协故事""村史""家史"活动

政协主席索朗欧珠主持召开常务委员会第7次会议。会议应到委员12人，实到委员10人，符合政协章程规定。会议审议通过了三届三次会议决定、议程（草案）、日程（草案）、分组名单和召集人名单（草案）、提案审查委员会组成人员名单（草案）、两个报告及报告人员名单（草案）等。

3月7日，措美县政协主席索朗欧珠主持召开常务委员会第8次会议。会议应到委员12人，实到委员11人，符合政协章程规定。会议听取第一次委员分组讨论关于县委领导讲话、政协常委会工作报告（草案）、政协常委会提案工作情况报告（草案）等情况汇报。第一次委员分组讨论会上，委员们共提出了意见、建议5条。

3月8日，措美县政协主席索朗欧珠主持召开常务委员会第9次会议。会议应到委员12人，实到委员11人，符合政协章程规定。会议审议通过了政治决议（草案）、常委会工作报告决议（草案）、常委会提案工作情况报告决议（草案）。

3月8日，措美县政协召开常务委员会第10次会议。会议应到委员12人，实到委员11人，符合政协章程规定。会议审议通过提案审查情况报告（草案）；听取第二次委员分组讨论会有关审议政治决议（草案）、审议常委会工作报告决议（草案）、审议常委会提案工作情况报告决议（草案）、讨论政府工作报告等情况汇报。第二次委员分组讨论会议委员们共提出了意见、建议27条。

办公室工作

【概况】 2023年，措美县政协办公室严格执行重大事项请示报告制度，坚持将政协年度协商计划、常委会工作报告、考察视察调研报告等呈报县委审定，确保县委的安排部署在政协得到不折不扣的贯彻落实。2023年，主动向县委请示汇报重要工作12次。

【理论学习】 2023年，措美县政协坚持学习习近平新时代中国特色社会主义思想长效机制，以党组理论学习会议为引领，采取主席会议和常委会会议集体学习、集中培训、自主学习相结合的学习方式，自觉用党的创新理论武装头脑、指导实践、推动工作。2023年，共召开党组理论学习会议12次、党组专题会议7次、常委会会议4次，政协党组成员和政协机关干部参加县委理论学习中心组学习会议17次。

【主题教育】 2023年，措美县政协牢牢把握"学思想、强党性、重实践、建新功"的总要求，紧扣目标任务，把理论学习、调查研究、推动发展、检视整改、建章立制贯穿始终，着力推动主题教育走深走实。年内，政协党组共召开交流研讨会4次，讲党课4次，检视问题11条，整改销号11条，形成调研报告3篇，查找问题10条，提出了17条整改对策建议，制定完善规章制度4项。通过开展主题教育，政协党员、干部和广大委员将主题教育中迸发的政治热情转化为担当作为、履职尽责的强大动力，为政协工作提质增效提供了有力支撑。

【民族团结创建】 2023年，措美县政协在维护稳定、民族团结创建、"三大节日"慰问、强基惠民、结对帮扶、农牧民增收、巡河湖、林草长制、安全生产、"包保"、联系村（社区）、平安建设等重要活动与重点工作中，政协班子全员参与，发挥了重要作用，取得了优异成绩。坚持多形式、多层次、常态化开展理论学习，举办“书香浸润心灵　阅读凝聚共识”为主题的书香政协活动，向委员发放《习近平著作选读》第一卷、第二卷等学习资料。着重依托乡（镇）政协委员联络办，通过以阅读的方式锤炼素养。广泛真诚“交朋友”，在广泛联谊中加强团结、增进友谊。2023 年，县政协班子成员及机关干部“交朋友”27 人，邀请“朋友”参加各类协商会议和视察调研活动，举办春节藏历新年茶话会，谈发展、增友谊、聚共识。以铸牢中华民族共同体意识为引领，积极组织政协委员开展讲好“委员故事”“西藏故事”“政协故事”“村史”“家史”活动 9 场，收集整理“委员故事”10 余篇，特别是市政协专员、县政协常委久美扎西受山南市、浪卡子县、琼结县等政协邀请宣讲“村史”，引起当地农牧民群众的深度共鸣。教育引导政协委员发挥表率作用，带头铸牢中华民族共同体意识，带头促进各民族交往交流交融。加强与兄弟县、区政协联系，先后接待日喀则、阿里等地市兄弟县政协来措美考察，在联谊中联络了感情，开阔了视野，推介了措美。

【宣传报道】 2023 年，措美县政协办公室以山南政协微信公众号、网信措美、措美融媒等为载体，加大宣传报道和工作交流力度。2023 年共撰写信息 211 期，采用 136 期。其中，被“学习强国”采用 1 期；网信西藏采用 1 期；山南政协采用 12 期；山南电视台采用 2 期；网信措美采用 102 期、措美融媒体采用 18 期。

【委员培训】 2023 年，措美县政协办公室举办乡（镇）政协委员联络办、政协委员学习培训班，通过邀请自治区优秀宣讲员和政协机关干部集中授课的方式，围绕党的二十大精神、意识形态、《民族团结进步创建条例》、《提案工作条例》等相关内容，对 60 余名政协委员、机关干部和乡（镇）政协委员联络办人员进行专题培训，切实增强了履职本领。安排 5 名政协委员参加市政协学习培训，促进政协委员在新时代履职“跟得上趟、承得了重”。

【机关服务保障】 2023 年，措美县政协办公室深入贯彻落实习近平总书记关于新时代办公厅工作的重要指示精神，着力优化规范各项工作，提升办公室“三服务”水平。坚持全面从严治党，认真落实加强党风廉政建设的各项措施，从严教育管理政协干部、职工和政协委员，切实提高政协工作效能，确保政协系统政治生态风清气正。

【改进作风】 2023 年，措美县政协办公室认真落实县委关于改进作风狠抓落实工作要求，深化纠治形式主义、官僚主义。严格落实政协班子联系乡（镇）制度，主动做到联系服务群众工作。认真落实巡察整改工作，反馈问题 15 条已全部整改完成。开展结对帮扶、“三包五带五促”工作，帮助群众解决实际困难。

【资料收集】 2023 年，措美县政协办公室收集整理 11 篇优秀“故事”，举办政协委员讲好“委员故事”“西藏故事”活动 9 场次，向上级政协报送征文和短视频 10 余篇（条）。在市政协二届四次会议委员发言大会上，县政协主席索朗欧珠代表县政协作了题为《强举措　抓落实　推动政协委员履职考核显成效》的发言，在大会上与各位委员深入交流了措美县政协委员考核工作的好经验、好做法；书面交流了阿旺措姆委员撰写的题为《夯实政协基层建设　充分发挥平台作用》材料，就乡（镇）政协委员联络办在推动政协工作向基层延伸发挥积极作用情况进行了交流。2023 年，向市政协报送社情民意信息 1 条，信息约稿 1 篇，报送 3 篇措美县政协工作中的创新做法和经验典型，其中 2 篇被山南市政协转发至全市政协系统。年内，完成了措美县政协年鉴编纂工作。

中共措美县纪律检查委员会
措美县监察委员会

综述

【概况】2023年，措美县纪委监委对十届县委第四轮被巡察党组织反馈问题整改情况开展日常监督，下发纪律检查建议书4份，问责十届县委四轮巡察整改不力党组织“一把手”6人次。全年共受理处置问题线索23件，其中立案2件，简易程序2件，初核了结3件，谈话函询了结7件，移交有关党组织处理4件。精准运用“四种形态”批评教育帮助和处理13人次，其中乡科级干部7人，一般干部1人，农村等其他人员5人；给予党纪处分5人（开除党籍1人），发出纪律检查建议书5份、纪检监察建议书1份，教育回访受处分人员2人次。全年召开县纪委常委会会议22次、理论学习会15次、支部学习会34次，撰写交流发言材料140余份。

2023年4月27日，措美县召开全面从严治党专题辅导会，山南市纪委常委、监委委员张有兵围绕“坚定不移全面从严治党　做忠诚干净担当的党员领导干部”主题进行讲课

【纪律检查】2023年，措美县纪委监委坚持把党中央重大决策部署、区委决策部署、市委和县委重要工作安排作为监督重点，研究制定《措美县纪委监委关于以“贯彻落实新时代党的治藏方略推动‘四个创建’和山南‘六个走在全区前列’”为重点强化政治监督的工作方案》，紧盯各级党组织学习贯彻党的二十大精神，贯彻落实新时代党的治藏方略推动“四个创建”和山南“六个走在全区前列”等重点任务开展监督检查10余次，发现并反馈问题28个。深刻汲取纪国刚严重违纪违法典型案例教训，不断压实党委（党组）管党治党政治责任；围绕主题教育、项目建设、富民惠民政策落实等情况开展监督检查；党员干部、农牧民党员信仰宗教、参与宗教活动等问题，开展专项监督检查4次，督促整改问题3个；中央、自治区环保督察反馈问题整改情况监督检查4次，推动整改问题6个；维稳措施落实情况监督检查7次，发现并督促整改问题9个。

【纪检工作会议】 2023年3月6日，中国共产党措美县第十届纪律检查委员会第三次全体会议召开，会上，县委常委、纪委书记、监委主任李胜军回顾总结2022年纪检监察工作，安排部署2023年工作任务，县委书记范和平就做好2023年全县党风廉政建设和反腐败工作作讲话。3月6日，召开措美县巩固拓展脱贫攻坚成果同乡村振兴有效衔接专项监督2023年度工作例会，听取乡镇纪委工作交流汇报，安排部署下一步计划，县委常委、纪委书记、监委主任李胜军出席会议并讲话。3月30日，召开措美县委2023年度反腐败协调小组会议，会议总结2022年度反腐败协调工作，分析形势并指出存在的问题，安排部署2023年反腐败各项工作，推动反腐败斗争向纵深发展。县委常委、纪委书记、监委主任、县委反腐败协调小组组长李胜军就进一步做好反腐败协调工作作讲话。5月10日，措美县纪委监委开展村务监督委员会主任提升培训，县纪委常委古桑次仁主持会议。

2023年3月6日，措美县委常委、纪委书记、监委主任李胜军主持召开2023年全县巩固拓展脱贫攻坚成果同乡村振兴有效衔接专项监督工作例会

【党风廉政建设】 2023年，措美县纪委监委持续开展落实中央八项规定及其实施细则精神监督检查，聚焦公车私用、私车公养、公款吃喝、违规收受礼品礼金、滥发津贴补贴、餐饮浪费等突出问题，开展监督检查14次，督促整改问题48个；联合公安机关采取"四不两直"、随机抽查等方式，开展党员干部酒驾、醉驾情况监督检查4次，立案审查2人；查处违规发放津补贴问题2人，收缴违纪资金1.2万余元，督促县委组织部、财政局等单位开展违规发放津补贴专项整治工作"回头看"；强化对驻村干部监督管理，督促整改问题4个；围绕区、市经济工作会议和区、市纪委全会等重要会议持续开展会风会纪监督检查10余次。围绕统计造假屡禁难绝专项治理、劳务派遣单位截滞留稳岗返还资金问题专项整治、医疗领域腐败问题集中整治等工作开展监督检查5次，发现并督促整改问题8个；围绕农牧民合作社、农村固定资产管理、基层减负、学生餐微腐败问题扎实开展监督；聚焦粮食购销领域腐败问题专项整治和耕地保护开展监督检查7次，督促整改问题13个，紧盯防汛救灾、安全生产等重点工作开展监督，发现并督促整改问题15个，向分管县级领导制发履责提醒函5份，督促县政府党组通报批评1名县直部门"一把手"。

【宣传教育】 2023年，措美县纪委监委邀请市纪委班子成员在全面从严治党专题辅导会上进行授课；县纪委监委通过举办一场廉政警示教育展览，教育引导全县150余名党员领导干部坚定理想信念、绷紧纪律之弦、守牢廉洁底线；召开警示教育大会，组织观看《粮仓里的硕鼠》警示教育片，下发典型案例通报1期1人，以身边案例教育引导党员干部特别是领导干部以案示警、以案为戒、以案促改；寄一封《致全县党员干部一封廉洁家书》800余份，发放《全面加强党的纪律建设》190余本；讲一堂廉政教育课，为全县150余名政法系统干部开展廉政教育辅导，开展纪检监察巡察干部廉洁家访活动，发放廉洁家书29份，实地走访8户，电话访谈21人，不断筑牢家庭廉洁防线，组织学习《中国共产党章程》等党规党纪和《中华人民共和国宪法》等法律法规，学习全国纪检监察干部风采录、《榜样7》等优秀共产党员先进事迹10余次，班子成员讲专题党课7次、廉政报告6次，举办业务讲坛等集中培训8次；组织参观红色教育、

2023年1月12日，措美县组织全县在岗四级主任科员及以上干部集中观看《永远吹冲锋号》专题片

警示教育基地4次；组织观看《永远吹冲锋号》等警示教育片4次、案件庭审实况2次，撰写读书报告40余份、观后感70余篇，进一步增强廉洁从政意识。

【反腐倡廉】 2023年，措美县、乡纪委联动，全覆盖开展村(社区)两委班子、农牧民党员的警示教育活动，增强党员遵纪守法意识；严格落实“三个区分开来”，坚持严管和厚爱结合、激励和约束并重，激发干事创业热情。以县纪委监委2022年查办的“第四种形态”案件制作警示教育片《粮仓里的硕鼠》，召开深化粮食购销领域腐败问题专项整治工作会议，制发纪检监察建议书，继续追赃挽损，收缴违纪资金0.76万元，督促案发单位做好以案促改、以案促治、以案促建。紧盯元旦春节、藏历新年、端午、中秋、国庆等重要节点，发送廉政短信6000余条，利用措美融媒和“网信措美”微信公众号发布节前廉洁提醒7次，转载转发典型案例通报4起。联合县委宣传部、市场监督管理局等7家单位发布倡议书，倡导养成节约粮食，杜绝餐饮浪费的良好习惯。

巡察工作

【巡视巡察】 2023年，措美县委把巡察监督摆在县委工作的突出位置，全面履行主体责任，多次召开常委会，深入学习习近平总书记关于巡视工作重要论述、贯彻落实新时代党的治藏方略和中央第七次西藏工作座谈会精神、贯彻落实党中央、自治区党委关于巡视的重要决策部署和市委、县委关于巡察工作的有关要求，总结巡视巡察工作经验，不断增强抓好巡察工作的政治站位、政治自觉、政治担当。县委书记认真履行第一责任人责任，审定十届县委第四、五轮巡察任务和工作方案，主持巡察动员部署会并作讲话，听取十届县委第四、五轮各巡察组组长情况汇报，县委书记作出批示20余次。在县委常委会、书记专题会上学习巡视巡察文件政策及研究巡察工作3次，召开县委巡察工作领导小组会议5次。年内，按照区委、市委要求，修订《中共措美县委员会巡察工作规划》，提交常委会研究，并呈报市委巡察办及县委巡察工作领导小组审定。按照既定规划，组建8个县委巡察组对1个乡镇、5个寺管会、

2023年6月25日，措美县委副书记、县长桑旦主持召开十届县委巡察工作第4次书记专题会议

14个县直部门党组、4个村级党组织开展十届县委第四、五轮巡察工作，发现并反馈问题296条，立行立改31项。

【巡察整改】 2023年，措美县委巡察工作领导小组成员韩超带队，县纪委监委、县委巡察办到县委巡察第四轮被巡察12家单位针对巡察反馈问题整改落实情况开展监督检查，通过走访群众、查阅资料、谈心谈话等方式，详细掌握整改落实情况。结合监督检查情况，梳理相关问题，形成专项报告向县纪委常委会、县委常委会进行专题汇报。

2023年12月28日，措美县召开十届县委巡察一组巡察统战、民宗、工商联党支部情况反馈会

【自身建设】 2023年，措美县委巡察办组织全体专兼职巡察干部参加巡前业务培训会2次，参加人数达49人次；1名巡察骨干参与市委第三、四轮巡察工作，促使工作人员在学习和实践中提高巡察业务能力。

对口援藏

综述

【概况】 安徽省第七批援藏干部共6人。2023年短期援藏干部8人。2023年，安徽援藏工作队继续推进《安徽省“十四五”对口支援西藏山南市经济发展规划》中涉及措美县的12个计划内项目。积极谋划实施县城区道路及基础设施建设项目、产业扶持及民生和交流交往交融等计划外项目。截至年底，到位资金2200万元，其中县城区道路及基础设施建设项目按照时序进度已完成80%。精准对接“走出去”25批57人次、主动邀约“请进来”25批62人次，举行专题招商推介会2次。立足措美农牧业、清洁能源优势，对许继集团、西藏瀚金佰酒店、徐州赛程渲染、恒利3D打印、洪水牧业、合肥优水机电等企业进行实地考察。2023年，落地项目4个，到位资金1.58亿元；签订协议企业18家，意向协议引资17.93亿元。

2023年7月3日，措美县召开欢迎安徽省短期援藏专业技术人才座谈会

【人才培训】 2023年，措美县组织项目部门到安徽宿州、淮北参加项目管理培训，开设工程项目管理基本程序、现场教学等内容，切实加强了措美县干部的项目程序意识和管理水平。促成安徽曦强乳业、安徽木兰农牧科技智力援藏，达成农牧养殖产业人才技术合作；与宿州草源牧业股份有限公司达成初步合作意向。

【两地交往交流】 政企交流。6月28日淮北市党政代表团到措美县考察；9月26日萧县人民法院到措美县法院结对交流。6月27日宿州洪水牧业到措美县哲古镇进行实地考察畜牧养殖加工产业；7月9日至11日，淮北市青年企业家协会10人团深入措美落实投资合作事宜。10月12至14日，组织措美县经济部门代表团到宿州、淮北开展项目管理培训并实地考察两市重点项目。10月15日，组织措美县在宿州开展招商推介活动。合作

2023年7月2日，8名安徽省短期援藏专业技术人才顺利抵达措美县

帮扶。协商两地解决措美毕业生就业相关事项，开发与措美县籍学生专业匹配度高的各类岗位60个，就业率达100%。人才交流。组织合肥、宿州、淮北的8名短期援藏专业技术人才，到措美县开展为期6个月的短期对口援助工作。同时，工作组通过柔性人才引进的方式，引进安徽科技学院正高职教授1人、拂晓报社副高职教授1人，为措美县产业发展、思想宣传提供了强有力的人才支撑。文化融合。10月7日至11月4日，组织措美县30名骨干教师分两批在宿州、淮北进行了跟岗学习培训，并建立两地教育交流常态化机制。11月30日至12月5日，措美县基层文化考察团到宿州、淮北开展基层文化交流演出并参与宿州市大型群众性文化活动"大地歌会"颁奖晚会。其间，措美县艺术团带来的极具藏族民族特色的文艺节目受到宿州、淮北两地观众的欢迎，加深了两地干部群众对藏族文化的了解，促进了两地文化的交往交流交融。

组团式援藏

【概况】 2023年，安徽援藏工作队认真落实"三个赋予一个有利于"发展要求，立足措美县资源禀赋、产业基础，引进安徽华强种业有限公司辣椒育种项目，填补措美辣椒制种产业的空白，辣椒产量亩产达6000斤，带动群众就业6人。促成西藏夜伴蜂声文化旅游发展有限公司蜜蜂养殖产业落户措美镇和乃西乡，带动当地农牧民增收；探索实施党组织领办合作社，将措美镇现有撂荒地由党组织领办的合作社集中管理，实现土地集中规模化经营，带动农户增收致富。11月24日，皖美农牧业服务专业合作社在措美镇波嘎村正式挂牌，该合作社为措美县乃至山南市首家由村级党组织领办的合作社。合作社通过党组织引领，以股份为纽带将集体利益和农民利益联结起来，成立后将充分发挥党的组织优势、合作社的经济优势、农民群众的能动性，改变群众单打独斗的低水平增收模式，为实现集体和农牧民群众"双增收"，探索出一条乡村振兴新路径。

【医疗援藏】 2023年，措美县卫生服务中心，利用援藏项目开展了全县首例腹腔镜下阑尾切除术，实施白内障手术4例。同时，工作组筹集4万元经费，用于困难群众手术治疗，个人承担部分全额补贴，4名困难群众受益。年内，组织宿州卫健系统与措美县签订结对帮扶协议，宿州市市立医院、宿州市中医医院为措美县捐赠10万元。宿州卫健系统医疗专家到措美镇、哲古镇开展义诊和免费送医送药活动，接诊群众200余人。

【文化援藏】 2023年，措美县参加安徽淮北2023年食品工业博览会在安徽淮北市成功举办，并取得非常好的效果，同时登上人民网。依托哲古牧人节旅游文化品牌，推介引入景域驴妈妈集团等5家知名企业参与提升哲古景区运营能力；对接安徽省旅游集团，帮助措美县培养管理人员、培训服务人员，共享营销、宣传推广渠道；以哲古牛羊肉、措美黑青稞、扎扎服饰等特色产品为重点，注册国家原产地标志，利用援藏产业资金与山南市旅发局策划设计全市文创品牌；依托援建哲古镇人居环境综合整治项目，围绕藏式民宿、房车营地等项目后期运营，争取到总投资2200万的国道生态厕所和景区露营2个项目。

群众团体

措美县总工会

【概况】 2023年，措美县基层工会组织共48个，会员4178人，其中：党政机关、事业单位工会组织18个，工会会员1169人，退休工会会员121人；村级工会组织15个，工会会员2710人；企业工会15个，工会会员178人。

【帮扶救助】 2023年，措美县总工会为铸牢中华民族共同体意识，进一步增强新就业群体的归属感、幸福感、认同感，营造关心关爱新就业群体的浓厚氛围。11月11日，县总工会联合县民创办开展新就业群体劳动者送温暖慰问活动，发放精心准备的羽绒被、加绒四件套等价值7300余元慰问品；12月27日，发放2023年中央财政职工困难帮扶项目资金20834元。

【工会基层组织建设】 2023年，措美县总工会为15家行政村居（社区）进行工会新增录入系统工作，现全县共计农民工会员2710名。

【“三大节日”送温暖】 2023年2月，措美县总工会开展“三大节日”送温暖活动，由县财政出资1200元，对已脱困需观察的2名职工按照每人600元的标准看望慰问。

【“工会服务在基层”】 2023年，措美县总工会牢记初心使命，始终把人民放在心中最高的位置，始终为人民利益和幸福而努力工作。1月13日，措美县总工会联合县人民医院在乃西乡恰杂村藏达组和拉项组开展了“学习宣传贯彻党的二十大精神　工会在行动”为主题的“五送”活动，为恰杂村藏达组和拉项组群众免费送医送药；4月24日，在五一来临之际开展“徒步捡垃圾　环保伴我行　共建美好洁净新措美”为主题的活动；6月27日，群团党支部党员干部前往

2023年6月20日，措美县总工会组织开展“学习宣传贯彻党的二十大精神、铸牢中华民族共同体意识”书法比赛

当许社区增嘎组索朗旺久和白玛拉姆等4户家中开展“三包五带五促”活动；7月15日，措美县总工会在工会院子里开展“端午慰问”活动，为措美县国泽公司环卫工送上慰问品（怡宝、牛奶、花生、瓜子、粽子、水果等）；7月17日，群团党支部组织巾帼志愿者和青年志愿者前往措美镇群宗老人家中开展慰问帮扶活动；9月27日，总工会联合县妇联开展了民族团结一家亲　助力秋收暖人心——工会在行动志愿服务活动；10月19日，群团党支部组织在岗全体党员前往古堆乡帕仓村汉语和藏语幼儿园，开展“小手牵大手，快乐伴我行”的主题党日活动；11月3日，县总工会开展“深入学习贯彻中国工会十八大精神——情系国家栋梁　关爱祖国花朵”集体生日会活动；11月10日，措美县总工会前往古堆乡帕仓村，开展深入学习贯彻中国工会十八大精神　谱写党的工会工作新篇章暨“五送”系列活动，为当地群众提供了免费医疗援助；11月11日，县总工会联合县民创办开展新就业群体劳动者送温暖慰问活动；11月15日至17日县总工会利用措美县第22届物资交流会期间组织开展义工服务活动。

2023年10月26日，措美县总工会组织开展“中华民族一家亲　巾帼同心共筑梦”妇女干部职工趣味运动会

【文体活动】 2023年3月6日，县总工会联合妇联在室内篮球场开展“民族团结一家亲　巾帼心向党　奋进新征程”三八主题趣味活动，县直机关单位全体女干部职工积极参与了活动；9月20日，县民创办、县总工会联合举办首届措美县“民族团结杯”台球赛；6月20日，县总工会、团县委、县妇联在县文化活动中心开展“学习宣传贯彻党的二十大精神、铸牢中华民族共同体意识”书法比赛；6月21日，措美县工青妇联合举办了措美县“学习党的二十大　永远跟党走　奋进新征程”暨铸牢中华民族共同体意识知识竞赛；6月29日，由县安委办主办，县总工会、县团委和县教体局共同承办的措美县第三届“安康杯”男子篮球比赛；10月26日至27日，县委统战部（民创办）、县总工会、县妇联、县教育（教体）局联合举办了措美县2023年“中华民族一家亲·巾帼同心共筑梦”妇女干部职工趣味运动会。

【民生实事】 2023年，措美县总工会在认真贯彻落实王君正书记调研全区复工复产情况时提出要“积极推动高原新型炊具产品研发推广，加快产业规模化、特色化、市场化、品牌化发展”及《关于支持高原地区多功能系列烹饪炊具产品推广应用的实施方案（暂行）》文件精神，统一思想认识，切实把推广高原炊具作为一项重要民生工作着力推广，充分发挥工会组织的作用，鼓励广大职工、工会会员助力西藏21项民生实事，全面保障职工需求，体现人文关怀，将县总工会的关心关怀落到实处，7月28日至29日，措美县总工会为干部职工发放高原地区多功能系列烹饪炊具（A、B）套装1160个，共计资金139.2万。

【职工合法权益】 2023年，县总工会共发放福利3次，其中生日蛋糕卷1次，资金共计2206195元。慰问干部职工81名（结婚、生育、住院、直系亲属去世慰问），资金共计81000元；组织符合条件的24名干部职工于2023年4月1日至4月15日前往福建省进行疗休养；为切实做好女职工服务与维权工作，进一步保障和维护好女职工身体健康和特殊权益，按照《山南市总工会关于开展2023年女职工“两癌”筛查健康体检活动的通

2023年4月1日至15日，措美县总工会组织离退休干部到福建厦门开展疗休养活动

知》要求，8月11日，山南市华康医院4名医生到措美县总工会开展女职工“两癌”筛查体检活动；措美县总工会组织18名干部职工于11月29日至12月13日前往福建省厦门市开展2023年第二批疗休养活动。

【宣传活动】 2023年3月14日，县总工会在措美县政府门口前举行“三月平安建设宣传月”的宣传活动；4月15日，措美县总工会组织开展2022年全民国家安全教育宣传活动；5月12日，措美县总工会在县政府门口开展“防灾减灾系万家　关爱生命靠大家”“依法做好信访工作　维护群众合法权益”宣传活动；6月7日，措美县总工会在政府门前开展“保护碧水蓝天，营造绿色家园”的宣传活动；6月10日，措美县总工会开展综治宣传周的宣传活动；6月16日，在县城主干街道组织开展以“安全生产　重在预防”为主题的安全生产月的咨询活动；9月14日，县总工会、县妇联在县城主干道联合开展“网络安全为人民、网络安全靠人民”为主题的个人信息保护日活动；9月15日，总工会联合团县委、县妇联在县廉政广场开展以“铸牢中华民族共同体意识，同心聚力共建平安措美”为主题的集中宣传活动；11月16日，总工会在县廉政广场开展普法宣传活动；11月30日，总工会在县城主干街道开展普法宣传周活动。

中国共产主义青年团措美县委员会

【概况】 2023年，措美县有青年文明号单位共10家，自治区级2家，地市级5家，县级3家；全县15家“三有”非公企业中共有3家建立团支部，9家成立青年工作委员会，达到团组织覆盖率80%。措美县共有青年3960人，团员752人，团青比例约为19%，下级团组织共62个，其中，基层团委5个，包括4个乡镇团委、1个中学团委，教育团工委1个，团总支10个，团支部46个。

【青少年思想政治学习】 2023年，共青团措美县委员会牢记为党育人的政治责任，深化团员青年主题教育学习，推进理想信念教育。充分利用“团员和青年主题教育学习平台”“青年大学习”、微信群、公众号等平台，采取团干部、红领巾讲师团、少先队辅导员引学、党团活动、“三会两制一课”等有利时机组织中小学生、西部计划志愿者、快递从业青年、青年文明号单位等团员青年学习，为团员青年推送学习资料，覆盖1000余人次。

【思想宣传】 2023年，共青团措美县委员会深刻理解共青团宣传思想文化工作的地位作用，始终把开展“青年大学习”作为抓思想政治引领工作的重中之重。注重典型选树从身边人、身边事选树典型，采取法治副校长、青年讲师团、红领巾讲师团、青少年普法宣传志愿队的宣讲作用，扩大宣传力度。积极参加推报“青年文明号”，全年推报“青年文明号”自治区级3家、地市级8家单位；积极参与评选本级“民族团结进步模范团（少）组织”评选；积极参与“红领巾争章”活动，其中评选一星章个人114人、集体14个，二星章个人47人、团体5个，推送三星章个人9人、集体4个，推送四星章个人2人、团体1个；积极推报“优秀少先队辅导员”，其中评选2022—2023年度县级“优秀少先队辅导员”3名、2022—2023年度县级“优秀团干

2023年6月21日，措美总工会、团县委、县妇联联合举办“学习党的二十大 永远跟党走 奋进新征程”暨铸牢中华民族共同体意识知识竞赛

部”2名，推报市级“优秀少先队辅导员”2名。

【挖掘“青”字号品牌项目】 2023年，共青团措美县委员会组织返乡大学生、西部计划志愿者和县直青年志愿者开展三月学雷锋、基层社会治理，平安志愿者巡逻、敬老爱老志愿服务、“保护母亲河”、垃圾分类等社会实践活动。2023年，团县委发起各类志愿服务项目20余次，参与志愿者人数80余人次，总志愿服务时长150余小时。

【县域共青团改革】 2023年，共青团措美县委员会对职能配置、内设机构、人员编制等进行进一步优化设置，班子成员实现了“1+2”配置，进一步深化团干部专、兼、挂配备管理，配备1名兼职副书记、1名挂职副书记，2名兼职团干部。县域基本实现乡镇（街道）“青年之家”实体阵地全覆盖，拥有22家“青年之家”，实体青年之家3家，打造1家乡镇级青年之家示范点。

【团组织建设】 2023年，共青团措美县委员会加强“智慧团建”平台建设，切实管好团的组织、团的干部队伍、团员青年。推优入团率100%，学社衔接率高于95%。以制度建设规范团组织运行，定期组织开展好青年之家活动。年内，组织西部计划志愿者、基层团干部、青年骨干、少先队辅导员等人员参加“青马工程”培训4场次，参训人数100余人次。

【关爱青少年】 2023年，共青团措美县委员会以务实举措积极回应青少年需求，围绕青少年成长特点和急难愁盼，组织开展慰问活动，做好青少年沟通桥梁作用，为青少年发声提供途径。2023年，走访慰问留守儿童、单亲家庭儿童、困境少年儿童、西部计划志愿者、一线教师、快递工人等人群，共计花费5万余元。开展“共青团与人大代表、政协委员面对面”活动2场次，让青少年的诉求被听到。持续深化“青春与法同行”青少年普法宣传教育品牌，举办“青少年模拟法庭”实践教育，开展“禁毒防艾”主题教育，举办“轻松备考·12355与你同行”小、中考减压活动、“青春自护·暑期安全”青少年自护教育活动，组织民族团结主题志愿服务活动，连续开展七届“青年杯”足球赛，组织全县300余名青少年观看“石榴籽一家亲”主题团队课。

2023年6月7日，措美县团委在措美镇小学组织开展“希望工程”助学金发放仪式

措美县妇女联合会

【概况】 2023年，西藏措美县妇女联合会（以下简称县妇联）有乡镇妇联4个，村（社区）妇联15个，县直机关妇委会8个，两新组织妇联1个，两新组织妇委会1个，两新组织妇女小组8个。建立乡（镇）、村（社区）级妇女之家19个，两新组织妇女之家2个。

2023年7月27日，措美县妇联邀请县检察院、县公安局、团县委在当许社区开展“少年儿童心向党　关爱守护伴成长”暑期儿童关爱服务活动

【妇女就业】 2023年，全县劳务输出总人数达3312人，其中女性1628人、总创收3228.71万元，其中妇女创收1579.16万元，人均创收9700元。截至年底，全县事业单位工作人员、公益性岗位人员共467人，其中女性259人，占总人数55%；2023年实现城镇女性新增就业178人，占总人数的51%；女农牧民转移就业2586人，占总人数的44.9%。

【妇女儿童合法权益】 2023年，县妇联充分利用“三八”维权周、六一儿童节、法制宣传周、法制宣传日、哲古牧人节、综治宣传月、周、日等宣传节点加强对妇女维权工作宣传。全年共开展维权宣传26场次，发放宣传资料3000余份。

【爱心帮扶】 2023年，县妇联前往各村（社区）开展“母亲邮包”发放活动，让她们切实感受到了来自“娘家人”的温暖，为10名贫困母亲、残疾妇女、高龄老人送去党和政府的关怀及妇联“娘家人”的温暖。

2023年7月23日，措美县妇联为2023年自治区级“最美家庭”达娃拉姆家庭颁发奖牌

【重要活动】 2023年，县妇联常态化开展寻找“最美家庭”活动，引导大家学习最美、争当最美。推进家风、家教巾帼行动。突出红色家风传承，讲好革命前辈和新时代共产党人的家风故事。深入推进“美丽家园　幸福人家”创建活动，引导妇女和家庭树立简约适度、卫生健康、保护环境的意识和理念，加快推进城乡人居环境改善，助力乡村振兴。2023年，措美县1户获得自治区级“最美家庭”；4户获得市级“美丽家园　幸福人家”示范户；4户获得市级“最美书香家庭”荣誉称号；11户县级“美丽家园　幸福人家”示范户。

措美县残疾人联合会

【概况】 2023年，措美县残疾人联

合（以下简称县残联）以“完善残疾人社会保障制度和关爱服务体系，促进残疾人事业全面发展”为目标，切实履行扶残助残职能，认真学习党的二十大精神，习近平总书记关于残疾人的重要指示批示精神，开展好学习贯彻习近平新时代中国特色社会主义思想主题教育，将主题教育贯穿工作始终，并做好成果转化，切实维护好残疾人合法权益，改善残疾人物质条件和精神环境，在有效提升残疾人生活水平、自身素质、参与能力，康复、就业、教育、社会保障等方面取得良好成效，残疾人获得感、幸福感、安全感不断增强。2023 年，措美县持证残疾人总数为 554 人。

【政策落实】 2023 年，措美县残疾人联合会新办理发放第二代《中华人民共和国残疾人证》17 本、到期换发残疾证 11 本。落实“两项补贴”资金 94.58 万元；“十大民心”资金 45.55 万元；落实 23 名精神障碍监护人补贴资金 5.52 万元；落实残疾人家庭无障碍改造 5 户资金 1.75 万元；落实“阳光家园”资金 3 万元；落实残疾人自主创业扶持资金 3 万元；基层残联残疾人专职委员工作补贴资金 4.56 万元；完成“家庭签约医生”服务，兑现“签约家庭医生”补助资金 4.98 万元；落实 20 名残疾人事业发展补助资金 3 万元。

【残疾人数据动态更新】 2023 年，措美县残疾人联合会成功举办持证残疾人动态更新业务培训会议，对残疾人“两项补贴”“十大民心工程”残疾人生活补贴资金标准及残疾人自主创业扶持资金等相关政策进行详细讲解；并对《全国残疾人基本服务状况和需求信息数据动态更新社区登记表》及《全国残疾人基本服务状况和需求信息数据动态更新残疾人登记表》填报规范等相关问题逐条解答；各乡镇民政助理、村社区支部书记、乡村振兴专干等 20 余人参加。8—11 月开展残疾人基本服务状况和需求信息数据动态更新信息采集工作，通过入户详细了解残疾人基本信息、社会保障、基本医疗等情况，确保数据翔实、完整，共登记持证残疾人 564 人，圆满完成 2023 年动态更新录入工作，为进一步建立健全残疾人基础数据，全面掌握残疾人基本服务状况和需求信息提供了有力支撑。

【残疾人康复】 2023 年，措美县残疾人联合会制定《措美县残疾人家庭签约医生签约服务实施方案》，为 262 名（重度残疾、五保户）配备“家庭签约医生”；联合市残疾人康复中心、乡镇社工站在全县范围内开展听力义诊服务活动，活动共筛查 45 人，其中 15 人成功适配，总价值 12 万元；11 月依托“山南市专家人才服务团基层行”活动为 7 名肢体残疾免费适配价值 7800 元辅助器具。

【残疾人慰问】 2023 年，措美县残疾人联合会以全国第 33 次助残日为契机，慰问残疾儿童 28 名、走访慰问残疾人边缘户 6 户，发放轮椅 1 辆、坐便器 4 个、拐杖 8 副、盲杖 3 副。

【残疾人就业】 2023 年，措美县残疾人联合会为确保残疾人自主创业扶持资金的有效落实，激励残疾人自主创业精神，经过实地走访、综合评比，为 2 名残疾人发放残疾人自主创业扶持资金 3 万元。同时开展残疾人就业保障金征收工作，本年度 9 家单位安置残疾人就业，免收残疾人就业保障金，48 家单位及 1 家企业共征收残疾人就

2023年10月24日，措美县残疾人联合会理事长索朗央宗（左二）在哲古镇重度残疾人家中验收残疾无障碍改造工作

业保障金182.11万元，其余企业人数达不到30人及以上，实行免收残疾人就业保障金。

措美县工商业联合会

2023年12月20日，措美县工商联召开二届二次执委会议

【重要会议】 2023年12月20日，措美县工商联召开二届二次执委会议。

【民营经济】 2023年，措美县工商联扎实开展教育培训，深化民营经济人士理想信念教育。举办民营企业家学习贯彻习近平总书记关于民营经济统战工作精神、自治区党委十届三次全会和市委二届五次全会精神专题学习班1期、开展“送政策·进民企”活动6次，发放政策宣传资料2000余份。利用重大节日，举办民营经济人士理想信念教育活动，引导民营经济人士自觉感党恩、听党话、跟党走。联合组织部、人社局、税务局和农行召开民企座谈会2次。开展实地走访调研3次，切实为民营企业排忧解难。推进“万企兴万村”行动。印发《关于开展“万企兴万村”行动的实施方案》，将“万企兴万村”行动纳入全县乡村振兴考核内容，主要领导亲自安排部署，分管领导靠前指挥抓落实，先后组织召开“万企兴万村”相关会议，县工商联、乡村振兴局等部门齐抓共管、合力推进，4家企业与6个行政村8户建立了结对帮扶关系，通过村企共建、产业帮扶、就业帮扶、消费帮扶等方式，助农增收8万余元，受益群众8户。组织民营企业开展调查点工作。2023年，措美县共注册民营企业调查点4个，其中执委企业4家，执委企业入库率达100%。鼓励民营经济人士参政议政。县工商联配合县委统战部做好民营经济领域代表人士综合评价和政治安排，培养了一批思想政治强、行业代表性强、参政议政能力强、社会信誉好的优秀民营经济代表人士。其中，市人大代表1人、县人大代表2人，市政协委员2人、县政协委员4人。引导他们积极参政议政、建言献策，有针对性地开展调研、举办讲座。

【合作交流】 2023年7月11日至7月12日，为进一步实施好“走出去、请进来”战略，更好为全县非公经济“两个健康”服务，促进全县非公企业和非公经济人士健康成长，措美县工商联组织部分会员企业到隆子县民营企业开展“铸牢中华民族共同体意识，促进各民族交往交流交融”考察学习活动。通过组织民营经济人士外出考察学习活动，实地走访、现场教学，学习兄弟县区民营企业发展经验，认识自身短板弱项，进而达到找差距、提素质、促发展的目的，不断提升措美县民营经济发展活力，为措美县高质量发展贡献民企力量。

【组织建设】 2023年，措美县工商联按照“稳步发展，调整结构，提高质量”的原则，在县委统战部和县直各有关部门的大力支持与帮助下，新发展会员1个，并对老会员进行了重新登记，非公有制企业会员累计达31个。同时，措美总商会执委对新培养的后备人员进行了建卡，对历年会员进行了重新造册登记，较好地完善了代表人士和会员数据库。

【光彩事业】 2023年，措美县工商联为助力措美县乡村振兴，组织召开了民营企业家座谈会，发出了倡议书，倡议全县民营企业家积极履行社会责任，奉献爱心，回报社会，2家民营企业捐款1万余元物资，为措美县三所幼儿园58名儿童送去“爱心包裹”。

军　事

人民武装

【思想政治建设】 2023年，措美县人武部认真学习贯彻党的二十大精神，坚持不懈用习近平新时代中国特色社会主义思想武装头脑、指导实践、推动工作，坚决贯彻军委主席负责制，传达学习《军委主席负责制学习教育规划》，制订年度学习教育计划；紧紧扭住党对军队绝对领导这条红线，深化开展“学习强军思想、建功强军事业”教育实践活动和学习习近平新时代中国特色社会主义思想主题教育活动，严格落实思想政治教育大纲内容，持续抓好意识形态领域教育和经常性教育。

【军民共建】 2023年，措美县人武部与措美县退役军人事务局、措美县中学、措美镇当许社区、措美镇完小4个单位常态化开展双拥共建，“国防教育日”为措美县中学400余名中学生上1次国防教育课。

武警措美中队

【练兵备战】 2023年，武警山南支队措美中队在支队重塑整编的背景下，经受住了复杂形势、繁重任务和班子调整的考验，大抓军事训练的氛围浓厚，聚力向实战化靠拢，官兵整体素质得到质的提升，在各中队奋进一流、争先创优的态势下，始终牢固确立备战打仗这一核心地位，推选10名战士参加总队、支队集训培训。

【荣誉文化】 2023年，武警措美中队坚持以丰富警营文化生活为抓手，加强军民融合，军地文化共建共享，军地文化艺术精品联合创作，筑牢官兵“以队为家”思维认识为根本，通过参加措美县文化活动，有效推动军地联谊、互敬互爱的良好氛围。

【综合保障】 2023年，武警山南支队措美中队围绕“中心”抓保障、紧盯“效益”抓管理，突出“弱项”抓整改的工作思路，狠抓后勤队伍建设，不断健全完善综合保障能力，严密组织后勤领域重点问题“清仓归零”整治活动，积极协调地方县委、县政府为中队修建篮球场，营房维修等，立足现有，主动展开工作，极大地改善了官兵工作生活条件。

退役军人事务

【待遇保障】 2023年，措美县退役军人事务局扎实推进优抚优待工作稳步向前，坚持“立功受奖送喜报”，为措美县籍现役军人家中送喜报，送去慰问金6000元。持续做好优待证发放工作，对措美县申领优待证进行一对一电话通知说明，做好申报审批、系统录入等工作。2月1日，举行退役军人优待证首发仪式。牢记总书记“对困难群众要格外关注、格外关爱、格外关心”嘱托，走访慰问农牧民退役军人97人，将符合条件的9户困难退役军人家庭纳入关爱帮扶

2023年8月1日，措美县委、县政府领导慰问县人武部、县武警中队和县消防应急救援大队

援助范围。2023年，措美县退役军人事务局加强落实优抚对象各类补助资金，维护退役军人合法权益，按照资金文件标准，强化落实优抚对象资金补助，兑现2022年退役士兵8人家属优待金和自主就业一次性经济补助资金68.2万元；落实21名60周岁及以上农村籍退役士兵抚恤生活补助金28998元；为1名带病回乡退役军人送去生活补助3750元。

【退役军人就业创业】 2023年，措美县退役军人事务局积极协调县人社局，推荐退役军人参加就业招聘会，加大宣传退役军人就业创业渠道，引导退役军人多渠道就业、多门路创业，鼓励退役军人积极参加高职院校、成人高考、短期技能培训深造，提升职业技能和提高学历，增强融入社会的本领。全县退役军人就业创业率87.81%。

【双拥创建】 2023年，措美县退役军人事务局聚焦部队所急、官兵所盼，协调解决200余万元新建民兵训练场、老旧小区改造170余万元。为县武警中队新建塑胶篮球场项目10万余元，老旧小区改造30余万元，全年共计投资410余万元。协助县人武部开展6期民兵训练，保质保量地完成全县民兵训练任务。“三大节日”走访慰问城乡困难退役军人及优抚对象45人，落实资金4.9万元。协助人武部扎实做好春秋季征兵入伍工作，为入伍新兵家庭悬挂光荣牌。强化涉军领域矛盾纠纷排查化解工作，结合本县退役军人事务工作实际，走村入户排查调处，深入了解和掌握退役军人思想动态，全面排查涉军领域矛盾纠纷隐患2次。7月4日，结合“七一”建党节，走访慰问措美镇退役军人老党员，了解掌握他们的思想动态、生活情况，并及时解决困难。教育引导退役军人继承和发扬党的光荣传统、优良作风，召集全县退役军人党员志愿者，重温入党誓词、观看红色影片，颁发退役军人志愿者服务队纪念品。八一建军节期间，积极开展系列庆祝活动。节前走访慰问退役老兵，县政府分管副县长向晓花以座谈会形式为279名退役老兵代表敬献哈达，致以节日的问候和祝福并送去慰问礼品8.94万元。在县体育活动中心举办庆“八一”体育竞技活动，产生一、二、三等奖各8名，奖品金额发放共计1万余元。7月31日，由措美县委员会、措美县人民政府主办，县人武部、县武警中队、县消防应急救援队、县文化局、退役军人事务局及县艺术团的共同努力下，在县文化活动中心举办2023年八一建军节96周年暨纪念延安双拥活动80周年军民联欢晚会。“八一”当天，措美县委副书记、人大常委会主任杜祝涛，县委常委、县委办公室主任秦中磊和县政府副县长向晓花一行先后走访慰问县人武部、县武警中队和县消防应急救援大队，为驻地部队送去慰问品，送去党和政府的关怀和温暖，向他们致以节日的问候和祝福，慰问品合计1.3万元。

法 治

政法委与综治

【政法工作会议】 2023年，措美县召开县委政法工作会议，书面传达了习近平总书记对政法工作的重要指示精神、《信访工作条例》和各级政法工作会议精神，通报了2022年山南市平安建设考核情况及全县平安建设考核情况，通报表扬了获得平安建设及先进双联户创建评选先进集体和先进双联户单位名单，并颁发奖牌、荣誉证书。会议全面总结了2022年全县政法、平安建设工作，安排部署2023年全县政法、维护稳定、平安建设、人民防线工作。全面分析了措美县政法、维护稳定、平安建设、人民防线建设工作面临的新形势和新挑战，进一步明确了当前和今后一个时期的目标任务，提出了具体工作要求。

【法治建设】 2023年，措美县委政法委集中开展了“八五”普法和“法律七进”活动，利用“3月平安建设宣传月、6月平安建设宣传周、9月平安建设宣传日”等活动的重点时间节点，深入开展普法宣传，以居民大会、党员大会、民主生活会、新时代文明实践活动为载体，组织集中学习法律知识，并向居民发放了《中华人民共和国民法典》《中华人民共和国反间谍法》《中华人民共和国反有组织犯罪法》《西藏平安建设工作条例》等法律法规书籍、宣传材料，宣传物品，开展宣传教育活动100余次，发放宣传材料5000余份，及时更新法治宣传知识，在全县范围内营造浓厚的“社会治理人人参与、平安建设人人知晓”的浓厚氛围。

【社会治安综合治理】 2023年，措美县委政法委不定期组织召开进一步提升基层治理体系和治理能力现代化水平工作推进会，认真贯彻落实《措美县关于进一步提升基层治理体系和治理能力现代化水平责任清单》。加强完善网格党组

2023年9月11日，措美县委政法委组织开展平安建设宣传

织体系。政法委牵头，各部门配合，按照“人口规模适度、服务管理方便、资源配置有效、功能相对齐全”原则，统筹考虑城镇和农牧区地域差异、人口数量、居住集散程度的实际，在全县97个网格基础上，合理调整网格，优化网格布局，实行“多网合一”、全域覆盖。健全应急处置体系。维稳指挥部为主导，各部门协同配合，健全完善应急指挥体系，组建可调动的应急救援力量，全面梳理各类突发事件方案预案，按时开展实战演练和应急处突拉动。坚持党建引领作用。完善网格管理体系，健全应急处置体系，加强人居环境治理，严格按照《措美县关于进一步提升基层治理体系和治理能力现代化水平责任清单》，抓好各项工作任务落实落地。

2023年9月28日，措美县乃西村网格员帮助村民收割

【风险隐患排查】 2023年，深入排查各类重要节点期间大型活动安全、交通出行安全、保密安全等风险隐患，密切掌握房产物业、涉众金融、劳动关系、交通运输、“零工经济”等重点领域涉稳动向，坚持全覆盖、无死角、无盲区，深入开展“大走访”“大排查”行动，着重排查不放心的地、不放心的人、不放心的事。

【网络舆情监管】 2023年，充分发挥措美县网络安全监管员作用，全面排查网上涉措美不良信息，组织措美县网络监管员对辖区所有新媒体产品评论进行排查，及时回应网民关切问题。在人防基础上加强智能化技防，充分依托舆情秘书等智能化手段，实时更新舆情关键词，全网采集涉措美舆情信息，确保第一时间发现、第一时间处置，有效保证舆情平稳可控。

【社会管理创新】 2023年，措美县委政法委全力打通公共服务“最后一公里”，让综治中心成为服务群众的“第一窗口”，设立县级事业机构（县级综治网格中心），配备五名专职网格员、两名综治中心工作人员，做到了机构组织到位、人员配置到位。认真贯彻落实区市两级主要领导关于“一张网”建设的指示批示要求，根据《关于加快推进全市维稳指挥调度“一张网”建设工作的通知》文件要求，对措美县平安建设成员单位会议系统接入县维稳指挥部互联互通工作，围绕项目目标和需求，为实现平安建设成员单位视频会议系统调度需求，经统计，县（中、区）直各部门41家单位已开通20个会议系统，通过整合14家单位会议系统接入国安指挥部，在14个县（中、区）直各部门设分会场，县维稳指挥部为主会场，实现了维稳指挥部与14个会场互联互通，满足区、市、县视频会议调度要求。持续推动综治中心信息化平台数据录入暨“平安西藏”App调度工作，加强对各乡镇村居的基础信息更新录入工作，对实有人口、实有房屋、矛盾纠纷排查调处等基础信息数据进行补正核工作。开展平安西藏手机App视频调度工作，实行每日调度制度，及时了解各乡镇村居日常基层治理和重点工作开展进度，为进一步做实做细综治基层治理工作打下坚实基础。

法治政府建设

【概况】 2023年，措美县按照中央《法治政府建设实施纲要（2015—2025年）》和自治区、市《法治政府建设实施方案》要求，突出抓好履行政府职能、健全依法决策机制，严格规范执法，深入推进依法行政，努力构建职能科学、执法严明、公正公开、廉洁高效、守法诚信的法治政府，为全县经济社会高质量发展营造良好的法治环境。

【压实工作责任】 2023年，措美

县人民政府根据自治区、市《贯彻落实〈法治政府建设实施纲要(2021—2025年)〉的实施方案》部署,编制《措美县贯彻落实〈法治政府建设实施纲要(2021—2025年)〉的实施方案》《2023年度措美县法治政府建设工作要点》,对全县法治政府建设工作总体目标任务进行明确。及时调整充实2023年度法治政府建设工作领导小组,在全县范围内形成以县政府主要领导为组长,政府分管领导为副组长,政府各部门主要领导为成员的良好工作格局,确保各项工作层层抓落实有保障。

【专项整治活动】 2023年,措美县根据市委全面依法治市委员会工作部署要求,于4月起开展道路交通安全和运输执法领域突出问题整治,对照《道路交通安全和运输执法领域5项16类69个重点问题清单》,发现问题6条,其中已整改3条,需长期坚持整改3条,形成活动专项周报共24期,有效提升了特定领域规范文明执法能力,进一步提高群众在法治建设中获得感、幸福感。

【依法决策】 2023年,措美县结合学习党的二十大,政府“是什么、干什么、怎么干”主题活动,建立和完善依法行政和法治政府建设的配套工作制度,加大规范性文件审查力度,严格按照起草、审查、决定、登记、公布、备案的程序,依法制定规范性文件,做到有件必备、有备必审、有错必纠,切实做到科学、民主、依法决策,杜绝了行政决策中擅权、专权和滥用权力现象发生。2023年,备案审查规范性文件2件。

【落实行政执法“三项制度”】 2023年,措美县突出食品药品、安全生产、环境保护、社会治安等重点领域,进一步加强执法公示透明力度,加大执法设备投入力度,不断端正执法理念,严格执行罚缴分离和收支两条线制度,罚没款和行政事业性收费全部上缴县财政。组织开展各类行政执法检查853余次,行政罚款 10.29万元。加强政务公开。全年,县人民政府网发布信息1446条,含政策法规类信息、政策解读类信息,并通过“网信措美”“措美融媒”及各部门新媒体平台及时公开推送法治信息,努力推进法治政府建设。同时,将《措美县2023年法治政府建设年度报告》通过县政府门户网站向社会公开,接受人民群众监督。

【落实法律顾问制度】 2023年,措美县聘任欧珠律师事务所为县法律顾问,为措美县50余家党政机关、事业单位提供法律顾问服务。开展“法律进机关”“法律进村居”法治讲座各1场次。开展规范性文件审查2份,出具建议书2份。开展党政机关各类合同审查10份。提供当面服务2次、推送法律法规知识服务63份。全面落实“一村一顾问”模式,由区、市、县11名法律服务工作者分别担任四个乡镇15个村(社区)法律顾问工作,实现法律顾问“一对一或一对二全覆盖”服务工作格局。

【优化营商环境】 2023年,措美县大力推行落实权责清单制,实行动态管理,在全面梳理、清理调整、审核确认、优化流程的基础上,将政府职能、职责权限、监督方式等事项向社会公开。推行政府重大事项法治审核登记审查制度,企业登记受理、审核、核准等各环节业务全程实行谁登记、谁负责、谁监管,实行“一个窗口、一次受理、最多跑一次”限时办结制,大力精简审批材料、简化审批流程、提升审批效率,努力优化营商环境,全年共梳理证明事项48项,其中建议保留21项,取消27项。持续推行“先照后证”“多证合一”“证照分离”,压缩企业开办时间至1个工作日。2023年,全县新注册市场主体242户,注册资金7720.72万元,发放个体工商户“多证合一”218个。

【法治宣传】 2023年,措美县持续开展“法律八进”活动。根据措美县“八五”普法规划,突出重点领域、重点内容,全面落实“谁执法谁普法”“谁管理谁普法”“谁服务谁普法”“谁用工谁普法”责任制,认真开展“法律八进”活动。全年各普法成员单位共开展法治宣传活动63场次,受众达1.3万余人次,发放系列宣传册(品)1万余份。同时,各普法成员单位组织开展3·15消费者权益保护法、4·15国家安全日、6·5世界环保日、6·26国际禁毒日活动、全民国防教育日等主题集中宣传和法治讲座、文艺演出等活动,努力营造“法治大宣传”的浓厚氛围。深入推进“民主法治示范村(社区)”创建。2023年,措美县当许社区和卓德村均通过复核保留“全国民主法治示范村”荣誉称号。两村通过发挥“法律明白人”、网格员、联户长等人群优势，主动深入群众开展法治宣传活动共8场次，受众达180余人次，积极发挥示范带头作用。加强法治文化建设。深入各乡镇、村（社区）选址增设法治文化宣传栏共30个，投入资金达24万余元，发放藏语汉语版《中华人民共和国宪法》《中华人民共和国民法典》书本至“农家书屋”“寺庙书屋”，积极营造群众身边的法治文化氛围，打通群众身边学法普法“最后一公里”。

公安

【严打违法犯罪】 2023年，措美县公安局扎实推进“打击盗抢骗”“团圆行动”“打击文物犯罪”等专项行动，以新型犯罪、黑恶犯罪和传统犯罪为重点，不断推进侦查手段、机制、模式提档升级，加强侦查工作水平和破案攻坚能力。2023年，共受理刑事案件24起（含拉萨市达孜区移交盗窃案1起，不予立案1起），立案23起；其中电信网络诈骗案6起、盗窃案11起、强奸案1起、普通诈骗案1起、故意损坏公私财物1起、交通类案件3起。破获刑事案件19起，分别为盗窃案9起、强奸案1起，普通诈骗案1起，电信网络诈骗案5起，交通类案件3起；抓获各类违法犯罪嫌疑人28人，打掉电信网络诈骗犯罪“跑分”团伙2个，挽回群众经济损失30余万元。成功劝阻、预警可能受电信诈骗人员2800余人。治安案件查处。2023年，措美县公安局以“扫黑除恶打非治乱”“三打击一整治”“百日行动”等专项行动为龙头，突出抓好治安管理系统建设应用，全面提升治安管理和队伍建设水平。2023年，共查处治安案件2起，其中盗窃1起、故意伤害他人1起，查处违法人员1人，行政罚款1人。与2022年同期相比（2022年共受理治安案件5起），案发率下降150%。

【油气管理】 2023年，措美县公安局严格按照《西藏自治区零散成品油管理办法》《山南地区实名制加油登记管理工作实施细则（试行）》和《山南地区〈贯彻西藏自治区零散成品油销售管理办法〉实施细则》的要求，加强油气管理工作。年内，检查加油站30余次，检查涉油项目单位50余家次，发现整改安全隐患5处，经复查均已整改完毕，未发生因油气工作不到位而发生的安全事故。

【矛盾化解】 2023年，措美县公安局以“矛盾不上交、平安不出事、服务不缺位”为工作目标，结合“大走访、大调研、大化解”活动及“7+1”维稳防控模式，切实发挥公安机关职能作用，认真开展矛盾纠纷大排查大化解工作，妥善化解各类矛盾纠纷和信访问题，确保社会大局安全稳定。2023年，开展矛盾纠纷排查化解工作100余次，排查矛盾纠纷45起，涉及人数255人，涉及资金307.227万元。其中：劳资纠纷14起、民事纠纷14起、情感纠纷1起、经济纠纷8起、家庭纠纷2起、房屋租赁纠纷1起、草地纠纷3起、赔偿纠纷1起、机械租赁纠纷1起。移交相关单位矛盾纠纷8起，涉及人数88人，涉及资金40.75万元。其中，劳资纠纷3起，涉及人数31人，涉及资金35.2万余元；家庭纠纷1起、涉及3人；赔偿纠纷1起、涉及2人、涉及资金6万余元；民事纠纷1起、涉及2人（涉及资金未定，已移交人社、信访进行协商）；草地纠纷2起、涉及50余人（涉及资金未定）。已调解矛盾纠纷37起，涉及人数

2023年3月2日，措美县公安局召开三月重点时段和全国“两会”维稳安保动员部署会

5月9日下午，措美县公安局召开419系列盗窃案专案组第1次安排部署会议

165人，涉及资金266.477万元。其中民事纠纷13起、劳资纠纷11起、经济纠纷8起、情感纠纷1起、家庭纠纷1起、房屋租赁纠纷1起、草地纠纷1起、机械租赁纠纷1起。

【交通安全管理】 2023年，措美县公安局为有效预防和制止酒驾、醉驾违法犯罪行为，有效预防和减少道路交通安全事故的发生，全力维护人民群众生命财产安全。2023年，共查处各类交通违法行为2312起，其中：现场处罚557起（一般程序18起：发生道路交通事故后逃逸尚不构成犯罪行政处罚6起、无证驾驶6起，驾驶人在驾驶证暂扣期间仍驾驶机动车2起，饮酒后驾驶机动车2起，醉酒驾驶机动车1起，驾驶机动车与准驾不符1起；简易程序：逾期未检验5起，驾驶员及乘客未系安全带违法行为122起、摩托车、三轮车驾驶人不戴安全头盔312起、电动车闯红灯80起，电动车逆行20起，警告534起）；现场执法共处罚没款3.05万元。非现场处罚1737起（其中超速1716起、机动车闯红灯违法行为21起，非现场执法共处罚没款10.82万元。道路交通事故85起；与去年（查处287起）同期相比，案发率上升595%，主要表现为机动车超速行驶与摩托车、电动车驾驶人不戴安全头盔违法行为频发，占全年交通违法行为83%。辖区共发生道路交通事故85起，其中发生死亡事故3起（死亡3人），受伤事故1起（受伤1人），发生财损事故80起。与去年（26起）同期相比，上升270%，较大以上事故"零发生"，全县安全形势持续平稳。

【"百日行动"】 2023年，措美县公安局为认真贯彻落实公安厅、市公安局关于夏季治安打击整治"百日行动"的指示精神和部署要求，由县委常委、政法委书记、公安局局长朱清牵头，统筹调动各部门各警种资源做到全警动员、全力以赴、多管齐下、协同纵深推进"百日行动"，有力打击震慑社会面违法犯罪、积极守护群众身边安全。"百日行动"工作开展以来，共开展各类清查行动40余次，排查旅馆业80余家次、娱乐场所90余家次、加油（气）站47家次、小酒馆50余家次、小茶馆120余家次、小商店76家次、汽修业53家次、出租房屋200余间，发现各类安全隐患47处，限期整改15处、当场整改32处，经复查均已整改完毕。

【基础建设】 2023年，措美县公安局共上报项目2个，下达投资计划项目2个。乃西乡派出所改扩建项目（建筑面积1140平方米，计划投资442万元）和交巡警大队新建项目（建筑面积1570平方米，计划投资565.19万元）。警用装备更新换代。为提高民辅警综合战斗力和自身防护能力。2023年，投入41万余元购置了"605"专班工作装备等警用装备、投资24.8万元建设智慧警务系统1套。

【队伍建设】 2023年，措美县公安局认真贯彻落实党中央、区委、市委、县委及上级公安机关决策部署，深入学习党的二十大精神、十九届历次全会会议精神、习近平总书记重要讲话精神，结合政法队伍"三个活动"专项及学习贯彻习近平新时代中国特色社会主义思想主题教育，组织全体党员学习新时代中国特色社会主义理论体系和党的基本理论、路线、方针、政策，全国、全区、全市、全县政法、公安工作会议精神和《中国共产党政法工作条例》等党内法规；坚持用"公安姓党"的政治要求建警治警，始终把党风廉政建设作为公安工作重要工作来抓，级级明确责任，层层传导压力。2023年，措美县公

2023年3月1日，措美县公安局参加全县组织的武装拉动演练

安局围绕如何谱写中国式现代化西藏篇章、如何推进高质量发展、如何实现“四个走在前列”和市委“六个走在全区前列”目标、如何结合职能要求抓好本部门的学习贯彻，强化忠诚核心、拥护核心、跟随核心、捍卫核心的思想自觉、政治自觉、行动自觉等主题，结合“三个活动”及主题教育工作要求，以党支部为组，分开讨论，全年开展讨论42次，撰写研讨材料300余份，开展谈心谈话140人次；坚持“一把手”带头表率，亲自听取、组织开展党风廉政建设专题学习和警示教育活动，形成主要领导负总责、分管领导负主责，分工明确，一级抓一级，推动党委主体责任落实，确保党风廉政建设各项措施落到实处。自西藏自治区开展政法队伍“三个活动”专项工作及学习贯彻习近平新时代中国特色社会主义思想主题教育以来，措美县公安局按照县委、县政府、县委政法委和上级公安机关部署，成立了措美县公安局“三个活动”专项工作及“主题教育”工作领导小组，印发了《措美县公安局“丹心向核心·护航新征程”实践活动实施方案》《措美县公安局开展“学习二十大·铁军铸忠魂”学习教育活动实施方案》《措美县公安局开展“改进执法司法作风、维护社会公平正义”活动实施方案》及学习贯彻习近平新时代中国特色社会主义思想主题教育学习计划表，确保“三个活动”专项工作和“主题教育”工作扎实有效开展。年内，共开展动员部署会10次、推进会7次、大讨论12次、理论测试2次、局领导开展党的二十大精神宣讲4次、各部门负责人宣讲12次，“重温入党誓词”活动3次，重温学习习近平总书记重要训词精神4次，签订廉政责任书140份，集中观看警示教育片3次，观看人数290余人次，撰写心得体会385份。2023年，措美县公安局深入贯彻落实习近平总书记“对党忠诚、服务人民、执法公正、纪律严明”四句话十六字总要求和关于加强公安队伍正规化、职业化、专业化建设的重要指示精神，结合措美县公安局实际，制定《措美县公安局2023年全警实战大练兵工作方案》下发至局属各部门，督促认真贯彻落实，认真开展警务实战化工作。截至年底，共组织实战练兵集中轮训班2批次，开展理论集中授课2批次，实战演练5次，全面提高措美公安队伍整体素质、执法水平和实战能力。积极组织召开党委理论学习中心组学习研讨会、党委民主生活会，全力营造风清气正的政治生态。截至年底，共召开中共措美县公安局党

2023年1月10日，措美县公安局热烈庆祝中国人民警察节

委会25次，理论学习中心组12次。

【纪律检查】 2023年，措美县公安局督察大队、政工部门对全县公安机关民辅警贯彻落实党的二十大精神、中央八项规定及其实施细则、《中国共产党政法工作条例》及区委实施细则、区委重大决策部署以及执行“十个严禁”“六项规定”和“十个一律”等情况开展检查。截至年底，开展专项督察和现场督察76次，查处违纪违规案件1起（3人）。

【司法案件“回头看”】 2023年，措美县公安局法制部门联合督察大队组织民警对各办案部门2022年案件办理及卷宗制作方面开展了自查工作，并以此为切入点，不断推进和完善行政执法监督，规范行政执法行为，提高执法水平；开展案件回头看检查4次，召集各办案部门民警，针对执法司法案件“回头看”活动阶段性工作情况的通报及自查的问题，逐条进行点评、对照、坚决杜绝再出现类似的问题。截至年底，发现8处问题（卷宗上有涂改、漏签名字），已督促整改。

措美镇派出所

【排查化解矛盾】 2023年，措美镇公安派出所开展矛盾纠纷排查90余次，共排查矛盾纠纷12起，其中：劳资纠纷3起、民事纠纷2起、情感纠纷1起、邻里纠纷1起，经济纠纷5起，涉及人数50余人，涉及资金47万余元；移交相关单位矛盾纠纷3起，涉及人数40余人，涉及资金46万余元。其中，劳资纠纷1起（已化解），经济纠纷2起；镇派出所调解矛盾纠纷9起，其中民事纠纷2起，经济纠纷3起、情感纠纷1起、邻里纠纷1起、劳资纠纷2起，涉及人数13人。

【重点行业、公共场所管理】 2023年，措美镇公安派出所为确保辖区社会治安秩序稳定，更好地保护好群众财产安全，针对辖区的治安特点，安排民辅警在重点时段、重点路段进行巡逻和治安清查行动，严厉打击涉黄涉赌和盗抢骗等违法犯罪活动，确保辖区平安稳定，进一步提升辖区群众的安全感、满意度。同时，为规范食品市场经营秩序，打击食品领域违法行为，保障辖区人民群众“舌尖上的安全”，按照“昆仑2023”专项行动要求，措美镇派出所组织民警对辖区食品领域进行安全检查。2023年，措美镇派出所结合“7+1”维稳防控模式，社区（村）警务室民警积极组织村“两委”、驻村工作队等力量开展治安巡逻防控和各场所治安清查（夜间）工作70余次，派出所、警务站每天组织3～5名警力，在县城不间断开展车巡，并对辖区各类场所开展消防安全隐患等排查90余次。共排查隐患18处，当场整改1处，下责令整改通知书17份，通过复查已整改完毕。

【宣传教育】 2023年，措美镇公安派出所结合“八五”普法、“百万警进千万家”入户宣传活动，深入村、社区、施工工地，积极向老百姓宣传防火、防盗、防范电信网络诈骗等安防知识，切实提升群众安全感、满意度。为落实《措美县公安局“清风2023”专项行动》部署要求，持续推进依法打击惩治赌博违法犯罪工作，引导群众知法守法、远离赌博，全面净化社会风气，营造浓厚的平安建设氛围，切实提升广大群众法律意识。结合“三个活动”专项工作要求，开展宣传防范电信诈骗、缉枪治爆、消防安全法、道路交通安全、扫黑除恶、安全

2月27日晚上，措美镇派出所配合县公安局治安管理大队在县城内对辖区“九小场所”开展大清查行动

生产、严禁赌博等法律法规宣传活动。2023 年，开展各类法律宣传 80 次，发放宣传口罩 600 余个、文具盒 46 个、全民反诈宣传手册 300 余册、笔记本 50 本、宣传袋 200 余个、毛巾 60 余张，张贴禁赌宣传海报 12 份，受教群众 2600 余人。

【为民服务】 2023 年，措美镇公安派出所在创建“枫桥式”公安派出所活动中，想方设法做到零距离服务群众。签订流动人口安全管理责任书 260 份、签订施工单位安全管理责任书 32 份、办理居住证 20 张、居住证签注 28 张、居住登记卡 997 张。年内，开展为群众上门送证服务 12 次，送证 840 余张。结合“为民办实事”和“7+1”大服务工作，措美镇派出所要求警务站、社区（村）警务室建立警民互动微信群，时常通过微信群与村、社区及企业保持交流互动，为人民群众实时提供多元化警务服务，实时了解掌握群众所思所想，及时为群众“解小忧，排小难，办小事”，让群众感受到警察就在身边，体会到“零距离”服务的社会效果。

哲古镇派出所

【排查化解矛盾】 2023 年，哲古镇全年没有发生因矛盾纠纷越级上访、非法上访、群体上访事件。派出所针对哲古镇辖区草场、土地开发、易地搬迁、工地施工过程中的各类纠纷问题，加大矛盾纠纷排查力度和线索搜集力度，结合“百万警进千万家”“八五”普法、“大起底”等活动，在哲古镇辖区内全面开展了矛盾纠纷大排查大化解专项活动，把维护稳定工作放在首要位置，走村入户，与群众面对面交流，充分了解群众所期所盼，摸清矛盾纠纷和信访问题的根本症结，运用说服教育，多方面疏导，依法调处的办法，努力把各类社会矛盾纠纷化解在基层，消灭在萌芽状态。2023 年，派出所排查矛盾纠纷每月不少于 2 次，宣传法律法规 20 余次，受宣群众 1200 余人，发放宣传资料 500 余份，悬挂横幅 5 副。2023 年哲古镇派出所共调解各种矛盾纠纷 5 起。其中，劳资纠纷 2 起，涉及金额 801200 元，邻里纠纷 2 起，家庭纠纷 1 起。

【重点行业、公共场所管理】 2023 年，哲古镇辖区内重点行业单位 30 家，包含党政机关、金融、通信、寄递业、学校、医院、寺庙以及和居民生活息息相关的水电气相关单位场所，哲古镇另有茶馆、饭馆 26 家，家庭旅馆 2 家，网吧 1 家，加油站 1 家，汽车修理厂 1 家，摩托车修理店 3 家，均纳入消防重点单位、公共场所管理对象。2023 年，哲古镇派出所共计检查 112 家次，立即整改隐患 20 处，下发整改通知书 4 份。组织民警深入辖区内各村（居）、学校、寺庙、施工单位、重点单位开展防火、防盗等安全检查 11 次，并签订了各项治安、消防管理责任书共 41 份。组织警力对辖区学校及周边地区开展整治工作，定期对教学楼、办公楼、学生宿舍、食堂及仓库的防盗、防火、防教学事故、食品安全等安全检查，对发现的安全隐患和存在的问题及时督促整改。针对学校周边治安较为复杂的情况，哲古派出所组织民警进行不定期巡逻、排查周边存在的治安隐患，对校园周边人员进行了清查，做到情况明，底数清，尽力防止侵害学生的案（事）件发生，给在校学生营造了良好的学习氛围。2023 年，哲古镇派出所开展校园及周边治安安全隐患排查共 12 次，发现各类隐患共 4 处，限期整改 4 处。

【宣传教育】 2023 年，哲古镇派出所组织民警深入辖区各村居、学校，采取张贴宣传海报、悬挂宣传横幅、发放宣传资料和开展法治讲座等形式，宣传《中华人民共和国治安管理处罚法》《中华人民共和国未成年人保护法》《中华人民共和国道路交通安全法》《信访条例》《中华人民共和国民法典》以及和农牧民群众切身利益有关的相关法律法规及政策，全年发放宣传资料 540 份，开展法治讲座 2 期，受教育群众和学生 1850 人次。

【为民服务】 哲古镇共计有 1415 户，5507 人常住人口，2023 年，哲古镇派出所户籍室共计办理身份证 499 张，办理临时身份证 11 张，死亡注销 45 人，新生上户 38 人，户口迁入 9 人，迁出 16 人。为了更好地管理和服务外来流动人口，哲古镇派出所专门设立了流动人口管理服务办公室，确定了专人管理，制定了流动人口管理工作制度，严格履行暂住人员、流动人口登记检查制度，确保辖区的稳定。

乃西乡派出所

【排查化解矛盾】 2023 年，乃西乡派出所继续深化矛盾纠纷大排查大化解工作，结合“百万警进千万家”“我为群众办实事”等活动，对辖区内的社会矛盾纠纷进行经常排查，及时收集、掌握辖区内各类苗头性隐患，做到矛盾纠纷早发现、早报告、早处置、早化解，努力获取深层次、预警性信息，变事后处理为事前化解，变被动调处为主动预防。2023 年，乃西乡派出所共开展矛盾纠纷排查工作 68 次、发现矛盾纠纷 2 起，协调化解矛盾纠纷 2 起。

【重点行业、公共场所管理】 2023 年，乃西乡派出所定期对辖区重点单位、出租屋、商店、茶馆等重点场所开展消防安全检查，及时发现并清除安全隐患。全年开展消防安全检查 58 次，消防宣传工作 25 次，发放消防安全告知书 53 份，签订《措美县公安局“九小场所”消防安全告知（承诺）书》11 份，查处消防安全隐患 14 处，已责令限期整改；开展治安大清查 46 次，检查商店 108 家次，茶馆 60 家次，重点单位 40 家次，安全生产检查 16 次，综治宣传工作 28 次。

【宣传教育】 2023 年，乃西乡派出所围绕扫黑除恶、反恐怖主义、反邪教、防范电信诈骗、消防安全、缉枪治爆、道路交通安全、预防青少年违法犯罪等重点工作，结合“110”宣传日、“4·15”国家安全日、“5·15”打防经济犯罪宣传日、“6·26”国际禁毒日，以及食品安全宣传周、网络安全宣传周等时间节点，开展了形式多样的专项法治宣传主题活动。全年开展各类普法宣传 28 次，发放各类宣传资料 850 余份，发放各类宣传品 300 余份，受教群众达 520 余人。

【为民服务】 2023 年，乃西乡派出所共接处警 13 起。其中交通事故接处警 8 起、求助 4 起、治安案件 1 起。户籍业务共办理居民身份证 75 人、死亡注销 16 人、新生入户 11 人、市外迁出 2 人、市外迁入 21 人、补户 6 人、其他户籍业务 9 人。

2023年7月17日，措美县公安局乃西乡派出所排查道路交通隐患

古堆乡派出所

【排查化解矛盾】 2023 年，古堆乡派出所认真贯彻落实自治区“7+1”维稳防控措施，扎实开展夏季治安整治百日专项行动，对“双拖欠”、扶贫搬迁、征地拆迁、虫草采挖、草场林地等风险隐患和边界、经济、邻里、医患、家庭等矛盾纠纷持续开展摸排化解工作，建立健全矛盾纠纷排查化解长效机制，对本地存在风险隐患的企业和重点领域进行集中检查，把苗头隐患消除于萌芽。严厉打击恶意欠薪、恶意讨薪、聚集集访等违法犯罪行为，及时化解矛盾纠纷，坚决防止群体性案（事）件的发生及有效压降全年命案发案率。全年共排查矛盾纠纷 20 余次，化解矛盾纠纷 6 起。

【重点行业、公共场所管理】 2023 年，古堆乡派出所按照上级公安机关要求和局党委部署安排，开展“大排查、大起底、大服务”专项工作，扎实推进“7+1”防控模式，总结专项工作经验，清零专项工作任务。深入辖区学校、寺庙等重点场所排查消防安全隐患 15 次，开展治安大清查行动 18 次，校园及校园周边安全检查 21 次。全年，古堆乡派出所接处警 19 起（15 起单方交通事故，无人员伤亡；1 起劳资纠纷，1 起工作纠纷，2 起求助），未发生办理治安案件、刑事案件。

【宣传教育】 2023 年，古堆乡派出所以习近平新时代中国特色社会主义思想为指导，认真学习宣传贯彻党的二十大精神，全面贯彻实施区委、市委、县委和上级公安机关关于"八五"普法规划和相关文件精神，扎实推进"八五"普法依法治理工作。以110宣传日、综治宣传月、综治宣传周、禁毒宣传日、网络安全宣传周、宪法宣传周等宣传活动日，以悬挂横幅、发放传单等形式，加强消防安全、道路交通、反有组织犯罪法、养老诈骗、电诈等法律法规的宣传力度，不断增强辖区群众的法律意识和自我防范意识。全年，开展宣传28次，发放宣传资料和宣传品1500余份。

【为民服务】 2023年，古堆乡派出所坚持以人民为中心的发展思想，忠诚践行"对党忠诚、服务人民、执法公正、纪律严明"十六字总要求，以创建新时代"枫桥式派出所"工作为契机，以党建引领、背包警务、金牌调解室、党员先锋队警务工作模式，坚持好、发展好新时代"枫桥经验"，把人民群众放在心上，急群众所急、想群众所想、盼群众所盼、解群众所忧，扎实推进群众服务工作。全年，走访群众371户1184人，办理身份证业务55人，新生婴儿出生登记13人，死亡注销21人，办理临时身份证2人，办理异地身份证2人，申领户口本26人，所居入户2人，迁入2人，所居立户3人，非主项变更5人，补录人口3人，恢复户口1人。办理居住证7人、办理登记卡87人，深入村居开展户籍管理相关法律宣传8次。

检察

【刑事检察】 2023年，措美县人民检察院共受理刑事案件9件11人，一审公诉案件3件4人，法院作出有罪生效判决3件4人，提请逮捕案件4件5人，2件2人作出不批准逮捕，2件3人作出批准逮捕。其中，适用认罪认罚从宽制度4件5人。其中办理的1起危险驾驶案件首次召开拟不起诉公开听证会并作出不起诉决定。1名干警到昌都开庭支持公诉"5·13专案"。指派业务骨干通过协作机制提前介入侦查机关案件4件5人，有效引导取证，向侦查机关制发首份侦查活动监督通知书。其中，措美县人民检察院办理1起贪污案1件1人，该案作为监察体制改革以来首起顺利提起公诉并被有罪判决，该案向案发单位制发首份职务犯罪刑事检察社会治理类检察建议书1份。

【民事行政公益诉讼检察】 2023年，措美县人民检察院开展延伸执法司法案件"回头看"专项活动，对检察院2022年办结民事案件5件，法院2022年办结民事案件57件，法院2015—2021年办结民事执行案件109件，共计171件开展集中评查，对评查中发现问题的民事案件9件及执行案件5件进行立案，并制发检察建议书2份。为强化审判监督，检察长首次列席法院民事案件审判委员会1次，措美县检察院牵头与9个行政执法部门签订《民事支持起诉工作协作机制》，并召开联席会1次。针对措美县生态环境和资源保护、食品药品、个人信息保护等领域出现的损害公益问题，摸排线索18件，立案8件，制发检察建议书2份，磋商2件，8件均已结案并整改完毕。首次在个人信息领域立案，拓宽了案件领域。认真履行"河(湖)长+检察长"职责，开展巡河工作3次，为加大措美县生态资源保护力度提供坚强的法治保障。市人大首次到措美县检察院专题调研公益诉讼工作并充分肯定了县检察院公益诉讼工作。2023年，措美县人民检察院开展道路交通安全和

2023年7月25日，措美县人民检察院党组书记、检察长罗布次仁（中）一行3人到滁州市开展受援回访和学习交流

2023年3月8日，措美县人民检察院开展检察开放日活动——代表委员座谈会，邀请22名人大代表、政协委员走进检察机关，零距离感受检察工作

运输执法领域突出问题专项整治工作，调取相关行政机关行政处罚类案件28件28卷，立案5件，下发检察建议4件，均已整改完毕，检察建议书采纳率达到100%。首次召开行政检察案件检察官联席会议，对调取的行政处罚案件查阅情况进行深入交流，切实最大化发挥了检察官联席会的作用。

【刑事控告申诉检察】2023年，措美县人民检察院办理了首起内部线索移交的司法救助案件3件3人，在办理1件2人的刑事盗窃案中发现司法救助案件线索并移交给控申部门，控申组织干警实地调查走访并对该3件线索进行立案，于9月27日首次启动县检察院建设完整的听证室，对扎某某等3人申请国家司法救助案件召开公开听证会。10月17日，检察院举行国家司法救助金集中发放仪式，向3名救助申请人发放司法救助金共计3.38万元。

【队伍建设】2023年，措美县人民检察院把队伍素能建设作为基础性、战略性工程来抓，组织党员干警开展学习贯彻习近平新时代中国特色社会主义思想主题教育，组织读书班、专题学习、专题研讨、理论测试（线上）等70余次，班子成员及干警参加中检网政治业务学习等活动20余次，积极填写自查自纠问题整改台账，撰写心得体会、研讨材料等60余篇。2023年检察院调整充实党组成员2名，配备完成检察综合部主任。选派1名干警参加上级院业务部门组织的跟班实训活动半年，1名业务骨干到成都、林芝等地参与办理上级院案件为期1年，1名干警参与县委巡察工作，5名干警参加业务培训，干警的政治理论和业务素能得到有效提升；组织干警前往山南市廉政教育基地观摩1场次，观看警示教育片3次，认真落实廉政谈话制度，开展谈心谈话12人次，做到早发现早提醒。贯彻执行防止干预“三个规定”，干警填报“重大事项报告表”100人次，开展“三个规定”问卷调查和应知应会测试12人次，锻造清正廉洁检察队伍；组织召开营造法治化营商环境座谈会1次，邀请7名民营企业代表走进检察院，面对面聆听企业代表心声，实对实开展检察问需问计；在微信公众号发布检察云平台公益诉讼志愿者招募公告，在“两微一端”、门户网站发布检察信息150余条，其中55条被微山南、山南政法、山南检察、网信措美等媒体采纳，公开案件信息4条，进一步提升司法公信力，让群众真正感受到“看得见的正义”。

法院

【党的领导】2023年，措美县人民法院主动向县委、县委政法委和上级法院请示报告重大事项、重要工作、重要案件30余次；充分发挥党组把方向、管大局、保落实的领导作用，讨论和决定“三重一大”事项23件，确保党中央、区委、市委、县委各项决策部署在人民法院不折不扣落到实处。

【案件受理】2023年，措美县人民法院共受理各类案件184件，结案率97.28%，其中刑事案件4件、占2.1%，民商事案件93件、占50.5%，执行案87件、占47.2%，保全、鉴定等案件3件、占1.6%；审执结179件，未结5件，法定审限内结案率达100%。

【登记立案】2023年，措美县人民法院登记立案186件，其中当场立

2023年3月16日，措美县法院党组书记、院长卢露（左一）到措美镇辖区督导检查工作

案171件，网上立案10件，跨域立案3件，立案准确率达100%。依法及时就地解决群众合理诉求，有效减轻群众诉累。

【刑事案件】 2023年，措美县人民法院受理刑事案件4件，审结4件，其中盗窃案3件、贪污案1件，结案率100%。

【民事案件】 2023年，措美县人民法院受理民商事案件93件，其中买卖合同、建设工程合同、租赁合同、民间借贷等案件79件，家庭纠纷类案件13件，劳动争议案1件，审结88件，未结5件，结案率为94.62%。

【执行案件】 2023年，措美县人民法院共办理执行案件87件，审结87件，执结率为100%，执结率排全区第一。结案标的达5056.42万余元，实际到位率为629.21万元，限制高消费7人，纳入失信黑名单7人，布控9人，触控3人，车辆查封1辆。

【来信来访】 2023年，措美县人民法院通过绿色窗口和12368诉讼服务热线等方式提供法律咨询服务42人次，来信来访57件；通过人民法院调解平台办理诉前调解案件48件，转立案出具调解书14件，20件当场履行。

【司法服务】 2023年，措美县人民法院主动作为，结合“法官联系乡镇制度”深入村居开展“四下基层”等调研5次，深入开展“敲门行动”矛盾纠纷排查化解活动，共排查民事矛盾纠纷5件，现场摸排91户，摸排人数110余人，及时消除各类风险隐患，为构建平安措美提供坚实有力的法治保障；对往年185起案件开展了“回头看”逐案梳理，整治执法司法突出问题，不断提高人民群众的满意度；不断延伸参与基层治理的途径，以车载流动法庭为载体，开展巡回办案103件，行程3.3万千米；对1起国家司法救助发放救助金1.4万元。

【阳光司法】 2023年，措美县人民法院持续深化阳光司法，全面推进司法公开，维护法律权威和司法公信力，人民陪审员参审案件13件，网上公开审判流程、审判信息、执行信息6篇，公开裁判文书11篇，庭审直播13场次，总观看人数达1448人次。

【维护稳定】 2023年，措美县人民法院在全国两会等维稳重点时段期间参与维稳工作36人次，值班

2023年6月26日，措美县法院法官在雪拉村开展宣传及矛盾排查纠纷工作

备勤300余人次，出动车辆20余台次，开展反间谍安全防范风险隐患排查2次，深入揭批十四世达赖反动本质专题研讨会1次，投入维稳资金3.2万元。

【队伍建设】 2023年，措美县人民法院参加政治理论教育、审判业务、汉语和藏语骨干法官，司法警察技能等培训12次，参加各类视频培训80余次，450余人次；3名干警先后参加县委、县政府举办2次文秘培训，扎实开展学习贯彻习近平新时代中国特色社会主义思想主题教育，组织理论学习中心组学习会、主题党课、支部学习等48次。

【法治宣传】 2023年，措美县人民法院开展"法律九进"宣传活动32次，街道宣传8次，落实普法宣传资金18万元；发布信息81条，受众1.1万人，为法院高质量发展提供强有力的舆论支持。

司法行政

【普法宣传教育】 2023年，措美县司法局根据措美县"八五"普法规划和《措美县2022年普法与依法治理工作要点》，制定《2023年普法菜单》，形成部门普法工作责任清单，推行普法三单（订单、督单、接单）模式，贯彻落实"谁执法谁普法"责任制。开展2023年"谁执法谁普法"普法责任制现场述职报告评议工作，严格落实成员单位普法责任制。采取"法治讲座""法治宣传""在线学法"等形式，广泛开展《中华人民共和国宪法》《中华人民共和国民法典》等系列主题法治宣传123场次，发放法治宣传资料18000份，现场解答咨询35人次、推送电信（移动）基站短信宣传384000条，组织开展法治文艺演出2场次，225名国家工作人员参加"线上学法考法"。加强教育培养"法律明白人"，指导各村（社区）"法律明白人"发挥作用。2023年，措美县45名法律明白人分别开展普法活动135场次，受众达1200人，形成普法工作"以点带面"的良好宣传局面。为实现便民惠民普法，投入资金240000元购买"智慧普法"终端智能机22台，投放至各乡镇、村（社区）、寺管会、军营等单位，内容涵盖《中华人民共和国宪法》《中华人民共和国民法典》等国家基本法律法规及《地方性法规汇编》（山南市人大出台）内容，实现24小时国家干部、地方官兵、农牧民群众自助查询法律法规的需求。

【安置帮教、社区矫正】 2023年，措美县司法局积极联系沟通社区矫正、安置帮教工作成员单位，加强与公安部门联动，提升重点人员教育服务质量，尤其是把进一步加强刑满释放安置帮教人员走访联系工作作为学习贯彻习近平新时代中国特色社会主义思想重要举措，采取信息化核查、通信联络、实地查访等监管手段，确保节假日期间和重点敏感时期人员全方位监管。2023年，未接受社区矫正对象，无新增、无解除、无在册人员。接受县人民法院委托开展社会调查1起，出具评估报告1份。为深化检司协作配合与监督制约，共同促进社区矫正工作规范化，2023年，措美县司法局与措美县检察院举行了"社区矫正检察官办公室"揭牌仪式，并签署了《关于加强社区矫正法律监督工作规定》。积极配合做好刑满释放人员衔接工作，2023年衔接刑满释放人员2名，落实刑满释放人员"必接必送"，无缝衔接；解除安置帮教5人，2023年，落实安置帮教人员帮扶5人次，救助住房免租1人次。目前共在册15人，无脱管、漏管。同时，根据县委

2023年7月31日，措美县司法局专职人民调解员招聘考试

关于加强维护稳定工作要求，对已解除教育人员进行登记造册和“回访”工作，减少社会不稳定因素。

【人民调解】 2023 年，措美县司法局充分发挥新时代人民调解职能作用，实践和发展“枫桥经验”，依法及时就地妥善化解矛盾纠纷，努力筑牢维护措美县社会稳定的“第一道防线”。2023 年 11 月 28 日措美县司法局、各乡镇司法所举行“一站式”矛盾纠纷调解中心揭牌仪式，实现“一窗受理、功能集成、闭环运作”，打造矛盾纠纷化解的“终点站”。2023 年，措美县各类人民调解组织共开展纠纷排查 716 次，共调处各类民间纠纷 58 件（其中，婚姻纠纷 6 起、邻里纠纷 1 起、劳资纠纷 8 起、道路交通 1 起、消费纠纷 1 起、债务纠纷 36 起、抚养纠纷 1 起、房屋宅基地纠纷 2 起、打架斗殴纠纷 1 起、生产经营纠纷 1 起），成功调处 58 件，调解成功率 100％。根据《中央政法委 最高人民法院 司法部 民政部 财政部 人力资源和社会保障部关于印发〈关于进一步加强人民调解员队伍建设的意见〉的通知》和《中共西藏自治区委员会办公厅 自治区人民政府办公厅 关于印发〈关于进一步加强新时代人民调解工作的意见〉的通知》文件精神，措美县制定《措美县专职人民调解员配备工作方案》，共招录专职人民调解员 10 名。（其中，招聘 6 名、选聘 4 名）分配为：措美镇（兼县人民调解中心专职调解员）3 名、哲古镇 3 名、古堆乡 2 名、乃西乡 2 名。8 月，通过考试、面试完成招录和上岗，切实补齐了人民调解工作缺乏专职调研员的短板。

【法律援助】 2023 年，措美县法律援助中心秉承忠诚、奋斗、创新、专业、廉洁的宗旨，以群众需求为导向，做到应援尽援。推进“一村一法律顾问”工作，通过西藏欧珠律师事务所律师、法律服务工作者 4 名，分别担任 15 个行政村（社区）法律顾问与各村（社区）第一书记开展公共法律服务工作，覆盖率为 100％。推进律师担任各级党委、政府机关和企事业单位法律顾问工作制度，与西藏欧珠律师事务所签订常年法律顾问服务协议，参与政府常务会议议题合法性审查、代理涉访涉诉工作、合同审查、法治宣传等活动。2023 年，措美县法律援助中心共受理各类法律援助 9 件，接待群众 53 人次（其中，外来务工人员 9 人次），提供代书服务 50 人次，咨询服务 3 人次，开展公共法治讲座 2 场次，为农牧民群众提供便捷高效、普惠均等的法律援助服务。提升基层治理能力现代化、法治化水平，措美县司法局联系各村（社区）收集《村规民约》内容，并通过欧珠律师事务所开展合法性审查工作。2023 年，完成 15 个村（社区）《村规民约》收集工作。

【公证事项办理】 2023 年，措美县司法局在公共法律服务中心设置了专门的公证咨询服务台，优化公证服务举措，强化为民服务和办事能力，做到服务时礼貌耐心，让每一名群众都能享受到“细心、暖心、舒心”的公证法律服务。实施提供一次性告知服务，群众可前往措美县公共法律服务中心，也可通过拨打措美县公共法律服务中心电话进行公证咨询，工作人员将一次性告知其申办公证所需材料，并为当事人向市公证处预约办理时间，省去当事人跑腿次数及排队时间，全年提供公证咨询 15 人次。积极协调市司法局公证处为措美县 1 名行动不便老年人提供上门公证服务 1 场次；有效发挥了公证在服务和改善民生，维护社会和谐稳定方面应有的作用。

2023年11月16日，开展措美县委、县政府主办，县司法局承办的法治文艺演出

【行政复议】 2023年,措美县司法局依托各类宣传周为契机,集中开展以"加强行政复议 推进依法行政"为主题的新修订《中华人民共和国行政复议法》学习宣传活动。通过发放宣传单、悬挂宣传横幅、为群众提供法律咨询等多种形式全方位开展新修订行政复议法宣传,受众达3000余人。进一步提高群众对行政复议的知晓率和认可度,推动行政复议化解行政争议主渠道作用得到更好发挥。2023年,措美县无行政复议、应诉案。

【行政执法监督】 2023年,措美县司法局开展行政执法"三项制度"法治讲座1场次。认真落实规范性文件审查备案制,实现良好的法治营商环境。纵深推进行政执法"三项制度"落实,根据自治区、市要求,4—10月开展了措美县道路交通安全和运输执法领域突出问题专项整治工作,共发现问题6个,已完成整改3个,长期坚持整改3个,推动道路交通安全和运输执法领域执法工作严格规范文明。年内,开展行政执法主体执法人员资格审查清理1次,共清理5人。组织行政执法单位执法人员线上学习培训一轮,贯彻落实执法人员年度学习学时目标,通过考试申请换证和新申请执法证工作两轮,涉及措美县各行政执法单位66名执法人员,2023年,完成执法证发放44人,开展行政执法监督检查7次。

劳动仲裁

【强化用工监管】 2023年,措美县人社局劳动监察大队针对部分劳动者法律意识淡薄、政策掌握不清、维权意识不强等问题,执法人员为农民工发放《保障农民工工资支付条例》《中华人民共和国劳动合同法》《中华人民共和国劳动法》《劳动争议仲裁调解法》等法律法规宣传资料,详细介绍《保障农民工工资支付条例》亮点内容,帮助农民工学法、懂法、用法,使其在权益受侵害前、受侵害时、受侵害后,通过必要手段和法律渠道维护自己的合法权益。"以案释法",用身边人、身边事教育企业负责人自觉履行义务。全年,共发放宣传资料3000余份,现场答疑解惑600余人次。

【化解欠薪风险】 2023年,措美县人社局劳动监察大队将用工人数较多、容易出现矛盾纠纷的用人单位作为重点排查对象,重点检查农民工实名制登记管理、建立农民工工资专用账户、按月执行农民工工资银行代发、缴纳农民工工资保证金或第三方保函等制度落实情况,对存在欠薪风险隐患的企业现场提出整改意见。

【共推欠薪治理】 2023年,为充分发挥措美县根治拖欠农民工工资工作领导小组成员单位的职能优势,结合"攻坚行动"中发现的突出问题,县劳动监察大队向负责项目的县直各单位发出《问题整改督办函》,对解决欠薪问题、落实整改责任提出具体要求,形成各司其职、密切配合的工作合力,助力责任单位提高履职效率,共同维护广大农民工合法权益。全年,通过开展根治欠薪专项行动,共受理劳资纠纷案件19起,涉及115人237.8082万元。招商引资措美县哲古风电项目5起,涉及61人152.637万元;12345市长热线措美县人民法院诉讼服务中心项目3起,涉及9人10.4453万元;措美县老旧小区改造项目1起,涉及11人,动用应急周转金50万用于拨付民工工资,受理劳动仲裁案件1起(确认劳动关系争议案件)。全年,县劳动监察大队收到各类申请材料4份,其中立案受理了1件,涉及劳动者1人,立案受理已结案1件,其中裁决1件,调解和撤诉案件1件。

【劳动人事争议建设及调解组织建设】 根据山南市总工会、山南市工商业联合会、山南市人民政府国有资产监督管理委员会关于推进劳动人事争议委员会仲裁庭建设工作及开展基层劳动人事争议调解组织建设行动的通知要求,措美县人社局劳动监察大队积极推进劳动人事争议仲裁委员会仲裁庭建设及基础劳动人事争议调解组织建设工作。

经济综合管理

宏观经济管理

【宏观经济运行】 2023年,措美县完成地区生产总值112191.9万元,同比增长9.8%;完成全社会固定资产投资108604万元,同比增长58.82%;完成社会消费品零售总额20620万元,同比增长10%左右;完成财政收入3705万元,同比增长473%;完成税收收入5287万元,同比增长391%;完成农村居民人均可支配收入2.01万元,同比增长13%左右;居民消费价格指数同比涨幅基本持平。总体看,全县主要经济指标保持较快增长,就业物价总体稳定,人民生活持续改善,发展动能加速壮大,发展质量稳步提升,发展环境更加安全。

【项目审批及项目建设】 2023年,措美县发改委深入实施狠抓投资落实年活动,实行重点项目定期调度和重大项目领导包保机制,做到周调度、月盘点、季总结,以有效投资为经济高质量发展提供强劲动力。全年共实施项目83个(包括市级重点项目33个),其中新建60个,续建23个,完成固定资产投资108604万元。基础设施建设。实施了措美镇雪热村至小扎扎组公路工程、农村公路安防工程等进一步健全完善农村公路网。有序推进下巴水库、扎西松多水库、扎西松多水库配套供水工程、乃西乡下藏灌区工程、措美镇雪热村波里曲防洪堤项目等提升水利工程,不断补齐配套灌区设施短板,提高水旱灾害防御能力,提升水资源优化配置能力。乡村振兴。利用乡村振兴衔接资金有利条件,大力实施乡村建设行动,加大项目、资金和政策争取力度,实施建成了措美县帕仓村巩固提升示范引领项目、措美县扎扎村乡村振兴示范引领项目、措美县卓德村人居环境整治、玉美村巩固提升项目、波嘎村人居

2023年7月2日，措美县委副书记、县长桑旦（右二），政协主席索朗欧珠（左一）在下巴水库项目施工点检查指导工作

环境整治项目、哲古镇哲古居美丽宜居项目等，进一步补齐乡村水、电、路、讯、网、基础设施补短板，推进改水、改厕、污水处理、村容村貌整治，持续推进城乡基本公共服务均等化。城镇化建设。达当大道建成通车、县城供暖进入试运营，老旧小区改造、县城污水处理厂、市政管网改造、雨污分流项目、雪热村次马龙至恰杂公路、山南市措美110千伏变电站改造工程等一批重大项目落地开工，加快补齐城镇道路、给排水、垃圾分类、污水处理、停车场等方面城镇基础设施和公共服务短板。2023年，共审批可行性研究报告96个，初步设计概算批复124个。

【物价调控】 2023年，措美县发改委认真履行物价监测职责，每月对县域内粮油肉蛋奶菜生活必需品与群众生活息息相关的消费品进行价格监测，掌握最新市场动态。全年价格平稳，未见异常波动。

【产业转型升级】 2023年，措美县发改委在抢抓机遇、发挥优势上想办法、出实招，全力推动风电、光伏等清洁能源资源优势转化为发展优势、经济优势。成立清洁能源发展领导小组，组织招商团到区外开展招商引资工作，围绕光伏风电等清洁能源项目，招商团与协合新能源集团进行了深度洽谈，签署投资意向协议，为进一步推动清洁能源对外合作打下了坚实基础。同时结合措美县实际，制定《措美县风光热储一体化发电项目规划》。

【经济社会发展规划编制和经济运行监测】 2023年，措美县发改委按照《西藏措美县国民经济和社会发展第十四个五年规划和二〇三五年远景目标纲要》，有序推动经济社会发展。总体上看，“十四五”规划纲要主要目标和任务总体进展顺利，预期发展目标进展良好，重大战略和重点任务稳步推进。年内，县政府召开了“十四五”项目推进及中期优化调整会议，部署安排了中期优化调整项目申报工作。共申报了61个项目，其中调出项目4个，总投资220万元；规划外新增项目57个，总投资76768万元。

2023年11月2日，西藏自治区党委全面深化改革第四督导组到哲古牧业改革试点建设项目检查指导工作

【项目援藏】 2023年，措美县实施了规划内的哲古明珠小镇建设项目、措美县卫生健康能力提升建设项目、措美县哲古镇卓德村卫生室建设项目、基层社会治理及维稳态势感知体系建设等项目。积极谋划实施县城区道路及基础设施建设项目、产业扶持及民生和交流交往交融等计划外项目。截至年底，到位资金2200万元，其中县城区道路及基础设施建设项目按照时序进度已完成80%。

【能源项目建设】 2023年，措美县发改委建设完成3个清洁能源项目，其中2个续建，1个新建：措美县协合光伏电站项目，总投资2800万元；措美县哲古50兆瓦风电项目，总投资44094.86万元；措美协合30兆瓦光伏保供项目，总投资18000万元，均建设完成并网发电。积极谋划装机容量300～500兆瓦风电项目等，申报2024年项目3个。

【招商引资】 2023年，措美县为切实提升措美县招商引资水平，贯彻落实全市狠抓投资落实工作和高质量发展动员部署会议精神，加大招商引资项目建设力度，县发改委牵头起草了《措美县关于进一步优化营商环境的行动方案》，持续优化营商环境，立足资源优势，推动清洁能源开发。4月19日至25日，

措美县城供暖项目——空气连热泵

由县委副书记、县政府县长桑旦带队的招商团队到区外开展招商工作。招商团与协合新能源集团进行了深入洽谈,就山南市措美雪热30兆瓦保障性光伏项目达成投资意向。截至年底,建设完成招商引资项目3个。2023年10月15日,措美县招商引资推介会暨集中签约仪式在宿州丰大国际大酒店举行,来自北京、上海、江苏以及宿州本地的61家企业、商协会参加推介会。签约仪式上,措美县人民政府分别与宿州草原牧业股份有限公司等5家集中签约5个项目,涵盖畜牧养殖、医疗、辣椒种植等多个领域,总投资约2.2亿元。

【粮食流通】 粮食安全事关国计民生,是实现经济发展、国家安全和社会稳定的重要基础。2023年,措美县发改委按存储县域内总人口的每人每天1斤粮食,总存储1个月的总量。

【碘盐配送】 2023年,为持续巩固科学补碘成果,县发改委(经济和信息化局)认真开展农牧民碘盐配送工作,确保措美县食盐充足供应。配合市经信局为10051名农牧民按照每人每年5.5公斤配送量,共配送55280.5公斤。

【信息化建设】 2023年,措美县共实施基层社会治理及维稳态势感知体系建设等4个信息化项目。截至年底,全县共有5G基站28个,县城和4个乡镇所在地5G基站都已开通,信号100%覆盖。乡镇所在行政村和自然村在原有4G基站基础上,措美县作为试点11月份基站设备全部更换完毕并开通。

【工业经济发展】 2023年,措美县暂无运行的工业经济。正在建设措美县污水处理及收集系统项目,总投资3591万元。

统计

【人口与状况】 措美县2023年末总人口为13709人,其中:国民经济年报人口为11717人,国民经济年报人口占总人口数的比重为85.47%。2023年全县总户数4399户,其中:国民经济年报户数3274户,占总户数的比重为74.43%。措美县2023年末国民经济统计人口为11717人(其中:男5715人、女6002人)。乡村劳动力资源数6775人(其中:男3398人、女3377人)。乡村劳动力资源数占国民经济年报人口比重为57.82%。

【国情国力普查】 2023年,措美县统计局在县委、县政府的领导及上级业务部门的指导下,严格按照工作方案,精心组织,周密部署,制定下发了措美县“五经普”工作实施方案,并成立了工作领导小组,前期筹备工作经费5万元。完成普查指导员和普查员选聘及信息采集录入、制证工作;完成普查小区绘图及普查小区划分审核、建筑物采集等工作,为正式普查登记工作奠定了坚实基础。

【常规统计】 2023年,措美县统计局及时完成的常规统计报表有生产总值GDP、农牧业、固定资产投资、建筑业、批发零售和住宿餐饮业、工业、工资报表、固定资产投资联网直报、规下工业投资联网直报、建筑业企业联网直报、小型建筑业企业联网直报、县乡村社会基本情况联网直报、社会消费联网直报、劳动力调查、住户调查等。并协助相关部门开展公众安全调查、党风廉政调查、群众安全感调查工作等任务。

【国民经济社会发展】 经核算,

2023年7月21日，措美县统计局组织开展第五次全国经济普查工作培训

2023 年末全县完成地区生产总值（GDP）112191.9 万元，可比价增长 9.8%，其中第一产业 6185.3 万元，可比价增长 24.1%；第二产业 62634.8 万元，可比价增长 11.9%；第三产业 43371.8 万元，可比价增长 7.1%。全年农村经济总收入 38849.49 万元，比上年增长 7.17%。

【种植业】 2023 年，措美县农作物总播种面积为 982.73 公顷，其中粮食作物播种面积 666.71 公顷；实现粮食产量 3315.98 吨，比上年同期增长 0.07%；油菜籽播种面积 70.59 公顷，实现油菜产量 191.72 吨，比上年同期下降 1.46%；蔬菜播种面积 33.33 公顷，实现产量 576.37 吨，比上年同期下降 43.48%；青饲料播种面积 212.10 公顷，实现产量 1798.41 吨，比上年同期增长 15.84%。措美县粮经饲比例由 2022 年的 68∶13∶19 逐渐调整到 2023 年的 68∶10∶22。种植结构调整力度较稳，但经济作物种植面积始终没有突破。

【畜牧业】 2023 年，措美县牲畜存栏数为 129617 头（只、匹），比上年同期增加 2312 头（只、匹），其中：牛 25585 头，比去年增加 493 头；马 83 匹，比去年减少 38 匹；驴 37 头，比去年减少 26 头；羊 103912 只，比去年增加 1883 只。新生仔畜成活数 44200 头（只、匹），年内成畜死亡 960 头只，死亡率 0.82%。据统计，本年累计出售和自宰的猪牛羊数 59860 头（只）；牛出栏 11179 头，羊出栏 48681 只，家禽出栏 220 只。肉类总产量实现 2400.6 吨，比上年同期增加 100 吨，增长 4.36%。奶类产量 5301.4 吨，比上年同期增加 24 吨，增长 0.45%；羊毛产量 98.21 吨，比上年同期减少 10 吨，下降 9.65%。

【工业和建筑业】 2023 年，措美县实现规模以下工业生产总值 2038 万元，可比价增长 54.3%。实现建筑业生产总值 60596.5 万元，可比价增长 11.5%。

【固定资产投资】 2023 年，措美县在库项目 57 个，5000 万元以上投资项目 6 个，500 万元以上投资项目 51 个，其中国家投资 48 个，招商引资 2 个，专项债券项目 1 个，民间投资项目 2 个，企业自筹项目 1 个，援藏项目 2 个，一般专项项目 1 个。2023 年，固定资产投资完成 108604 万元（反馈数），包含市局反馈的 882 万元，比上年增长 59.5%。

【商业】 2023 年，措美县实现社会消费品零售总额 21250 万元，同比增长 13.4%。按销售单位所在地分：城镇累计零售总额为 12749 万元，比上年同期增长 9.8%。乡村累计零售总额为 8501 万元，比上年同期增长 19.3%。

【交通、旅游】 2023 年，措美县全县通车里程 737.688 千米，其中国省道通车里程 301.286 千米、农村公路通车里程 436.402 千米；公路养护里程 436.402 千米。全年接待国内外游客 11.03 万人次，实现旅游总收入 337.1 万元，增长 108%。

【财政和金融】 2023 年，措美县一般公共预算收入 3705 万元，比上年同期增加 3059 万元，同比增长 473.53%；其中：税收收入 2712 万元，比上年同期增加 3653 万元，同比增长 388.2%；非税收入 993 万元，比上年同期减少 594 万元，同比下降 37.43%。

2023 年，全县一般公共预算总支出为 114392 万元，比上年同期增加 21914 万元，增长 23.7%。各项存款余额达到 69900 万元，其中：住户储蓄存款余额 46000 万元；各项贷款余额达48987万元。

【教育】 2023年，措美县共有各类学校20所，普通中学1所、小学4所、幼儿园15个，其中：幼儿园在园儿童共361人，女童177人；小学在校生共有937人，女生431人；初中在校生共有342人，女生158人；幼儿园在编教师45人，其中女教师33人；专任教师41人，女教师31人；小学在编教师137人，其中女教师57人；专任教师124人，女教师52人；初中在编教师42人，其中女教师17人。

【卫生、文化】 2023年，措美县全县卫生机构19个，床位34张。其中，医院1个，床位18张；乡镇卫生院4个，床位16张；疾病预防控制中心（防疫站）1个，村卫生室12个，门诊、诊所（卫生所、医务室）1个。卫生人员总数（包括村级卫生人员）142人，其中，卫生技术人员110人。全县民间艺术团1个，从业人员30人，广播电视综合人口覆盖率100%。

【人民生活和社会保障】 2023年，措美县城镇居民人均可支配收入47289元，农村居民人均可支配收入19874元。2023年机关事业参保人数2046人，企业参保648人，工伤保险参保人数1347人，失业保险参保人数1452人，征缴养老金419万元，征缴失业保险金9万元；征缴工伤保险金2万元；城乡居民养老保险待遇领取1934人（按12月人数），兑现资金621.4万元（含丧葬费），正常缴费5668人，征缴资金112.1万元；待遇领取人员资格认证共1881人，参保人员信息数据清理8644人。2023年，全县享受城镇最低生活保障有17户34人，已落实城镇低保资金12.65万元，全县农村低保对象176户251人，已落实农村低保资金60.83万元。全县共有农村五保供养对象103人，其中：分散供养24人，集中供养79人，全年落实农村五保对象供养经费146.47万元。全年救助困难群众2人，救助金额0.03万元。临时救助13户，发放救助资金24.1万元。享受城乡低保失能老人28人，落实补贴资金1.68万元。

2023年11月16日，措美县召开迎接自治区首轮统计督察工作部署推进会

【安全生产】 2023年，措美县共发生道路交通事故3起，死亡3人，受伤3人，其他生产安全领域未发生安全事故。

市场监督管理

【概况】 2023年，措美县共有市场主体1664户（其中个体工商户1378户、企业222户、农牧民专业合作社64户），注册资金143231.26万元，同比增长10%。年内，新增市场主体236户，注册资金161195.7万元，其中新增企业23户；个体工商户212户，农牧民专业合作社1户。

【质量技术监督】 2023年，措美县市监局联合山南市产品质量检验检测中心对全县范围内开展产品质量监督抽检抽样。以大型超市、百货商店、汽修厂、加油站为重点单位，以千丝泥、水滋润婴儿湿巾、修正液、电热水壶、全合成制动液、92号车用汽油、-20号车用柴油为重点品种，全年共抽取7批次产品，发现不合格产品1批次（电热水壶），已立案查处。

【市场主体登记】 2023年，措美县市监局深化“放管服”改革，实行“零门槛”市场准入制度，营造便利化、法治化的营商环境。认真贯彻国务院《注册资本登记制度改革方案》，严格落实“先照后证”登记制度，有效推进前置审批、注册资本认缴制、年度报告公示、多证合一等多项改革举措，以“互联网+政务服务”为平台，全面推行“一网一门一次”政务服务模式。推行企业简易注销登记，将原来的公告时间由45天压缩至20天，对不涉及税务事项的个体工商户免予提供清税证明直接办结，直接办理注销登记。2023年共办理营业执照245个，食品经营许可证72个，小作坊登记证7个，小餐饮登记证4个，办理从业人员健康证356个。全程电子化办理74个。

2023年4月12日，措美县召开食品药品安全委员会2023年第1次全体会议暨落实食品安全“两个责任”工作专题部署会

【市场主体诚信体系建设】 2023年，措美县市监局严格按照《企业经营异常名录管理暂行办法》《严重违法失信企业名单管理办法》进行异常名录、严重违法失信企业名单的认定、列入工作。截至2023年6月30日，以“国家企业信用信息公示系统”为平台将未按期进行2022年度年报统计公示的14家企业列入异常名录。大力宣传《消费者权益保护法》，采用网信措美、张贴发放等多渠道，提高消费者的维权意识。严格落实12315平台举报制度，做好休息时段、节假日执法人员值班备勤和群众咨询服务等工作，全力保障消费者有诉必接、有案必查、有查必果。2023年，共接受群众咨询服务100余次，接到投诉举报4起，已按期办结。

【市场价格监管】 2023年，措美县市监局围绕民生领域商品和旅游市场价格监管，采取日常巡查与专项检查相结合的方式，重点检查不执行明码标价、乱加价、乱收费、哄抬价格、虚假宣传、强制消费、捆绑销售、价格欺诈以及“天价住宿”“天价餐饮”等价格违法行为。全年共开展专项检查5次，出动执法人员10人次，检查各类市场主体120余户次，未发现其他重大价格违法行为，也未接到有关价格相关投诉举报。同时，利用网信措美等平台发布了《关于规范商品和服务明码标价防止价格欺诈提醒告诫书》公告，发放提醒告诫书200余份，在县城主干街道采取悬挂横幅，发放宣传资料等形式，围绕《中华人民共和国价格法》《关于商品和服务实行明码标价的规定》以及《明码标价和禁止价格欺诈规定》为重点开展宣传活动，发放宣传资料300余份。

【食品药品化妆品监管】 2023年，措美县市监局开展食品药品领域“两品一械”监督检查3次，检查经营单位16家。通过示范试点、宣传典型、以点带面，进一步增强化妆品经营者质量安全第一责任人的意识，全面提高化妆品行业管理水平，切实保障消费者用妆安全，推动行业高质量发展。年内，组织开展化妆品质量评选活动，市场监督管理局坚持高标准、严要求，积极筹备、逐级遴选，并结合监管实际，最终评选了“好好化妆部”为措美县级“美丽经济·美妆西藏”化妆品产业高质量发展示范经营单位。截至年底，措美县共有2家化妆品经营店，共创建1家化妆品示范经营单位，立案查处1起违法销售过期化妆品案，罚款200元。

【特种设备安全监管】 2023年，措美县市监局在“三大节日”和“五一”“十一”等重大节日前后对特种设备使用单位开展安全监督检查。通过现场检查的形式，督促机关、企业立即开展安全隐患排查，加大对超期未检或经检验判为不合格的特种设备以及液化气钢瓶的监察力度，督促使用单位落实主体责任。严格执行设备月检制度，全面排查安全隐患，防止特种设备事故发生。全年共开展特种设备监督检查5次，签订《特种设备使用单位履行职责目标管理责任书》7份，检查特种设备使用单位10家，检查特种设备20余台次，下达特种设备现场监督意见书3份，排除安全隐患3处。

商务

【供销合作社】 措美县供销合作社2022年12月底正式挂牌成立，向社会招录2名工作人员。2023年，措美县供销合作社严格按照供销社职能职责和山南市供销合作社工作要求开展各项工作，积极推进基层经济体系建设，构建新型农村合作经济组织体系。根据措美县实际，做好乡村基层合作社统计和项目上报工作，帮助措美县个体工商户和企业开展“三品一标”注册工作，推荐2家合作社入驻832平台，推荐3家合作社加入“地球第三极”网络销售平台。

【商贸流通】 2023年，措美县商务局按照自治区商务厅和市商务局指示要求，大力开展县乡商贸物流体系建设，在措美县城修建措美县商贸物流中心，在哲古镇、乃西乡、古堆乡分别改建商贸物流综合服务中心，总投资500万元，已完成项目建设。引进山南市大型优秀商超企业入驻，着力加强县城同乡镇的沟通联系，弥补商贸物流基础设施建设，畅通线上线下购买销售通道，加强措美商贸物流一体化发展，不断加快措美县物流速度。

【消费品零售】 2023年，措美县商务局认真开展社会消费品零售总额统计上报工作，全县共建立市场监测企业8家，其中2家批发部、2家餐饮、2家酒店、2家零售，各监测企业都能积极配合，按时上报各种监测信息，完成各项监测任务，县商务局工作人员及时统计好并上报，切实保障了全县生活必需品市场平稳运行。截至年底，全县实现社会消费品零售总额21250万元，相比较2022年同期增额13.4%。

【高原特色产品展销】 2023年，措美县商务局积极同援藏省市兄弟县沟通联系加入淮北食博会事宜，派遣措美县干部5人，挑选哲古风干牦牛肉、西藏蜂蜜、野生松茸、青稞芝麻丸等10余种特色产品参展，其间交易额累计9万余元，签约项目6个，争取投资资金3亿元，有力推动了“藏品入皖”，联通了皖藏优质农产品消费市场，助力了雪域高原经济高质量发展。2023年措美县哲古牧人节期间，共搭建10顶特色展品展销帐篷，艺翁有限公司、措美县电商服务中心、宗宗村畜产品加工合作社等10家合作社（企业）参展，重点销售牦牛肉干、羊肉、酥油、酸奶、羊毛披肩、奶渣等特色产品。其间销售额达118182元。2023年第五届藏博会（第一期）。措美县德康瓦蜜蜂养殖专业合作社和山南艺翁商贸有限公司积极参加了本届藏博会。德康瓦蜂蜜养殖专业合作社为形象馆，重点展示产品有蜂蜜、蜂花粉、措美纯风干牛肉等，其间总销售额达54200元。山南艺翁商贸有限公司为标准馆，展示出的产品有传统工艺围巾、复古时尚洗漱香包、羊毛手工杯垫、毛毡小摆件、藏式骨瓷茶碗、陶瓷供杯等，总销售额达32360元。2023年度雅砻文化节。2023年8月21日，措美县商务局积极组织9家商户进驻山南市雅砻文化节工作现场，实地指导商户摊位搭建棚户，携带雪菊、红茶、牦牛肉干、蜂蜜、酸奶、手工艺品等各类商品约20万元。措美县9家商户在雅砻文化节期间共售出商品25.7万元。措美县第

2023年11月10日，措美县召开第22次物资交流会筹备会

2023年8月22日，措美县商务局工作人员在山南市雅砻文化节展位分配工作

二十二届物资交流会。本届物交会涉及221多家个体工商户，其中百货188个、餐饮区10个、娱乐区13个、本地特色产品合作社10家参与展销活动；参展的农特产品和商品琳琅满目，种类多达60余种，主要有措美羊、牛肉、雪菊、蜂蜜、奶渣、金银珠宝、藏式服装、家具等特色产品以及日常百货，各商户5天累计销售额达到851571元，其中合作社达到251262元。山南市第43届雅砻物资交流会。措美县参会商户782户（农牧民757户，特色产品20户，餐饮业5户），销售产品以肉类为主，畜产品为辅，其间成交额达4606.53万元。

【石油销售】 措美县现有3座加油站，均属成品油经营储存的企业，员工均受过相关岗位业务知识及安全技能等培训，具有较强的业务技能和工作经验。负责人、安全管理人均已取得西藏自治区应急管理厅颁发的安全资格证书。天马加油站。位于措美县哲古镇，主要经营-20#柴油、0#柴油、92#汽油。2023年共销售261吨，其中柴油126吨，汽油135吨。措美县中石油加油站。位于措美县当许村，主要经营-20#柴油、0#柴油、92#汽油、95#汽油。2023年共销售3379吨，其中汽油1376吨，柴油2002吨。措美县信任加油站。位于措美县一环路，主要经营-20#柴油、0#柴油、92#汽油、95#汽油。2023年度共销售14.27吨，其中汽油5.3吨，柴油10.97吨。

农业农村

综述

【农业生产】 2023年，措美县完成农作物播种面积14741亩，粮经饲比例为68 ∶ 11 ∶ 21，完成粮食播种面积10000亩，其中青稞播种面积达8895亩，完成市级播种面积任务。粮食产量达3316吨，完成率达100%。其中青稞产量达2979吨、油菜产量达192吨，蔬菜产量达576吨，均完成年初既定目标任务。推广“藏青2000”“喜拉22号”等良种8350亩，良种覆盖率达80%以上，农作物秸秆综合利用率和农膜回收率达100%。2023年，共调运发放化肥117吨、农药0.43吨、储备农家肥25000吨，完成种子精选221吨，收购种子40吨、购买商品有机肥166吨，实施秋翻7000亩，加土加肥600亩。2023年，投入2500000元，开展耕地“非农化”基本农田“非粮化”整治工作，整治隐患点900亩。乃西乡具巴村和鲁麦村1000亩农田，采取托管服务管理措施，完成种植目标任务。年内，开展田间管理、农药使用等相关现场技术指导培训30余期，首次举办了农牧民实用人才高素质培训项目，共计参加培训3000人次。完成冬播面积达970亩、完成秋翻面积10000亩。争取到2024年市级种子田480亩，突破措美县无市级种子田历史空白。调运冬播种子2吨、种子精选220吨、积造农家肥2吨、购买常规农药0.43吨和化肥71吨。实施2023年高标准农田14200亩，通过宣传农机购置补贴政策，群众购买农机具共计107台，落实农机购置补贴经费710000元，措美县农业机械化率达75%。

2023年9月23日，措美县级工作组验收措美镇雪热村良种繁育基地（县级种子田）

【牧业生产】 2023年，措美县年末牲畜存栏129617头（只、匹）、牲畜出栏59860头（只）、肉产量达2400.61吨、奶产量达5301.4吨。2023年完成“春秋”两季重大动物疫情防控工作，口蹄疫实免数377700头（只）、高致病性禽流感实免数1680羽、小反刍免疫实免数157100只，免疫率均达100%。投入400000元，购买动物疫病防控药物，治疗牲畜常见病4000头（只、匹），本年度县域内未发生重大动物疫情。2023年，黄牛改良任务1300头，实际完成1309头，完成率为100.6%。引进种羊575只、种牛30头，投入资金810000元。

2023年4月14日，措美县农业农村局工作人员在措美镇波嘎村开展春耕春播机播实地操作指导培训

【牧业改革】 2023年，措美县古堆乡扎西松多村牧业改革成功运行，积极探索利益联结机制，采取"托管牧业"模式，投入资金21496600元。哲古镇哲古社区以"人、畜、草"入股方式，7个作业组成立农牧民合作经济组织，开展了牧业改革试点工作，逐步完善畜牧业经营生产方式。2023年，牧业改革带动群众创收3960000元。

【防灾减灾】 2023年，措美县农业农村局全面抓好防灾减灾工作，投入资金234万元购买饲草料547.6吨，储备饲草料5479吨，其中县级储备1450.28吨，群众自筹4045吨。年落实草原生态保护补助奖励资金17404919.75元，其中：禁牧补助和草畜平衡奖励资金16312919.75元、草原监督员工资1092000元，受益户数达到2437户。2023年，共开具动物产地检疫及屠宰检疫合格证明2448张，其中：牛5127头，羊29690只，保障畜产品质量安全。

【项目建设】 2023年，措美县农业农村局计划实施项目2个，投资32309200元，实际完成项目13个，计划投资74357000元，累计完成投资66594700元。包括2022年高标准农田、集中棚圈、牧业改革等续建、新建项目，先后争取到乡村振兴衔接资金27500000元。

【"两普"工作】 2023年，措美县农业农村局抓好第三次全国土壤普查前期准备工作。结合措美县实际，科学编制印发《措美县第三次全国土壤普查实施方案》，确定普查经费4081200元。审核21个剖面采样点、51个耕地点位已实地核实相关信息、对普查人员进行了理论培训2次。顺利完成外来物种普查工作。结合措美县实际，采取宣传宣讲、问卷调查、实地踏查等方式，完成69个踏查点，20个标准样地，踏查面积达5594亩，发现外来入侵植物13种，顺利通过自治区级验收。

【增收创收】 2023年，措美县依托各乡镇资源禀赋采取了措美镇依托项目带动群众促增收、哲古镇依托转移就业带动群众促增收、古堆乡依托优势资源，实行"三方共赢机制"促增收、乃西乡依托扶贫产业项目促增收。加大项目争取力度。项目实施数量同比增加44个、投资同比增加6.9亿元，转移就业创收同比增加2331.244万元；实施"党建＋产业振兴"新路子。以党建创新引领作用，鼓励群众通过牲畜、草场、耕地、投工等形式入股，推动哲古牧业改革、"千只繁殖基地""百头牦牛繁殖基地"以及皖美农牧业合作社等村集体支柱产业，群众增收渠道从"单一"走向"多元"，创收3000000元；资金落实同比增多。国道219征地补偿和安置补偿兑现16771618元；保险赔付7332500元；牛羊出售补贴9470480元；草奖资金提标、政府购买岗位增加、土地流转和以工代赈等举措，增加了农牧民群众收入。2023年,农牧民人均可支配收入达19874元,同比增加2145元,增速12.1%。其中,工资性收入达9440元,占比47.5%;经营性收入达4710元,占比23.7%;财产性收入达1352元,占比6.8%;转移性收入达4372元,占比22%。措美镇完成20155.4元;哲古镇完成20056.8元;古堆乡完成19380.62元;乃西乡完成19020.01元。

2023年2月13日,措美县乡村振兴局工作人员到玉美村开展节前监测户慰问

乡村振兴

【概况】 2023年,措美县争取衔接资金14024.64万元,其中:中央财政衔接资金10460.6万元,自治区财政衔接资金2336.04万元,市级财政衔接资金830万元,县级财政资金398万元。主要用于产业发展、基础设施、人居环境等13个项目。截至年底,所有项目均已完工,资金支出12784.68万元,支出率达99.42%。

【脱贫攻坚成果同乡村振兴有效衔接】 2023年,措美县乡村振兴局继续严格遵守"四个不摘"要求,坚持摘帽不摘责任,防止松劲懈怠;摘帽不摘政策,防止急刹车;摘帽不摘帮扶,防止一撤了之;摘帽不摘监管,防止贫困反弹。坚持在过渡期内教育、医疗、住房、饮水等政策保持总体政策稳定,全力推进巩固拓展脱贫攻坚成果同乡村振兴有效衔接各项工作任务。

2023年9月13日,措美县哲古镇一体化畜产品综合加工项目2023年收益分红

【防止返贫监测和帮扶】 2023年,措美县乡村振兴局扎实开展防返贫监测帮扶大排查活动,覆盖全县3090户11331人,新识别监测户4户,解除监测户1户。截至年底,全县共有监测户26户87人。脱贫群众人均纯收入达18123.05元,增速达14.14%,顺利完成既定的增收目标。年内,定期召开防返贫联席会议,针对监测对象返贫隐患因素,研究制定增收举措23条,按季度开展入户走访监测户家庭,加强思想教育和政策宣传,帮助厘清增收思路,并对5户因残因病存在返贫致贫风险家庭兑现救助资金25000元,为26户监测户送去慰问资金26000元。持续落实好《措美县关于各行业部门主动向乡村振兴部门推送返贫致贫预警信息的工作机制》,各行业部门主动向乡村振兴推送返贫预警信息,深入实地核实,确保存在返贫致贫风险户早发现、早干预、早帮扶。截至目前,各行业部门共推送信息13条。

【乡村建设】 2023年，措美县乡村振兴局实施波嘎村人居环境整治项目、哲古社区美丽宜居项目、措美县措美镇雪热村至小扎扎组公路工程等13个项目，补齐乡村公共基础设施短板，进一步提升乡村人居环境面貌，有效改善农牧区生产生活条件。加快美丽宜居示范村创建力度，积极创建哲古社区、玉美村、帕仓村为自治区级美丽宜居示范村。

【乡村振兴宣传】 2023年，措美县乡村振兴局加大新增监测对象履行认定程序宣传力度，确保“家喻户晓、人人皆知”。结合实际制定印发汉语和藏语版《措美防止返贫监测对象申报政策“明白卡”》3361份，做到每户一份，同时将明白卡刊登至《网信措美》，阅读量达257次。利用各种宣传契机，深入村（社区）开展防止返贫监测帮扶政策宣传20余次，发放宣传册1500余份，受众群众达6000余人次，切实提升农牧民群众防止返贫政策知晓率，努力使广大群众成为政策“明白人”。

【乡村振兴培训】 2023年，措美县乡村振兴局沟通协调县强基办组织村委会支部书记、驻村工作队、乡村专干等开展3期巩固拓展脱贫攻坚成果同乡村振兴有效衔接业务培训。开展巩固拓展脱贫攻坚成果同乡村振兴有效衔接的政策测试和组织村干部参加知识竞赛等活动。

林业·水利·电力

林业　草原

【林草项目】 2023年，措美县林业和草原局持续加强营造林“先造后补”工程、2021年重点区域生态保护和修复项目等6个续建项目建设工作，完成投资2189万元，带动群众增收300余万元。全力实施措美县森林重点火险区综合治理系统建设项目，投资2999万元，项目进度70%，为森林草原防火安全工作奠定了良好的基础。实施2023年草原生态修复治理工程，修复退化草原8万亩，投资2818万元，工程进度30%。组织实施措美县退化草原修复治理工程，治理修复草原4万亩，总投资620万元，工程进度30%。

【造林绿化】 2023年，措美县组织全县干部职工、部队官兵、县域企业职工开展义务植树活动，集中种植面积300亩，植树1.2万株。开展国道两侧、县城内“见缝插绿”活动，种植苗木3.38万株。向县直部门发放各类苗木共计3400余株，鼓励县城植树，协同推进部门绿化工作。实施2023年植树造林项目及退化草地综合治理工程，投资503.12万元，实施植树造林277亩及草原退化治理289亩，并建设附属设施，项目进度100%，拨款70%，管护期限为3年。

【林政管理】 2023年，措美县重点区域生态公益林（森林生态效益）管护人员232人，每人9668元/年，兑现资金共224.2976万元。年内，县林草局与各乡（镇）签订工作责任书，对全县范围内野生动植物保护、森林病虫害防治工作、森林草原防火以及造林地进行管护和巡逻检查，未发现森林火灾发生及滥杀、买卖、经营野生动物等林政案件现象。

【森林草原防火】 2023年，措美县

2023年10月18日，措美县政府副县长张伟良（右二）率领施工、监理、设计、跟审等参建单位负责人验收哲古国家级草原自然公园、2020年退牧还草工程、2021年重点区域保护和修复工程

林业和草原局制定《措美县2023年森林草原防火工作实施方案》《措美县2023年森林草原防火工作应急预案》，成立政府分管县长任组长，以各乡镇、应急管理局、自然资源局、农业农村局、消防大队等单位为成员的森林草原防火领导小组，进一步压实责任，细化任务，确保工作有人抓有人管。深入排查林区牧区在建工程、输配电、通信等设施用火隐患以及国家公园、风景名胜区、旅游景区、重点公益林区森林草原火灾隐患，严防森林草原火灾发生。把宣传教育作为护林防火的第一道屏障和重要的基础性工作来抓，以元旦、春节、藏历新年等重要节日时段为契机，在县城主街道开展宣传活动5次，发放宣传手册，现场回答咨询群众50人次。同时在县城出入口、公益林管护点等地张贴防火二维码并及时更新，加强扫码等工作；全面推广防火码App，全县设置卡口码9个，82人已激活，并及时动员护林员参加学习线上各类森林草原防火培训及讲座。完成了全国自然灾害风险普查中林草部门减灾能力采集录入及野外火源调查、减灾能力调查等工作，措美县有8个标准地（均为灌木林），无大样地，已完成采样及样品检测工作。安排专职护林员232人、生态岗位护林员735人，明确护林、公益林管护员职责任务及管辖区域，积极开展巡山、管护、防火等工作。2023年，全县共排查隐患18次，发现问题5个，立行立改完成整改5个。

2023年12月28日，措美县林业和草原局工作人员在牧业改革试点项目实地核查草原征占用情况

【野生动植物保护】 2023年，措美县林业和草原局结合党组理论中心、党支部集中学习等契机，组织全局干部职工学习《野生动植物保护法》《措美县部门间野生动物保护协调工作组工作方案》等，组织学习5次，切实在学懂弄通上下功夫。充分利用综治宣传月、安全生产宣传月、环保日等重要节点开展宣传活动，广泛普及保护野生动植物科学知识，努力营造依法保护野生动植物的有利氛围，开展各类宣传活动10次。针对松材线虫病等外来有害生物入侵的严峻形势，从严把关，加大对松木制品及半成品的检疫力度，严防松材线虫病传入措美县。对野生动物疫源疫病监测防控系统做到一日一报，并通过微信群联系上级部门及时登录系统上报每日数据；各成员单位按职责分工，积极开展依法打击破坏野生动植物资源违法犯罪活动排查，形成政府主导、部门联动、全社会参与共同保护野生动植物资源的良好氛围。措美县境内野生动植物种类繁多，主要有西藏野驴、黑颈鹤、岩羊、狼、雪豹、雪鸡和多种鸟类，共计2万多只。野生植物主要有香柏、杜鹃、蔷薇、砂生槐等。

【林业有害生物防治】 2023年，措美县林业和草原局工作人员深入苗圃开展苗木检疫工作，严格把关造林绿化苗木检疫关。检疫人员严格按照《植物检疫条例》《森林植物检疫技术规程》进行产地检疫工作，从源头上杜绝林业检疫性和危险性有害生物传播蔓延，确保绿化苗木质量。共检疫苗木8533株，未发现不合格苗木，确保县城内补植补绿苗木安全。为进一步加强林业规范有序做好苗木检疫工作，防止检疫性、危险性林业有害生物的侵入、传播和蔓延，保障造林绿化质量，县林草局工作人员对从外地调入的苗木检疫4次，产检共计苗木23454株，复检木材8立方米，对辖区调运使用苗木的行为进行全面检查，均未查摆出违规调运案件及携带危险性检疫对象进入本地。

水利

【概况】 措美县境内主要河湖共29个，其中，列入自治区级“河长制”管理1条（西巴霞曲）；列入市级“河长制”管理河湖5个（西巴霞曲、拉嘎曲、当许雄曲、雅砻河、哲古湖）；列入县级“河长制”管理河湖24个。共有44处饮水点，受益3241户11779人。2023年，措美县水利局实施水利项目4项，分别为措美县扎西松多水库配套供水工程、措美县措美镇雪热村波里曲防洪堤工程、措美县乃西乡下藏灌区工程、下巴水库工程项目投资分别为21636600元、23320800元、13916700元、208348380元。

【水利规划】 2023年，措美县已获得批复的资金下达项目有4个，总投资4313.61万元，分别为措美县古堆乡扎西松多村西如麦组防洪堤工程，总投资750万元；措美县措美镇当许雄曲县城段防洪堤工程，总投资2976.19万元；措美县玉美村人饮工程，总投资416.19万元；措美县乃西乡搬迁饮水水源工程，总投资171.23元。

【河湖长制】 2023年，措美县河湖开展白色垃圾清理工作，清理河道垃圾12.2吨。开展县级巡河湖101次、乡镇级145次、村级136次，并投入32万元委托第三方编制“夏如曲”“扎古措河”“波里曲”“卡龙村曲”一河一策；同时已编制完成措美县“夏如曲”中小河流治理方案。

【水旱灾害防御】 2023年，措美县水利局汛前组织人员对辖区内的水库河道、堤防、山洪泥石流威胁区、地质灾害隐患点、在建项目点等进行全面排查隐患，负责督促落实有关单位制定水利工程度汛方案、建立防汛值班制度、组建防洪抢险队伍和搞好防汛物资储备，负责辖区内抢险救灾等工作，同时入汛以来多次监督检查水库、防洪堤、在建项目，未发现重大安全隐患。

2023年11月14日，措美县召开2023年度河湖长制、水资源、水土保持安排部署会

【农田水利建设】 措美县乃西乡下藏灌区工程，总投资1391.67万元，改善灌溉面积3600亩，于2023年3月20日开工建设，2023年10月17日完工验收并运行投入。

【中小河流治理】 措美县措美镇雪热村波里曲防洪堤工程，总投资23320800元，新建治理7395米，于2023年3月18日开工，2023年8月3日完工验收并运行投入。

【病险水库治理】 波嘎水库维修养护工程，总投资365.51万元，于2023年5月25日开工，2023年10月1日完工验收并运行投入。

国网措美县供电公司

【概况】 国网西藏电力有限公司措美县供电公司综合供电可靠率完成99.78%，综合电压合格率完成99.76%。

【电网建设】 2023年，国网措美县供电公司新建供暖搭火工程共17项，总容量为7630千伏安。

【安全生产】 2023年，国网措美县供电公司通过每年的输电线路巡检，对广大农牧民群众进行有关安全用电方面的实地宣传及教育，使群众逐步了解正确用电的基本常识，避免日常生活中触电事故的发生。同时，加强对规章制度落实情况的检查工作，建立健全安全生产管理组织体系，制定落实安全生产责任制、事故应急措施和工作计划。倡导安全生产理念，避免重大火灾事故。在对公司本部、变电站、临时仓库等消防设施的整体检查活动中，根据设备系统的防火需要和现场布置情况，对有较大危险因素的地方设置明显的安全警示标志、配备相应的灭火器材，并对灭火器材进行检修、维护，并进行一般性的试验，使其处于完好状态，随时可用。2023 年，国网措美县供电公司结合公司实际编写应急预案及签订联动协议（应急预案 22 个，签订联动协议 4 个）。完成了全年各项重要保电工作，同时以属地电网编制的迎峰度冬、今冬明春方案预案为指导，强化设备巡视排查工作，确保了措美电网在今冬明春期间能够安全可靠供电。全年全县未发生重大电力安全责任事故。

2023年9月5日至8日，措美县国网电力公司在哲古镇牧人节开展拉电保电工作

【供电服务】 2023 年，国网措美县供电公司紧紧围绕“优质服务和经营效益”的工作理念，以市场为导向，强化服务为中心，把握机遇，迎难而上，砥砺奋进，认真落实好公司决策部署，在严格贯彻电力法律法规的前提下，从多个角度来衡量客户需求，制定相应的服务标准。完善内部管理。加强内部协调，提高办事效率，确保首问责任制、限时办结制、服务承诺制等供电服务保证机制落到实处。持之以恒地做好优质服务工作，不断加强全体员工的素质培养，将“优质服务”确定为员工的核心价值观，以加强服务作风建设为切入点，加强思想作风和行风建设。年内，为保障全县的供电需求，措美县供电公司对县域内的供电率达到 100%，达到“村村通电、户户通电”，对县域内的电路损坏导致群众无法用电的情况，第一时间派出人员车辆进行抢修，保障县域内群众的用电质量及用电安全。2023 年，完成了措美县县域内的智能电表的改造，并开展一户一表智能表计更换，同时采用现场 + 线上模式同时间进行表计资产和示数的核对工作，做到线上线下同提升，有效避免用户表计“窜台区”“多抄”“少抄”“漏抄”的现象发生。

【供电保障】 2023 年，国网措美县供电公司制定安全供电和优质服务应急预案，组织精干力量建立保电服务队，加强节庆活动、新闻媒体的供电线路技术维护。设立营业厅及营业厅值班人员，在日常周末安排人员在营业厅内值班，确保电网抢修及时。在春节、藏历新年等节假日提前安排配网抢修值班人员，建立配网抢修联系通讯录，保证不出现电网抢修时间延误。2023 年，在中小考、物交会、哲古牧人节等重要活动举办过程中，国网措美县供电公司顺利安全完成活动保电任务。

自然资源·生态环境·住建

自然资源管理

【概况】 2023年，措美县自然资源局在县委、县政府的领导下，在上级业务部门的支持下，严守耕地保护红线，发挥自然资源在经济社会发展中的保障和服务职能，强化矿产资源规范开发和监管力度，严厉打击各种土地矿产违法行为，较好地完成了自然资源各项工作任务。年内，以打卡形式兑现征地补偿费2496254.26元，兑现失地农民补贴700087元，兑现县城规划区内60岁失地农民补贴134400元，切实保障被征地农牧民的切身利益。根据第三次全国土地调查数据，完成“三区三线”划定工作，其中全县生态保护红线总面积2251.99平方千米，占全县总面积的53.91%，城镇开发边界划定面积2.04平方千米，永久基本农田保护目标不低于15.15平方千米。

【地理位置】 措美县地处喜马拉雅山脉北麓，地处东经90° 56′～92° 00′、北纬28° 11′～28° 57′之间，位于山南市西南部、西藏自治区南部。

【土地资源】 2023年，措美县耕地面积2043.70公顷，林地26577.88公顷，草地345086.53公顷，种植园用地9.74公顷，湿地9255.67公顷，水域及水利设施用地11842.35公顷，交通运输用地1141.61公顷，住宅用地306.18公顷。（2022年度变更调查）

【矿产资源】 措美县境内矿产资源较为丰富，金属矿产主要有金、银、锑、铅、锌，非金属矿产主要有大理石、花岗岩、板岩、建筑用砂石矿等，另外还有地热、泥炭等能源矿产，但矿产资源开发利用程度较低。具有矿种多、分布广、矿床规模品位高低不均等特点。

【自然资源】 措美县位于西藏自治区南部，山南市西南部，喜马拉雅山北麓。东与隆子县相邻，南与

2023年7月24日，中国工程院院士多吉一行到措美县古堆乡实地调研地热资源

2023年8月9日，山南市人大常委会副主任赵天武（左五）在措美县乃西乡定巴村药王谷开展冰川调研

错那县相接，西与洛扎县、浪卡子县相接，北与琼结县、乃东区接壤，县域总面积417726.37公顷(2022年变更数据调查)，措美县地势由东北向西南逐渐降低，相对高差较大，最高处的打拉日山(雪山)位于本县西南端，海拔6774.4米。最低点位于当巴与洛扎县交界处，海拔3266米，全县相对高差3511.4米，为典型高原气候。措美县境内主要药用植物有虫草、贝母、金蝎、黄连、黄柏、雪莲花等。主要药用植物有虫草、贝母、金蝎、黄连、黄柏、雪莲花等。措美县旅游资源丰富。人文景观主要有措美镇当许居内东北面玛悟觉山腰上的玛悟觉寺、措美镇扎扎村东南面的扎扎祭坛遗址；自然景观主要为哲古草原野驴栖息地、哲古湖、打拉日雪山等。

【耕地保护】 2023年，措美县自然资源局严格落实耕地保护目标责任制，落实耕地保护党政同责。确定政府主要领导是耕地保护第一责任人，对本行政区内耕地保有量、基本农田保护面积和土地利用总体规划、年度计划执行情况负总责。2023年，措美县耕地保护目标为3万亩，基本农田不低于2.27万亩。全面落实最严格的耕地保护制度和基本农田保护制度，全面落实耕地占补平衡制度。截至年底，措美县耕地占补平衡系统占补平衡指标枯竭(仅剩余35亩指标)。按地块落实责任，确保措美县基本农田面积不减少。每月开展一次核查，避免耕地“非粮化”“非农化”。措美县下发耕地和永久基本农田核实处置图斑116个，总面积167.68亩，经核实非耕地面积为147.76亩，非耕地面积占下发面积88.17%，下发永久基本农田范围内耕地处置图斑41个，总面积52.80亩，经核实非耕地面积为48.81亩，非耕地面积占下发面积92.48%，已完成外业核查和判定工作，通过异地补划和就地复垦方式永久基本农田处置工作完成100%。

【卫片监督】 2023年，措美县耕地卫片监督和进出平衡监管图斑116个，涉及面积共计265.23亩，已完成外业核查和判定，已上报国土调查云系统平台。

【农用地转用和征收审批】 2023年，措美县自然资源局组织一批次城市、村镇、下巴水库、雪热至小扎扎公路等6个批次报件，共计56.8664公顷，已下达用地批复，切实规范用地程序，保障项目顺利落地。委托第三方调查公司，完成2022年国土变更调查工作。根据上级业务部门安排部署，全面启动2023年国土变更调查工作。有序合法地完成了措美县4宗土地的出让，措美县风电用地、驾考中心用地、农业银行用地，出让金共计6609740元。

【卫片执法】 2023年，措美县自然资源局共下达土地卫片图斑213个，已完成外业核查和判定工作，其中违法图斑6个，面积共计42.73亩，占用耕地违法图斑1个，图斑面积0.5亩，占用耕地0.51亩，为住建局污水处理厂建设项目临时项目部活动板房。

【执法管理】 2023年，措美县自然资源局大力打击违法行为，深入开展整顿和规范矿产资源开发秩序工作。2023年对金属矿权企业、砂石料开采、临时取料段进行了全面监督检查，督促相关企业在保护生态环境的基础上合理合法施工，严格规范矿山安全生产，实地排查矿山安全生产隐患，保障生产秩序。2023年，自然资源领域矿山未发生安全生产事故。

2023年9月23日，西藏自治区自然资源厅专家组一行到措美县检查矿产资源和地质灾害治理工作

【自然灾害防治】 2023年，措美县自然资源局编制了《措美县1：5万地质灾害详查报告》《措美县1：50000地质灾害防治规划初稿》《措美县1：50000地质灾害排查及治理规划》，强化地质灾害基础数据。积极配合市局专业队伍开展2023年汛前、汛中、汛后地质灾害点排查工作。截至年底，全县共有地质灾害隐患点97处，其中，泥石流42处、滑坡17处、崩塌36处，不稳定性斜坡2处。年内，县自然资源局组织开展地灾排查工作30余次，重点监测鲁麦村、玛悟觉寺两处重点隐患点。2023年，措美县自然资源局与乡镇、村居、群防群策人员层层签订责任书，切实明确责任，进一步保障人民群众生命财产安全，发放群防群策人员补助35000元。投入专项资金100万元完成玛悟觉寺寺管会地质沉降地质灾害治理工作；对接争取措美县措美镇雪热村小扎扎组滑坡工程治理经费。切实保障地质灾害防治工作有序推进。

【地质矿产勘查开发】 2023年，措美县共有10家探矿企业，1家采矿企业，属于停工停产状态。河道采砂采矿权3家，矿业权人：措美县兴源投资有限公司。

【城乡规划】 2023年，措美县自然资源局按照“多规合一”要求，推进措美县国土空间规划编制和“一张图”系统建设，广泛征求意见建议。截至年底，已完成《措美县国土空间规划(2020—2035)》规划方案，并通过市、县两级验收，并上报自然资源厅审核。年内，结合乡村振兴及“十四五”规划，初步完成措美县13个村的《村庄规划》编制方案。

生态环境

【生态保护】 2023年，山南市生态环境局措美县分局严格落实“党政同责、一岗双责”要求。认真实施部门责任与属地责任条块结合的环境保护工作机制，不断压紧压实各乡镇各部门的监管主体责任，坚决制止和惩处破坏生态环境行为，形成了政府主导、部门齐抓共管、全社会共同参与的环境治理体系。年内，开展以“建设人与自然和谐共生的现代化”为主题的“6·5世界环境日”主题宣传活动。活动中发放300余份宣传资料、1000余份环保袋、600余便携式小水桶，全县共有33家单位参与宣传活动，4个乡(镇)在乡(镇)政府所在地设立了宣传点进行宣传，宣传材料种类繁多，悬挂横幅30余条，参加宣传人数达80余人，受教育群众上千人。先后10次深入村居、寺庙，宣讲党的二十大精神、习近平生态文明思想、西藏自治区国家生态文明高地建设条例等环境保护相关法律法规。

【生态文明建设示范创建】 2023年，措美县以“打造生态文明高地建设”为基准，按照《西藏自治区生态文明建设示范创建管理办法》，稳步推进生态文明示范创建工作。2021年雪热村成功创建为自治区级生态文明建设示范村。2023年，措美镇、古堆乡和除乃西乡的4个村(社区)以外的11个村(社区)均通过自治区评审，现处于自治区复核组反馈复核结果阶段。

【环保宣传】 2023年，山南市生态环境局措美县分局先后5次深入村居、企业宣讲习近平生态文明思想、环境保护相关法律法规，党的二十大精神，以及无废城市建设、生态文明高地相关内容。按照“谁执法、谁普法”工作原则，执法人员通过采取“普法宣传、执法练兵”

相结合的方式，对重点排污单位开展执法监督帮扶及普法工作，针对性地解读环境保护各类法律法规，引导企业在生产经营过程中要做到依法依规经营，严格落实企业环保主体责任。5月22日，措美县组织县教体局、公安局、自然资源局、水利局、农业农村局、旅发局、市场监管局、林草局、生态环境局等部门开展以“从协议到协力　复原生物多样性”为主题的“2023年国际生物多样性日”宣传活动。5月26日，山南市生态环境局措美县分局以“美好生活·民法典相伴”为主题，开展民法典宣传活动，向广大群众普及民法典知识，号召广大群众加入学习民法典的行列中，促进全社会增强法律意识。活动发放宣传品180余份。

【环境污染防治】 2023年，措美县扎实推进县级饮用水水源保护区规范化建设工作，县政府投入9万元用于措美县水厂二期水源地保护区划定工作。不定期深入各水源地开展环境隐患排查工作，并及时更新水源点周围损坏的标志标牌及网围栏，确保人民群众的饮水安全。定期开展集中式饮用水源地水质监测工作，按每季度开展一次，每年开展4次，监测结果及时进行公示。大气环境治理。定期深入重点项目施工点、垃圾填埋场等地开展扬尘治理环境检查，要求施工方、企业负责人做好降尘工作，落实好环境保护各项措施。土壤和固体废物污染防治。2023年，山南市生态环境局措美县分局根据《山南市土壤污染重点监管单位名录（2023年）》，涉及措美县的企业有2家，分别是西藏山南闪星矿业开发有限公司（措美县龙华矿点）、西藏山南国泽环保工程有限责任公司（措美县县城生活垃圾填埋场），分局执法人员不定期深入实地，开展土壤环境重点监管单位隐患排查工作。

【生态环境监测】 2023年，措美县城共设置环境空气监测点1个，每季度开展人工检测1次，环境质量达标率100%，对照《环境空气质量标准》（GB 3095—1996），措美县大气环境质量达到或优于Ⅱ类；设置主要河流水质监测点位2个，每月开展人工检测1次，环境质量达标率100%，措美县辖区内的主要河流水质达到或优于Ⅲ类。2023年，措美县城共设置集中式饮用水监测点位3个，每季度人工检测1次，城镇主要集中式饮用水水源水质全部达到或优于Ⅲ类。县域农村各项指标完成良好。措美县农村试点空气监测点位1处，饮用水监测点位2处，均委托第三方及时开展环境质量监测工作，空气监测结果达到《环境空气质量标准》一级限值标准；饮用水水质达到地表水环境质量标准Ⅲ类标准。

2023年11月28日，措美县召开生态环境保护大会并对先进集体和先进个人发放奖状

【环保督察问题整改】 2023年，山南市生态环境局措美县分局根据《山南市贯彻落实第二轮中央环保督察反馈意见整改方案》要求，措美县主动认领18个共性问题，及时细化方案并制定印发了《山南市措美县贯彻落实第二轮中央生态环境保护督察反馈意见整改方案的通知》，涉及18个问题，58条整改措施。截至年底，29条措施已整改完成，整改任务完成率达100%。

【饮用水源地环境安全检查】 2023年，山南市生态环境局措美县分局执法人员会同住建、水利等相关人员对措美县县级集中式饮用水水源地开展现场执法检查。检查组一行对措美县县城自来水厂水源地、雪拉备用水源地、丁那嘎水源地周边环境卫生、网围栏等进行检查，宣传了《西藏自治区饮用水水源保护管理条例》《西藏自治区环境保护条例》等环保法律法规的相关规定。

【噪声环境联合执法】 2023年，山南市生态环境局措美县分局联合县治安、市场监督管理局等部门对县城内娱乐场所噪声扰民问题、娱乐场所涉黑线索摸排联合执法行动。检查相关证件许可办理情况及噪声污染防治措施落实情况，并对相关现场负责人进行了守法经营、扫黑等有关法律法规的宣传普及，同时要求对隔音设施进行不定期自查及完善，最大限度减少噪声扰民现象。

【生态环境联合执法】 2023年，山南市生态环境局措美县分局联合水利、自然资源等相关部门，以隐患排查为核心，采取不定路线、随机抽查、不打招呼、直奔现场的方式，对辖区内环境安全重点管理单位、危险废物产生单位、重点项目等行业环保措施的落实情况进行现场检查。严格执行环境影响评价制度，严把建设项目环境影响评价准入关、生态环境关、产业政策关和资源消耗关，严禁“三高一低”企业落户措美，从源头控制环境污染与生态破坏。截至年底，全县网上环评备案项目32个，开展生态环境系统环境执法55次，出动人员115人次，下发督办单17次。为贯彻落实区、市两级生态环境工作指示精神，结合“一废一库一品”环境风险管控相关要求，山南市生态环境局措美县分局执法人员对全县生态环境领域可能存在安全隐患的项目点、水源点、尾矿库、医废暂存间、垃圾填埋场等以现场执法和非现场执法的方式开展了隐患排查工作。

【“执法＋帮扶”专项执法检查】 2023年，山南市生态环境局措美县分局为强化汽修行业管理，进一步规范汽修行业污染防治，加强危险废物风险防范，控制和减少汽修行业经营过程中产生的挥发性有机物对环境的影响，对辖区内汽车维修行业开展“执法＋帮扶”专项执法检查。主要围绕汽修企业经营资质、挥发性有机物管理和危险废物贮存、处置等方面开展专项检查，执法人员对危废暂存间“三防”措施、标识标牌、台账记录、处置转移等方面逐一进行仔细察看。对检查过程中发现的危废暂存间建设不规范、台账记录不完善、标识标牌不全等问题，现场给予反馈，对问题整改工作提供有力指导。

2023年5月11日，生态环境措美分局工作人员对水厂二期水源地饮水环境安全开展检查

住房和城乡建设

【城乡建设与规划】 2023年，措美县住建领域已复工和新建项目共5个，分别为措美县县城供暖、达当大道、老旧小区二期、措美县2020年公租房、县城污水处理厂，开工率100%。同时固定资产录入工作已超原有计划节点，圆满地完成了单位固定资产录入工作。2023年，完成投资36059.5万元。其中供暖项目工程，总投资2.386亿元，完成投资21474万元；达当大道项目总投资2896万元，截至年底，完成投资2896万元；老旧小区项目总投资8492万元，截至年底，完成投资7218万元；县城污水处理厂项目工程总投资3590万元，截至年底，完成投资2872万元；哲古镇供暖项目总投资699万元，截至年底，完成投资210万元。

【保障性住房】 2023年，措美县住房和城乡建设局积极推进措美县2020年公租房建设项目（市调剂），

2023年6月14日，措美县委副书记、县长桑旦（前排右二）到住建局领域施工现场开展调研（图为达当大道施工现场）

主要建设内容为新建102套公租房建设项目及附属设施建设，总投资1985万元。截至年底，已基本建成86套公租房，完成项目投资1389.5万元。

【援藏项目】 措美县城区道路改造项目，项目总投资为2380元。主要建设内容包括改造道路总长2.065千米，道路宽度15米，车行道宽度9米，两侧人行道宽度均为3米，道路等级为城市综合性主干道。道路部分路段增设雨污排水管网等。项目于2022年11月动工建设，截至年底，项目完成固定资产投资2142万元。

【工程质量和安全生产监督】 2023年，措美县住房和城乡建设局成立由住建局局长担任组长的安全生产领导小组，负责全县建筑安全生产监督管理的日常工作。2023年，县住房和城乡建设局组织各施工企业召开4次安全生产会议，接受上级检查2次，单位专项工作小组在全县范围内开展安全检查25次，检查施工现场15个、液化气站3个，平均每次出动执法车辆1辆，执法人数2～3人/次，签发整改通知单3份，查处安全生产问题51个。对存在事故隐患的工地进行了全面复查，并对检查的情况向县内各施工企业进行了通报，敦促企业严格落实整改工作，有效保障了措美县建筑施工领域整体施工环境良好，2023年未发生安全生产事故。

【住房公积金管理】 2023年，措美县住房和城乡建设局住房制度改革办公室办理住房公积金缴存4542994元，其中个人缴存2271497元，财政配套2271497元，与去年同比增长9.53%。

【城管执法】 2023年，措美县住房和城乡建设局每天安排人员开展城市管理建设巡逻检查，主要围绕对县城主街道、门面商铺、广场等开展大力整顿占道经营、乱摆摊点、出店经营、商铺闲置物品乱放、乱堆、街道环境卫生等顽疾工作和公共设施安全隐患排查及修理维护工作。向群众宣传告知相关法规，呼吁共同抵制违法行为，提高全社会的环保意识。2023年，县城更换下水井盖16处、治理整改桥头等临边安全防护设施2处和限高、路灯倾斜或基础不牢2处、乱堆乱放35处，做到了发现一起，处理一起，有效改善和维护了措美县城市公共设施，为城镇居民出行保驾护航。

2023年12月30日，措美县城管工作人员排查路灯安全隐患

交通运输·邮政·通信

交通运输

【基础设施建设】 2023年，措美县共实施交通领域工程项目8个，总投资16962.35万元。措美县农村公路安防工程，总投资440.57万元，主要建设内容为乃西乡至恰杂村公路沿途布置波形护栏6千米、挡土墙、排水渠、雪地杆等，已竣工验收。措美县乃西乡放牧点道路除险建设项目，总投资456.71万元，主要建设内容为对乃西乡9条放牧点道路建设挡土墙、波形护栏、道路平整、边沟排水等，已竣工验收。措美县乡村振兴人畜过往桥建设项目，总投资999.79万元，主要建设内容为哲古镇、古堆乡、措美镇建设6座人畜过往桥梁，已竣工验收。措美县雪热村至小扎扎组公路改建工程，总投资2926.45万元，主要建设内容为改建道路，全长8.813千米，四级公路设计标准含路基、路面、桥涵、道路标识牌及附属设施，已竣工验收。措美县雪热村道路通畅以工代赈建设项目，总投资500万元，主要建设内容为改建道路总长4千米，边沟3千米及相关附属设施，已竣工验收。措美县农村公路养护工程项目，总投资262.13万元，主要建设内容为卡里拉山至卓德村公路道路实施维修养护、措美县至洛扎贡组县道311段公路道路实施维修养护，已竣工验收。措美县乃西乡客运服务站建设项目，总投资100万元，主要建设内容为新建乃西乡客运服务站1座，该项目计划2024年开工建设。

【道路运输管理】 2023年，措美县公路列养里程435.802千米，其中，县道154.157千米，乡道213.694千米，村道67.951千米。

【农村公路养护管理】 2023年，措美县生态养护岗位共计78名，县

2023年9月14日，山南市交通运输局联合县交通运输局检查措美县雪热村次玛龙组至乃西乡恰杂村公路工程进度

2023年5月24日，措美县交通运输局开展乡村振兴建设项目桥梁分布验收

交通运输局根据道路交通专项整治工作，采取分片负责，托管承包的原则，协调道路所在乡镇、村居，确定1名班子成员作为负责人，具体负责调动本村生态岗位，定期对该路段两侧环境卫生、落石进行清理，并定期协助交通运输部门对该路段进行巡查，发现安全隐患、标识标牌损坏、路面堵塞及损坏等问题，及时向县交通运输局汇报。实现了全县农村公路养护全时段全覆盖。

【重大交通项目建设】 措美县雪热村次玛龙组至乃西乡恰杂村公路工程，总投资11276.7万元，实际到位资金7805.53万元，主要建设内容为新建雪热村次玛龙组至乃西乡恰杂村公路36.836千米，四级公路设计标准含路基、路面、桥涵、道路标识牌及附属设施。该项目预计2024年10月建设完毕，该项目的建成，将极大改善全县农牧民群众出行条件。

【质量安全监督】 2023年，措美县交通运输局坚持“安全第一，预防为主，综合治理”的方针，紧紧围绕“质量和安全”“打非治违”的目标，在交通领域深入开展防坍塌和防起重机械伤害等事故的专项治理，完善了基本建设程序。截至年底，未出现建筑工程质量安全生产责任事故。2023年，措美县交通运输局受监项目7个，全年开展交通领域施工质量安全检查，对不符合施工要求的单位下发停工整改通知书，不断规范建筑市场秩序、促进了安全生产和文明施工水平的提升，保障了建设工程质量。

【交通安全】 2023年，措美县交通运输局开展交通运输法律法规宣传工作8次，开展交通道路排查35次，全年未发生交通安全事故。

【交通运输综合执法】 2023年，措美县交通运输局开展综合行政执法20次，下达整改通知书2份，办理涉路赔补偿执法案件1件，罚没金额5670元。

【公路发展规划】 2023年，措美县交通运输局开展综合交通发展战略研究，对接县乡村振兴局，积极申报措美县古堆乡放牧点道路除险项目、措美县哲古镇放牧点道路除险项目、措美县恰杂村至定巴村公路整治工程。

【应急抢险保通】 2023年，措美县交通运输局为确保措美县农村公路安全畅通，进一步提升人民群众出行舒适度、满意度，措美县交通运输局多措并举，积极做好了农村公路“雪天”“汛期”安全保通工作。积极开展全县农村公路道路隐患排查工作，做到“早发现、早预防、早处治”。以“四好农村路”创建工作为载体，争取14万元专项经费，开展农村公路路况检测评定工作，完成150千米农村公路路况检测。为确保全县境内农村公路安全通畅，对X311次玛龙组至洛扎县贡祖路段、措美县波嘎村公路、G219交叉口至恰杂村路段、恰杂村至定巴村等公路段进行了隐患排查工作，并根据隐患排查发现问题情况，及时研究解决对策。2023年，开展农村公路养护作业10次，投入资金210余万元，截至年底，完成投资127.46425万元，开展农村公路抢险保通64次，投入资金27.8575万元，出动机械设备32台次，投入人员44人次。大大地减少了农村道路安全事故发生率，也大大提升了农村公路路容路貌。

邮政

【概况】 2023年，措美县邮政分公

司经营预算目标为103万元，业务总收入完成113.29万元，完成全年指标的110.78%。

【邮政基础设施建设】 2023年，措美县邮政营业网点共有4个，一个城市网点，三个乡镇网点，城市网点坐落在措美县城增嘎路27号。乡镇网点分别为哲古镇邮政营业所，乃西乡邮政营业所，古堆乡邮政营业所。措美县邮政有11个村邮站点，邮政业务深入乡村，全面实现措美县村村通邮。为全县广大农牧民群众提供邮政通信、快递物流、便民金融业务服务及相关法律法规、普惠金融政策宣传等服务。全年共向乡（镇）、村（居）以及驻村、驻寺工作队投递党报党刊23万余份，投递各类邮件2万余件。各乡（镇）邮政所营业场所均按照邮政服务标准进行对外营业。

【服务质量提升】 2023年，措美县邮政局从客户体验入手，狠抓服务质量提升。对内加强职工培训，提高职工的服务能力；对外规范服务礼仪，从客户接待、投递上门等环节对职工进行礼仪培训，全年共开展服务礼仪达260余次，规范职工服务行为，改善客户体验。利用金融整村授信业务分公司组织员工与哲古镇宗宗村村委班子及村民开办整村授信业务，成功给老百姓发放信用贷款28户，金额108万元。根据县乡村振兴局工作安排，结对帮扶古堆乡帕仓村和乃西恰杂村贫困群众3户，全年上门帮扶达12次，投入帮扶资金1.5万余元。

【行业安全保障】 2023年，措美县邮政局狠抓职工学习，从学习时间、学习内容、学习方式等方面对职工进行考核，确保学习效果，全年开展职工学习法律法规52次。结合单位实际，引入同行相关案例，对员工进行警示教育。强化员工行为管理，定期对职工进行排查，杜绝职工参与违法违纪活动。

【快递市场监管】 2023年，措美县邮政局重点关注乡邮工作开展，不定期安排人员实地检查乡邮工作开展情况，同时进行相关业务培训，关注乡邮员思想动态，及时发现处理不和谐情况。重点抓好党报党刊、录取通知书、学生档案、各类杂志及邮件的投递工作，通过定期和不定期到实地抽查和电话抽查的方式对投递情况进行督查，严格落实乡邮投递管理考核制度，切实将乡邮投递情况与工资挂钩，同时做到对乡邮考核工作的公平公正。全年收寄各类邮件2万余件，投递各类邮件10余万件、投递党报报刊90余万份、杂志1.8万余件，保障全县党政军群、企事业单位的用邮需求。

电信

【网络服务】 2023年，措美县所辖2镇2乡15个行政村已全部开通电信5G信号，基站覆盖率达到98%以上。行政村以上宽带资源覆盖率达到100%。

【业务发展】 2023年，措美县电信局共发展移动电话新用户2160余部，移动用户数达到8275户，宽带发展2950部，IPTV（高清）发展1085部，智家业务达到1572条，移动电话市场份额达到57%以上，在山南排名第一、在全区排名进入前三名。同时在市公司部门的安排下每个季度能完成存量客户的维系和中高端客户的维系，2023年措美电信局完成收入共1136万元，创下了措美局历史新高。同时移动业务出账率达到94%以上，完成移动收入全年目标的103%，宽带业务出账率达到90%以上，圆满完成全年的收入目标。2023年全县建设5G基站13座，35个载扇，公司工程建设各专业主管经常出入工程一线，向管理要时效，在铁塔基础开工时就启动传输线路的可研、设计工作，加快各工序间的衔接，保证基站设备安装后能及时开通入网。2023年措美电信局根据整体网络信息整体发展趋势和关于中国电信打造三千兆工作部署安排，在宽带业务层面，截至12月措美县乡镇村千兆端口达到30%，具备千兆能力的区域为措美县城，措美镇所辖区的乡镇村，覆盖率100%，千兆宽带用户达到2604户左右，千兆宽带渗透率达到50%。2023年，措美县电信局为助力解决大学生就业问题以及拓宽服务力量，共招聘4名大学生从事网络维护工作，同时为更好地保障员工的切身利益和身心健康，公司为4名维护人员购买“五险”，并针对专业作业员工开展了相关培训、发放行业资格证，确实保障了员工的权益，也极大地提升了员工的工作积极性，体现公司党委对基层员工的关心和关怀。

移动

【概况】 2023年，措美县移动分公司共有基站146个，其中5G基站共计11个，4G基站共计119个，2G基站22个，重要自维站及重要OLT共计3个，行政村基站覆盖率达100%。

2023年4月15日，措美县移动分公司总经理次仁卓嘎（左一）组织公司全体员工开展业务培训

【通信服务】 2023年，措美县移动分公司积极参与政府、企业的信息化项目建设，积累较为丰富的行业信息化建设经验。完成5G网络及移动专线，网络日常维护工作。年内，措美县移动分公司狠抓网络管理能力基础，稳定和提升网络运营队伍，加快补充网络人员缺口，加强维护管理工作，降低传输故障和基站退服率，减轻市场发展压力。对网络的重视和关注，重塑网络优势、成为客户首先的实践工作，是一项长期且持续的重要任务，只有这样才能支撑好，服务好市场，始终处于竞争的优势地位。

【网络建设】 2023年，措美县移动分公司联合上级公司，对县行政村家宽电普点位进行了100%覆盖，达到村村通网的要求，针对信号较弱的村居，利用其政策，进行电普基站覆盖。2023年共建设5个4G基站，4个5G基站保证用户使用感知。截至年底，措美县15个行政村及大部分自然村都完成有线宽带覆盖及乡镇区域覆盖5G网络。

【通信支撑】 2023年，措美县分公司与各集团单位签订23家专线、8家云MAS、35家聚类聚位。在上级公司的帮助和支持下，移动信号覆盖达到100%，提高农村客户对移动信号质量的需求，有效增强网络覆盖和农村客户的服务质量。

【客户服务】 2023年，措美县移动分公司针对营业厅客流量小，指标任务重等情况，组织全体员工利用下班和周末以地推、驻点、扫街等方式开展日常营销，有效地遏制了市场份额下滑的趋势，定期组织全县渠道商进行短板分析，针对短板，开展渠道点服务能力培训和考核，对考核成绩优秀的渠道点进行奖励，渠道点服务能力有较大的提升。

【团队建设】 2023年，措美县移动分公司以"幸福1+1"为主题，以提升团队的和谐气氛和生产实效为目的，开展班组户外活动，进一步缓解员工的工作压力，增强团队的凝聚力。

【安全生产】 2023年，措美县移动分公司定期组织员工进行安全生产培训，推行安全生产责任制，定期对县公司各方面进行检查，安排专人对县公司存在的安全隐患及时上报并排除，做好重要节日维稳值班工作，切实强化员工管理，确保公司安全。

财税·金融

财政

【财政收支】 2023年，措美县一般公共预算收入总量为159286.26万元，同比增加10882.8万元。本级一般公共预算收入3705万元，比上年同期增加3059万元，同比增长473.53%。其中：税收收入2712万元，比上年同期增加3653万元，同比增长388.20%；非税收入993万元，比上年同期减少594万元，同比下降37.43%。全县一般公共预算支出总量159286.26万元，其中本级一般公共预算支出114392万元，比上年同期增加21914万元，增长23.69%。

全年政府性基金预算收入总量8456.34万元。其中上级下达基金46.9万元，本级政府基金预算收入2193.17万元，上年结转3627.41万元，继续使用上年结余收入2181.17万元，调入资金407.69万元。政府性基金支出总量为8456.34万元，其中当年支出4700.91万元，结转下年支出3755.43万元。

国有资本经营收入总量为0.052万元，其中上级下达0.026万元，上年结转0.026万元。全县国有资本经营预算支出总量为0.052万元，其中当年无支出，结转下年支出0.052万元。

全县一般公共预算总支出为114392万元，比上年同期增加21914万元，增长23.7%。其中，一般公共服务支出19937万元，比上年同期增加2077万元，增长11.63%；公共安全支出4674万元，比上年同期减少840万元，下降15.2%；教育支出9355万元，比上年同期减少108万元，下降1.1%；科学技术支出53万元，比上年同期增加21万元，增长65.6%。

文化旅游体育与传媒支出2164万元，比上年同期增加1060万元，增长96%；社会保障和就业支出9205万元，比上年同期增加

2023年9月6日，措美县委副书记，县长桑旦（中）主持召开2024年预算编制部署会暨1—8月财政预算执行调度会

2849 万元，增长 44.8%；卫生健康支出 7637 万元，比上年同期增加 1185 万元，增长 18.4%；节能环保支出 7348 万元，比上年同期增加 4193 万元，增长 133%；城乡社区管理事务 14884 万元，比上年同期减少 407 万元，下降 2.7%；农林水事务 27800 万元，比上年同期增加 5885 万元，增长 26.8%；交通运输 7774 万元，比上年同期增加 6601 万元，增长 562.7%；商业服务业等支出 2 万元，比上年同期增加 2 万元，增长 100%；自然资源海洋气象等支出 375 万元，比上年同期减少 60 万元，下降 13.8%；住房保障支出 2264 万元，比上年同期减少 790 万元，下降 25.9%；粮油物资储备支出 20 万元，比上年同期减少 2 万元，下降 90%；灾害防治及应急管理支出 684 万元，比上年同期增加 99 万元，增长 16.9%；债务付息支出 193 万元，比上年同期增加 126 万元，增长 188%；其他支出 23 万元，比上年同期增加 23 万元，增长 100%。

【公共财政预算与支出】 2023 年，措美县本级一般公共预算收入 3705 万元，比上年同期增加 3059 万元，同比增长 473.53%。完成预算的 140%；其中：税收收入 2712 万元，比上年同期增加 3653 万元，同比增长 388.2%；非税收入 993 万元，比上年同期减少 594 万元，同比下降 37.43%。

【财政监督管理】 2023 年，措美县财政局配合市审计、县纪委监委、县巡察加强对扶贫和涉农资金等重点领域和关键环节的监督检查，确保形成监管合力，进一步提升了监管成效。加强采购监管，进一步提高政府采购规范化水平。履行政府采购相关制度，严格审核和规范采购申请，有效制止未按程序采购行为。逐步规范预算管理一体化采购流程，优化模块功能，推进网上审批，加强政府采购日常监督管理。做好直达资金监控工作。利用直达资金监控平台监控直达资金分配和使用，实现直达资金惠企利民，真正体现直达效应。全面推进预算绩效管理改革，完善绩效指标评价体系，扎实开展 2023 年涉农资金绩效评价工作，建立健全事前评估、事中监控、事后评价“全链条”机制，强化绩效结果运用，推动“花钱必问效、无效必问责”落实落地。

2023年7月14日，措美县财政局组织全县会计人员在财政局会议室开展2023年预算一体化系统培训

【民生保障】 2023 年，措美县财政局按照县委、县政府和上级财政部门的工作部署与要求，扎实推进全县惠民惠农补贴资金管理发放工作，将精准精确实施惠民惠农补贴资金管理作为落实“我为群众办实事”和政府“是什么、干什么、怎么干”实践活动为重要抓手。2023 年共兑现惠民惠农财政补贴资金 6906.62 万元。其中：困难群众补助 621.81 万元；在乡退伍军人补助（优抚对象补助资金）27.46 万元；经济困难的高龄失能等老年人补贴 1.35 万元；村医补贴 51.45 万元；城乡居民基本养老保险政策补贴 40.70 万元；农牧民孕产妇住院分娩奖励政策 9.04 万元；残疾人“两项”补贴资金 110.28 万元；残疾人生活补贴 45.55 万元；农牧民健康老人补贴 44.10 万元；农牧民住院分娩一次性奖励资金 11.88 万元；村医工资提标资金 51.52 万元；农牧民技能培训 25.00 万元；公益性岗位补助资金 637.00 万元；城乡居民在编僧尼健康体检补助 66.08 万元；农牧区卫生人员培训 11.00 万元；城乡居民基本医疗保险资金 36.70 万元；农牧区“三老”人员生活补贴 70.50 万元；村干部报酬资金

211.25万元；农业机械购置补贴30.00万元；农作物良种补贴7.12万元；牲畜良种补贴86.02万元；种粮农民一次性补助5.97万元；草原生态保护补助资金1659.02万元；耕地地力保护补贴57.43万元；农业救灾资金63.72万元；牲畜出售补贴25.27万元；农业保险政策56.76万元；科技特派员补助10.80万元；乡村教师生活补助237.00万元；大学生资助金298.66万元；教育“三包”政策666.31万元；寄宿制学校寄宿交通补助7.50万元；农牧区义务教育学生营养改善计划114.50万元；就读区外高校家庭经济困难学生交通补贴5.58万元；高校毕业学生费补偿和国家助学贷款政策10.06万元；民间艺术团补助资金150.00万元；免费教育政策96.90万元；重点单位文物保护野外看管人员补助30.24万元；村级动物防疫员补贴157.68万元；聘用干部及农牧半脱产人员生活补助48.58万元；乡镇食堂补助20.00万元；寺管会食堂补助25.00万元；村“两委”班子基本报酬和业绩考核奖励补助68.62万元；村务监督委员会人员基本报酬和业绩考核奖励补助15.16万元；民间艺术团在岗人员生活补助资金16.42万元；兽医工资提标资金17.27万元；村民小组组长工资10.75万元；失地保障金83.45万元；双联户长补助工资113.60万元；生态岗位补助资金624.40万元；退耕还林还草补贴14.16万元。不断提高群众幸福感、安全感。巩固脱贫攻坚成果与衔接推进乡村振兴。2023年共统筹衔接资金14665.04万元(包括中央资金10460.60万元、自治区资金2336.04万元、市级资金830.00万元、县本级资金398.00万元，其他整合资金640.40万元)，累计支出14580.50万元，支出率达99.42%。

【财政体制改革】 2023年，措美县财政局继续深化和推进部门预算管理一体化改革。强化过程监督和结果应用，逐步实现事前、事中、事后的全过程预算绩效管理；加快推进财政法制化规范化建设，不断提升财政监督能力，切实严肃财经法纪；规范企业所得税优惠政策，加大个人所得税优惠力度，根据授权顶格执行小微企业税收减免政策，降低增值税税率，降低社保费率，进一步减轻企业负担。

【财政宏观调控】 2023年，措美县财政局进一步加强部门预算管理，强化预算的约束力，从源头上践行厉行节约原则，进一步减少单位公用经费的开支，遏制公用经费的增长，近年来“三公经费”总体保持压减态势，节省资金全部用于基层和重点民生领域。严格财政支出管理，大力优化支出结构，盘活、调整调剂资金39160.39万元，重点保障全县重大战略决策落地落实，有效提高财政资源配置效率；严格“三保”支出预算编制、执行、库款保障等各环节管理，结合财会监督专项行动，全面摸排“三保”保障情况，督促发现问题及时整改到位；按照“资金跟着项目走”原则，按月调度预算执行情况，将300万元以上未支出的项目纳入通报范围，压紧压实预算单位主体责任，切实加快支出进度；按照《山南市本级财政支出预算绩效目标管理暂行办法》《山南市本级财政支出事前绩效评估管理办法》，聘请第三方对2023年以前完工项目开展事后绩效评价，涉及资金5.1亿元，涉及项目31个；开好政府合法举债的“前门”，用足用好政府债务限额，支持高原经济高质量发展。严堵违法违规举债的“后门”，持续保持政府债务监管高压态势，严肃查

2023年9月27日，措美县财政局党支部在当许社区拉玛组开展党员“三包五带五促”活动

处违法违规行为，牢牢守住不发生系统性风险的底线。

税务

【组织收入】 2023年，全县组织税费收入17544.71万元，同比增收9078.26万元，增长107.23%。其中：税收收入5287.33万元，同比增收7101.36万元，增长391.47%。其中县级税收收入2711.35万元，同比增收3652.70万元，增长388.03%。社保和非税收入12257.38万元，同比增收1976.90万元，增长19.23%。其中县级社保非税收入1443.86元，同比减收361.73元，减少20.03%。

税务部门组织收入情况一览表

表3　单位：万元

项目 / 收入	全年累计		
	收入额	比同期±额	同比±%
税务部门组织收入	17545	9078	107.24
（一）税收收入合计	5287	7101	391.46
其中：中央级	130	2465	382.36
地方级	268	2822	399.89
社保和非税收入合计	12257	1977	19.23

【税收征管】 2023年，措美县税务局紧扣优化营商环境主题，深化“放管服”改革，坚持发展新时代“枫桥经验”，严格落实“枫桥式”税务局建设工作，聚焦市场主体痛点、难点、堵点问题，精准施策，做实、做细、做优服务文章，建立“税费争议辅导室”，搭建了倾听诉求、高效沟通、及时解决争议平台，有效减少了税务争议事件和群众投诉事件的发生。严格落实五项办税制度，确保一切服务事项符合《纳税服务规范》要求，对《办税事项“最多跑一次”清单》进行梳理、学习，日常工作以清单为基准。严格执行首问责任制、预约、延时、责任追究等多项服务制度，确保办税服务厅平稳、有序、高效运行。推动“枫桥式”办税服务厅工作，建立“税费争议调解室”，聚焦纳税人缴费人的难点、堵点问题，精准施策，做实、做细、做优税费服务，有效减少了税务争议事件，提升了纳税人缴费人税费服务满意度，切实优化了辖区营商环境，2023年，调解税费争议事件2起，赢得了纳税人缴费人的一致好评。

2023年9月7日，措美县税务局青年先锋队在第十四届哲古牧人节现场宣传税费优惠政策

【税收法治】 2023年，措美县税务局认真学习领会习近平法治思想，坚持带头学和广泛学相结合，依托党委会开展集体学习，切实发挥党委对法治税务建设的集中领导和统筹推进作用。做到重大事项集体研究决定，把党的领导贯彻到依法行政的过程中。深入开展法治理论学习，坚持将法治理论学习作为单位理论学习中心组重要学习内容，强化干部法治思维和底线意识。贯彻落实依法行政、“三项制度”等工作，依法全面履行税收工作职能，坚持依法决策、规范执行、加强监督，以法治约束干部税收执法行为，保护纳税人缴费人的权利和义务。

【税种管理】 2023年，措美县税务

局在管理好增值税、企业所得税等税种的基础上,聚焦耕地占用税以及环保税等小税种,成立工作小组强化征管力度,层层压实责任,建立健全工作机制,通过强有力的组织保障确保政策落实落地。完善部门之间协同共治机制,与县自然资源局、环保局等部门建立了协同共治工作机制,及时进行涉税信息共享,为下一步落实工作打下坚实的基础。围绕政策落实加强学习力度,高度重视小税种征收管理工作,积极组织全体干部参加上级组织的政策培训,并依托局内各学习平台以及线上学习平台,进一步加强政策学习力度,切实提升政策落实效率。

【纳税服务】 2023年,措美县税务局在落实便民服务中持续优化营商环境,进一步深化"放管服"改革,持之以恒落实便民办税春风行动。开展"金牌导税员"试点工作,加强应用"雅砻e税"征纳互动平台,建成"税费政策辅导室",确保纳税人缴费人"多走网路 少走马路",坚持在落实便民服务中持续优化营商环境。全年共开展"问需求、优服务"座谈会3场,税费政策宣传培训5场,聘请特约监督员6名,建成税费政策咨询工作室,完成"金牌导税员"试点工作,累计发放各类税收宣传品及宣传册2800余份。

【减税降费】 2023年,措美县新增减税降费及退税缓费910.66万元。小规模纳税人免征增值税优惠(月销售额10万元以下免征)251.52万元;小规模纳税人减征增值税优惠(适用3%征收率的应税销售收入减按1%征收率征收)341.69万元;继续实施阶段性降低失业、工伤保险费率降费89.10万元;个体工商户减半征收经营所得个人所得税优惠(应纳税所得额100万元以下)18.54万元;小型微利企业所得税减免优惠(应纳税所得额不超过100万元部分优惠)162.23万元;生产、生活性服务业增值税加计抵减政策优惠0.13万元。

中国农业银行股份有限公司措美县支行

【经营发展】 2023年,农行措美县支行按照中央和两级分行、当地政府有关乡村振兴工作的指示批示精神,在全县范围内认真履行职责,本着服务当地经济发展为目标,锐意改革创新助脱贫,提供精准服务富百姓,发放扶贫贷款惠民生。存款业务。截至2023年底各项存款余额达69981万元,比年初增加2077.2万元。其中:个人存款余额达46519万元,比年初增加4896.7万元;对公存款余额达23462万元,比年初减少2819.5万元。贷款业务。截至2023年底,全行各项贷款余额39646万元,较年初增加7662万元,增加23.96%。公司类贷款余额14321万元,比年初增加2842万元,增加24.76%。按照业务品种,惠农e贷10803万元,比年初增加3196万元,占比27.25%,小微e贷2560万元,比年初增加1360万元,占比6.46%,涉农贷款29544万元,比年初增加4875万元,占比74.51%,建筑业贷款1862万元,比年初增加753万元,占比4.70%。

【农村信用体系建设】 2023年,农行措美县支行召集辖内各村委会负责人,开展服务"三农"工作座谈会,在控制不良贷款和信息建档等工作上都起到了一定的作用。截至年底,不良贷款余额40万元,较年初减少10.5万元,农户信息建档率为80.7%。

【金融风险防控】 2023年,农行措美县支行全体员工牢固树立防范风险和案件的第一道防线,坚持以问题导向,急用先行、持续改进,标本兼治、条块结合,整体推动的工作指导原则,进一步转变工作思路,变被动应对为主动防控,将工作重心由事后处置向事前预防、主动出击前移。对全行经营管理中存在的薄弱环节,从执行各项规章制度细节入手,深入各营业所及县支行各部门在防范案件和经营风险上找问题,对检查发现的问题积极整改,不断促进了案件防控工作。

【服务"三农"】 2023年,农行措美县支行为做好金融扶贫及农牧区金融服务工作,在基层乡镇营业所实行"三天坐班、两天走村入户"的流动金融服务模式,走进村庄、走进农户家中,开展了金融知识进万家、政策宣讲、社保卡发卡激活、农户信息采集建档等形式多样的金融流动服务,将金融服务送到千家万户,送到最需要的地方,有效保障了农牧区的金融服务需求。为做好金融服务乡村振兴战

2023年2月10日，农行措美县支行召开政银企联营会及客户答谢茶话会

略，农业银行结合本地特色，推出了掌上银行藏语模块，可支持账户查询、转账等模块全藏文操作，极大地方便了农牧区群众使用掌上银行，让现代化的金融工具更好地服务“三农”，助力乡村振兴。贯彻落实减费让利要求，用足用好小微企业金融服务扶持政策，主动减费让利，杜绝不合理收费和加长信贷链条的行为，切实降低民营企业贷款综合成本，降低民营企业信贷融资综合成本和金融服务费用。完善民营经济金融服务体系，加强民营企业沟通协调能力，主动邀约民营企业业主，围绕企业发展遇到的困难、银行方面的信贷准则、银企双方如何解决融资难问题等进行了深入交流探讨，不断增进信任，加强沟通，促使措美县民营企业合作基石更加牢固，合作领域更加广阔，合作效益更加显著，努力开创互利双赢的银企合作新局面。及时履行行业职责，积极开展征信、防范电信诈骗、非法集资、反洗钱、反假币等领域的宣传宣教活动，努力普及社会公众金融知识，提升金融素养。持续开展洗钱、非法集资、反恐融资等资金监测工作，及时向人民银行报送报表，加大客户身份识别，加强客户信息保护工作，确保金融稳定。

【调研督导】 2023 年，自治区分行副行长王洪和山南市分行副行长刘雪鹏为主的领导小组及各部门工作小组多次到措美县支行，进行工作上的调研督导。了解措美县老百姓的生产经营情况和县支行在“三农”服务工作的开展情况，要求县支行要以服务广大农牧民群众为主线，随时随地与措美县委、县政府交流沟通，得到县委、县政府的支持，进一步开展好措美县的“三农”服务工作，帮助广大农牧民脱贫致富。

教育·科技

教育

【概况】 2023 年，措美县共有各级各类学校 20 所，其中初级中学 1 所，乡（镇）小学 4 所，县城幼儿园 1 所，乡镇幼儿园 2 所，村级幼儿园 12 所。共有教师 223 人，其中中学教师 41 人，小学教师 137 人，幼儿园教师 45 人。全县在校学生 1640 人，其中中学学生 342 人，小学学生 937 人，幼儿园学生 361 人。学前三年幼儿受教育率达 100%，小学入学率 100%，初中入学率 100%。2023 年，措美县教育局在县委、县政府的领导和上级部门的大力支持下，将本级财政收入的 48% 投入教育事业发展上来，全县教育战线坚持党对教育工作的全面领导，坚持社会主义办学方向，紧紧围绕办好人民满意的教育，以教育优质均衡发展为目标，主动适应经济社会发展新常态，推进落实素质教育工程，切实推动了措美县教育高质量发展。

【全县学校、教师、学生基本情况】

措美县学校、教师、学生基本情况一览表

表 4

学校	教师	学生
20	223	1640

措美县学前教育基本情况一览表

表 5

幼儿园	在园幼儿	教职工	乡村幼教	公益性岗位	面积（平方米）
措美县幼儿园	107	13		1	4000
雪热村幼儿园	36	2	1	2	1360
波嘎村幼儿园	7	1	1		938.81
玉美村幼儿园	13	2			1670.63

续表5

幼儿园	在园幼儿	教职工	乡村幼教	公益性岗位	面积（平方米）
乃西乡幼儿园	9	2			1000
定巴村幼儿园	6	1	1		1250.85
鲁麦村幼儿园	4	1	1		938.81
恰杂村幼儿园	6		1		1080
扎西松多村日若幼儿园	10	1	1		609
帕仓村幼儿园	28	1	1		980
哲古小学附设幼儿园	46	7	1		4051.21
卡珠村幼儿园	11	1	1		1650
宗宗村幼儿园	18	2	1		1568
扎扎村幼儿园	50	10			3107.09
卓德村幼儿园	10	1	1		1148.24
合计	361	45	11	3	25352.64

措美县基础教育基本情况一览表

表6

学校	在校生	教职工	公益性岗位	面积（平方米）
措美县中学	342	41	1	40397
措美镇小学	466	70	1	35829
哲古小学	220	32		38483
扎扎小学	180	23		31112
古堆乡小学	71	12		18581
合计	1279	178	2	164402

【学前汉语和藏语教育】 2023年，措美县教育局认真开展学前教育工作。认真贯彻落实《幼儿园教育纲要(试行)》精神，组织学前教师开展幼儿教师专业发展第四届幼儿教师教学初赛活动，选拔5名学前教师参加山南市第三届幼儿教师教学决赛活动。指导乡镇、村级教师规范幼儿教育工作，联合措美县幼儿园对各乡镇、村级幼儿园开展了县级学科带头人示范课巡讲活动。推进幼儿园规范化建设，开展了与山南市第二实验室幼儿园“结对帮扶”启动相关工作。各级各类幼儿园相继开展家长开放日活动，邀请家长们走进幼儿园，参与宝贝们的各项活动，体验家园共育乐趣。开展了“喜迎二十大　永远跟党走　奋进新征程”2022届大班毕业晚会。选派措美县幼儿园2名教师到日喀则参加学前普及普惠交流活动。通过听看查问等形式，对县域内各幼儿园安全、办园行为、备课、常规管理等工作

2023年8月11日，措美县教体局召开2023年秋季开学工作安排部署会议

进行年检评估，并及时将年检结果以通报形式下发各幼儿园，对存在的问题限期整改。

【义务教育】 2023年，措美县教育局坚持立德树人的根本任务，各学校相继开展了“党的二十大精神进校园”主题活动、“铸牢中华民族共同体意识　践行二十大逐梦新征程”开学第一课等内容，不断深化思政教育。完成了小升初考试（其他省市西藏初中班）、初中学业水平考试、小升初考试报名考务等工作，共输送其他省市西藏初中班学生4人，代培班4人，小升初考试成绩居全市中游，输送其他省市西藏高中班学生1人，初中学业水平考试成绩700分以上1人。

【教师队伍建设】 2023年，措美县教育局根据《西藏自治区职称评审管理暂行办法》等文件精神，完成二级教师9人，一级教师13人，高级教师5人的职称评审工作。按照《西藏自治区小学机构编制管理实施办法（试行）》要求，完成了乃西乡小学机构编制整合工作。完成了2023年山南市教师“一考三评”业务知识水平考试考务工作。从措美县教育系统中选拔出市级骨干教师10人、学科带头人2人。全县教师线上线下参加培训共224人次。

【教育设施建设】 2023年措美县教育建设项目共4个：措美县汉语和藏语幼儿园改扩建项目，总投资150万元，国家投资，截至年底已完成95%；哲古小学围墙改造项目（市级投资），总投资80万元，已竣工；哲古镇扎扎村五人制足球场建设项目，总投资47万元，国家投资，已竣工；哲古小学教工宿舍维修改造项目（人大票决制），总投资23万元，县本级资金，已竣工。

【教育经费投入】 2023年，措美县教育局落实“三包”资金665.01万元，惠及学生1502人；落实营养改善计划资金108.83万元，惠及学生1164人。落实大学生资助资金305.5万元，惠及学生402人，建档立卡大学生资助资金9.1万元，惠及学生91人。

【教育均衡发展】 2023年，措美县教育局严格落实《措美县控辍保学工作实施办法》要求，做好控辍保学工作。2023年学前应招106人，实招97人，转出36人，转入29人；小学应招173人，实招150人，转出43人，转入20人；初中应招147人，实招115人，其他省市西

2023年7月7日，措美县中学与安徽省鹏程教育—民生中学签订帮扶协议

2023年5月15日，措美县教育局开展“送教上门”学生慰问主题党日活动

藏初中班学生8人，格尔木西格办西藏中学6人，转出17人，转入3人，复学1人。

【教育援藏】 2023年7月至12月，根据安徽省第八批援藏措美县工作组工作计划，从安徽省淮北市实验高级中学选派一名思政教师张健波，在教育局教研室任思政教研员。在藏期间，张健波积极发扬老西藏精神，发挥思政教研引领作用，深入各学校开展思政专题教学，积极指出各学校教育教学工作中存在的问题缺点，并提出整改措施，促进措美县教育教学水平稳步提升。

【招生考试】 2023年，措美县顺利完成了初中学业水平考试、小升初考试考务报名及考务工作，共有68名考生参加学业水平考试，共有72名考生参加小升初考试。小学毕业班共有146名学生，参加其他省市西藏班考试的有78名学生。

【体育事业发展】 2023年9月7日至9月8日，措美县教育局（体育局）利用措美县哲古牧人节召开之际，投入11700元奖金，组织全县农牧民群众，在哲古草原开展拔河、抱石头、打牛角、牦牛赛跑等丰富多彩的各项赛事。2023年9月25日至27日，县教育局（体育局）联合哲古小学，举办措美县第一届教育系“石榴杯”体育竞赛，组织全县教育系统的干部职工参加篮球、拔河、接力跑等赛事。

【教育资助与帮扶】 安徽省龙磁科技股份有限公司设立“龙磁措美奖（助）学金”60万元，分三年资助，2023年资助20万元已兑现，主要用于关爱弱势群众、困难大学生资助等。安徽省淮南经济开发区资助10万元助力措美教育教学工作。县中学、各小学分别与安徽省宿州市、淮北市多所中小学结对，开展了民族团结课堂等线上交流活动，淮北市第二中学为县中学捐4.6万元资金。2023年7月4日至7月9日，邀请安徽省鹏程教育—民生中学一行6人到措美县考察，与县中学签订结对帮扶协议，并向县中学捐5万元资金。安徽省第八批援藏措美工作组6名成员，分别与县中小学6名学生结成结对帮扶，并送去6000元资金及物品。教师节来临之际，援藏措美工作组看望慰问2名家庭困难教师，送去2000元慰问金；同时，为措美县中学43名教师送去价值6450元的月饼券。

措美县中学

【概况】 措美县中学位于措美县城东南面，学校前身为措美县“五七”中学，措美县完全小学。根据改革形势需要，于1995年正式挂牌成立“措美县中学”。学校占地面积36452.85平方米，校舍建筑面积10876.52平方米；2023年，学校在校学生342人，开设9个教学班。教职工56人，专任教师42名（其中高级教师7人，一级教师24人），学历合格率达100%。其中党员教师24人，区外教师10人，是全县唯一一所由藏、汉、回、土家4个民族构成的高寒边远全寄宿制初级中学。

【义务教育】 2023年，措美县中学七年级招生116人，县域内适龄儿童全部入学（不含考入其他省市学生、转学生），入学率100%；八九年级在校生226人（含转入学生5人），巩固率100%。无辍学、休学现象发生。

【教育经费投入】 2023年，措美县中学公用经费约为49万元，主要用于学校办公、印刷、水电、培训、学生活动等项目；"三包"经费约为114万元，"营改"经费约为30万元，主要用于学生餐食、住宿、营养改善等。学校严格按照科学合理、统筹兼顾，规范透明、高效顺畅的原则安排使用生均公用经费，既保障学校开展日常教育教学活动所需的基本开支，又适当安排促进学生全面发展所需的活动经费开支，做到了区分轻重缓急、突出重点、解决难点。"三包"和"营改"经费更是专款专用，全力保障学生在校的身心健康。为此，学校成立了支委会和三包经费领导小组，严格按照相关程序对以上经费的使用进行监督，确保每一分钱都用在刀刃上。经费使用情况按规定公示在校内外相应位置，全程接受社会的监督。

【均衡化发展】 措美县中学在县委、县政府以及各级教育行政部门的关心支持下，先后投入1000多万元用于学校建设，在教育均衡化的实施过程中，学校得到了大力发展，拥有云教室、理化生实验室、音乐室、美术室、形体室等在内的较为完备的现代化教学功能室，拥有操场检阅台、阶梯教室等大型活动场所，拥有青少年法治基地、团队活动室等主题活动室，绿化面积成倍增长，网络覆盖全校园，为学生的全面发展提供了良好的教育环境。学校牢固树立"质量是学校发展的生命线"的思想，坚持"德育为首、教学为中心、科学管理、全面育人"的办学思路，形成"一切为了学生"的办学宗旨，"爱校如家、爱生如子"的办学理念，"感恩励志、追逐梦想"的校训，"自强不息、勤奋好学"的校风，"爱心先行、求真务实"的教风，"互帮互利、刻苦学习"的学风。

【师资队伍建设】 2023年，措美县中学本着"以改革促管理，向管理要质量，向质量要效益"的工作思路，大力加强教师队伍建设与培训。成立由书记赵昊、校长白玛旦增任组长的领导小组，深入调查研究，科学决策，认真解决教师在实际工作中遇到的热点、难点问题；建立标准的规章制度、岗位职责、考核细则，在实施上做到"三保证、三落实"，即保证人员、保证内容、保证时间；落实计划、落实考核、落实奖惩；要求领导和教师树立"以人为本""育人为本"的基本信念，改变教师中心观，树立师生互动、交往的平等观、学生自主发展的活动观、评价促发展的发展观、面向每一个学生的全体观；采取集体学习与个人自学相结合的学习方式和教师论坛、骨干教师及名师讲座等方法，组织教师认真学习《习近平新时代中国特色社会主义思想专题摘编》《习近平总书记教育重要论述讲义》、现代教育教学理论、教育法律法规、《义务教育新课程标准》，使广大教师能在习近平新时代中国特色社会主义思想的指导下从事教育实践，遵循教育规律，把握教育改革的脉搏，以新课改崭新的理念来武装自己的头脑并转化为自己的具体教学行为，进而形成在新的教育观念下的教学风格；采取会议、学习和活动等教育形式，积极开展家校共建，通过师生、家长的反馈进一步规范教师的教学行为，提高职业道德素质；采取"走出去，请进来""一考三评"以及各种竞赛活动等形式，突出自我反思、同伴互助、专业引领的校本培训特点，全面提高教师业务能力，提升教师教学水平；利用"青蓝工程""专题教研例会""名师示范课""青年教师公开课"等契机，落实好老带新、老促新工作，并为青年教师提供展示教学水平的舞

2023年10月27日，措美县委副书记、人民政府县长邢飞（前排左一）一行到县中学检查指导民族团结进步创建工作

2023年6月9日，措美县中学艺术队学生在措美县廉政广场展示非遗进校园节目

台和给予优秀的青年教师更多外出学习的时机，让他们尽快脱颖而出，担当学校教育教学的重任。

【信息化建设】 措美县中学作为山南市组团式援藏教育信息化项目（18所）受益单位之一，信息化2.0项目于2021年建设完成通过初验并投入使用，城域网同步开通，无线网络全面覆盖教学区和宿舍区；校园安防监控已接入措美县公安局雪亮工程，“数字化校园”基本打造完成。2021年标准化考场建设完成并投入使用，陆续承担了措美县学考、小考等重要考试任务，考试逐渐向规范化迈进，进一步促进了教育的公平公正。2021年教育厅珠峰旗云云网建设项目启动，2022年年底已完成各点线路铺设，2023年5月网络基本已经开通。2022年，新增云教室一间（含45套云桌面）、智慧黑板2套、一体机10套、中会议室音响系统一套、室内多功能电子大屏显示系统一套、录播教室一间、室内机房一间、校园安防监控一套（含一键报警系统），标准化考场14个。2023年11月，措美县中学申请的薄弱学校信息化改造提升项目白板设备已安装完成并投入使用，为持续巩固推进教育信息化成果奠定了坚实的基础。2023年，措美县中学共有9个教学班，教师42名，学生342名，配备计算机120余台（不含活动中心多媒体机房），师机比和生机比均达到标准，能完全满足信息化工作的开展。

【招生考试】 2023年，措美县中学七年级招生116人，毕业人数67人，被高中录取人数53人，被录取率79.1%。其中被西藏高中班录取1人，被区内非示范性高中录取31人，被职校录取13人，升学率达100%。2023年，措美县中学毕业生学考成绩700分以上1人，600～699分之间9人，500～599分之间29人，500分以上人数较2022年有所增加。从单科成绩来讲，藏文位列全市第八，道德与法治位列全市第四，物理位列全市第八，进步较为明显。

【体育发展】 2023年，措美县中学依据师生爱好在操场划定活动区域，指定负责教师，共同开展体育活动，通过每天一小时阳光体育活动时间的锻炼，有效做到了劳逸结合，师生的身体素质有了一定的提高。每周五下午第一二节课，开展兴趣班走班学习活动，旨在让学生尽快找到适合自身的课程，将自己的特长发挥出来，并在参与课程的过程中收获快乐，在一定程度上实现自身的价值。措美县中学足球兴趣班将学生的爱好转化成特长，经过体育教师的科学指导、训练，将其打造成了措美县中学体育的一张名片，该足球队多次在自治区、山南市等级别的青少年足球比赛中斩获冠军、亚军等殊荣，培养了学生团结进取、勇于拼搏的意志品质，也带动了师生参与体育活动的热情，营造了积极向上的体育氛围，促进了体育事业的健康发展。

措美镇小学

【概况】 校始建创办于1990年，有着34年的办学历史。现设有18个教学班，466名学生，教职工57名，其中本科45人，大专12人，学历合格率达100%；党员39人，占教师总数的68.4%，从职称来看，副高8名，一级教师23人，二级教师26人；市级学科带头人1名，骨干教师3人。校园总占地面积53亩，建筑面积10677.6平方米，建有学生劳动技能教育基地、阶梯教室、风雨操场、学生澡堂、实

2023年7月3日，措美镇小学利用国旗下讲话时间开展“五个认同”思政教育活动

验室、多媒体教室、音乐室、舞蹈室、美术室、阅览室、书法室、直录播室等各种教学辅助功能室。

【义务教育】 措美镇小学是措美县规模最大,师生人数最多的一所半寄宿制学校。2023年学校在校生达457名,其中寄宿制学生258名。学校共有7所所属学前点,学期幼儿达到80余名。措美镇小学在镇党委、政府的关怀下、教育行政部门领导下、全校师生的共同努力下,近年来学校的办学条件、教学质量等全方面取得了显著提升,同时得到了上级部门、社会各界和广大家长的一致好评。2023年,在其他省市西藏班招生统一考试中措美镇完小共有4名学生达到录取分数线,考上了理想学校。2023年,县教育局投入30余万元对学校阶梯教室进行全面升级改造、为学校各项大型活动开展创造优越的条件。教育局、住建局协调供暖施工方筹集资金60余万元对现有“童心”广场进行全面改造,这对学生课间操开展、阳光体育实施方面带来诸多方便,提高了活动效益。

【德育工作】 2023年,措美镇小学紧密围绕党和国家的教育方针,全面贯彻党的教育政策,特别是关于德育思政工作的相关政策与指示。学校制定了具体的实施细则,确保了每一项政策都能落到实处,有效地引领和推动了德育思政工作的深入开展。在课程体系建设上,注重德育思政课程与学科课程的有机结合。通过新版的教学大纲,增加德育思政内容,使德育思政课程更加贴近学生实际,更具时代性。同时,鼓励教师在其他学科教学中融入德育思政元素,实现全员育人、全程育人、全方位育人。为了增强学生的实践能力和社会责任感,镇完小积极组织各类德育思政实践活动。包括送教上门、国旗下、主题班会等,让学生在实践中感受德育思政的魅力,增强对社会主义核心价值观的认同。高度重视师资力量的培养,通过走出去、请进来、研讨会等形式,提高教师的德育思政素养和教育教学能力。同时,加强对教师的考核和激励,鼓励教师在德育思政工作中发挥更大的作用。

【校园文化建设】 2023年,措美镇小学通过举办校园文化节、文艺汇演等活动,营造积极向上的校园氛围。同时,加强对校园环境的整治和管理,确保校园环境整洁、优美、和谐。通过课堂教学、主题教育、实践活动等多种途径,引导学生深入理解社会主义核心价值观的内涵和要求,自觉将其转化为日常行为准则。通过建立心理咨询室、配备专业心理咨询师、开设心理健康教育课程等措施,为学生提供及时、有效的心理支持和服务,帮助学生解决成长中的心理问题,促进其身心健康发展。

【校园安全】 2023年,措美镇小学始终坚持“安全第一、预防为主”的总体工作思想,制定完善了安全管理制度和规章制度。结合学校的实际建立健全安全管理制度,包括防火、防盗、防灾等各方面的相关制度,明确各部门的职责和安全工作流程,确保各项安全工作有序开展。定期开展安全意识教育和培训,提高师生的安全意识和应急处理能力,让他们了解安全知识,知道如何应对突发事件。加强对校园安全设施的建设和维护,确保校园环境整洁、疏散通道畅通、疏散通道标识设置合理等,提高学校的安全防范能力。定期对校园进行安全隐患排查,及时进行整改,确保学校安全稳定。根据实际情

2023年11月15日，措美镇小学党支部开展“送爱心、暖人心”主题党日活动

况，提前做好各种灾害事故的预防和应对工作，确保师生在突发情况下能够及时有序地疏散。同时与公安、消防、卫生等相关部门建立起紧密的合作关系，共同维护学校安全稳定。

哲古镇小学

【概况】 措美县哲古镇小学，位于措美县北部50千米，平均海拔4600米以上，属于高寒地带，气候十分恶劣，是一所牧区学校。学校前身为哲古中心小学，始建于1960年，为了改善学校的办学条件，国家先后进行搬迁三次，改扩建五次。学校占地面积为41140.74平方米，建有教学区、功能区、学生宿舍区、运动区、师生餐厅等，小学入学率达100%，现有专任教师22名，其中本科学历16名，大专6名，学历合格率100%；全校在校生196名，党支部1个，党员15名，比例为59%；现有正校长1名，校长2名，持证上岗率100%；现有自治区优秀教师2名，市优秀教师2名，市级“优秀班主任”2名。

【学校管理】 2023年，哲古镇小学坚持“依法治校、依法治教、依法执教”的管理体制。通过加强法律法规的学习、学科教学渗透法治教育、写学习心得、办主题班刊、手抄报等多种形式将法律知识引入校园，提高师生学法、知法、守法、用法的法治意识。不断地完善学校各项规章制度，做好党务、政务、校务公开，实现民主管理、民主决策。努力打造和谐校园、平安校园。

【教师队伍素质建设】 2023年，哲古镇小学加强教师师德作风建设，努力提升教师业务能力水平。加强校本教研，整体提升教师素质，每周二下午组织教师们进行研讨，从怎样备课、怎样上课、怎样批改作业、怎样当好班主任等方面进行研讨。青年教师和老教师师徒结对，青年教师是学校的希望和未来，有知识但经验不足，需要师德水平高的老师传、帮、带，老教师对现行的新的教学理念和模式难以接受，需年轻教师指导和帮助，通过老、中、青的结合，大大提高教学质量。创造条件，促使教师不断自我完善，对青年教师我们要大胆地让他们独立进行循环教学，从低年级到高年级一直往上带，逐渐掌握不同年龄段学生的规律。对青年教师开展评优活动，要多让他们走出去，接受新知识，要多培训，多进修，让他们把外面好的东西学回来，达到学以致用的目的，对中年教师要从岗位上加以重任，让他

2023年5月16日，哲古完小举办“民族团结杯”班级联赛

们有一种成就感，对老教师在教学中要给予一定的压力，把他们推到带动青年教师和兼职教研的地位，让他们能自觉强化自身，拓宽知识，学习新的理论，掌握新的教学模式。2023年，哲古镇小学以师德师风教育学习活动为中心，继续抓好全体教师政治理论学习，努力创建"师德高尚，爱岗敬业"的教师队伍。经常开展"听课、评课"活动，采用"走出去、请进来"的方式，不断学习新的教育理论，先进的教育方法。多次选派教师到市、县里参加业务培训，同时还注重同兄弟学校的业务学习和交流，学校要求参会和培训教师回来后都要上一节汇报课或者作一次讲座，及时传达、汇报先进的理念和方法，真正体现一人学习，全校受益。严格考勤管理，按规定执行教师请假制度，翔实记载教师的考勤情况。教师出勤情况与绩效量化考核挂钩。

【教学管理】 2023年，哲古镇小学牢固树立"教学是中心，质量是核心"的理念。建立健全奖罚制度，最大限度地调动教师的积极性。强化教学过程管理，在备、教、改、辅、考等各个教学环节上，狠抓规范，落到实处。坚持以活动促教研，以活动提质量。教导处主抓，教研组主办，全体教师参与，定期研讨交流并小结，开展一系列颇有实效的教研活动。每个教研组都有校级领导牵头，中层领导主持，领导能深入课堂听课，课后认真评课，指导教师教学工作。

【校园安全】 2023年，哲古镇小学成立哲古小学安全工作领导小组，

2023年6月1日，哲古完小六一儿童节为全校优秀学生颁奖

形成安全工作，校长亲自抓部署，分管领导具体抓落实的良好局面，层层落实安全责任。修订完善《学校安全事故应急处理预案》，进一步明确安全工作的责任和工作的具体要求。坚持安全工作责任到人，按照"谁主管，谁负责"的原则。学校同教师签订《安全目标责任书》，班主任同学生、家长签订《安全管理责任书》，给学生下发了《学生安全公约》。学校安全工作真正做到了学校、班级、学生、家长职责明确，齐抓共管。年内，利用教师例会、升国旗、学生集会等时间，及时将安全工作会议精神、安全工作文件精神传达到全体师生心中。利用专题讲座、校园广播、黑板报、宣传专栏、图片等媒体资源，给师生重温了防震、防火、防病、防食物中毒、防交通事故等安全常识和逃生技能。每月对学校的围墙、校舍、电路、宿舍、食堂等部位进行一次拉网式安全排查，及时整改安全隐患。每周定期或不定期收缴学生携带的危险物品，加强值班领导和值班教师巡查制度，确保及时消除安全隐患。多次组织地震逃生演练、消防安全演练活动。坚持家长联系制度，向家长宣传安全工作的重要性，取得家长的支持和配合。每学期都要向家长发放《告家长一封信》，提醒家长注意学生的安全。

古堆乡小学

【概况】 古堆乡小学位于措美县东部，距县城53.3千米，平均海拔高达4500米左右。学校始建于1993年，是一所纯牧民子女的寄宿制学校。招收2个行政村及附近机关的所有适龄儿童，学校占地面积18581平方米，建筑面积2564.97平方米，体育场面积1867平方米。专任教师12人，其中高级教师3人，一级教师4人，二级教师5人，学历合格率达到100%。2023年，小学在校生71名，小学入学率100%，幼儿园共有37人，幼儿入园率达100%。

【办学理念】 2023年，古堆乡小学始终以"高品位、精内涵、强特色"

为办学理念和“求学之苦乃一时、无知之苦乃一世”的校训;“开拓、进取、团结、活泼”的校风;以“爱岗敬业、热爱学生、遵纪守法、谨慎治学”的教风和“爱校、文明、乐学、多思”的学风;“端正写字、方正做人”为办学特色,从教育教学质量、安全稳定、行为养成、改善条件、优化队伍与教研教改等常规管理着手,积极推动学校教育教学的发展。

【师资队伍建设】 2023 年,古堆乡小学党支部采取师德集中学习与个人自学、个人思考和会议交流的形式,组织广大教师集中学习教育部新修订的《中小学教师职业道德规范》、山南市教育系统《师德师风考核细则》等法律法规 11 次、要求全体教师全面、准确地理解新时期教师职业道德的基本要求,进一步将规范要求内化为教师的自觉行为,全面提高师德素养。2023 年,古堆小学把素质教育作为教育改革中的重要内容,以育人为本的教育发展理念,促进全体学生可持续发展的教育。坚持面向全体学生,围绕提高学生素质,积极为学生全面发展创造相应的条件,努力完善教研教改工作制度,实施大小考试质量分析会,积极利用安徽援藏资源,共享其他省市优质教育资源,2023 年选派 4 名教师到安徽跟岗培训,达成线上共研教学活动,深化合作交流,为推动教育教学质量提升创造有力的保障。

【德育工作】 2023 年,古堆小学针对实际情况,创新性地开展德育工作,使学校德育工作与学生实际情况相结合。利用国旗下的活动加强对学生的教育,持续开展每周星期四的学党史宣讲活动,加深学生对思想道德知识方面的理解。八月,开展“开学第一课”“新生参观德育室”“珍爱粮食主题教育”等活动;9 月,开展“9·10 教师节”“牢记历史,勿忘国耻”“防震演练”“文明礼仪伴我行”“防火演练”等活动;10 月,开展“开展文明活动,共建平安校园”“节约粮食,远离浪费”“爱国主义读书”等活动;11 月,开展“预防为主,生命至上”“让心灵洒满阳光”“学习贯彻习近平新时代中国特色社会主义思想主题教育”“中华民族一家亲,同心共筑中国梦”“阅读好书,书香古堆”等活动;12 月,开展“假前安全隐患大排查,筑牢校园安全防线”“德育工作总结”等活动。利用国旗下活动、班会、节假日放假前,对学生进行安全教育,结合每月的工作和实际情况,每月开展 2 ~ 3 次的德育活动。

古堆乡小学学生参观学习学校德育室

【常规教学】 2023 年,古堆小学千方百计为教师搭建平台,创设条件,开展了各种各样的校本研修活动,教师的专业化程度得到了很大提高。为寻找适合古堆小学教学的课堂模式,学校组织了一系列活动,通过课前集体备课、试教、讨论、定案再教、教研组集体研讨等程序,规范教师的课堂教学行为,全面提高教师的课堂教学水平。2023 年,学校建立长效的“推普”工作宣传,在校园、教学楼、办公室、教室,均有宣传标语标牌,定期组织形式多样的“推普”活动,如演讲、朗诵会、作文评比、书法比赛、藏汉教研组制订语言文字工作计划、小小广播站、每周国旗下讲话、普通话专题讲座、口语实践活动等。2023 年,古堆小学通过了山南市级“语言文达标”验收。

【体育事业】 2023 年,古堆小学严格按照《体育课程标准》要求组织教学,认真落实阳光体育政策,组织好学生课外体育锻炼活动,100% 的学生都积极参加课外活动。坚持“两操一活动”,切实保证

2023年10月15日，古堆乡小学女足参加措美县追风计划女足联赛

学生每天一小时体育活动时间，不断完善设施，做好近视防治工作，视力良好保持率达99%以上。

扎扎小学

【概况】扎扎小学位于措美县城北部，离县城90多千米，学校始建于1993年，平均海拔4527米，属于高寒偏远乡村牧区学校；2023年，义务教育阶段在校生180名，设立6个教学班级，下设两所附属幼儿园，在园幼儿60名，入学、入园率100%；学校在职教职员工45人，其中专任教师33名，中共党员20名，教师学历合格率达100%。

【常规管理】2023年，扎扎小学班子成员时常提醒自己不能成为“名义班子”和甩手掌柜，全面增强岗位意识、大局意识、责任意识、质量意识，始终把学校工作放在第一位，强化自我管理意识，以高度的责任感，不折不扣地落实学校的每一项工作。始终把“坚持以德为先、德才兼备”的教师优先充实到中层岗位上，努力打造一支“团结协作力度强”“工作干劲十足”的班子队伍，有力推动和运转学校各项工作。通过各种“座谈会”“讨论会”“教研会”“生活会”等形式，采用不同渠道、不同措施、不同方法，使他们之间架起了情感关系的桥梁，并制定一系列科学合理的管理制度，使学校各处室工作运转有章可循、有序可依，增强了整个中层干部队伍的凝聚力、感召力和战斗力。年内，学校高度重视制度的建立完善和更新工作，坚持定期召开党支部会议、校务会议、教职工全体会议等方式，积极研究和完善符合学校实情的新办法，废止和废除不符合学校科学发展的办法制度，及时制定出台管用、务实、高效、科学的制度，并在实际工作中严格执行落实，一切由制度来落实工作，推动工作，切实做到了用制度管人管事。

【师德师风】2023年，扎扎小学以全面提高教育教学质量为核心，以推动广大教师爱岗敬业、关爱学生、刻苦钻研、勇于创新、淡泊名利，自觉履行教书育人的神圣职责为重点，通过召开座谈、演讲比赛、撰写心得体会，引导广大教职员工努力做到“四有好老师”“四个自觉”，即自觉做到敬业爱教，献身人民教育事业；自觉做到廉洁从教，塑造教师良好形象；自觉做到文明执教，树立崇高师德风尚；自觉做到优质施教，提升教书育人能

2023年11月10日，扎扎完小教师卓嘎央宗从安徽宿州跟岗培训回来后在学校会议室做经验交流汇报

力；成立和充实了由校长、党支部书记作为组长的学校师德师风建设考核领导小组，并结合实际，完善师德师风考核细则，严格对每一名教师进行了考核考评。2023 年，扎扎小学师德师风考核均为合格及以上，师德师风良好，教师从教行为规范，不体罚或变相体罚学生，学校办学规范，学校整体形象提升，各项工作持续稳定健康发展。

2023年12月15日，扎扎完小举办铸牢中华民族共同体意识主题教育第四届冬季运动会爬山比赛

【生态校园】 扎扎小学属于高寒牧区学校，平均海拔 4527 米，植树存活率基本为零，鉴于实际情况，扎扎小学投入了大量资金新建了 9 所阳光暖廊场地，包括教室、寝室、各功能室等，学校也及时抓住阳光暖廊的优势，改设为种植园，园内种植了各种花草树木，现已有桃树、松树、白杨树等 20 种树木，还有青稞、小麦、油菜、豆子等各类农作物。种植面积 1000 多平方米，切实打造了美观、环保、绿色、迷人的高寒学校独有的生态环境。其中最独特的是"学生亲自种植农作物，体会粮食的艰难成长过程，做到珍惜粮食节约粮食文明就餐"。扎扎小学属于纯牧区，学生根本不知道粮食的来源，鉴于这一情况，扎扎小学组织学生在阳光暖廊内种植了青稞、油菜、小麦等，学生亲自动手，参与了土壤梳理、撒播种子、浇水、除去杂草等全过程。通过实践活动、谈体会等方式学生全面了解了青稞、油菜等粮食的来历，引导和教育学生热爱劳动，珍惜粮食节约粮食，从身边的一滴水、一粒米开始做起。

【非遗进校园活动】 2008 年 6 月，"扎扎服饰"被国务院评为第二批国家级非物质文化遗产，其特点就是"反穿花氆氇"，一种独具民族特色的服饰。为了传承和发扬民族文化，扎扎小学先后从教育局争取大量资金，制定了服饰，定期不定期邀请当地村民，向学生讲解有关历史文化，引导学生感受、传承非物质文化，亲身体验非物质文化遗产的独特魅力，促进民族文化的传播和传承。

【校园文化】 2023 年，扎扎小学设立了民族文化历史暖廊、党政重教暖廊、德育教育暖廊、安全知识暖廊、行为养成教育暖廊等方方面面的文化建设专栏和展区，并结合知识文化内容，经常性地组织师生开展思想教育、德育教育、养成教育、安全教育等，进一步提高了师生的综合素养，成效明显。

【教学质量】 2023 年，扎扎小学始终把提升教学质量放在学校的中心工作，多措并举，积极提高教学质量。学校设立了教研室，充实了教研队伍，明确了职责分工，通过经常性的开展"研讨会""专题会"等方式，定期研究学校教学工作，分析存在的问题困难，总结成果经验，不断探索新的办法和新的教学模式，切实为发展学校教学工作提供了坚强的保障和平台。通过邀请县域内外兄弟学校骨干教师到本校讲课授课，虚心学习先进的好的经验和办法做法，互相交流，取长补短，扎实提高教师个人业务水平。

【关爱留守儿童】 扎扎村属于纯牧区，有不少家庭长期在拉萨等地开展经营销售牧畜产品，维持家庭经济状况。2023 年，扎扎小学高度重视对留守儿童的关心关爱，积极构建学校、家庭和社会共同关爱农牧区留守儿童服务体系，优先满足留守学生进入寄宿需求，同时每年以"六一"和学生生日为契机，定期组织开展集体过生日、集体庆节日等系列特殊关爱活动，切实让他们感受到党和政府的温暖关心，帮助他们健康成长。

【关心困难学生】 2023 年，扎扎小学制定《扎扎小学关爱困难学生帮扶工作实施方案》，通过积极汇报协调有关单位积极为他们争取和落实帮扶资金，学校采取教师“一帮一”和“一帮多”的帮扶措施，坚持定期了解他们的思想和学习动态，及时为他们送去了困难帮扶资金和物资。

科技

【科技项目建设】 2023 年，措美县黑青稞糌粑粥新产品研究与示范项目，总投资 45 万元，主要研究和生产精品黑青稞糌粑、粮油、豌豆等加工销售，年平均销售额 20 万元，年人均增收 8000 元，带动 18 名群众增收致富，该项目已完成市级验收工作。措美县哲古镇科普宣传站建设项目，投资 50 万元。

【科技活动】 2023 年，六安・措美现代农业科技示范园与安徽省萧县华强辣椒制种有限公司合作，引进鲜食辣椒品种 19 种、观赏食用辣椒 1 种、人工杂交育种 1 种（父本 1 种、母本 1 种）。种植叶菜类蔬菜 16 种；水果类植物 5 种；花卉类观赏植物 123 种；解决了 3 名贫困人员长期就业和 3 名贫困人员短期就业创收，人均增收 54000 元。

【科普宣传】 2023 年，措美县科技局（科协）以科普宣传日、宣传周为契机，开展科普宣传活动，发放科普知识宣传册（包虫病、防灾减灾、农村集体产权制度改革工作宣传册），共计宣传资料 850 份和宣传物品 510 份，受益群众 300 余人次。深入中小学开展“小手拉大手、科普一起走”讲座 2 次，邀请师生共同参观参与科技馆科普活动。

【科技人才队伍建设】 2023 年，措美县科技局（科协）根据农牧业发展的需要，择优选聘了 28 名具有较高素质，有实践经验的农牧民科技特派员，开展各项科技服务工作，年发放生活补助 6000 元，共计 16.8 万元。2023 年完成“三区”科技人才推荐选派工作（农业农村局 6 名、各乡镇 1 名），并签订了三方协议。18 名大学生村（社区）科技专干在 15 个行政村（社区），开展科技服务工作。

2023年11月27日，措美县哲古镇召开2023年农牧民科技特派员、科技专干年度考核民主测评会

气象

【概况】 措美县属于高原亚寒带季风半干旱气候区。境内平均海拔在 4500 米，县城年平均气温为 4.5℃，最暖月平均气温为 11.6℃，年降水量为 200.3 毫米。

【气候情况】 气温。措美县地处西藏高原南部，海拔高、气温低、空气稀薄。县城年平均气温 4.5℃，日最高气温年平均 11.6℃，日最低气温年平均为 0.0℃；最冷月日最低气温平均 -6.4℃，极端最低气温 -21.9℃，最暖月日最高气温平均为 20.8℃，极端最高气温为 23.8℃；大于或等于 0℃的积温为 2003.3℃，持续时间 260 天，大于或等于 10℃的积温为 711.3℃，持续时间为 62 天。

降水。措美县降水少，时空分布不均，县城年总降水量为 200.3 毫米；降水主要集中在 4—7 月，该时段总降水量为 147.6 毫米，占年降水量的 74%；6—7 月为降水最集中的时段，该时段总降水量为

130.6 毫米，占年降水量的 65%。从空间分布上看，措美县降水分布不均，最大年降水量出现在哲古镇，为 316.8 毫米，最少为乃西乡 186.4 毫米。

风。措美县境内风力及风速大、持续时间长，风能资源丰富。县城年大风日数 55 天左右，极大风速为 21.1 米/秒；哲古年大风日数在 122 天左右，极大风速为 26.9 米/秒；古堆年大风日数在 75 天左右，极大风速为 24.7 米/秒；乃西年大风日数在 131 天左右，极大风速为 23.7 米/秒。

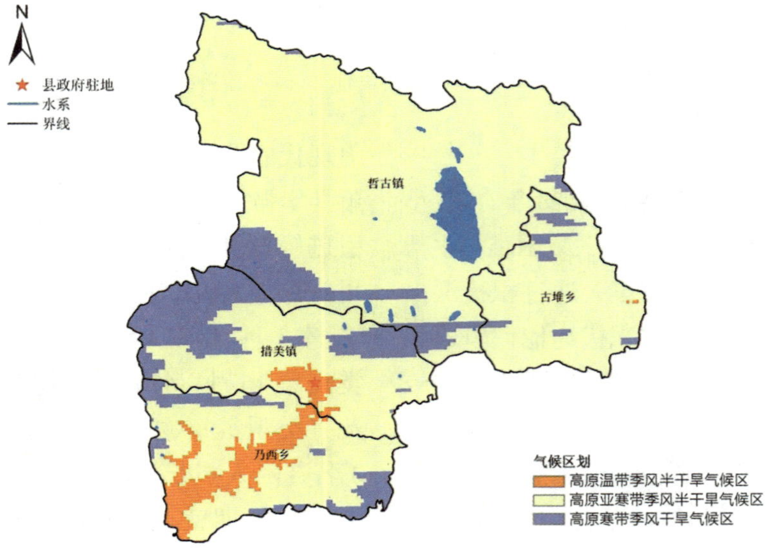

措美县气象区划图

【气候事件】 措美县主要属于高原亚寒带季风半干旱气候区。造成境内气象、地质等自然灾害时有发生，特别是干旱、雹灾、霜冻、雪灾等气象灾害。

【气候条件影响】 措美县分为 3 种气候类型区。高原温带季风半干旱气候区分布范围小，主要位于乃西乡、措美镇海拔 3400 ~ 4200 米的河谷区，占全县总面积的 4.3%。高原亚寒带季风半干旱气候区分布在海拔 4200 ~ 4700 米的广阔地带，约占全县总面积的 81.1%，包括哲古镇大部、古堆乡大部、措美镇大部和乃西乡大部。高原寒带季风干旱气候区分布在海拔 4700 米以上地区，约占全县总面积的 14.6%，主要包括哲古镇西南角、措美镇西边和乃西乡东南边缘等地。

【气候应急】 2023 年，措美县科技局（科协）根据气象、地质等自然灾害现象，制定了《措美县应急预案》（成立领导小组）、注重加强防抗灾、饲草料的储备和各种防抗灾物资的准备工作。

卫生健康

综述

【医药卫生体制改革】 2023 年 6 月 29 日，措美县中心医院挂牌成立，组建以县中心医院为主龙头的医共体，在行政、人员、业务、财务、药品、考核六个方面实现统一管理，有效整合县域卫生资源，规范乡村医生的诊疗行为。充分发挥医共体作用，推动优质资源下沉。制定并落实《县中心医院绩效考核实施方案》，将工作实绩与绩效考核挂钩，推动县级公立医院改革，各项指标运行良好。县卫生服务中心与北京协和医院签订远程会诊建设意向协议。

【公共卫生服务】 2023 年，措美县卫健委及时转发国家、区、市有关新冠病毒感染“乙类乙管”各项文件，落实有关政策要求，按照“防重症、保健康”的要求，有力落实发热门诊、重症监护、重点人群监测管理等措施，确保全县平稳度过了第一、二波流行高峰。年内，开展爱国卫生系列活动 3 次，强化了除害防病和卫生保健意识，倡导了“环境清理、美化家园”的理念。卫生应急和传染病防治。2023 年，措美县卫健委结合实际成立了应急机动队，建立了鼠疫、艾滋病、突发公共卫生事件等防治工作预案，完善了人员、设备、物资、消毒药品等要素准备，同时积极派员参加自治区、山南市举办的学习培训，对各乡镇公卫人员进行集中培训，共 26 人参加培训。鼠疫防治。2023 年，共处置 7 起疑似动物间鼠疫疫情，经现场检测结果均为阴性。共采集羊血清 62 份、狗血清 19 份，送检结果均为阴性。包虫病防治。按照《全国包虫病监测方案（2020 年版）》要求，积极开展包虫病防治项目、监测点和干预项目工作，全年累计开展包虫病居民筛查 2200 人、学生筛查 1000 人、犬粪采集 240 份、问卷调查 600 份、

2023年6月28日，措美县举行西藏措美县中心医院、西藏措美县人民医院、西藏措美县中心医院分院挂牌仪式

手术患者术后管理情况和疗效调查 46 人、中间宿主啮齿类动物监测 500 只，包虫病患者随访管理 17 人。性病艾滋病防治。利用哲古牧人节和卫生宣传日开展大众宣传，广泛开展高危人群宣传，联合团县委、教育局、县中学等，在学校、社区开展艾滋病防治知识宣讲，受益人群 2000 人次、发放宣传手册 1000 余份、安全套 500 余盒、悬挂横幅。结核病控制开展情况。完成教职工症状筛查 203 人，其中接种 PPD199 人；幼儿园、小学、中学学生症状筛查 363 人，其中接种 PPD112 人。全年痰检 67 人次，目前结核病在治患者 10 人，其中阳性 2 人，结核性胸膜炎 3 人，阴性 5 人。手足口病防治。及时印制发放宣传单进行广泛宣传，加强手足口病防治知识宣传工作，增强广大群众自我防范意识。疾控中心派出专业人员及时指导各幼托机构进行晨检和消毒工作，年内未发生暴发和流行现象。慢性病防治。2023 年，措美县卫健委认真落实慢病防治指导思想，大力开展慢病防治工作，以高血压、糖尿病为重点，结合控烟、控酒、饮食、心理干预等措施，积极开展健康宣教与促进，降低人群主要危险因素，有效地控制辖区慢病的发病率和死亡率。截至年底，措美县管理的高血压患者 744 人，管理糖尿病病人 10 人，管理精神病患者 29 人，管理 65 岁以上老年人 1111 人，死因监测上报 12 例；乡村医生督导高血压患者 2976 人次，糖尿病病人 40 余人次，精神病患者 116 人次，65 岁以上老年人 4400 余人次，并每季度督促管理人员进行随访。

2023年11月26日，措美县疾控中心在措美镇完小开展接种疫苗

年内，完成传染病网络直报 12 例（其中手足口病 6 例、疱疹性咽峡炎 5 例、流行性腮腺炎 1 例）。免疫接种。2023 年，措美县卫健委开展巡回业务督导 10 余次。全县 2023 年流感疫苗老人接种 446 人，中小学生接种 1102 人，新建接种卡 60 本，乙肝疫苗、卡介苗、百白破等常规疫苗接种率均符合相关要求。

【妇幼保健】 2023 年，措美县产妇共 79 人，活产 78 人，死胎 1 例，孕产妇保健覆盖率为 100%，孕产妇系统管理数 59 人，系统管理率为 75.6%，住院分娩活产 77 人，住院分娩率为 98.7%，共筛查出高危孕产妇 11 例，高危管理 11 例，管理率为 100%，高危产妇住院分娩率为 100%，无孕产妇死亡。全县 7 岁以下儿童 942 人，健康管理 853 人，5 岁以下儿童 750 人，3 岁以下儿童 359 人，儿童保健覆盖率为 90.5%。2023 年开展妇女宫颈癌筛查 378 人，乳腺癌筛查 405 人，彩超结果 1 级 393 例，根据检查结果已进行随访及督促治疗。全年兑现农牧民妇女群众住院分娩奖励补助共 34 人、村医护送 5 人，金额共 86550 元。

【医疗卫生服务体系建设】 2023 年 6 月，开工建设改造县中心医院传染病、住院部、新建藏医院理疗室、哲古镇卫生院消毒供应室、医废暂存间、污水处理站、帕仓村、卓德村卫生室建设项目，总投资 500 万元；县中心医院供暖建设项目，投入运行，投资 1078 万元；哲古镇卫生院业务用房供水、供暖，措美镇卫生院业务用房等建设项目，总投资 26 万元，该项目投入使用，保障服务能力进一步提升。

【健康促进与教育】 2023 年，措美县卫健委结合“世界防治结核病日”“春季传染病防治”和“世界无烟日”等节点，采取举办健康讲座、健康咨询活动的方式，发放健康手册、健康教育宣传资料等方式，围绕“健康中国”15 项重点任务开展“五进”“三减三健”健康

2023年5月18日，措美县疾控中心在乃西乡开展鼠疫预防消毒工作

促进教育，开展碘缺乏病防治、地方性氟中毒防治、麻风病防治、布病防治、健康茶知识宣传，累计开展各类宣传12次。在网信措美平台播放健康素养66条。开展“梅乙艾”筛查、职业病健康监测和学生常见病监测。孕产妇连续5年实现零死亡，儿童一类疫苗接种率以乡镇为单位达到98%以上。

【藏医药发展】 2023年，措美县卫健委充分认识新时代传承、创新、发展藏医药的重要性和必要性，完善县藏医院医联体建设内涵，提升县级藏医院规范化管理，将藏医优势病种诊疗技术、适宜技术推广应用至基层，巩固基层藏医药服务兜底，改善群众藏医药服务可及性。坚持传承精华、守正创新，加大对藏医药非物质文化遗产的保护力度，通过非遗传承人和知名藏医言传身教的方式，培养藏医药人才队伍，不断推陈出新，研发新品藏药，让藏医药文化“走出去”，不断提升影响力，全力推动藏医药传承创新和产业高质量发展。

【优化机构布局】 2023年，措美县卫健委把乡村医疗卫生工作摆在乡村振兴的重要位置，以基层为重点，以体制机制改革为驱动，加快县域优质医疗卫生资源扩容和均衡布局，推动重心下移、资源下沉，健全适应乡村特点、优质高效的乡村医疗卫生体系，让广大农民群众能够就近获得更加公平可及、系统连续的医疗卫生服务。推进医疗、医保、医药、医教改革协同联动，创新完善乡村医疗卫生管理体制和运行机制，提高县域整体乡村医疗卫生服务水平和服务效能。从基础条件、政府投入、人才培养、薪酬待遇、医保支付、对口帮扶等方面提出了一揽子改革举措。

【卫生监督】 2023年，措美县卫健委按照上级工作要求，积极开展公共场所监督检查30余次，办理公共场所许可证3个，深入实地开展职业病健康素养问卷调查30余人，开展学生常见病监测1180人，开展学生常见病健康影响因素问卷调查900余人，开展枯水期水质检测29份、丰水期水质检测58份。

卫生服务

【概况】 2023年，措美县卫生服务中心编制床位18张，实际开放床位30张。卫生服务中心建设ICU，并收治1名危重病人进行救治。藏医院适宜技术放血部分（措

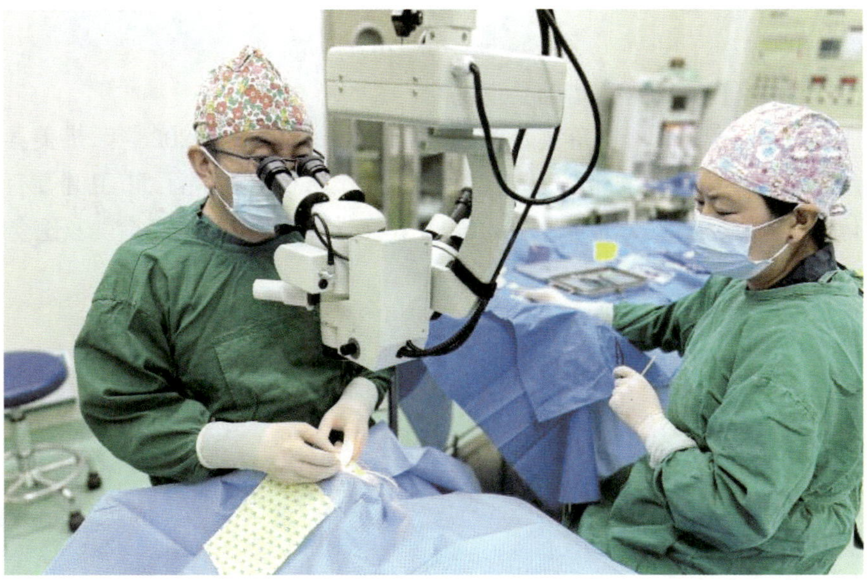

2023年5月17日，措美县卫生服务中心开展患者神经阻滞麻醉下行左眼白内障囊外摘除联合人工晶体植入术

桑、达热、寨咋、色懂、欧懂、纳籽、培根夏仁、杰咋、同咋、索咋、如通、初堆、岗咋、庆赤洞咋、赤巴夏仁、丘色夏仁)等44种穴位放血疗法；适宜技术艾灸部分(18个后桑、15个前桑、12个头桑、25个四肢桑共70个穴位放血疗法)；涂搽疗法、按摩、推拿疗法、针灸、烤电、牛角吸(查庸和岗吉)、火罐(查庸和岗吉)、药浴(药浴杰巴、足浴、熏蒸、头浴)；牵引(腰椎牵引、颈椎牵引)；果迴仁青租泻、布迴、尼如哈、16种卡擦疗法。卫生服务中心(藏医院)2023年门诊人次17695人次,住院174人次。2023年未发生医患纠纷。

2023年9月8日，措美县卫生服务中心在哲古牧人节开展义诊、送医送药活动

【医疗科技发展】 2023年,措美县卫生服务中心独立完成白内障手术、翼状胬肉术、牙科玻璃离子充填术、无痛胃镜、无痛人流、阴道镜等新技术。全年开展白内障手术27例人次,翼状胬肉术4例人次,牙科玻璃离子充填术177例人次,无痛胃镜2例人次,阴道镜49例人次。

【护理保障】 2023年,措美县卫生服务中心护理部,严格落实各项制度,并在援藏老师的带领下,急诊体系更加完善,多次学习急救的各项措施及技术,强化护理工作人员的操作技术,提高急救意识；2023年住院病人174人次,输液人数约1000人,手术人数30余人。

【基础设施建设】 2023年,措美县卫生服务中心为进一步强化医疗卫生机构服务职能,建立健全医院运行机制,藏医院3月建设适宜技术推广中心,建立高压氧舱,改善医院医疗服务环境,提高医院服务能力,为医院的高质量发展提供有力的保障。

【专业人才培养】 2023年,措美县卫生服务中心按照区、市卫健委有关文件要求,不断提高措美县医务人员医疗技术水平,结合措美县卫生服务中心的实际,先后派人到院外参加学习,培训,选派两名副主任医师分别到其他省市和区内进行为期1年培训,选派45名医护人员到市人民医院、市藏医院等上级医院进行短期培训。

【对口受援】 2023年,安徽援藏专家共派了3名援藏,1名长期援藏(3年),任卫生服务中心院长；2名短期(6个月)援藏医生,在妇产科、ICU工作。年内,援藏医生在哲古牧人节、敬老院等参加免费送医送药义诊活动,院内开展10次业务培训,开展送医送药义诊活动5次。

文化·广电·旅游

文化文物

【概况】 2023 年，措美县第一批文化站是乃西乡文化站，建于 2010 年，建设面积 282 平方米，室外活动面积 120 平方米，设置有多功能厅、图书阅览室、电子阅览室、文体活动室等功能用房，多功能厅配备音响、投影仪等设备。其余三个乡镇 2010 年后相继建成。

【文化艺术】 2023 年，措美县文化（文物）局积极推出艺术创造演出，原生态舞蹈《扎扎打奶歌舞》，农牧民群众中学习宣传国家通用语言的小品《求学心切》、小品《幸福晚年》，歌颂党的惠民政策的相声《二十大精神像金色的太阳》，以铸牢中华民族共同体意识为主线的舞台剧《文成公主》等创作了一批群众喜闻乐见的节目。

【公共文化服务】 2023 年，措美县文化（文物）局举办五个培训班，分别为：措美县文化振兴之哲古藏戏队教育培训班、措美县文化振兴之野保人员及非遗传承人学习国家通用语言培训班、措美县文化振兴之文化工作者能力素质提升培训班、措美县文化振兴之“乐之声”扎念琴培训班、措美县文化振兴之艺术团秋季业务培训班，参训学员共 102 人。投入 25 万元用于哲古镇卓德村文化墙建设，文化墙不仅包含了文化自信内容，还与各相关业务部门沟通，设立了生态文明、法治、乡村振兴工作等专题宣传栏。为深入推进全民阅读，发挥公共图书馆的服务职能，2023 年打造老干部活动中心流动图书站点、退役军人活动中心流动图书站，截至年底，全县共有 7 个流动图书站点；并为县中队、月光酒店、维稳指挥部购买图书 600 余册，不断满足全县干部群众的精神文化需求。

【对外文化交流】 2023 年，措美县文化（文物）局积极推动文化“走出去、引进来”工程，于 12 月组织

2023年9月9日，“多彩措美　相约哲古”第十四届哲古牧人节文艺演出

人员到安徽宿州市、淮北市开展基层文化交流及考察文旅产业，不断增强措美文化自信和文化实力，提升措美影响力和知名度，深化皖藏两地的交往交流；积极对接西藏电视台，将措美歌舞搬到更大的平台，到西藏电视台录制《吉祥晨曲》和《欢笑2024》两台节目。同时，艺术团在完成日常下乡巡回演出工作的同时，到浪卡子县、隆子县开展文艺交流活动，并积极参与各类文艺专题汇演，开展了“党的光辉照边疆、边疆人民心向党”庆祝中国共产党成立102周年文艺汇演、“军民鱼水情　共筑中国梦——送文化进军营”演出、“大地欢歌　夏季村晚”文艺演出、圆满完成牧人节、物交会开幕式演出，共开展各类文艺演出类活动84场次，观众人数达17600余人次。

【文化市场安全】 2023年，措美县文化（文物）局结合各类宣传教育活动开展法律法规宣传教育，为广大群众宣传讲解关于文化市场综合执法和“扫黄打非”等法律法规知识，发放宣传资料共400多份，同时加大对文化市场和出版物市场进行日常检查力度，规范市场环境。共出动执法人员80人次，检查网吧、歌舞娱乐场所、书店、打字复印店等文化市场20余家。

【文物保护】 2023年，措美县自治区文保单位——卓德寺设立文物展览室，使文物“活”起来，同时加大对文保单位的巡查力度，年内，对全县23处文保单位进行文物责任挂牌公示，并每月开展2次文保单位的消防安全检查工作，筑牢文物安全防线。按照全市寺藏文物复核工作相关要求，积极联合县委统战部、县公安局国保大队、民宗局、涉及文物复核工作的文物保护单位寺管会等有关部门配合文物复核工作，采取查阅资料和走访寺庙相结合的方法，严谨求实地开展清查、记录、摄影、测量、编录等文物复核工作，全年完成13座寺庙的寺藏文物复核工作，通过复核，新增文物48件，现共计文物639件。2023年，措美县文化（文物）局投资300万元玛悟党寺边坡加固及设施保护项目于8月29日开工建设，11月中旬该项目进行自验和竣工初验。

【非遗保护】 2023年，措美县文化（文物）局非遗普查工作成果显著，自非遗普查工作实施以来，文化局高度重视，组织人员深入四个乡镇、村居开展挖掘和抢救濒危文化工作，经认真调研，挖掘了拉顶寺羌姆、古堆谐钦、鲁古琼传统染色技艺。启动国家级非物质文化遗产——扎扎服饰推广项目，投资68万元。通过40天对20名农牧民群众的技能培训，使更多群众掌握扎扎服饰的制作工艺，储备扎扎服饰制作工匠的人才，在普及扎扎服饰的文化背景及历史价值的同时，使得扎扎服饰的制作和使用更加广泛，制作技艺传承更加规模化体系化。

措美县国家级、市级、县级非物质文化遗产代表性项目一览表

表7

序号	项目名称	项目类别	项目级别	项目地点	项目传承人	备注
1	扎扎服饰	技艺类	国家级	哲古镇扎扎村	阿旺旦达	
2	扎扎打奶歌	民间音乐	市级	哲古镇扎扎村	边　巴	
3	玛悟觉羌姆	传统舞蹈	市级	措美镇当许社区	古桑吉米	
4	热巴吉念	传统舞蹈	县级	乃西乡鲁美村	次仁旺旦	
5	哲古牧人节	民俗节庆	县级	哲古镇哲古社区	索朗拉姆	
6	恰诺银器加工技艺	传统技艺	县级	措美镇当许社区	旺　堆	非遗工坊县级
7	颇尔谐	民间音乐	县级	哲古镇哲古社区	古桑卓嘎	
8	农区打奶歌	民间音乐	县级	措美镇雪热村	次仁曲培	

续表7

序号	项目名称	项目类别	项目级别	项目地点	项目传承人	备注
9	铲歌“甲谐”	民间音乐	县级	措美镇雪热村	其米卓玛	
10	打锤歌“拓谐”	民间音乐	县级	措美镇雪热村		
11	古堆“退瑞”	消费习俗	县级	古堆乡扎西松多村	旦增多吉	
12	娘氏藏香	传统技艺	县级	措美县当许社区	久米扎西	
13	哲古藏戏	传统戏剧	国家级	哲古镇哲古社区		
14	当许藏戏	传统戏剧	国家级	措美镇当许社区	仁增卓玛	

档案与地方志

【档案馆建设】 措美县综合档案馆于2015年4月至9月进行开工建设，2017年4月正式投入使用，建筑面积700平方米、总投资196万元。馆藏最早档案为1959年的文书档案，最晚为2022年的文书档案，现有馆藏80个全宗号。截至年底，县档案局、县档案馆已接收进馆1959年至2000年期间的各类文书档案共2555卷(册)，2001年至2022年期间的文书档案共2699盒62300件、企业工人退休人员人事档案(24)人、企业工人死亡人员人事档案(1)人；印章4盒60件，门牌22件。

【业务指导】 2023年，措美县档案局、县档案馆创新工作思路，改进工作方法，提高档案工作服务能力，形成“走出去+请进来”的档案业务指导方式，提高档案管理工作水平，使全县档案管理工作走向规范化、标准化、科学化。同时，县档案局、县档案馆克服档案工作烦琐、人员紧张等困难，深入各乡(镇)、县直各单位采取实地查看、面对面讲解，通过电话和微信交流群指导业务基础操作知识等方式，加强对全县各单位档案收集整理、分类归档、保管利用等方面的业务指导，使档案专(兼)职人员更好熟悉档案业务，强化档案意识，增强档案业务能力。年内，开展业务指导2次共100余人参与，其中综合业务指导90余人。

【档案征集】 2023年，措美县档案局、县档案馆为发挥档案“存史、资政、育人”的重要作用，利用电视、微信、走访等多种方式宣传征集本县涉及红色历史、本土特色、脱贫攻坚、抗击自然灾害和重大突发公共事件等内容的具有保存价值的档案资料。年内，开展宣传征集5场次，发放征集宣传资料500余份。

【法规宣传】 2023年，措美县档案局、县档案馆利用“6·9”国际档案日和“6·10”综治宣传日以及全县文秘培训会等时机，向广大干部群众宣传宣讲《中华人民共和国档案法》和普及档案知识，让干部

2023年11月15日，措美县档案工作人员在廉政广场开展档案宣传活动

2023年5月12日，档案业务骨干人员在县直单位进行业务指导

群众了解档案工作的重要性、知晓档案法律法规，让档案知识进一步深入人心，形成人人保护档案、支持档案工作的良好氛围。全年发放宣传资料500余份，汉语和藏语版的档案宣传布袋320余份、宣传海报120余份，现场咨询解答30余人次。

【档案管理和资源利用】 2023年，措美县档案局、县档案馆严格按照档案安全管理相关要求，认真落实档案库房“防火、防虫、防盗、防尘、防高温、防光”，定期检查库房内防火设施，认真抓好档案保管和保护工作，加强保密防范，严防失窃密，确保档案安全。在加强档案安全管理工作的同时，还积极做好档案服务利用工作，进一步完善服务质量，把服务工作提升到新的水平，为社会各界人士提供优质的档案利用服务。截至年底，档案利用服务80人次，260余件。同时，完成档案年报统计工作，由县档案馆负责指导，各单位指定专人，统筹开展全县2023年度档案年报统计工作，确保档案信息资源的真实性、准确性。

【地方志编修】 2023年，措美县地方志办公室在县委、县政府的正确领导下，在市地方志办的指导下，方志、年鉴稳步推进。年内，及时协调自治区、山南市方志办继续修改审核《措美县志（2001—2010）》内容。审核修改《措美年鉴（2022）》内容，及时收集《措美年鉴（2023）》材料，按照相关要求，做好购买《措美年鉴（2023）》第三方服务程序，并实施了《措美年鉴（2023）》的编修工作。

藏语言与编译

【理论学习】 2023年，措美县藏语委办（编译局）结合开展主题教育，持续深化政治忠诚教育，对党支部进行政治体检，不断提高党员干部的政治判断力、政治领悟力、政治执行力。年内，支部开展集中学习35次。自主题教育工作开展以来，依托“三会一课”，集中理论学习13次、制定问题清单2条并完成销号；深入村社区开展宣传宣讲4次；开展座谈会2次；开展调研2次、形成调研报告1篇；抓好意识形态工作并召开2次专题会议。

【业务学习】 2023年，措美县藏语委办（编译局）结合集中学习和利用业余时间组织学习藏汉版西藏日报和山南日报、自治区规定的新名词规范术语以及翻译技巧等方面刊物。平日里局内互相探讨藏汉翻译技巧以此来提高自身的业务能力，在局内形成良好的学习氛围，增强翻译理论及业务知识，为建设学习型、书香型编译机关，营造良好的学习氛围。

【社会用字监督管理工作】 2023年，藏语委办（编译局）主要对县城及各乡镇道路指示牌、街面广告招牌、企事业单位和机关团体名称以及其他具有公共性、示意性的藏语文社会用字的错字、错拼、错译等不规范问题进行监督检查，下发整改通知书并提供规范写法，督促整改。年内，开展藏语文社会用字监督检查共18次，发现问题和提出整改建议73条，整改率90%。为有效推进藏语文社会用字末端治理和有效监督全县藏语文社会用字情况，借助社会各界力量、共同促进措美文字和谐，维护县城形象。年内，2月15日召开措美县规范社会用字部署会；6月13日召开广告从业人员规范社会用字轮训会，并签订措美县规范社会用字责任书、建立微信群校对社会用字20余次。7月26日，开展涉及

2023年5月19日，西藏自治区藏语委办（编译局）党组成员、副主任（副局长）次仁玉珍（左三）一行到措美县开展学习贯彻习近平新时代中国特色社会主义思想主题教育专题调研及社会用字检查指导工作

汉语和藏语社会用字较多的10家责任单位开展交流座谈会；10月16日，召开规范藏语文社会用字交流会；11月23日，召开藏语文社会用字义务监督员座谈会，从4个乡镇、寺管会、政协委员、宣传、统战等11家单位中聘请汉语和藏语能力较强的11名义务监督员。

【藏语文普及】 2023年4月6日至4月7日，县藏语委办（编译局）邀请拉萨市藏语委办（编译局）尼玛顿珠老师、山南市藏语委办（编译局）党组织成员、副局长索朗扎西等翻译资深专家开展基层翻译骨干培训1次，来自4个乡镇、5个寺管会以及县直有关部门从事汉语和藏语工作人员共23人参加培训。于3月28日、11月8日、11月13日，分别深入古堆乡帕仓村、哲古镇宗宗村、乃西乡恰杂村开展“铸牢中华民族共同体意识”暨汉藏语法及互译知识竞赛活动，帕仓村46名村民、宗宗村46名和恰杂村29名村民参加，共发放价值7220元的奖品，同时发放党的二十大报告金句及刻有汉语和藏语的宣传物品，进一步激发各族群众凝聚力、向心力和爱国、爱党情怀。年内，县藏语委办（编译局）到措美县中学、措美镇小学、哲古镇小学、扎杂小学、古堆乡小学开展助力“书法进校园”活动，共送去价值1.6万余元的书法字帖、本子、笔等书法文具。

2023年4月6—7日，县藏语委办（编译局）举办措美县第一期基层翻译骨干培训班。图为培训结业合影

【翻译编译】 2023年，县藏语委办（编译局）为确保两会的声音准确无误地传遍基层的每个角落，及时召开内部会议，统一思想、集中力量、合力攻坚，克服人员少、任务重的困难，及时完成两会材料的翻译任务，共翻译258页；平时承担全县各单位、群众、商铺等各领域的所有翻译工作需求，县直机关各单位的翻译共540余页，能够做到哪里有翻译工作的需求，哪里就有编译工作者的付出，更好地践行以学促干和改进作风狠抓落实的工作作风。本年度共翻译800余页。

【重大事项】 2022年11月7日至12月17日，十届县委第三轮巡察三组对县藏语委办（编译局）开展巡察。2023年1月11日召开反馈会，反馈了关于贯彻党的理论和路线方针政策、党中央重大决策和自治区委、市委重要部署和县委要求有落差等3个方面10个具体问题。

广播电视（融媒体）

【广播电视宣传】 2023年，措美广播电视台围绕区市县各级党委、政府的决策部署和中心工作确立宣传重点，积极策划选题，在把握大势上做文章、在突出重点上下功夫，巩固壮大主流思想舆论，及时宣传报道县委、县政府重大决策部署要求，大力宣传措美经济高质量发展进程中所采取的措施、取得的成效以及典型案例、典型事迹等，做党和人民信赖的新闻工作者。2023年，向市台提供各类优质稿件166条，山南台采用82条，西藏台采用8条。

【节目内容审查】 2023年，措美广播电视台严格落实《措美广播电视台电视节目播出重播重审制度》《措美广播电视台稿件三审三校制度》《措美广播电视台安全播出制度》，认真做好自办台《措美新闻》"措美融媒"抖音号等审查、播出工作，确保节目播出过程中的内容安全，实现广播电视安全播出零事故。2023年，未出现安全播出事故。

【广播电视事业】 2023年，措美广播电视台投资200万元的制播能力建设、190万元县融媒体中心演播室装修项目、28.4万元的应急广播备用电源建设项目和26.3万元的无线数字化覆盖工程维护服务项目已投入使用，单位安保监控设备已正常使用。定期组织技术人员对各乡镇、村居应急广播进行维护，全县三级应急广播均正常运转。广电先锋作用凸显。设立"广电先锋·措美分队"户户通维修窗口，张贴广告牌，公布队员联系方式，方便群众维修维护设备。组织队员深入群众家中开展"户户通"设备维护，向农牧民群众详细讲解户户通设备安装、调试、使用和维修维护等知识，并讲解党的二十大知识以及各项惠民利民政策。

2023年8月1日，广电先锋措美分队在古堆乡扎西松多村开展户户通设备发放

【村村通建设】 2023年，措美广播电视台定期组织技术人员深入各乡镇、村居、学校、寺管会，开展"户户通""寺寺通"设备巡检维护工作，及时更换、维修损坏设备，做好广播电视服务保障工作；建设"北斗户户通"第三期试点村，完成"北斗户户通"第三期试点村措美镇玉美村和古堆乡帕仓村的411户的北斗第四代直播卫星安装工作。2023年，共计维修、调试"户户通"设备534台（其中包含试点村安装调试411台），其中更换高频头158个，卡具115套，F头88个，馈线17个，补AV线6根。全县广

2023年12月26日，措美广播电视台工作人员在集中观看点安装户户通设备

播电视覆盖率分别达到 99.8% 和 99.8%。

【媒体情况】 2023 年，措美广播电视台运行媒体平台有自办栏目“措美新闻”“措美融媒”抖音账号，“措美融媒”珠峰云账号，“措美融媒”微博账号，各媒体运行正常。

【节目播出】 2023 年，措美广播电视台自办栏目“措美新闻”于每周一、三、五晚山南新闻播完后播出，短视频在“措美融媒”抖音、“措美融媒”珠峰云、“措美融媒”微博同步推送。2023 年，在“措美融媒”抖音账号累计推送视频 601 条，点赞量达 5.2W，点击量达 692W+、在“学习强国”平台推送作品 48 条（篇），珠峰云平台推送作品 182 条（篇）。

【监督管理】 2023 年，措美县广播电视局联合县文化执法大队、市场监督局、公安局等相关单位定期开展非法卫星广播电视地面接收设施专项整治行动，规范广电行业秩序。联合其他单位检查开展 21 次，共计出动人员 55 人次，检查商店、酒店等共计 59 家。

旅游发展

【概况】 2023 年，措美县共接待区内外游客 11.03 万余人次，实现旅游经济收入 337.1 万元。

【旅游经营】 因本地旅游景区景点为开放性，故主要收入是由酒店、宾馆、家庭旅馆、售卖当地特色产品产生，2023 年，全县一共有 4 家宾馆酒店、9 家家庭旅馆、10 家民宿、当地特色产品主要有鲁古琼、波嘎雪菊、阿妈准蜂蜜、黑青稞糌粑等。全年共接待区内外游客 11.03 万余人次，同比增长 90%，实现旅游经济收入 337.1 万元，同比增长 108%，其中酒店和宾馆的收入为 158.62 万元，家庭旅馆收入为 43 万元，售卖当地特色产品收入为 43.28 万元。

【旅游行业管理】 2023 年，安全是旅游业发展的前提和基础，旅发局认真学习关于安全生产工作“十五条”硬措施，持续加大监督检查力度，积极协助县应急管理、消防大队、交警大队等相关职能部门，定期深入各旅游景区（点）、宾馆、酒店等旅游接待点，对旅游行业领域安全生产进行隐患排查工作，抓好火灾隐患、旅游道路交通安全、景区游览环境安全等方面存在的问题。2023 年度旅游发展局共开展相关旅游安全生产工作会议 13 次，开展安全检查 9 次，排查一般隐患问题 5 条。2023 年度未发生旅游安全事故，圆满实现了旅游业安全生产目标。

【旅游项目建设】 2023 年，实施 G219 山南段生态厕所及配套设施建设项目，该项目总投资为 814.12 万元，目前完工量为 40%，资金拨付量 50%。实施乡村振兴有效衔接哲古民宿改造项目，总投资为 150 万元，目前，该项目已完工并实施运营，10 户农户改造民宿，有效提高游客住房需求和当地农牧民的整体收入。

【旅游发展创新】 为进一步推动旅游业与多种业态融合发展，大力推广 G219 山南段旅游线路，创新“旅游＋体育”融合形式，在措美段开展 G219 集结赛暨极地金卡纳场地赛（措美段）活动，通过观赏沿线景区、表演歌舞、体验非遗服饰（扎扎服饰）以及展销特色产品等形式多样展现措美文化旅游新面貌，活动现场县旅发局负责人向执行组大力推介措美旅游资源，

2023年9月9日，措美县第十四届哲古牧人节

2023年9月8日，第十四届哲古牧人节演出现场

感受措美人民的热情，受到了摩旅骑手及上级旅游部门的肯定，此次G219集结赛暨极地金卡纳场地赛（措美段）活动以集结赛、极地金卡纳场地赛，带动G219沿线措美段旅游产业发展，增进文化交流，促进乡村振兴巩固提升起到了积极的推动作用。为扎实推进措美县“无废城市”建设，全面提升固体废物垃圾管理水平，旅发局积极推进哲古景区为“无废景区”创建工作，并于2023年底通过市级审核。

【招商引资】 2023年初，县委副书记、政府县长桑旦带领招商团队一行人，赴黑龙江、北京、武汉、成都4地开展招商对接工作。招商团队大力宣传县委、县政府今年全力以赴抓经济、千方百计谋发展、以招商引资为经济赋能的新举措，介绍了措美风光热储优势，宣传推介措美招商引资优惠政策、措美旅游资源，引发企业广泛关注。

【品牌效应】 哲古牧人节属于传统牧民节日之一，措美哲古牧人节于每年8月底9月初在哲古湖畔隆重举办。哲古牧区独特民俗风情和草原湖泊风光，提升措美在区内外的美誉度和知名度，着力发展措美旅游业，丰富旅游产品和业态，推动乡村旅游文化的健康稳步发展，传承传统节日，丰富群众精神文化生活，由中共措美县委、措美县人民政府主办，县旅发局、县文化局承办，多彩措美·相约哲古为主题的2023年第十四届措美县哲古牧人节于2023年9月7日在风景如画的哲古湖畔隆重开幕。此次牧人节共接待区内外游客、商户以及当地农牧民群众共2500余人次，其中区内外游客135人次，商户150余户，上市总额达4.5万元。

旅游景点

【国家AA级景区哲古景区】 哲古草原位于哲古镇，平均海拔4500米，草场总面积为4000多万亩。草原上随处可见野生动物，有国家一级保护动物藏野驴、盘羊、黑颈鹤、雪豹、丹顶鹤；国家二级保护动物岩羊、黄羊、银狐、猞猁、雪鸡、水獭、旱獭、灰鸭、斑头雁、豺狼等。

置身哲古草原，仿佛置身世外桃源。绵延千里的绿地毯，把每一个到草原的人都当作最尊贵的客人；高耸入云的雪山，始终招着手，向每一名来这里的人表达着最热烈的欢迎；湛蓝的天空点缀着朵朵白云，见证了哲古这片土地的沧桑巨变，轻轻的微风不断诉说着文成公主一个又一个的传奇故事；体形硕大的秃鹫，在时间的长河里，不知疲惫地在天堂翱翔；胆大的野生动物，见有生人临近也不会立刻跑掉，你走它也走、你停它也停，它们始终注视着你，注视着每一个远方来的客人。

【哲古湖】 哲古湖位于哲古草原上，面积60多平方千米，平均水深20多米。冬季湖面晶莹剔透，犹如一面明镜镶嵌在草原上；春夏季节，湖水波光粼粼，与蓝天相接。湖内生长着各种无鳞鱼，湖面上鸟类聚集，湖四周则是一望无际的广阔草原和连绵起伏的雪山。湖的正前方是洛扎县境内连绵起伏的雪山，犹如巨龙起舞，与夕阳相映，与天地争辉；后方是雄伟壮丽的雅拉香布雪山，直耸云端，用她的洁白和魁伟诠释着藏民族的文化内涵。

泛舟湖上，尽览湖光山色，令人心旷神怡。成群的野鸭、鸳鸯、灰雁、斑头雁、天鹅、红嘴鸥等在湖中追逐嬉戏，水下鱼儿畅游，为您编织出一幅美丽的童话，形成了哲古草原诗一般的画卷。湖岸润泽了千亩湿地草场，是牛羊放牧的去处，更是野生动物的天堂。湖旁有一温泉，据考证，该温泉具有治疗皮肤病、关节炎等疾病功能。游览了一天，到温泉泡泡澡，会顿觉轻松，精神倍增。

哲古湖和哲古草原相守相依，犹如血脉相连的姐妹。那碧波荡漾的湖面，一碧万顷的绿草，远处连绵起伏的雪山，湖边成群神态悠闲的牛羊，还有驻足观望的藏野驴、野黄羊等野生动物，融合在这蓝天白云之下，对于久居城市的人来说，真是别有一番滋味在心头。

哲古草原

【藏南朝圣古道第一刹——玛悟觉寺】 玛悟觉寺位于措美县东北侧玛悟觉山腰上，海拔 4500 米，于 12 世纪中叶，由藏传佛教宁玛派伏藏大师阿达·娘尼玛维色始建，至今已有 900 余年的历史。藏传佛教后弘期被誉为藏南朝圣古道第一刹。从修建至今，始终传承藏传佛教宁玛派。寺庙主供密宗事部三怙主，即佛部文殊、金刚部金刚手和莲花部观世音。“藏南朝圣古道”历史悠久，玛悟觉寺恰为“藏南朝圣古道”第一关，据传“藏南朝圣古道若未经玛吾觉寺，就仿佛掉了衣领的藏袄”，可见，该寺在藏南朝圣古道上所占的位置之高，藏南朝圣古道沿途的幽、奇、惊、险、奥、深的文化内涵，是西藏境内少有的独特的旅游资源。自古以来，系信教朝圣者一生中梦寐以求且必经的朝圣古道之一，是一处独特的风景线。

【恰拉脱岗雪山】 恰拉脱岗雪山位于措美县西南乃西乡恰杂村，最高海拔 6785 米，最低点位于措美县乃西乡与洛扎县交界处，恰杂村素有“麦雄”的别称，其意为水资源丰富，地域性的小气候，生物种类多样性，藏药材丰富，境内有 400 多种动植物及藏药材。公历 5—6 月雪山脚下大片的杜鹃花等相继开放，花香四溢，美不胜收，令人陶醉在花香中。恰拉脱岗雪山旁有一处神湖叫“古如拉错”，意为莲花生灵魂湖，如果你能虔诚膜拜湖里就能看到前世今生。

民族·宗教

综述

【概况】 2023年，措美县民宗局始终坚持把习近平总书记关于加强和改进民族工作的重要思想纳入各级党委（党组、党支部）理论学习中心组计划切实抓好干部教育，坚持把铸牢中华民族共同体意识作为党的民族工作和民族地区各项工作的主线，深入实施“四大工程”“六项行动”，措美县成功入围自治区民族团结模范县名单。并通过“请进来”“走出去”双模式，全方面掀起学习宣传新热潮，大力推广普及国家通用语言文字。2023年，措美县民宗局坚持把政治领导贯穿宗教工作始终，深入学习贯彻全国宗教工作会议精神，严格落实县委宗教工作领导小组2023年第一次会议精神，建立完善县级领导干部联系寺庙制度，每名领导干部每年定期走访调研不少于4次，了解僧人思想状况，协调解决实际困难，形成了县乡村三级书记、行业和属地联合抓好宗教工作的机制。

【民族团结进步模范区创建】 2023年，措美县民宗局全面贯彻《西藏自治区民族团结进步模范区创建条例》和《措美县民族团结进步模范区创建规划》，大力实施模范区创建“九进”活动，确保创建覆盖率达到100%，全年开展各类主题实践活动360余场次，创建自治区级模范单位2家、模范个人2名；市级模范单位14家；县级模范单位87家。成功承办全市民族团结进步创建互观互检现场会。

【民族交往交流交融】 2023年，措美县民宗局开展“三交”主题活动28场次；招商引资成功签约9个重大项目，协议投资近4.36亿元；成功举办14届哲古牧人节，全年接待游客11.03万人次；150名高校毕业生就业率达到99.3%。

2023年6月12日，措美县召开着力创建民族团结进步模范区工作领导小组第一次会议暨迎接中央民族宗教工作检查动员部署会议

【民族干部培训】 2023 年，措美县民宗局选派 6 名民族工作者、农牧民群众、村“两委”班子前往其他省市参观交流。

【宗教事务管理】 2023 年，措美县民宗局在全县宗教领域认真开展调研，争取 128 万元资金，实施扎玛寺等三座寺庙平安工程项目。累计投入 160 万元，完成了 16 座寺庙外部用电线路改造升级、玛悟觉寺地质灾害边坡治理、拉顶寺管会和扎西曲林寺管会基础设施改善项目、拉顶寺和日美拉康僧舍维修项目，有效消除了宗教领域安全隐患。

觉康拉康寺庙管理委员会

【宗教事务】 2023 年，觉康拉康寺管会严抓寺庙管理的政策底线，依法管理宗教事务，着力淡化宗教的消极影响。结合各项学习教育活动，教育引导寺庙僧尼和群众理性对待宗教，合理宗教消费；开展宗教标志物依法规范清理整治行动，对经幡、风马旗、哈达、玛尼石、煨桑炉等进行依法规范和处理；规范管理网上传播宗教，密切关注广大僧尼的微信、抖音等社交平台动向，依法打击非法网络传教。年内，开展政策法规宣传活动 40 余次，清理整治违建经幡点 3 处，违建煨桑点 1 处。

【利寺惠僧政策】 2023 年，觉康拉康寺管会强化法治宣传，持续开展法律进寺庙活动，常态化推进“四条标准”教育宣传，深化拓展“三个意识”教育，广泛在寺管会干部和寺庙僧人中开展政策法规学习和爱国爱教读书日等 30 余项接地气、聚人气的实践活动，核心价值观已经成为寺管会干部和寺庙僧人的自觉追求和行为规范，并高度重视宗教界人士培养，先后安排 20 名干僧参加区市县各类培训，安排 4 名僧人在正规宗教院校学习深造，特别是近几年培养工作中，觉康拉康僧人单增曲达所作的《众生为母，共创和谐》的阐释文章得到了自治区表彰和媒体报道，宗教界在创建工作中的作用得到更大发挥，共同的思想根基更加扎实。同时，持续开展寺庙僧人政治体检和问题查摆整改。

【文物保护与管理】 2023 年，觉康拉康寺管会寺庙文物保护工作中在原来文物部门登记造册的基础上，对文物进行逐一清点并统一在保险柜里保存，并由寺庙民管主任保管。安排专人值守文物储藏室。对不宜长期储藏和具有较高欣赏价值的文物，摆上展厅，供朝佛人员参观。安装监控探头，保障文物安全。实行保护措施，解决唐卡等文物长期储藏容易损毁的问题。加强寺庙消防安全隐患排查和整改工作，严格实行寺庙用火用电每日排查登记，确保文物安全。2023 年，经市、县民宗局同意，对觉康拉康东侧墙体地基下沉进行维修改造，项目进度 55%。卓德寺南面挡墙完成维修；县文化局投入 4.5 万元为卓德寺设立文物室。

【民族团结教育】 2023 年，觉康拉康寺管会始终把宣传引导作为创建工作的核心方式，紧密结合山南市宗教领域教育实践活动“强化四个重点，抓好四个结合”的工作要求，把民族团结进步创建工作的宣传教育和引导工作同“遵行四条标准　争做先进僧尼”教育实践活动和习近平新时代中国特色社会主义思想主题教育活动、“法律进宗教场所”普法宣传活动、疫情防控健康常识教育、《藏传佛教活佛转世管理办法》的宣传教育活动有机

203年5月23日，觉康拉康寺管会开展“三个意识”教育宗教界人士书法比赛

结合，通过驻寺干部用身边事讲政策，僧尼宣讲员结合自身谈体会等方式增强宣讲活动的感染力和吸引力，在片区形成了“人人讲团结，共同谋发展”的良好氛围，使“汉族离不开少数民族，少数民族离不开汉族，少数民族之间也相互离不开”的思想成为寺管会干部和僧众思想上的共识和自觉行动；同时寺管会利用干僧一对一结对管理帮教为主，干僧分组学教为辅的宣讲工作模式，以交心谈心的形式开展一对一宣讲和引导，了解僧人思想动态，教育引导僧人自觉维护祖国统一和民族团结；教育引导僧人牢固树立“四个意识”，坚定“四个自信”，坚决做到“两个维护”。截至年底，在辖区僧人和信教群众中共发放《西藏自治区民族团结进步模范区创建条例》30余册，发放《民族团结知识手册》45册，制作悬挂大型广告牌2块，张贴宣传标语10余条，宣传覆盖率达95%以上。

【自身建设】 2023年，党康拉康寺管会根据寺管会教育、管理、服务工作职能要求，严格执行《宗教事务条例》《山南市寺庙管理委员会干部管理制度》《山南市寺庙管理委员会干部请销假制度》等相关法规政策。以开展学习贯彻习近平新时代中国特色社会主义思想主题教育为契机，进一步提高政治站位，深化思想认识，切实为推进宗教中国化和辖区宗教领域长治久安提供坚强的保证。广泛听取寺庙僧人的意见，研究制定并认真执行《党康拉康寺管会干部工作纪律》《党康拉康寺管会干部寺内言行规范》，提高干部自身素质，推进寺庙工作的有效开展。结合寺管会和片区工作的实际，完善《党康拉康寺管会干部考勤制度》《寺庙文物保护管理制度》《寺管会党支部学习制度》等32项制度，明确寺管会干部职责，规范干部管理制度，确保寺庙各项工作顺利开展。

措美县扎西曲林寺管理委员会

【宗教事务】 扎西曲林寺管会坚持把党建工作纳入重点议事日程，做到党建工作与业务工作同安排、同部署、认真贯彻落实“三会一课”、组织生活会、“三务”公开等党内规章制度，严格按照1带7和基层党组织标准化建设工作要求，认真学习区、市、县有关重大会议精神，不断加强思想政治工作。累计开展集中学习12次、专题学习5次，召开研讨交流3次。召开支部委员会12次、组织生活会、民主评议党员1次，开展12次主题党日。践行“绿水青山就是金山银山”理念，在海拔4500米以上种树，成活率达95%以上，积极争资立项47万余元，提升寺管会基础设施，协调上级部门提升寺管会道路项目落实落地，上级部门投入90万元治理扎玛寺地质灾害隐患点，确保辖区寺庙持续和谐稳定。开展“爱国卫生运动”清理整治寺庙拉康周围卫生，共15次。依法审批宗教佛事活动1次。深入开展宗教界“四条标准”“三个意识”专题宣讲活动20余场次，专题研讨1次，宗教界代表人士宣讲1次，联系寺庙县级干部宣讲2次，教育引导僧众做到旗帜鲜明，坚决反对分裂，维护祖国统一。充分利用3·28、七一、国庆等节点，开展“谈新旧西藏对比”、知识竞赛，收看《向光明：西藏民主改革60周年》（第三部四集）等一系列实践活动，进一步铸牢中华民族共同体意识，增进“五个认同”。“以培带学”“以宣带学”模式，推广普及国家通用语言文字，组织僧人参加国家通用语言文字演讲比赛和书法比赛，促进从“学习”到“实用”的转变。深入各辖区寺庙、拉康僧人中宣传习近平新时代中国特色社会主义思想、《反分裂国家法》、《宗教事务条例》等，教育引导僧人增进“五个认同”。共30余场次宣讲，出动宣讲员20余人次，发放宣传资料300余份。

【利寺惠僧政策】 2023年，扎西曲林寺管会辖区各寺庙拉康全面实施“九有”工程，均已覆盖。在开展“六个一”活动中，按照上级要求，寺管会每名干部与三至四名僧人结对帮扶，与僧人交朋友，制定寺管会干部与僧人联系卡，详细建立僧人档案，深入走访僧人家中，加强与僧人家长之间的沟通联系，为僧人和僧人家庭办实事、解难事。通过走访，对家庭较为困难的僧人进行慰问，解决力所能及的问题。先后走访帮扶家中宣传政策36场次，送去慰问金6000余元，开展联系僧人家访活动62场次，谈心交心活动42场次，送去慰问金4500余元。组织干部、民警、僧人最切身利益的养老保险和医疗保险相关政策进行宣传，切实解决了僧人最关心、最直接、最现实的问题。

2023年3月28日，扎西曲林寺管会开展书法比赛活动

【文物保护与管理】 2023年，扎西曲林寺管会在县委、县政府、县委统战部（民宗局）和县文物局的坚强领导和支持下，扎西曲林寺管会辖区宗教领域认真落实党的宗教工作基本方针，贯彻执行区、市、县决策部署，实施加强和创新寺庙管理工作，实现宗教领域和谐稳定，同时实施系列寺庙文物保护工程和利寺惠僧项目，极大地改善寺庙基础设施条件，从而为寺庙文物保护起到了很好的作用。

【民族团结教育】 2023年，扎西曲林寺管会将民族团结进步创建活动作为一项长期的重要日常工作，牢固树立“三个离不开”思想，提高对创建民族团结进步活动重要性的认识。寺管会充分发挥宗教界代表人士作用，土登格列作为一名市人大代表、县政协委员，在广大信教群众中积极宣传党的民族政策和民族团结内容，积极教育引导广大信教群众，现在的生活来之不易，要珍惜眼前大好时机，爱国爱党爱社会主义，感党恩、听党话、跟党走，要明白“团结稳定是福，分裂动乱是祸”的道理，经常在僧人中强调：“不利于民族团结的话不说，不利于民族团结的事不做，使民族团结之花四季常青。”2023年强秋林寺、布朵寺创建为措美县第三批民族团结进步模范单位，共宣传25场次（其中僧人中宣传20次、信教群众中宣传4次、汉族民工中宣传1次），发放宣传资料500余份。

【自身建设】 2023年，扎西曲林寺管会按照“教育、管理、服务”三大工作职能要求，按照《扎西曲林寺管会工作纪律》，定期召开寺管会干部职工会议，通过座谈会形式查找自身不足，并要求自觉限时整改，提高干部职工自身素质，改变工作作风。完善《扎西曲林寺管会党支部学习制度》《寺管会党支部“三会一课”制度》《寺管会考勤制度》《寺管会干部行为规范“十不准”》等各项制度，落实寺庙文保、财务、综治、消防、学习、生活等规章制度，确保寺管会工作顺利进行。认真贯彻落实党的民族宗教政策，严格按照自治区委、区政府的部署要求，扎实做好本职工作、不断创新工作方法，切实把寺庙管和谐、管稳定，引领宗教与社会主义社会相适应。广交深交僧尼朋友，经常走访僧尼家庭，了解僧情僧愿望，驻寺干部与僧尼之间建立了深厚的感情。根据广大僧人的实际需要，加强对广大僧尼的关心和爱护，为他们解决了日常生活中的各种困难，使广大僧人切身感受到来自党和政府的关怀和温暖。通过法治宣传教育增强了僧尼们的爱国意识和法治意识。僧人们向游客和信教群众宣传文物保护法律法规，进一步做好寺庙文物保护管理工作。

玛悟觉寺管理委员会

【宗教事务】 2023年，玛悟觉寺管会严格落实“三个不增加”政策底线和“五项管理意见”要求，以主题教育检视问题为契机，深入寺庙僧人中走访调研6次，查摆检视问题5个，已全部整改到位。严格执行寺庙寺规僧约、财务报销等各项规章制度，及时更新僧人信息档案。认真开展宗教活动场所基础数据采集工作，巩固拓展寺庙财税监管成效，严格落实宗教佛事活动审批制度，确保玛悟觉寺“次久跳神节”传统佛事活动安全稳定，宗教工作法治化进程明显加快。依法审批寺庙建设修缮事宜，积极向上级部门争取资金7万元，寺庙自筹3万元进行修缮寺庙千灯房，切实做到了知责于心、担责于身、履责于行。

【利寺惠僧政策】 2023年，玛悟觉寺管会坚持“五个有利于”标准，把“改善民生，凝聚人心”作为着眼点和着力点，全面落实寺庙僧人医疗保险、养老保险等各项利寺惠僧政策。执行寺管会干部联系僧人机制，2023年共开展僧访家访34次，发放僧人家访慰问资金0.8万余元。组织寺管会干警和寺庙僧人共开展环境卫生整治活动9次，清理垃圾10余吨，干僧共同植树造林活动2次，种植树苗250棵。同时，2023年自治区文物局投入资金300万元，对寺庙地质灾害边坡治理维修项目建设；市自然资源局投入100万元，县政府投入10万元，对寺管会挡墙维修和院内硬化；县政协投入资金5万元，对寺管会澡堂进行改善；县政府投入资金11万元，对寺庙大门进行维修。在各级党委、政府的关心关怀和相关部门的大力支持下，改善寺庙僧人、寺管会干部的工作、修行和生活条件，不断提升寺庙僧人的获得感、幸福感和寺管会基层党组织的整体面貌。

【文物保护与管理】 2023年，玛悟觉寺管会为了有效管理和保护寺庙文物，寺管会严格按照区委、市委、县委决策部署，深入贯彻落实习近平总书记关于文物安全工作的重要指示批示精神，严格贯彻《中华人民共和国文物保护法》，建立每月文物排查制度，认真开展寺庙文物、消防、地质灾害等安全隐患排查，及时化解排查中发现的问题，确保寺庙文物安全。

【民族团结教育】 2023年，玛悟觉寺管会以铸牢中华民族共同体意识为主线和战略性任务，认真开展党的二十大精神、“三个意识”教育、民族团结进步创建、藏传佛教活佛转世、法律进寺庙、网络安全等学习宣传工作，圆满完成市级民族团结进步创建互观互检宗教活动场所观摩点各项任务，得到各级领导的充分肯定。充分发挥玛悟觉寺“爱国爱教读书室”“僧人兴趣学习班”的作用，开展反分裂斗争、普及推广国家通用语言文字、爱国爱教读书日、书法比赛、知识竞赛、篮球比赛等实践活动，寺庙僧人的“五个认同”“三个意识”更加牢固，“感党恩、听党话、跟党走”的信心和决心更加坚定。

2023年4月12日，玛悟觉寺管会开展“履行义务植树　共建美丽寺庙”主题植树活动

【自身建设】 2023年，玛悟觉寺管会严格按照主题教育“学思想、强党性、重实践、建新功”总要求，认真组织党员干部，深入学习贯彻落实习近平新时代中国特色社会主义思想和党的二十大精神，深入学习习近平总书记关于宗教工作的重要论述和自治区第十次党代会精神，不断用党的最新理论武装头脑，指导实践，自觉做到政治上的明白人，着力提高党员队伍的理论素养。坚持以学习《中国共产党章程》《中国共产党纪律处分条例》和《中国共产党廉洁自律准则》为主要内容，抓好党纪党风建设，强化党员干部政治纪律和组织纪律。以意识形态教育为重点，狠抓学习宣传，不断提高政治敏锐性和政治鉴别力，筑牢党员干部思想意识防线。

拉顶寺寺庙管理委员会

【利寺惠僧政策】 2023年，拉顶寺管会在藏历年来临之际，组织全体干警开展“春风送温暖、激发感党恩”系列慰问活动，向全体僧人送去价值2000余元的慰问品；发挥干僧结对机制，开展了送教上门服务活动、交心谈心交朋友活动共30余人次；结合“改进作风狠抓落实”工作，开展“改作风、促团结，办实事、解民忧”主题活动，及时解决寺庙排水不畅问题、开展寺庙大院环境卫生整治活动、为僧人理发等活动。进一步拉近了干僧距离，让广大僧人深切感受到惠从何来、惠在何处，提高了广大寺庙僧人的获得感、幸福感、安全感。

【文物保护与管理】 2023年，拉顶寺管会文物保护与管理工作以“下好先手棋、打好主动仗”“谋长久之策、行固本之举”的要求，集中力量，以落实文物保护与管理目标责任制和领导责任制为核心，全面强化文物保护与管理工作；确保国家文物安全，确保平安寺庙目标，营造较好的文物保护与管理环境。2023年，拉顶寺管会签订文物安全目标管理责任书2份、开展《中华人民共和国文物保护法》宣传10余次、开展文物消防安全检查20余次。

【民族团结宣传教育】 2023年，拉顶寺管会把开展好民族团结进步示范寺庙创建工作同学习宣传党的二十大精神、“三个意识”（国家意识、公民意识、法治意识）教育活动、“遵行四条标准　争做先进僧尼”（政治上靠得住、宗教上有造诣、品德上能服众、关键时刻起作用）教育实践活动、“四讲四爱”（讲党恩爱核心、讲团结爱祖国、讲奉献爱家园、讲文明爱生活）群众教育实践活动紧密结合起来，并贯穿寺管会全年工作中，引导广大僧人切实以实际行动践行“四条标准”（政治上靠得住、宗教上有造诣、品德上能服众、

2023年4月11日，拉顶寺管会开展“中华民族一家亲、同心共筑中国梦”主题联谊活动

关键时刻起作用），努力争当感党恩、听党话、跟党走，关键时刻起作用的爱国爱教僧人，掀起了“手拉手、心连心，共同谱写民族团结新篇章”的热潮。年内，制定拉顶寺管会2023年度民族团结进步创建活动方案和宣传方案，并召开部署会，对宣传教育工作进行了周密部署。先后开展党的二十大、中央第七次西藏工作座谈会、习近平总书记关于西藏工作的重要论述和加强民族团结、建设美丽西藏的重要指示、民族团结语音宣传内容等为主要内容的宣讲活动50余场次，法律知识测试2次、语言内容转载18次。为了使民族团结进步创建活动取得成效，拉顶寺管会进一步创新工作思路，拓宽实践载体，开展谈心交朋友、共学双语促友谊、栽花种草促团结、互赠书法增情谊、共进午餐增感情等为内容的“中华民族一家亲”主题联谊活动；“春风送温暖、激发感党恩”系列慰问活动；“营造氛围　增添年味”活动；教义阐释三月行动、消防演练及培训活动等一系列接地气、惠僧众的教育实践活动，为拥护“两个确立”、增强“四个意识”、坚定“四个自信”、做到“两个维护”，教育引导藏传佛教中国化方向和藏传佛教与社会主义社会相适应奠定了基础。

【自身建设】 2023年，拉顶寺管会党支部树立“围绕业务抓党建，抓好党建促业务”的工作理念，强化“不抓党建是失职、抓不好党建是不称职”思想认识，把全面提升寺管会党组织标准化建设水平，创新寺管会党建工作方式方法作为首要政治任务来抓，以寺管会党组织标准化建设为纲领，以“1带8”工作模式为引领，以巩固“八星党支部”创建成果为目标，以提升干部履职能力为出发点，继续开展“5抓5提升”干部履职能力提升活动（即：抓学习，提升理论水平；抓机制，提升执行能力；抓纪律，提升工作效能；抓业务，提升服务水

平；抓文化，提升干部活力），全力创建先进基层党组织。以学习宣传党的二十大精神为契机，把加强政治理论学习作为干部增长才干和完成各项工作的前提条件，为了能使干部平凡而不平庸，平常而不平静，平时而不平淡，认真制定干部学习制度，要求干部立下学习之志，规定学习时间，要求干部时刻保持学习热情、深化学习内容、改进学习方法、形成了持之以恒的学习习惯。截至年底，认真制定和开展了学习贯彻习近平新时代中国特色社会主义思想主题教育、党的宗教方针政策、党的政策理论、习近平新时代中国特色社会主义思想、《习近平谈治国理政》等学习活动，驻寺干部集中学习 52 场次，干部参学率达到 100%，撰写心得体会25篇，僧人集中学习20场次，僧人参学率达 98%，撰写心得体会 16 篇。

措美县乃西寺管理委员会

【宗教事务】 2023 年，乃西寺管会认真落实自治区“五项管理意见”，坚持“三个不增加”原则底线，在抓好政策教育的基础上，在辖区持续开展违反“三个不增加”问题整治，深化拓展寺庙财税监管，认真开展寺庙基础数据采集，强化佛事活动管理，对寺庙内部举办的佛事活动实行台账式管理。持续推进“淡化宗教消极影响”，积极调动宗教界代表人士作用，引导群众理性对待宗教，减少宗教消费，自觉移风易俗，把更多精力转移到发展生产改善生活上来。深入摸排寺庙编外僧尼和勤杂人员情况，与勤杂人员签订劳动合同和安全责任书，做到规范管理。

【利寺惠僧政策】 2023 年，乃西寺管会把改善民生，提升服务水平作为加强寺庙管理，增强寺庙僧人感党恩意识的重要举措，有效落实寺管会干部联系寺庙僧人机制，通过上门送教、上门服务，深入开展僧访家访活动，了解僧人思想状况，及时解决实际困难。全年共组织上门服务 10 余场次，慰问 6000 余元，做到每名干部上门服务不少于 3 次。同时，切实加强与上级各行业部门的协调沟通，加大争资立项，累计争取 15 万余元资金，实施了寺庙用电线路改造、维修修缮、文物保护设施提升等各类项目，有效提升寺庙基础设施条件，消除了安全隐患，广大僧人获得感、幸福感、安全感显著增强。

【文物保护与管理】 2023 年，乃西寺管会按照《中华人民共和国文物保护法》《西藏自治区文物保护管理条例》《西藏自治区文物单位消防安全管理办法》等法律法规，在辖区寺庙僧人中广泛宣传文物保护各项工作方针及法律法规，牢固树立了辖区僧人的安全意识、责任意识。对辖区各寺庙拉康的文物进行全面清查、登记，同时开展文物消防安全实地演练活动，广泛宣传消防安全知识，有效提高了驻寺干部、寺庙僧人、寺庙管理员的安全意识和灭火扑救能力，营造了“安全第一、预防为主”的文物保护意识，联合县文化（文物）局在辖区 3 座宗教活动场所配备了文物保险柜，确保了辖区文物安全。

【民族团结教育】 2023 年，乃西寺管会以宗教界“三个意识”教育和“四条标准”教育实践活动、民族团结进步创建为依托，在寺庙僧人中大力宣传党的民族宗教理论和政策法规，深化民族团结进步教育和“三个意识”教育，确保入脑入心。全年开展宣讲活动 50 余场次，

2023年12月26日，乃西寺管会开展国家通用语言普及推广活动

实践活动40余场次，参与人数达150余人次，发放宣传资料120余份，通过微信学习群宣传文章50余篇，张贴宣传标语10余条、悬挂横幅3条、LED显示屏24小时滚动播放宣传达200余天，宣讲覆盖率达100%。

【自身建设】 2023年，乃西寺管会始终坚持党的全面领导，突出寺管会党建“1带8”，巩固拓展寺管会党建标准化建设，把党建引领贯穿寺庙管理全过程、各方面，深入开展学习贯彻习近平新时代中国特色社会主义思想主题教育，深化改进作风狠抓落实工作，共计召开党建专题部署会2次，推进会1次，集中学习会29场，支部书记讲党课3场、观看廉政教育片5场，开展主题党日活动12场，按规定召开2022年度组织生活会，全面夯实了党的基层组织基础。

民政与社会保障

民政

【社会保障和救助】 城乡低保。2023年，措美县民政局按照实事求是、动态管理、有进有出的原则，加强城乡低保工作，截至年底，措美县农村低保对象177户252人(含单人保131人)，城镇低保17户34人(含单人保3人)，全年共落实农村低保资金33.65万元、城镇低保资金8.18万元。临时救助。措美县民政局建立健全临时救助备用金制度，向各乡(镇)共下拨18万元临时救助备用金，不断增强临时救助时效性、便利性。按照以家庭申请最高线10000元/户/年标准，以个人申请最高线5000元/人/年标准。2023年，为困难群众13户53人落实临时救助资金11.4万元。高龄补贴。根据西藏自治区相关惠民政策文件精神，2023年，为28名(其中城镇户5名、农村户23名)经济困难高龄老人按照每人每年600元，落实高龄经济补贴资金16800元。

2023年3月20日，措美县政府副县长普布扎西（右三）、县民政局负责人、哲古镇负责人及乡（镇）社工站负责人参与措美县乡（镇）社工站项目启动仪式

【社会福利服务】 2023年，措美县民政局认真贯彻落实《西藏自治区特困人员救助供养办法》，不断提高供养标准，农村集中供养特困人员救助供养标准由原来每人每年14461元提标到14778元，农村分散特困供养人员救助供养标准由原来每人每年7740元提标到8010元。截至年底，措美县特困供养老人共有103人，集中供养特困老人78名(其中：女性40人，男性38人)，分散供养特困老人25名，集中供养率均达75%。2023年为特困供养人员落实救助金97.69万元，保障特困供养人员的基本生活权益。

【婚姻登记】 2023年，措美县民政局共办理婚姻登记157对(其中结婚登记115对，离婚登记27对，补办结婚登记12对，补办离婚登记

2023年7月7日，措美县民政局党员干部到错那县开展“踏寻先辈足迹　赓续革命精神”主题党日活动

3 对）。

【社会事务管理】 2023 年，措美县民政局始终坚持“为民解困、为民服务”工作宗旨，立足民政工作职能，切实解决辖区弱势困难群体面临的实际问题。从实际出发不断完善救助制度，解决老百姓困难问题。进一步推进婚姻登记服务规范化，认真学习宣传《民法典婚姻家庭篇》及典型案例分析，推进婚姻登记信息化建设迈上新台阶。宣传贯彻《中华人民共和国老年人权益保障法》，坚持“党政主管、社会参与、全民关怀”的工作方针，努力实现老有所医、老有所为。加强宣传教育引导，做好社区治理工作。修订完善丰富村规民约和居民公约内容，把社会主义核心价值观和扫黑除恶专项斗争写入村规民约和居民公约。要求依靠群众因地制宜制定村规民约。做好地名标志工作，提高社会服务水平。

【行政区划】 2023 年，措美县民政局为推进平安边界建设，完成与琼结、扎囊、浪卡子、洛扎行政区域界限联合检查工作，经联检，界线明确、走向清晰、界桩稳固、管理到位、边界和睦、安定有序、资料完整、档案齐全，并由各方勘界人员填写《西藏山南市县级行政区域界限联合检查记录表》，并签订关于创建平安边界的协议，做好措美县与周边邻县行政界限管理维护工作。

【妇女儿童保障权益】 2023 年，措美县民政局专门成立未成年人保护领导小组，保障未成年人救助保护政策。年内，为 2 名事实无人抚养儿童落实救助金 16080 元；通过政府购买服务方式把留守、困境儿童关爱服务项目交由第三方开展关爱保护服务工作，合同期内投入资金 11 万元。

【项目建设】 2023 年，措美县民政局为推动适老化改造建设，结合山南市“十四五”时期特殊困难老年人家庭适老化改造通知精神，为 20 户特殊困难老年人家庭进行适老化改造，改造标准为 3500 元 / 户，投入资金共 7 万元。

【乡镇队伍建设】 2023 年，措美县民政局分别在措美县哲古镇、措美镇当许社区成立社会工作服务站，各站点配备人员 2 名，投入资金 40 万元。进一步发挥社会工作在基本民生保障、基层社会治理、基本社会服务等方面的作用，筑牢兜底保障防线，增进民生福祉。

人力资源和社会保障

【社会保障】 2023 年，措美县参保人数 8654 人，征缴基金 107 万元，待遇领取 1931 人，正常缴费 5184 人，线上资格认证 8 人，线下 1873 人，机关养老保险基金 2046 人 419 万元，失业保险 1452 人 9 万元，企业养老保险基金 648 人 47 万元，工伤保险 1347 人 2 万元，发放退休护理工费 220 人 22 万元，兑现抚恤金 5 人 27 万元，办理社保卡共 495 人，采集 98 人，注销补卡 312 人，激活 85 人。年内，召开社会保险基金巩固提升行动暨社会保险基金安全“警示教育月”动员部署会，引导各乡镇、各单位社保经办人员、财务人员加深对社会保险基金的思想认识，有效提升社会保险基金管理风险意识、法纪意识、责任意识，把警示教育作为经常性工作举措来抓实抓好，时刻绷紧基金安全这根弦，杜绝侥幸心理、不踩红线、不碰高压线，维护参保群众切身利益，维护党和政府公信力和形象。

【就业创业】 2023年，措美县人力资源和社会保障局坚持把促进高校毕业生就业摆在就业工作的首位，不断拓宽就业渠道，强化就业服务，全面落实“八个一批”“五进一送”“干部帮扶机制”等措施，实现了高校毕业生充分就业的目标。2023年措美县高校毕业生150人，建档立卡户25人，升学5人。按实名制系统情况统计，离校前就业人数为70人，离校后就业人数为80人，实际就业率达100%。宣传引导转观念。2023年，措美县人力资源和社会保障局为促进未就业高校毕业生实现就业，推动多渠道就业，提高就业创业政策的知晓率，开展“五进一送”和集中宣讲14场次，进行一对一电话跟踪40余次，到未就业高校毕业生家中做家访3次。结对帮扶促就业。按照高校毕业生就业创业结对帮扶工作要求，动员全县126名正科级以上领导干部，对所帮扶的150名高校毕业生进行再回访、再引导、再宣传，确保就业创业结对帮扶实现全覆盖。拓宽就业渠道。2023年，措美县人力资源和社会保障局举办了1场大型招聘会，5场小型招聘会。县内外20家优质企业，提供300余个招聘岗位，政府兜底岗位开发35个岗位，共解决就业人数40余人。落实就业补贴。2023年，措美县人力资源和社会保障局落实兑现23名学生创业启动资金138万元；兑现12名学生场地费补贴28.99万元；兑现5名区内企业就业补贴38.295591万元。

2023年12月31日，措美县人力资源和社会保障局党组书记、局长次扎西（左一）在乡镇高校就业创业点实地考察

【人才队伍建设】 2023年，措美县人力资源和社会保障局聘任初级专业技术职务18人、中级13人、副高级3人、组织慰问专技人员代表4人、发放慰问金4000元，调入事业单位工作人员9人，参加2023年遴选考试调动人员6人，招募新三支一扶18人、聘用工勤技能岗位技术中级等级2人。

【工资待遇调整】 2023年，措美县人力资源和社会保障局完成全县38家事业单位702人次的工资审核，累计完成各类浮动、固定、高海拔折算工龄等一系列的工资变动100人次。

【劳动监察】 2023年，措美县人力资源和社会保障局充分发挥人社部门职能，认真受理群众举报、投诉案件，抓好重大违法案件、群体性事件和投诉、举报案件的查处。依法公布重大劳动保障违法行为，加大违法失信行为惩戒力度，加大对项目用工排查，维护劳动者合法权益。2023年，共接收现场投诉举报13件、国家欠薪平台交办3件、各级各类信访转办3件、协调处理19起，下达劳动监察询问通知书2份，补签劳务合同35份。

医疗保障

【概况】 2023年，措美县4个乡镇，12家村居卫生室开通医保联网结算服务，共计办理业务1500余人次。2023年职工门诊共济政策进一步延伸到各定点药店，推广使用职工基本医疗保险门诊共济共结算65人次，涉及定点医疗机构18家，整体运行情况良好。

【医保政策改革】 2023年，措美县城乡居民医保个人缴费标准为160元/人/年、350元/人/年。特殊身份人员享受参保缴费资助政策：重度残疾人员、特困供养人员、孤儿以及参保时女年满60周岁、男年满65周岁的参加城乡居民医保按最高缴费档次给予全额资助，个人缴费350元全部资金代为缴纳。“低保救助对象、农村返贫致贫人口、脱贫不稳定户、突发严重困难户、边缘易致贫户、低保边缘对象、其他特殊困难人员（县级及以上政府认定）”个人缴纳35元，其余部分由县医疗保障局从医疗救助资金代缴。对被评为自治区级、市级、县（区）级和谐模范先进称号的寺庙，其在编僧尼城乡居民基本医疗保险个人缴费按本人所选缴费档次由自治区级、市级、县（区）政府分别按100%、50%、25%的比例给予补助。对被评为自治区、市、县（区）级爱国守法先进称号的在编僧尼，其城乡居民基本医疗保险个人缴费按本人所选缴费档次由自治区、市、县（区）政府分别按100%、50%、25%的比例给予补助。对符合多项补助条件的在编僧尼，补助标准按照就高不就低的原则确定，不得重复享受。2023年开始职工门诊共计统筹资金从3000元提标到5000元，起付线从300元降至200元。城乡居民个人统筹300元，起付线从100元降至50元。

【职工基本医疗保险、生育保险】2023年，全县职工参保1520人，参保率100%。职工医保报销188人次222.08万元，生育报销74人次92.41万元。

【居民基本医疗保险】2023年，全县参加城乡居民参保11802人，参保率达99.3%，特殊人群实行参保资助政策共315人（不含6065人员），代缴资金10.42万元，居民医保报销363人次132.82万元。

【医疗救助】2023年，措美县医疗保障局实施一般医疗救助和重点医疗救助共62人次34.8万元。

【异地就医服务与管理】2023年，措美县医疗保障局实行统一住院、普通门诊和门诊慢特病费用跨省直接结算基金支付政策。原则上执行就医地规定的支付范围及有关规定（基本医疗保险药品、医疗服务项目和医用耗材等支付范围），执行参保地规定的基本医疗保险基金起付标准、支付比例、最高支付限额、门诊慢特病病种范围等有关政策。跨省异地长期居住或跨省临时外出就医的参保人员办理异地就医备案后可以享受跨省异地就医直接结算服务。其中跨省异地长期居住人员包括异地安置退休人员、异地长期居住人员、常驻异地工作人员等长期在参保省、自治区、直辖市（以下统称省）以外工作、居住、生活的人员；跨省临时外出就医人员包括异地转诊就医人员，因工作、旅游等原因异地急诊抢救人员以及其他跨省临时外出就医人员。跨省异地长期居住人员办理登记备案后，备案长期有效；参保地可设置变更或取消备案的时限，原则上不超过6个月。跨省临时外出就医人员备案有效期原则上不少于6个月，有效期内可在就医地多次就诊并享受跨省异地就医直接结算服务。规范异地就医备案流程方便符合条件的参保人员跨省转诊就医、规范参保人员持医保电子凭证、规范跨省直接结算流程、实行就医地统一管理、强化异地就医业务协同管理、强化跨省异地就医资金管理等举措，做好跨省异地就医政策的规范执行。

【政策宣传培训】2023年，措美县医疗保障局扎实开展以“安全规范用基金　守好人民‘看病钱’‘救命钱’”为主题的医保基金监管集中宣传月活动，鼓励引导群众实事

2023年6月16日，措美县医保局为四个乡镇配备发放医保联网电脑等设备

2023年10月27日，山南市医疗保障局主办、雅砻民族艺术团承办的山南市医保政策宣传下乡文艺演出

求是举报各类欺诈骗保违法违规行为，使人民群众成为医保基金安全的宣传员、监督员，以零容忍的态度持续打击欺诈骗保，共同营造不敢骗、不能骗、不想骗的良好氛围。采取集中宣传、新闻媒体宣传、微信公众号、培训宣传、实地宣传、进村入户宣传、窗口宣传以及医保政策进学校、进寺庙、进企业、进机关、进村居等多种形式，宣传了医保缴费、医保待遇、跨省异地就医、报销流程、报销比例、医保电子凭证、“亲情账户”功能等医疗保障相关政策法规，全年开展集中宣传20余场次，发放宣传资料12000余份，接受咨询4000余人次，定点医药机构培训5场次；设立医保咨询服务电话和发放医疗保障便民服务卡，公开医保经办联系号码，受理解答医保相关业务及解答，参保群众只需一个电话，足不出户即可了解医保相关政策，架起了贴心服务群众的“连心桥”，做到“民有所呼，我有所应”，全年受理咨询电话600余次。

【医保基金收缴和管理】 2023年，措美县医疗保障局开展定点医药机构检查11次；县人民医院违规项共9项，涉及违规资金共26214元已全部追回。

【健康扶贫】 2023年，措美县医疗保障局严格执行因病致贫返贫风险监测预警工作机制，强化高额医疗费用支出预警监测，全年共56人次推送至乡村振兴、民政部门，并为1人启动防止因病致贫返贫“一事一议”工作机制，根据救助对象困难程度给予医疗救助。

应急管理

综述

【健全责任体系】 2023年，措美县应急管理局共召开4次安委会全体（扩大）会议和1次安全生产专项会议，1次防汛抗旱工作会议，6次重点领域会商研判会议，对全年和重要时段节点的安全生产工作进行了精心安排部署。各分管安全生产工作的领导干部、各行业监管部门主动作为，忠诚履行好“三大节日”期间和重要敏感节点期间人民群众“守夜人”的职责，确保了全县安全生产形势稳定，干部群众生产生活有序正常。

【应急队伍建设】 2023年，措美县应急管理局进一步提高应急队伍建设，加强各乡镇应急队伍建设，机关应急救援队共13支队伍、377人（包括乡镇村居），民间应急抢险队共有8人、各种机械7台，要求所有救援队24小时在岗在位，以便应对突发事件情况。

【应急保障】 2023年，措美县安委办、应急管理局严格按照县委、县政府关于做好常态化安全生产工作要求。严把安全生产复工复产关，积极协助相关部门做好安全隐患排查和各类应急保障服务工作。积极督促各企业落实安全生产常态化措施和安全生产主体责任。确保措美县各类安全生产事故零发生。

【防灾减灾】 2023年，措美县应急管理局按照国务院关于做好受灾群众冬春救助工作，积极做好汛期前及汛期工作。5月，组织交运局、民宗局、消防大队、公安（交警）等部门，对汛前道路交通、寺庙消防、建筑施工、地质灾害易发地段进行了专项检查，共排查相关隐患问题8项（其中道路交通领域3项，寺庙消防领域5项），排查出的问题及时交办给涉及部门限期整改，并

2023年1月5日，措美县委常委、常务副县长王小荣（左二）检查烟花爆竹零售点

2023年6月1日，措美县应急管理局局长达瓦平措（中）为企业讲授安全生产知识

督促涉及部门加快整改。截至7月6日，县应急管理局陆续接到灾情及风险隐患报告共5份（其中道路交通领域2项，水利领域3项），接到灾情信息后，县应急管理局立即组织相关部门赶赴现场，及时交办、积极认领，做到了迅速响应，果断处置。为有效防范春冬季低温降雪天气带来的安全隐患，积极协调拉萨盐业公司，购置30.5吨（610袋）工业盐。同时，对措美县4处物资储备库进行全面摸底，进一步提高了应急物资保障能力。

【执法监察】 2023年，措美县应急管理局围绕春节、藏历新年、党的二十大等敏感时段，加强对全县食品药品、道路交通、非煤矿山、危险化学品、建筑施工、旅游景点、九小场所、寺庙文物消防安全等重点领域和重点部位的执法检查，全面排查治理安全隐患，始终保持打非治违高压态势。全年开展各类安全隐患检查284次，检查单位、企业774家，排查隐患问题539处，下发督办文书12份。

【安全事故】 2023年，措美县共发生3起道路交通事故（单方事故），死亡3人，其他生产安全领域未发生事故。

【应急信息处置】 2023年，措美县应急管理局在安全生产“八进”活动宣传基础上，充分结合措美县安全生产专项整治三年行动，认真学习宣传贯彻习近平总书记安全生产重要论述，及时制定《措美县安全生产“八进”活动宣传方案》，在全县范围内大力宣传贯彻习近平总书记关于安全生产重要论述和防汛救灾重要指示批示精神，宣传贯彻防灾减灾知识。进一步提高了干部群众防灾意识和避险、自救、互救能力，让“人民至上、生命至上”的理念更加深入人心。2023年，全县各安委会成员单位开展安全生产宣传活动50余场次，组织开展各类应急演练活动4次，组织开展“安康杯”篮球赛1次，累计发放《中华人民共和国安全生产法》《防灾减灾救灾知识手册》等安全生产宣传资料3000余份（册），悬挂标语20余条（幅）。

消防救援

【思想政治建设】 2023年，措美县消防救援大队党支部以强化党员干部作风建设为抓手，以抓好管理人员的履职为突破口，有效推动

2023年11月9日，措美县举行“119”消防宣传月启动仪式

指战员思想政治工作提升。坚持以习近平新时代中国特色社会主义思想为指导，深入贯彻落实党的二十大精神以及中央第七次西藏工作座谈会精神等。在学习方面，认真制订全体党员学习计划，利用业余时间，按时撰写心得体会，分阶段进行总结交流。在业务上有效履行消防救援队伍职责使命，扎实推进消防救援队伍各项事业发展建设，真正发挥好战斗“堡垒”作用。

2023年7月20日，措美县消防救援大队开展校园安全检查

【灭火救援】 2023 年，措美县消防救援大队为有效预防和减少各类火灾事故的发生，为全县经济社会发展创造良好的社会环境。全年共出警 13 次，其中执勤安保工作 12 次、投入力量（车辆 11 次、人次 55 人）；社会救助共 1 次（车辆 1 次、人次 7 人）。检查社会单位 1146 家次，发现火灾隐患 1487 处，督促整改火灾隐患 1477 处，下发《责令限期改正通知书》773 份，《行政处罚决定书》5 份，并处罚金 12000 元，下发临时查封决定书 3 份。

乡镇

措美镇

【概况】 措美镇位于县城驻地，距离市政府所在地130千米，平均海拔4200米左右，是一个以农业为主、牧业为辅的乡镇，下辖四个村（社区），18个村民小组，1193户3871人，总面积782.6平方千米，其中耕地面积6991亩。

【基层党建】 2023年，措美镇党委理论学习中心组开展学习12次，专题党课4次，主题党日活动12次，党员干部专题教育2次，支部学习会31次，党员社区“双报到”2次，切实将党员干部的思想统一到习近平总书记关于西藏论述的重要讲话精神上来，统一到“四个创建”“四个走在前列”“六个走在全区前列”重大部署上来。每半年召开分析研判会，设置专门的网评员做好网络舆情监管，强化线上线下联动，把网上回复和网下处置结合起来，结合新时代文明实践志愿宣传活动，切实提高舆情应对能力和舆论引导能力，2023年，开展书记讲党课、主题党日活动、主题教育等多种形式的学习活动15次，深入开展理论宣讲10余场次，志愿服务队开展义诊、环境卫生整治、法律宣讲、安全生产宣讲等活动20余场。持续深入落实中央八项规定精神，夯实全面从严治党主体责任落实，持续发挥纪检部门监督保障执行、促进完善发展作用，切实加强在营商环境、人居环境整治、乡村振兴等重点领域的监督，坚决惩治人民群众身边的腐败问题和不正之风，截至年底，共开展11次监督检查活动，处理问题线索1件，给予党政纪处分1人，切实形成强大的震慑力，务实清明的政治生态得以持续巩固提升。

【经济发展】 2023年，措美镇农牧民人均可支配收入达2.1527元，同期增长2727元，增幅为14.5%，

2023年8月16日，措美镇党委书记多吉（左二）带队，镇经济综合办公室工作人员协助开展入户走访监测户工作

其中工资性收入 9323.84 元，同期增长 1437.43 元，占收入比 43%；转移性收入 5838.00 元，同比增长 187.95 元，占收入比 27%；经营性收入 4735.97 元，增长 764.20 元，占收入比 22%；财产性收入 1629.81 元，增长 337.85 元，占收入比 8%。

【农牧业生产】 年初，对全镇种植计划和粮食产量任务目标进行分解，对全镇 6991 亩耕地面积进行细分种植计划。2023 年全镇耕地面积为 6991 亩，粮食种植面积 5205 亩（其中冬小麦 105 亩，黑青稞 2000 亩、喜马拉雅 22 号 1500 亩、藏青“2000” 700 亩，其他品种 900 亩），油菜种植面积 530 亩，蔬菜种植面积 385 亩，饲草种植面积 871 亩；2023 年春播化肥发放共计尿素为 53.75 吨，二胺为 19.64 吨，发放农药 17.5 箱（其中爱秀 9 箱，千里寻 8.5 箱），购买商品有机肥 222.22 吨，资金 40 万元；全年兑现草原生态保护补助奖励资金共计 2564673.19 元，兑现 2023 年出售牛羊形成商品的补贴 4850 元。以上均为通过“一卡通（社保卡）”兑现给农户个人卡上；2023 年，粮食收获 1762 吨、蔬菜 160 吨、油菜 838 吨，牲畜总头数 25514（绵羊 21453 只、山羊 706 只、牦牛 188171 头、奶牛 1394 头、马 52 匹、驴 28 头）。

【教育保障】 2023 年，措美镇落实教育“三包”大学生资助资金 30.3 万元，人数为 39 人，措美镇 2023 年建档立卡大学生资助资金为 1.7350 万元、9 人（其中区内为 6400 元、人数为 5 人，区外为 1.095 万元、人数为 4 人），中小学入学率达 100%，城乡幼儿学前三年入园率达 100%。

2023年9月12日，措美镇副书记、镇长熊月（右一）带队到雪热村下巴水库建设项目检查督导环保工作

【医疗卫生】 2023 年，措美镇共收缴城乡居民基本医疗保险人数 3871 人，收缴资金 59.6 万元。第一档 1576 人，其中享受政策人数 1021 人（分别为分散五保户 15 人，边缘户 19 人，60 周岁（含）以上 697 人，残疾 207 人，低保 30 户 80 人），第二档 1274 人，2022 年措美镇辖区卫生院（室）共完成医疗核销资金 29.04 万元。

【社会保障】 2023 年，措美镇进一步规范低保申报程序，实施分类施保、三榜公示制度，低保政策全面落实。现享受人员 27 户 76 人落实农村低保资金 35181.7 元；临时救助 8 户 22 人落实资金 50413.61 元；五保 14 户 14 人落实资金 112140 元；残疾“两项补贴”“生活补贴”涉及 193 人落实资金 364800 元；2023 年城乡居民养老保险缴费人数 1711 人，收缴资金 351500 元，待遇领取人数 727 人；认真落实“生态岗位”资金，落实生态岗位 807 人，兑现资金 306.25 万元。

【公共文化】 2023 年，措美镇文化综合服务中心图书室现有藏书量达到 3400 余册，包含党政类、文学类、艺术类和图画类等，并订购各类报纸杂志 6 种，基本满足各个年龄段的读书看报需求。同时，在县城设立了 5 处茶馆流动图书角，并督促 4 个村（社区）设立 19 处村民小组流动图书角，让图书真正流动起来，让群众在家门口就能读到书。截至年底，开展全民阅读 1 次，推广阅读 2 次，流动图书服务 6 次。镇文化综合服务中心免费提供无线 Wi-Fi，公共电子阅览室现有设备于 2021 年进行了全部更新，网上冲浪、查阅资料等有了可靠的基础保证；坚持对洗脚等消费场所一周一查，对疑似存在出租和销售音像制品的商铺实行突击检查和一月一查的方式，确保全镇文化市场的健康发展。2023 年，措美镇镇文化综合服务中心工作结合"三大节日"、妇女节、3·28 百万农奴解放纪念日等传统节日积极开展文化活动，举办以"迎新春"文艺演出、开展庆"三八"妇女维权周法律宣传暨文体活动、开展"3·28 西藏百万农奴解放纪念日"系列活动、开展 2023 年度庆"七一"之健康义诊活动、"祈望丰收　欢度'望果节'""爱心奉献　关爱老人"志愿服务活动等各类群众文化活动 30 场次，受众达 1000 余人次；措美镇各村（社区）文艺演出队秉承满足群众精神文化需求为目标，积极开展作品创作，及时更新演出作品，让群众真正看得满意、看得高兴。截至年底，措美镇各村（社区）文艺演出队合计开展演出活动 30 场次，其中当许社区 8 场次、雪热村 5 场次、玉美村 8 场次、波嘎村 10 场次。

【劳务增收】 2023 年，措美镇组织选派参加技能培训 60 人次，转移就业人数 1980 人，创收 1386 万元；加大外出务工力度。外出务工共计 1884 人次，创收 1315.6 万元；加大稳定就业工作力度；稳定就业 20 人（其中海信物业就业 13 人，圣地垃圾清运就业 7 人），全年创收 48 万元；产业带动就业共 81 人，创收 85 万余元；截至年底，各产业收益分红人数 1551 人，分红资金 41.38 万元。

【乡村振兴】 2023 年，措美镇通过对全镇村"两委"干部开展集中座谈方式，增强村干部责任意识、服务意识、工作作风，做好村干部思想工作，鼓励他们在村委决策中发挥参谋作用，在村务运行中发挥监督作用，全年全镇集中开展座谈 2 次。大力号召政治素质高、道德修养好、能力水平强的大学毕业生进入村两委担任网格员等岗位，提高村级内业务水平，在乡村振兴一线打造一批懂业务、知业务、干业务的青年干部，通过"理论 + 业务 + 实践"模式，不断提升村级乡村振兴工作成效。2023 年，全镇 4 个村（社区）均配备 2 名大学生专干；充分发挥驻村工作队员作用，加强村"两委"与驻村工作队之间的团结合作，将驻村工作队员融入村"两委"干部队伍里，凝心聚力、团结协作，全面推进乡村振兴；通过开展厨师、挖掘机等实用性技能培训班，快速培养一批懂技术、会技术的实用型农民。全年开展实用性技能培训 3 次，培训人数达 60 人次；通过举办"精准帮扶促增收"主题演讲擂台赛、乡村振兴能力提升主题培训班，着力提升村"两委"和驻村工作队的政治素质、专业水平，为乡村振兴工作提供坚强的政治保障；措美镇坚持巩固拓展脱贫攻坚成果同全面推进乡村振兴有效衔接，严格落实"四个不摘"要求，紧盯 9 户 32 人防返贫监测帮扶工作，通过产业就业帮扶、收益分红、结对认亲、惠农政策落实等牢牢守住了不发生规模性返贫底线。2023 年，脱贫户人均可支配收入达 17977.47 元，同比增长 13.78%。扎实推进边境搬迁工作，2023 年边境搬迁共 41 户 149 人。

2023年3月28日，措美镇文化综合服务中心在雪热村开展知识问答活动

【平安建设】 2023 年，措美镇加强矛盾纠纷排查工作网络建设，健全村调委会，完善村调解小组、调解员的调解网络。年内，全镇共排查出矛盾纠纷 3 起，调解 3 起，调解率 100%，没有一起矛盾因为排查调解不及时而激化。同时，全力做好春节及藏历新年期间、"萨噶达瓦"宗教活动期间维稳工作，全镇未发生一起涉稳事件。动员广大群众共同参与，打一场扫黑除恶

2023年5月17日，措美镇新时代文明实践所组织医疗服务志愿者到汉语和藏语幼儿园开展义诊体检服务活动

的人民战争。截至年底，全镇共发放宣传手册、画报465份，悬挂横幅15条，开展宣传活动24次。镇扫黑办联合派出所民警对各村（社区）以及重点行业进行33次线索摸排，未发现涉黑涉恶线索。

【基础设施建设】 2023年，措美镇坚持把加强基础设施建设作为改善乡村生产生活条件的重要抓手，着力补短板、强弱项，大力推进道路桥梁、绿化亮化、雨污管网、河道整治等一批民生建设项目。2023年，措美镇完成波嘎村乡村振兴示范引领项目，投资1800万；完成措美县民宿项目当许社区10户，投资130万；完成当许社区雄曲防洪工程项目，投资2800万；完成雪热村波里曲防洪提升项目，投资2496万；完成玉美村人饮及农田灌溉补水工程，投资400万；完成雪热村至小扎扎组公路，投资3600万；完成波嘎村嘎措水塘建设项目，投资70万；完成雪热村次玛龙组人居环境整治，投资580万。用时一个月开展以当许社区及城中地带违建摸排整治，开展摸排中不落一户，一视同仁。共摸排1215户，当许社区及城中区共摸排512户，涉及违建的160户涉及违规违建17022.5平方米（其中残檐断壁1622.19平方米；一户多宅339平方米；车库3687.13平方米；围墙2491.2平方米；仓库676.81平方米；阳光棚709.96平方米；厕所、牛圈、房屋、温室、洗车场、饲草库7496.19平方米）。违建范围大部分为房屋、牛羊圈、饲草库、车库、阳光房、院子、仓库等。

【自身建设】 2023年，措美镇大力推进法治政府建设，不断提高政治判断力、政治领悟力、政治执行力，用心用情为群众办实事办好事。执行重大行政决策程序规定，落实重大事项请示报告通报制度。政府信息公开、人大代表建议等工作高质量完成。接受镇人大法律监督，强化审计监督和成果运用，加强机关水电、三公经费、会议、文件等管理，节约型政府建设迈出新步伐。

哲古镇

【概况】 哲古，藏语意为“弯刀”，以其所邻近湖的形状而命名，位于山南市南部，措美县东北部，距泽当75千米，距县城50千米，距拉萨270千米。东与隆子县热荣乡相连，南连古堆乡，北抵琼结县，西接浪卡子县贡布雪乡，交通便利。哲古镇总面积410.2万亩。平均海拔4584米，属于高原山地高寒半干旱气候，年平均气温-6℃，最低气温-26℃，镇政府驻地哲古社区，海拔4650米。哲古镇辖5个行政村（社区），包括哲古社区、宗宗村、扎杂村、卡珠村和卓德村，共1292户5345人。共有党员368人，其中机关党员52人，农牧民党员316人。

【基层党建】 2023年，措美县哲古镇党委坚持以习近平新时代中国特色社会主义思想为指导，全面贯彻落实党的二十大精神，贯彻落实区委、市委、县委党建工作重大决策部署，以服务区委“四个创建”“四个走在前列”及市委“六个走在全区前列”目标任务为遵循，聚焦“六个基本”建设，始终把党的政治建设放在首位，持续巩固提升基层党组织组织力，各项工作取得较好成效。组织开展各类学习、研讨等活动84次。抓实抓细主题教育活动，对标制订工作计划，指导辖区内各基层党组织制订学习计划6份。坚持以上率下，党委班子成员坚持走在前做示范，带头领学促学、深入检视问题、抓整改落实，形成层层推动的良好局面。认真落实党委书记抓党建第一责任人职责，谋划提出了2023年基层党建“1234N”工作思路。大力实施村干部文化素质提升工程，2023年各村举办各种形式的国家通用语言培训200余期，受众1700余人次。不断发展壮大村集体经济，2023年村集体经济收入达到65.501万元。

2023年6月30日，哲古镇隆重举行“光荣在党50年”荣誉奖章颁发仪式

【经济发展】 2023年，措美县哲古镇经济总收入17701.47万元，其中第一产业8123万元，第二产业2175.73万元，第三产业7401.94万元，人均可支配收入达20040.02元。奶产量、肉产量分别为2975吨、1521.51吨，同比增长分别达到0.7%、0.4、1.15%、0.9%、0.71%、0.16%、0.19%。

【农牧业生产】 2023年，措美县哲古镇总播种面积为336亩，其中油菜籽185亩，饲草作物151亩，分别占播种面积的55%、45%。年末牲畜总头数76962头(只、匹)，牲畜出栏总头数35791头(只、匹)，出栏率达到46.5%。草原生态保护补助奖励机制资金6995497.87元，2023年哲古镇新生仔畜成活34247(只、匹)，仔畜成活率达91%。饲草料储备镇级农牧仓库储备饲草40吨，村级农牧仓库储备饲草39.24吨、饲料356.74吨，群众自筹储备饲草298吨、饲料606吨。

【教育保障】 2023年，措美县哲古镇幼儿园、小学、初中、高中入学率均为100%，无辍学现象。在校大学生共223人，内外在校建档立卡大学生52人，兑现资助金93万元。2023年高校毕业生78人，创业的有10人，已全部申请创业金，共计60万元。卡珠村久米次仁同学在2023年高考中以全区文科第二名的优异成绩被清华大学法学专业录取。镇党委、政府向久米次仁同学送上10000元资助金，祝贺其金榜题名，勉励他在今后要戒骄戒躁，努力学习。

【医疗卫生】 2023年，措美县哲古镇卫生院门诊量达到10123人次，其中西医门急诊9616人次，藏医门诊507人次。全年总收入共计43.22万元，医保统筹减免5.29万元；2023年全镇城乡居民医疗保险参保人数5117人，参保金额为131.94万元，医疗账户清退保障资金54.64万元，全镇参保率达98.67%。

【社会保障】 2023年，措美县哲古镇坚持以人民为中心，以关注民生、改善民生为着力点，不断强化措施，用实事温暖民心，不断增强广大群众的获得感、幸福感、安全感。逐户复查低保户，及时调整，做到了应保尽保，应退尽退，确保政策落实到位。完善低保档案。经过复审哲古镇2023年度低保户6户14人，发放农村低保金21085.06元；加大对201名残疾人服务力度，统计残疾人参加培训意愿、残疾人自主创业等需求等情况。2023年去世残疾人4名，新办证件残疾人3名，发放资金564450元；2023年哲古镇五保供养对象有8人，其中集中供养4人，分散供养4人，分散五保供养资金发放32040元；做好临时救济和大病医疗救助工作。2023年为5户提供了大病医疗救助，发放救助金45000元；2023年哲古镇新农保参保人数3473人，全镇新农保领保人数611人，2023年发放养老金17173.32万元，发放率100%。

【公共文化】 2023年，措美县哲古镇积极举办各种文化活动。组织开展各村（社区）“3·28”西藏百万农奴解放纪念日文艺汇演、“4·23”世界读书日开展流动书屋、春节藏历新年开展藏戏舞蹈文艺汇演、组织全镇干部职工开展“庆七一”系列活动等。2023年各村（社区）开展各类文艺汇演25场次，受众群体覆盖辖区内各村“社区”广大农牧民群众5000余人，文艺演出队不仅丰富了农牧民群众的业余文化生活，还调动了农牧民群众对文化生活的热爱，弘扬了时代主旋律，以实际行动助力哲古镇乡村文化振兴，推动哲古镇文化事业不断向前发展。

【劳务增收】 2023年，措美县哲古镇鼓励和支持农牧民外出务工，推进牧区富余劳动力有效转移，引导群众合理配置放牧人员，解放生产力，积极鼓励富余劳动力外出务工和就近就便务工，实现哲古镇农牧民本地、跨县和跨市多层级劳务输出。2023年，哲古镇成立5家务工联队，劳务输出2347人，完成目标任务的96.66%，劳务创收2813.75万元，完成目标任务的105.74%。同时开展建档立卡户生态岗位从业人员草管员技能培训和农牧民藏式卡垫编织及氆氇编织技能培训，108人参加培训。在山南市43届雅砻物资交流会期间，制作宣传片、广告牌，邀请媒体宣传等，大力营造哲古畜产品销售氛围，助力群众出售畜产品。整合各村（社区）强基惠民为民办实事经费，以“飞地经济”模式在泽当城区购买商品房，每年村集体经济增收8万余元。

【乡村振兴】 2023年，措美县哲古镇调整充实以镇党委书记为组长，镇长、各科室负责人为副组长的乡村振兴工作领导小组，制定完善《哲古镇防止返贫致贫动态监测和帮扶机制实施方案》，严格按照措美县防止返贫监测方案要求及时开展了各项防止返贫工作任务。及时召开部署会、推进会、专题会等会议，研究部署哲古镇2023年度巩固脱贫攻坚成果与乡村振兴有效衔接工作，严格按照“四个不摘”要求，及时动态调整更新脱贫户信息。2023年，哲古镇开展了三次防止返贫监测集中排查工作，在排查过程中以村不漏户，户不漏人的原则圆满完成了此项工作。为防止返贫能及时了解监测户的生产生活及存在的困难，镇党委书记入户深入了解情况，做到监测户全覆盖。2023年哲古镇党委、政府开展“品行美、庭院美、室内美、厨厕美、村庄美”“五美”家园评选活动，评选出10户“五美”家园。

【平安建设】 2023年，措美县哲古镇紧紧围绕维护社会稳定，以加强民族团结为着力点，扎实开展各项工作，以“4·15”国家安全教育日、“5·12”国家防灾减灾日等宣传活动为契机，广泛宣传信访条例、综治工作制度、双联户优惠政策、双联户长职责等，同时采用发放宣传资料、图画、书籍、横幅、标语等形式广泛宣传有关法律、政策。大力实施干部职工下沉联系机制，变群众上访为干部下访，直奔基层、直面群众、直击矛盾。先后研究制定哲古社区草场转场的“十条规定”、扎杂村草场转场的“十二条规定”、卓德村草场转场的“十条规定”，量身定制风险隐患的解决措施，从根本上消除不稳定因素。充分学习借鉴新时代“枫桥经验”，严格落实上级有关矛盾纠纷排查工作化解，化解和妥善处理各类矛盾纠纷5起，调处率100%。

【基础设施建设】 2023年，措美县哲古镇哲古社区实施措美县哲古镇人居环境整治项目（以工代

2023年6月29日，哲古镇党委开展庆祝中国共产党成立102周年系列活动——红色党课进帐篷

2023年9月4日，哲古镇组织人员对同心湖水体进行清理

赈）960万元，实施措美县哲古镇哲古居美丽宜居项目4500万元；实施卓德村人居环境提升工程项目1500万元，人畜过往桥项目200万元，防洪堤坝（以工代赈）项目20余万元；实施宗宗村集中式棚圈建设项目1500万元；实施卡珠村人畜分离修建集中牛圈、羊圈项目139.08万元；实施哲古镇哲古景区暨文旅产业发展项目3000万元，进一步打造"高原牧区特色"旅游产业，不断提升旅游接待能力，提高旅游产业收入，使更多的群众吃上"旅游饭"；实施哲古镇集中供暖改造项目500万元，实施2023年度人大票决制项目214.8万元。

【自身建设】2023年，措美县哲古镇坚持以习近平新时代中国特色社会主义思想为指导，坚决贯彻落实区市县党委政府的各项工作要求，做到令行禁止、政令畅通。注重在复杂一线砥砺干部斗争品格，锤炼干部斗争本领，着力锻造忠诚干净担当、为民务实清廉的高素质干部队伍。坚持以制度化、规范化推动政治监督具体化、精准化、常态化。组织全镇党员干部学习《关于新形势下党内政治生活的若干准则》，进一步严明党的政治纪律、保持党同人民群众的血肉联系、坚持民主集中制原则、发扬党内民主和保障党员权利。2023年，哲古镇召开党委会24次；依托镇党委（扩大）会、政府专题会、理论学习中心组学习会、周例会等会议组织全镇干部职工深入学习党的最新理论知识，扎实推进"学习贯彻习近平新时代中国特色社会主义思想主题教育"活动。2023年镇理论学习中心组学习13次，开展周例会20次，机关支部学习27次；探索开展"双晒一述""流动红旗"评比等活动，全面掌握干部职工履职尽责情况，通过干部下基层调查研究、为民办实事、结对帮扶等方式，为群众解决生产生活中遇到的热点难点问题。为持续提高全镇党员干部的廉洁意识，筑牢理想信念根基，哲古镇按照一周一警示的工作目标，每周三组织全镇干部职工观看《零容忍》《粮仓里的硕鼠》等警示教育片11次，产生了"警示一批、教育一方"的效果。节前学习上级纪委监委通报、节前提醒，促使干部职工从中得到深刻的警醒，不断树立廉洁自律意识；制定和完善了《党务公开制度》《党员干部联系服务群众制度》《发展党员流程》《哲古镇集中议事规则》等，做到用制度管事管人，积极推行"四议两公开"工作法，严格执行民主集中制原则，坚持重大问题集体研究，年内党委会研究"三重一大"事项70余件。

乃西乡

【概况】乃西乡位于措美县西南部，距县城15千米，地处北纬28° 21′ 11″、东经91° 22′ 56″，全乡平均海拔4010米，总面积744.5平方千米，乡政府驻地乃西村，海拔3920米。全乡以农业为主、牧业为辅，耕地面积369.33公顷，农作物主要以青稞、小麦、油菜为主。草场面积41159.27公顷，畜牧业主要以黄牛、牦牛、山羊、绵羊为主。下辖4个行政村（乃西村、鲁麦村、定巴村、恰杂村），15个村民小组，共有461户1369人，劳动力756人。全乡共有7个党（总）支部，共有党员238人。1所乡卫生院，3个村卫生室，共有医务人员12人。全乡农牧民群众新型农村养老保险参保率100%，新型农村合作医疗参保率99%。全乡共有3座寺庙（乃西寺、定巴寺、纳布齐寺）、4座拉康（达琼拉康、孜杰拉康、具巴拉康、觉巴拉康），僧人7人。

【经济发展】 2023年，措美县乃西乡总收入3838万元，其中第一产业收入1399.22万元、第二产业收入579.75万元、第三产业收入1858.5万元，农牧民平均可支配收入17097元，比上年增长14%。

【农牧业生产】 2023年，措美县乃西乡共种植冬小麦800亩、青稞2895亩、豌豆200亩、经济作物589.11亩、青饲草1058.58亩，粮食产量1293.98吨，油菜产量62吨；完成接羔育幼1821头（匹、只），成活1615头（匹、只），成活率达到89%，肉类产量194.6吨，奶产量461吨；开展土地非粮化整治234亩，进行了复耕复种。

【教育保障】 2023年，措美县乃西乡适龄儿童入学率达到100%，幼儿园26人，小学生42人，初中生22人，高中生27人，大学生55人。2023年，乃西乡对15名新入学农牧民大学生补助109000元，38名建档立卡户大学生共计补助293000元。

【医疗卫生】 2023年，措美县乃西乡卫生院完成乡村两级门诊364人次。家庭签约医生上门服务300次。累计筛查出慢性病病人240人，慢性病管理率达100%。孕产妇8人，孕产妇系统管理覆盖率达100%，免费叶酸发放6人，每月免费发放营养包150包，产后访视20次，孕产妇及5岁以下儿童零死亡率，7岁以下儿童血红蛋白检测8人，无贫血幼儿，7岁以下儿童管理覆盖率达95%。开展健康教育知识讲座12期，健康教育咨询活动6期，累计发放健康教育宣传材料12种120份。

【社会保障】 2023年，措美县乃西乡享受农村低保9户19人，兑现低保金38400元；农村低保单人户11户11人，兑现资金17971.25元；农村分散特困人员（分散五保户）4户4人，兑现资金22027.5元；“十大民心”工程，残疾12人，兑现资金33100元，“两项补贴”残疾人53人，兑现资金75500元，残疾人协会专职委员4人，兑现资金8000元。完成良种推广补贴资金34000元以及四旁植树兑现资金86.2万元；完成草补草奖资金的兑现，共计兑现176.6万元。

【公共文化】 2023年，措美县乃西乡投入资金3.06万元，对乡文化综合服务中心进行翻新维修加固；利用节假日及农闲时期开展各项文体活动30场次，组织村文艺演出队开展交流培训班8期，开展文艺演出活动40场次。

【劳务增收】 2023年，措美县乃西乡积极引导群众参与各级各部门举办的技能培训，使群众掌握一技之长，增强群众就业本领、拓宽群众转移就业渠道。引导富余劳动力外出务工，由村组务工连队负责人与就近工地协调，安排劳动力务工，提高群众靠自己双手致富的意识。2023年，全乡农牧民转移就业595人，共创收653万元，带动全乡人均增收10974元。

【乡村振兴】 2023年，措美县乃西乡围绕“产业兴旺、生态宜居、乡风文明、治理有效、生活富裕”总体目标，紧盯产业促进增收，环境更加宜居。2023年，乃西乡共有5个扶贫产业，共计创收600.78万元，带动增收630户，分红39.49万元，解决179人就业，共计发放工资1592963元。年内，乃西乡瞄准乡村建设存在的短板问题，精准发力、以“三包五化”为抓手，扎实开展农村人居环境整治工作，基本实现村庄规划编制、生活垃圾收运处置、户厕改造全覆盖，生活污水

2023年8月9日，山南市人大在乃西乡恰杂村开展冰川保护调研

2023年11月14日，乃西乡人居环境整治工作验收

处理率大幅提高，生态环境质量显著提升，生产生活环境干净整洁有序，村民环境与健康意识普遍增强，管护长效机制初步建立，建设群众安居乐业的美丽家园。

【平安建设】 2023年，措美县乃西乡扎实开展平安建设工作，每月开展一次全乡范围内的不稳定因素排查活动，建立健全民事纠纷调处的长效机制；加强道路交通安全管理，灾害防御力度，各村灾害隐患排查力度，确保全乡平安建设再上新台阶；开展常态化扫黑除恶工作，明确工作目标，深入广泛宣传，营造良好的社会治安氛围。全年组织开展安全隐患排查216次，发现道路安全隐患35处，均已整改完毕。开展宣传50余次，摸排35次，走访农牧民家庭150余户，共排查辖区施工点4个，检查举报箱24次，未发现相关问题线索。

【基础设施建设】 2023年，措美县乃西乡新建人居环境广场1处、篮球场1个、灌溉水渠1条，维修水渠3条、水塘2座、牧道9条，确保农业农村工作的基本需要。

古堆乡

【概况】 古堆乡位于措美县东部，距离县城53千米，东邻隆子县，南接错那县，西北与哲古镇接壤，全乡平均海拔4500米。辖区面积532.36平方千米，其中草场面积756270亩，耕地面积1859.4亩，是一个牧业为主，农业为辅的农牧结合乡，素有“藏獒之乡”美称。

【经济发展】 2023年，古堆乡实现地区生产总值3699.51万元，其中第一产业1307.20万元、第二产业792.42万元、第三产业1599.89万元，分别同比增长7.09%、23.17%、-37.27%、41.56%。农村人均可支配收入达12335.99元，同比增长13%。全乡牲畜总头数累计达17279头（只、匹），其中牛2973头、马5匹、驴14头、羊14287只；出栏牛羊共计7738头（只），出栏率达44.78%，其中肉牛1003头、肉羊6735只，产生肉类250.62吨，其中牛肉152.96吨、羊肉97.66吨；产生奶产量600.30吨、牛毛6.74吨、牛皮795张、羊皮4277张。全年，古堆乡农作物总播种面积124.73公顷，收成粮食作物合计256吨。

【农牧业生产】 2023年，古堆乡牲畜存栏17110.64绵羊单位，全乡内未超载户253户，资金兑现为

2023年4月18日，古堆乡干部开展学习宣传党的二十大精神进基层宣讲活动

2344450.65 元；选聘天然草原监督员 41 名，兑现资金 287000 元；高标准农田粮食减产补助 244.168 亩，兑现资金 40287.72 元；耕地保护补贴 900 亩，兑现资金 51695.99 元；中央一次性种粮补贴 900 亩，兑现资金 5368.95 元；兑现上年度牲畜出售资金 611520 元，涉及 543 头牛、2381 只羊。组织乡农牧综合服务中心技术员、村科技专干、科技特派员深入田间地头开展青稞理论测产工作，与此同时，充分利用专职队伍指导田间管理，宣传农业知识，调运农资尿素 10.7 吨、二胺 0.8 吨。

2023年3月27日，古堆乡举行3·28百万农奴解放纪念日拔河比赛活动

【教育保障】 2023 年，古堆乡有乡小学 1 所，专任教师 12 人，其中高级教师 3 人，一级教师 4 人，二级教师 5 人，幼儿园招收 37 人，小学在校生 71 名。加强党员理论学习，不断提高队伍素质。截至年底，开展 42 次党支部理论学习中心组学习会，师德集中学习共 12 次，学校事务处理党小组会议共 22 次，举行主题教育活动和师德集中学习活动为载体的各类活动 12 次，每月主题党日活动开展共 12 次，组织开展党员民主生活会共 2 次。年内，不断完善党建工作职责体系、职责考核、职责追究等制度。积极探索加强民族团结的新思路、新方法，实行“走出去，带进来”的方式，学校与学校之间、领导与同事之间、同事与同事之间、老师与学生之间互相支持，亲如一家，保持了学校稳定团结的大好局面，促进了学校各方面工作的协调发展。

【医疗卫生】 2023 年，古堆乡全乡有卫生院 1 座，村级卫生室 2 个，正式医护人员 7 人，其中副主任医师 1 人，主治医师 3 人，助理医师 2 人，村医 4 人。主要设备有全自动心电图机、尿分析仪、血糖仪、耳镜、裂隙显微镜等，基本能满足全乡人民一般防病治病要求。免疫规划及妇幼卫生工作。每月定期召开例会，对辖区内村卫生人员进行培训和指导，工作取得新进展。脊灰应种儿童 171 人，实种 169 人，完成 98%，卡介苗应种儿童 143 人，实种 143 人，完成 100%，乙肝疫苗应种 174 人，实种 174 人，完成 100%，百白破疫苗应种 169 人，实种 168 人，完成 98%，麻腮风 163 应种人，实种 163 人，完成 100%，甲肝实种 144 人，流感实种 71 人。妇幼卫生方面，7 岁以下儿童 113 人，3 岁以下儿童 42 人，系统管理率 97%，孕产妇 18 人，产前建册、检查完成率 100%；新生儿 10 人，婴幼儿死亡率为 0%，100% 完成孕产妇住院分娩补助。参合农民就医补偿工作。年内，医疗报销 533570.18 元，分娩补助 44200 元。卫生“保障网”。进村入户做好高血压、糖尿病等疾病的筛查，对重大疾病患者及老年人，实行随访和签约服务制度。

【社会保障】 2023 年，古堆乡狠抓落实各项民生保障政策，明确工作目标，细化工作举措，量化节点任务，坚持一件事情接着一件事情办，一项政策接着一项政策落实，切实将民生保障工作做实做细，2023 年城乡居民医疗保险工作已完成，参保率为 100％；医疗救助已受理 26 人；全乡家庭账本清理工作已完成，按每户家庭账余额已退还 275 人，涉及资金 49429.41 万元；已完成对 185 人的线上线下养老资格认证工作，节点性发放养老金，审核发放金额为 396526.73 元；死亡注销 11 人，丧葬费发放 45082.74 元；为及时领到养老金进行中断补缴 2 人，补缴金额为 400 元，待遇申请 14 人；在养老征缴线上线下工作中参保人数 585 人。

【公共文化】 2023 年，古堆乡积极

开展各类文化文艺活动，结合学习宣传贯彻习近平新时代中国特色社会主义思想、党的二十大精神、民族团结、乡村振兴、法治建设等重点工作，先后举办了“我们的中国梦——文化进万家”“雷锋精神永相随”“巾帼心向党　奋战新征程”“3·28”西藏百万农奴解放纪念日等系列活动11场次，受众达980余人次。同时，紧紧围绕学习宣传贯彻党的二十大精神这一主题，组织村级文艺演出队演出10场次，受众人数达1100余人次。协调争取县、乡人大票决制项目为两村搭建文化活动平台，切实增强人民群众文化获得感、幸福感，努力营造“人人参与文化，享受文化”的氛围。

【劳务增收】 2023年，古堆乡3个以工代赈项目实现用工882人次，民工、运输机械等共计增收43万元；鼓励农牧民群众外出务工持续增收，全年共计外出务工人员705人，实现劳务创收318万余元。

【乡村振兴】 2023年，古堆乡共有脱贫户149户496人，其中扎西松多村69户223人、帕仓村80户273人、未消除监测户4户13人，其中边缘易致贫户2户5人。年内，古堆乡严格按照“四不摘”要求，坚决做到“摘帽不摘责任、摘帽不摘政策、摘帽不摘帮扶、摘帽不摘监管”，按时开展脱贫户收入统计工作，确保脱贫群众各项收入应统尽统，并坚持提前分析研判返贫风险，运用监测户纳入解除程序，做到数据真、情况明。截至年底，完成对全乡脱贫户、边缘易致贫户的节点性收入统计工作，脱贫户及监测户人均收入为19098.7元，增速达到12.53%，不存在人均万元以下。切实调整生态岗位，结合筛选要求始终坚持能上能下原则，共计安排生态岗位304个，并同步完成2023年实现540人转移就业，创收592万元的任务目标。

【平安建设】 2023年，古堆乡全面落实平安建设“党政同责、一岗双责、失职追责”制度，以信访工作+司法调解融合发力模式，完善社会矛盾纠纷多元化解机制，健全班子成员信访包村包案制度，推动信访工作重心下移。在壮大基层综治队伍方面古堆乡坚持以双联户为基础，进一步健全完善网格化治理机制，调整、细化全乡网格，全乡共配备专职网格员3名，兼职网格员8名，并切实发挥乡、村、组三级网格搜集情报信息、排查化解矛盾纠纷效用，及时做好情报信息分析研判、矛盾纠纷化解、舆情上报处理工作，做到“早发现、早控制、早化解”。2023年，共排查发现矛盾纠纷11件，成功调处11件，双联户、网格员等群防群治力量开展日常治安巡逻570余次，累计出动网格员、双联户2100余人次。

【基础设施建设】 2023年，古堆乡重点建设项目包括帕仓村人居环境巩固提升项目和扎西松多水库项目。年内，古堆乡共计排查调处重点项目领域矛盾纠纷6起，协助项目施工方完成数据采集、情况摸底2次，开展针对重点项目的督导检查30余次，其中安全生产专项督查8次，环境检查5次，发现问题5处，分别为安全生产问题3处，破坏环境问题2处，均已完成整改。在多措并举下，帕仓村人居环境巩固提升项目已完成建设并顺利通过竣工验收，得到了广大群众的一致认可；扎西松多水库项目建设在年底已顺利通过验收，农村饮水工程施工环节均已完成，待水库试水作业完成后立即开通。

荣 誉

受县（区）级以上表彰的先进集体名录

表 8

获奖单位	获奖名称	表彰时间	授予单位
措美县应急管理局	2023 年度第四届应急部普法作品中获得生命至上、安全第一（让我们共同守护美好家庭）二等奖	2024 年 1 月	中华人民共和国应急管理部
中国农业银行股份有限公司措美县支行	第六届中国农业银行文明单位 2023—2024 年度自治区级青年文明号	2023 年	中国农业银行
措美县融媒体中心	作品“烟头不落地，城市更美丽”获全区公益广告鼓励奖	2023 年 5 月	西藏自治区党委宣传部
措美县妇女联合会	自治区民族团结进步城市民族工作服务管理优秀集体	2023 年 4 月	西藏自治区党委统战部
措美县公安局古堆乡公安派出所	全区公安机关党的二十大安保维稳工作有功集体三等功	2023 年 2 月	西藏自治区公安厅
措美县统计局	第七次全国人口普查先进集体	2022 年 7 月	西藏自治区第七次全国人口普查领导小组
纪委、市场监督局、法院、宣传部、国税局	自治区文明单位	2023 年 11 月	西藏自治区文明办
措美镇小学	全区教育督导先进集体	2023 年 4 月	西藏自治区人民政府教育督导委员会、西藏自治区教育厅
古堆乡完小	2023 年平等小屋被评为第八届民族团结模范宿舍	2023 年 9 月	西藏自治区教育厅
措美县消防救援大队	2023 年度安全工作先进单位	2024 年 1 月	西藏自治区消防救援总队
措美广播电视台	《烟头不落地　城市更美丽》获得电视类鼓励类作品	2023 年 8 月	西藏自治区广播电视台
中国农业银行股份有限公司措美县支行	第三届“中国农业银行西藏自治区文明单位”	2023 年	中国农业银行西藏自治区分行

续表8

获奖单位	获奖名称	表彰时间	授予单位
措美县融媒体中心	作品“高原深处的温馨家园”荣获“学习强国”2023年秋季全国县级融媒体优秀作品	2023年11月	“学习强国”学习平台
山南市生态环境局措美县分局	全市生态文明建设先进集体	2023年11月	中共山南市委员会、山南市人民政府
措美县统战、民宗局	山南市民族团结进步创建模范机关	2023年1月	中共山南市委员会、山南市人民政府
共青团措美县委员会	山南市民族团结进步创建模范机关（单位）	2023年1月	中共山南市委员会、山南市人民政府
措美县行政审批和便民服务局	山南市民族团结进步创建模范机关（单位）	2023年1月	中共山南市委员会、山南市人民政府
行政审批和便民服务局	2023年山南市民族团结进步创建模范机关单位	2023年1月	中共山南市委员会、山南市人民政府
行政审批和便民服务局	2024年山南市民族团结进步模范集体	2023年3月	中共山南市委员会、山南市人民政府
措美镇小学	山南市民族团结进步示范校	2023年1月	中共山南市委员会、山南市人民政府
措美县中学	山南市民族团结进步创建模范学校	2023年1月	中共山南市委员会、山南市人民政府
措美镇人民政府	山南市文明村镇荣誉称号	2023年3月	山南市精神文明建设指导委员会
措美县市场监督管理局	继续保留山南市文明单位荣誉称号	2023年3月	山南市精神文明建设指导委员会
县藏语委办（编译局）	全市社会用字规范整治工作先进集体	2023年11月	山南市藏语文工作委员会办公室（市编译局）
措美县应急管理局	2023年度全市应急管理系统先进集体	2024年2月	山南市应急管理局
措美县卫生健康委员会	山南市现场流动病学调查职业技能竞赛组织奖	2023年11月	山南市卫生健康委员会、山南市总工会
措美县乡村振兴局	2022年度山南市农牧区人居环境整治工作优秀县区	2023年4月	山南市委农村人居环境整治工作专班
古堆乡完小	2023年语言文字达标验收通过单位	2023年11月	山南市级验收组
县自然资源局	措美县第三批民族团结进步模范单位	2023年3月	中共措美县委员会、措美县人民政府
县自然资源局	措美县生态文明建设先进集体	2023年11月	中共措美县委员会、措美县人民政府
哲古镇	2016—2020年“七五”普法先进集体	2022年5月	中共措美县委员会、措美县人民政府
县藏语委办（编译局）	2022年措美县民族团结进步模范集体	2023年3月	中共措美县委员会、措美县人民政府
哲古镇	“喜迎党的二十大　聚力奋进新征程”措美县庆“七一”歌咏比赛	2022年7月	中共措美县委员会、措美县人民政府
措美县乡村振兴局	措美县生态文明建设先进集体	2023年11月	中共措美县委员会、措美县人民政府
措美县乡村振兴局	措美县2022年度农牧民增收项目带动奖	2023年3月	中共措美县委员会、措美县人民政府
措美县纪委监委	2022年度民族团结进步创建模范机关单位	2023年4月	中共措美县委员会、措美县人民政府
乃西乡	措美县第三批民族团结进步模范乡镇	2023年3月	中共措美县委员会、措美县人民政府

续表 8

获奖单位	获奖名称	表彰时间	授予单位
乃西乡	措美县 2022 年度农牧民增收一等奖	2023 年 3 月	中共措美县委员会、措美县人民政府
哲古镇	措美县“庆七一·喜迎二十大”村(社区)“两委”班子成员理论知识竞赛第一名	2022 年 6 月	中共措美县委员会
哲古镇	措美县“庆七一·喜迎二十大”机关企事业单位干部理论竞赛第二名	2022 年 6 月	中共措美县委员会
措美镇人民政府	2023 年度耕地综合整治先进集体	2023 年 9 月	措美县人民政府
古堆乡完小	2023 年民族团结先进模范单位	2023 年 3 月	措美县人民政府
哲古镇	在措美县 2022 年第一期农牧区党务工作者“业务大比武、能力大比拼”活动中荣获集体二等奖	2022 年 4 月	中共措美县委组织部
措美县中学	2022 年度宣传思想暨意识形态工作先进集体	2023 年 4 月	中共措美县委员会宣传部
哲古镇	2021 年度宣传思想暨意识形态工作先进单位	2022 年 4 月	中共措美县委员会宣传部
哲古镇	2022 年度措美县“先进双联户”创建活动先进乡（镇）	2022 年 12 月	平安措美建设领导小组

受县（区）级以上表彰的先进个人名录

表9

姓名	性别	民族	工作单位	获奖名称	表彰时间	授予单位
郭忠伟	男	汉族	措美县消防救援大队	2023年度优秀基层干部	2024年1月	西藏自治区消防救援总队
周岩	男	汉族	措美县消防救援大队	2023年度安全工作先进个人	2024年1月	西藏自治区消防救援总队
刘韵韵	女	汉族	共青团措美县委员会	西藏自治区级“红领巾巡讲团”成员	2023年11月	少先队西藏自治区工作委员会
蓝仁源	男	汉族	措美县中学	山南市第三届学科带头人	2023年10月	中共山南市委员会、山南市人民政府
小旦增卓嘎	女	藏族	措美县中学	山南市第四届骨干教师	2023年10月	中共山南市委员会、山南市人民政府
杨丽晨	女	彝族	措美县纪委监委	山南市最美家庭	2023年7月	山南市妇联
格桑曲达	男	藏族	措美县措美镇小学	优秀少先队辅导员	2023年11月	共青团山南市委员会
索朗巴珠	男	藏族	措美镇公安派出所	2022年山南市消防监督优秀民警	2023年4月	山南市公安局、山南市消防救援支队
罗豪	男	汉族	措美县消防救援大队	个人嘉奖	2024年1月	山南市消防救援支队
吉热	男	藏族	措美县消防救援大队	个人嘉奖	2024年1月	山南市消防救援支队
绥多	男	藏族	措美县消防救援大队	个人三等功	2024年1月	山南市消防救援支队
尼玛顿旦	男	藏族	措美县消防救援大队	优秀政府专职队员	2024年1月	山南市消防救援支队
洛桑次仁	男	藏族	措美县消防救援大队	优秀政府专职队员	2024年1月	山南市消防救援支队
白玛多吉	男	藏族	措美县消防救援大队	优秀政府专职队员	2024年1月	山南市消防救援支队
索朗曲培	男	藏族	措美县消防救援大队	优秀政府专职队员	2024年1月	山南市消防救援支队
布琼次仁	男	藏族	措美县消防救援大队	优秀政府专职队员	2024年1月	山南市消防救援支队
次仁旦巴	男	藏族	措美县消防救援大队	优秀政府专职队员	2024年2月	山南市消防救援支队
嘎玛多吉	男	藏族	县藏语委办（编译局）	2023年度优秀公务员	2023年12月	中共措美县委员会、措美县人民政府
白玛拉姆	女	藏族	共青团措美县委员会	优秀公务员	2023年12月	中共措美县委员会、措美县人民政府
次仁巴珠	男	藏族	哲古镇人民政府	优秀公务员	2023年12月	中共措美县委员会、措美县人民政府
吾金欧珠	男	藏族	哲古镇人民政府	优秀公务员	2023年12月	中共措美县委员会、措美县人民政府
刘志英	女	汉族	哲古镇人民政府	优秀公务员	2023年12月	中共措美县委员会、措美县人民政府
达娃拉珍	女	藏族	县委办	2023年度优秀公务员	2024年1月	中共措美县委员会、措美县人民政府

续表 9

姓名	性别	民族	工作单位	获奖名称	表彰时间	授予单位
吕炜华	女	汉族	县委办	2023 年度优秀公务员	2024 年 1 月	中共措美县委员会、措美县人民政府
黄 森	男	汉族	措美县纪委监委	三等功	2023 年 12 月	中共措美县委员会、措美县人民政府
李 莹	女	汉族	古堆乡人民政府	2023 年“迎国庆，颂党恩，促团结”诗歌朗诵比赛中获“三等奖”	2023 年 9 月	中共措美县委组织部
尊追旺姆	女	藏族	措美镇人民政府	宣传思想优秀志愿者	2023 年 4 月	中共措美县委宣传部
白玛曲尼	女	藏族	措美镇人民政府	宣传思想优秀通信员	2023 年 4 月	中共措美县委宣传部
杨 洋	男	汉族	哲古镇人民政府	优秀事业干部	2023 年 12 月	措美县人社局
益西康卓	女	藏族	哲古镇人民政府	优秀事业干部	2023 年 12 月	措美县人社局
拉巴曲吉	女	藏族	哲古镇人民政府	优秀事业干部	2023 年 12 月	措美县人社局
其美卓嘎	女	藏族	哲古镇人民政府	优秀事业干部	2023 年 12 月	措美县人社局

附　录

党政机构和负责人

中共措美县委员会

县委书记：

范和平（2023年6月去世）

桑　旦（藏族，10月任）

县委副书记、县长：

桑　旦（藏族，10月免）

邢　飞（10月任）

县委副书记、人大常委会主任：

杜祝涛（12月免）

李申武（12月任）

县委副书记、第十一（十二）批驻村工作队总领队：

张湘和（6月免）

次仁达瓦（藏族，6月任）

县委常务副书记、政府常务副县长：

刘　聪（援藏）

县委副书记：

卓　嘎（女，藏族，11月免去县委国安办主任）

县委常委、县人武部部长：

车红东

县委常委、政府常务副县长：

王小荣

县委常委、纪委书记、监委主任：

李胜军

县委常委、组织部部长、直属机关工委书记、县委党校校长：

冉启仕

县委常委、政府副县长：

郝朝军（援藏）

县委常委、宣传部部长：

占　堆（藏族）

县委常委、政法委书记、公安局局长兼督察长：

朱　清

县委常委、统战部部长、县民宗局局长：

罗布顿珠（藏族）

县委常委、县委办主任（6月任）、县委国安办主任（11月任）：

秦中磊

县委办公室

县委常委、县委办主任（6月任）、县委国安办主任（11月任）：

秦中磊

县委办常务副主任：

朱　遵（土家族）

县委办副主任、档案局局长：

曲尼旺姆（女，藏族）

县委办副主任、机要局局长：

张　航

县委档案馆馆长：

拉姆次仁（女，藏族）

县委档案馆副馆长：

王万界（1月任）

中共措美县委组织部

县委常委、组织部部长、直属机关工委书记、党校校长：

冉启仕

常务副部长：

邓先圣

副部长、编办主任：

普布桑珠（藏族）

副部长、老干部局局长：

阿旺多杰（藏族）

副部长、公务员局局长：

西热旦增（藏族）

副部长：黄龙顺

电子政务中心主任：

土登热杰（藏族，12月任）

中共措美县委宣传部

县委常委、宣传部部长：

占　堆（藏族）

常务副部长（正科）：

次仁罗布（藏族）

副部长、县政府新闻办公室主任：

旦增顿珠（藏族）

副部长、县新闻出版局局长：

陈玉康

网评中心主任：

白玛顿珠（藏族）

中共措美县委统战部

县委常委、统战部部长、民宗局局长：

罗布顿珠（藏族）

常务副部长：

吴永宽

县民宗局副局长：

索朗次仁（藏族）

副部长：

桑旦欧珠（藏族）

中共措美县委巡察办

主　任：桑珠次仁（藏族）

副主任：刘鸿莲（女）

巡察组组长：

旦增崔成（藏族）

巡察组副组长：

杨博楠

措美县人大常委会

县委副书记、人大常委会主任：

杜祝涛（12月免）

李申武（12月任）

县人大常委会副主任：

达　瓦（藏族）

次　仁（藏族）

白玛格桑（藏族，11月任县总工会主席）

高　原（古堆乡党委书记）

办公室主任：

熊永川

办公室副主任：

达　珍（女，藏族）

财政经济和农牧城建环境资源委员会主任委员：

温群英（女）

法制司法监察和民族宗教委员会主任委员：

罗布顿珠（藏族）

教育科学文化卫生和社会建设委员会主任委员：

其米卓嘎（女，藏族）

措美县人民政府

县委副书记、政府县长：

桑　旦（藏族，10月免）

邢　飞（10月任）

县委常务副书记，政府常务副县长：

刘　　聪（援藏）

县委常委、政府常务副县长：

王 小 荣

县委常委、政府副县长：

郝 朝 军（援藏）

政府副县长：

普布扎西（藏族）

杨 东 林

张 伟 良

益西加措（藏族）

秦 中 磊（6月免）

向 晓 花

周 兆 青（5月任）

政府办公室（外事办）主任：

彭 仕 成

政府办公室（外事办）副主任：

黄　　俊

白玛所巴（藏族）

刘 运 生

中国人民政治协商会议措美县委员会

主　席：索朗欧珠（藏族）

副主席：罗布卓玛（女，藏族）

胡 立 波

刘 志 斌

政协办公室主任：

益西卓玛（女，藏族）

政协办公室副主任：

王 二 虎

政协综合委员会主任：

尹 国 强

中共措美县委纪律检查委员会　监察委员会

县委常委、纪委书记、监委主任：

李 胜 军

副书记、副主任：

韩　　超

朱 佳 龙（藏族）

纪委常委：

古桑次仁（藏族）

监委委员：

杨 丽 晨（女，彝族）

措美县信访局

局　长：格桑达瓦（藏族）

副局长：邓 政 义

阿旺德吉（女，藏族）

措美县后勤服务中心

主　任：尼玛次仁（藏族）

副主任：袁 真 勇

措美县藏语文工作委员会办公室（编译局）

主任（局长）：

嘎玛多吉（藏族）

副主任（副局长）：

格桑曲珍（女，藏族）

旦增曲珍（女，藏族）

中共措美县委政法委员会

县委常委、政法委书记、公安局局长兼督察长：

朱　　清

常务副书记：

余 建 飞

副书记：德　　吉（女，藏族）

杨　　凯

措美县检察院

党组书记、检察长：

罗布次仁（藏族）

党组副书记、副检察长：

达　　娃（女，藏族）

党组成员、副检察长：

刘　　东

党组成员、检察业务部主任：

旦增平措（藏族）

党组成员：

旦　　增（藏族）

检察综合部主任：

巴桑卓嘎（女，藏族）

措美县人民法院

法院党组书记、院长：

卢　露

法院党组副书记、副院长：

旦增曲珍（女，藏族）

党组成员、政治部（综合办公室）主任：

强巴加措（藏族）

党组成员、综合审判庭庭长：

益西拉姆（女，藏族）

党组成员、执行局（法警大队）局长：

土旦加措（藏族）

立案庭庭长：

扎西旦增（藏族）

措美县公安局

县委常委、政法委书记、公安局长兼督察长：

朱　清

公安局党委委员、政委：

中巴旦（藏族）

党委委员、副局长：

次仁多吉（藏族）

冯　滔

党委委员、办公室主任：

陈　余

措美镇派出所

所　长：罗布扎巴（藏族，2023年7月因公牺牲）

教导员：刘　亮

副所长：旦　巴（藏族）

安徽广场便民警务站站长：

扎西罗布（藏族）

安徽广场便民警务站副站长：

夏正军

其夏路便民警务站站长：

普　雪（女，藏族）

其夏路便民警务站副站长：

张志君

玛悟觉寺警务室主任：

阿旺旦增（藏族）

玛悟觉寺警务室副主任：

高　剑

扎西曲林寺警务室主任：

方　成

扎西曲林寺警务室副主任：

强巴尊珠（藏族）

哲古镇派出所

所　长：周佳勇

教导员：达瓦次仁（藏族）

副所长：格桑达瓦（藏族）

哲古社区便民警务站站长：

洛桑次仁（藏族）

乃西乡派出所

所　长：次旦晋美（藏族）

教导员：漆家豪

副所长：次仁加措（藏族）

古堆乡派出所

所　长：索朗达娃（藏族）

教导员：刘　云

副所长：普布扎西（藏族）

措美县司法局

党支部书记、局长：

米玛罗布（藏族）

党支部副书记、副局长：

德　吉（女，藏族）

副局长：巴桑群旦（藏族）

孙海楠（女）

措美司法所所长：

王国权（藏族）

哲古司法所所长：

洛桑曲珍（女，藏族）

乃西司法所所长：

李　伟

古堆司法所所长：
拉巴岗祖（藏族）

措美县消防救援大队
大队长：郭 忠 伟
副大队长：
周　岩
副政治教导员：
罗　豪
参　谋：吉　热（藏族）

措美县总工会
主　席：普　珍（女，藏族，11月免）
县人大常委会副主任、主席：
白玛格桑（藏族，11月任县总工会主席）
专职副主席：普　珍（女，藏族，11月任）

共青团措美县委员会
书　记：次仁曲珍（女，藏族）
副书记：刘 韵 韵（女）

措美县妇女联合会
主　席：扎西拉姆（女，藏族）
副主席：侯 小 爽（女）

措美县工商业联合会
主席、县总商会会长：
祁 闫 庆
副主席、县总商会副会长：
张 蒙 蒙
县残疾人联合会理事长：
索朗央宗（女，藏族）

措美县发展和改革委员会（经信局、粮储局）
发改委（经信局、粮储局）副主任：
次仁卓玛（女，藏族）
发改委（经信局、粮储局）副主任：
陈　涛
强巴卓玛（女，藏族）

措美县财政局
局　长：杨 伟 涛
副局长：次旺单增（藏族）
次仁曲宗（女，藏族）
益西拉珍（女，藏族）

措美县自然资源局
局　长：郝 国 强
副局长：格桑曲珍（女，藏族）
巴　桑（藏族）

措美县市场监督管理局
局　长：边巴扎西（藏族）
副局长：达娃扎巴（藏族）
尼玛卓玛（女，藏族）
陈 江 鹏

国家税务总局措美县税务局
党委书记、局长：
张 学 功
副局长：阿　曲（藏族）
纪检组长：
张 晓 亮

措美县商务局
局　长：杨　斌
副局长：央　宗（女，藏族）
周 琳 华

措美县统计局
局　长：云旦顿珠（藏族）
副局长：次仁拉姆（女，藏族）
何　鑫

措美县农业农村局
局　长：布 阿 南（藏族）
副局长：旦巴益西（藏族）
郭 长 栋
卡　珍（女，藏族）

措美县农牧综合服务中心

主　任：伍金龙多（藏族）

副主任：杨 国 强

李　　蒙

措美县林业局

局　长：汪　　凯

副局长：卓　　玛（女，藏族）

宗　　吉（女，藏族）

措美县水利局

局　长：聂 智 生

副局长：次吉尼玛（女，藏族）

阿旺旦巴（藏族）

措美县交通运输局

局　长：肖 治 明

副局长：巴桑卓玛（女，藏族）

阿旺次珍（女，藏族）

措美县住建局

局　长：朱 正 云

副局长：土旦格桑（藏族）

罗　　布（藏族）

吕　　鹏

关　　政（安徽援藏）

中国农业银行股份有限公司措美县支行

行　长：次仁卓嘎（女，藏族）

副行长：王 兴 业

欧珠杰布（藏族）

措美县移动分公司

总经理：次仁卓嘎（女，藏族）

中国电信集团有限公司措美县电信局

局　长：西　　洛（女，藏族）

措美县邮政局

局　长：顿珠多吉（藏族，副总经理）

支局长：旦达次仁（藏族）

措美县教育体育局

党组书记、局长：

扎西平措（藏族）

党组成员、副局长：

德吉曲珍（女，藏族）

朱 刘 庆

措美县中学

党支部书记：

赵　　昊

校　长：白玛旦增（藏族）

副校长：洛桑崔成（藏族）

强　　巴（藏族）

措美镇小学

党支部书记：

莫　　林

校　长：次仁加错（藏族）

副校长：琼　　达（藏族）

晋美桑珠（藏族）

哲古镇小学

党支部书记、校长：

巴桑罗布（藏族）

副校长：扎　　多（藏族）

强巴格烈（藏族）

扎扎小学

党支部书记：

杜　　兴

校　长：群　　培（藏族）

副校长：旦　　增（藏族）

旦增杰布（藏族）

古堆乡小学

校　长：拉巴旦增（藏族）

副校长：当　　觉

次　　珍（女，藏族）

措美县科技局（气象局）
局　长：布 阿 南（藏族）

措美县卫生健康委员会
主　任：多吉平措（藏族）
副主任：索朗拉姆（女，藏族）
　　　　陈　兴

措美县医疗保障局
局　长：次仁群培（藏族）
副局长：范 辉 志
　　　　米　玛（藏族）

措美县卫生服务中心（人民医院）
支部书记：
　　　　阿旺加措（藏族）
主　任：王　昆
副主任：益西顿珠（藏族）
　　　　胡 成 祥（苗族）
藏医院副院长：
　　　　顿旦罗布（藏族）

措美县文化（文物）局
局　长：蒲　婷（女）
副局长：拉　宗（女，藏族）
　　　　易 汉 楠

措美县融媒体中心
副主任（副台长）：
　　　　洛桑旺姆（女，藏族）
　　　　嘎玛旦增（藏族）

措美县民宗局
县委常委、统战部部长、局长：
　　　　罗布顿珠（藏族）
副局长：索朗次仁（藏族）

玛悟觉寺管理委员会
党支部书记、主任：
　　　　丹增达瓦（藏族）
党支部副书记、副主任：
　　　　明　玛（藏族）

扎西曲林寺管理委员会
书记、主任：
　　　　旦增平措（藏族）
副书记：边巴扎西（藏族）
组织委员：
　　　　强巴扎西（藏族）

乃西寺管理委员会
党支部书记、主任：
　　　　白玛曲珍（女，藏族，12 月免）
　　　　巴桑群旦（藏族，12 月任）
副主任：益西次旺（藏族）

拉顶寺管理委员会
主任、党支部书记：
　　　　索朗扎西（藏族）
副主任：多　吉

觉康拉康寺管理委员会
党支部书记、主任：
　　　　索朗坚参（藏族）

山南市生态环境局措美县分局
局　长：索朗江村（藏族）
副局长：巴桑央宗（女，藏族）
　　　　次仁卓嘎（女，藏族）

措美县旅游发展局
局　长：土旦昂毛（女，藏族）
副局长：达　珍（女，藏族）
　　　　张　垒
　　　　崔 海 富（援藏）

措美县民政局
局　长：拉巴央金（女，藏族）
副局长：洛桑江村（藏族）
　　　　李　钊

措美县退伍军人事务局

局　长：杨　莉（女）

副局长：措吉拉珍（女，藏族）

服务中心副主任：

丁运哲

措美县人力和社会保障局（劳动保障监察大队）

局　长：次扎西（藏族）

副局长：元旦加措（藏族）

梁玉博

措美县乡村振兴局

局　长：巴　贵（藏族）

副局长：普扎西（藏族）

达　珍（女，藏族）

张法宝

措美县行政审批便民服务局

局　长：黄海涛

副局长：普布卓玛（女，藏族）

次仁拉姆（女，藏族）

措美县应急管理局

局　长：达瓦平措（藏族）

副局长：白　玛（藏族）

黄　维

土登伦珠（藏族）

国网电力公司

副经理：旺　久（藏族）

杨　磊

援藏干部

县委常务副书记、常务副县长：

刘　聪（宿州市萧县县委常委、副县长）

县委常委、副县长：

郝朝军（淮北市投资促进中心党组成员、副主任）

县发展和改革委员会专业技术人员：

张　涛（安徽淮北相山经济开发区管理委员会经济师）

县住房和城乡建设局副局长：

关　政（宿州市重点工程建设管理局项目管理二科科长）

县旅游发展局专业技术人员：

崔海富［淮北市文化市场综合执法支队副队长（正科级）］

县卫生服务中心主任：

王　昆（宿州市中医院监察室主任、副主任医师）

措美镇

镇党委书记：

多　吉（藏族）

镇党委副书记、镇长：

熊　月

镇党委副书记、人大主席：

达娃曲珍（女，藏族）

镇党委副书记：

张琇程

镇党委委员、纪委书记、监察室主任：

何　超

镇党委委员、政法委员：

德吉曲珍（女，藏族）

镇党委委员、人武部部长：

唐光新

镇党委委员、宣传委员、副镇长：

史东东

镇党委委员、组织委员：

刘贝贝

副镇长：拉　桑（藏族）

罗布次仁（藏族）

哲古镇

镇党委书记：

贡觉多吉（藏族）

镇党委副书记、镇长：

王福昆

镇党委副书记、人大主席：
索朗旦增（藏族）
镇党委副书记：
马 栋 梁
镇党委委员、组织委员：
普布旦增（藏族）
镇党委委员、纪委书记：
弋 鹏
镇党委委员、统战委员、政法委员：
达娃卓玛（女，藏族）
镇党委委员、人武部部长：
任 景 印
镇党委委员、宣传委员、副镇长：
尼玛顿珠（藏族）
副镇长：左 嘉 伟
索朗罗吉（藏族）
镇便民服务中心主任：
益西珠巴（藏族）
镇农牧综合服务中心主任：
拉巴卓玛（女，藏族）
镇文化综合服务中心主任：
索朗建才（藏族）

乃西乡

乡党委书记：
吴 林 科
乡党委副书记、政府乡长：
扎西多吉（藏族）
乡党委副书记、人大主席：
尼 多（藏族，12月免）
白玛曲珍（女，藏族，12月任）
乡党委副书记：
白玛次仁（藏族）
乡党委委员、纪检书记、监察室主任：
丁 超 玉
乡党委委员、人武部部长：
巴登多吉（藏族）
乡党委委员、政法委员、统战委员：
达娃次仁（藏族）
乡党委委员、宣传委员、政府副乡长：
赤来罗布（藏族）
乡党委委员、组织委员、乡人大副主席：
周 景 发
副乡长：嘎玛群宗（女，藏族）
汤 佳 昊

古堆乡

县人大常委会副主任、乡党委书记：
高 原
乡党委副书记、乡长：
赤列罗布（藏族）
乡党委副书记、人大主席：
魏 森 鹏
乡党委副书记：
丁 军
乡党委委员、纪检书记、监察室主任：
周 尚 前
乡党委委员、人武部部长：
次仁德吉（女，藏族）
乡党委委员、政法委员、统战委员：
周 可
乡党委委员、组织委员：
扎西顿珠（藏族）
乡党委委员、宣传委员、副乡长：
尼玛玉珍（女，藏族）
副乡长：多吉次仁（藏族）
边巴旺堆（藏族）

深入学习贯彻习近平总书记关于党的自我革命的重要思想 坚定不移推动全面从严治党向纵深发展（节选）

——在中国共产党措美县第十届纪律检查委员会第四次全体会议上的工作报告

李胜军

（2024年1月26日）

一、2023 年工作回顾

2023 年是全面贯彻落实党的二十大精神的开局之年，是实施“十四五”规划承上启下的关键一年，也是全党深入开展学习贯彻习近平新时代中国特色社会主义思想主题教育的重要一年。在县委和市纪委监委的坚强领导下，全县纪检监察机关坚持以习近平新时代中国特色社会主义思想为指导，准确把握党中央全面从严治党战略部署，深刻领悟“两个确立”的决定性意义，增强“四个意识”、坚定“四个自信”、做到“两个维护”，忠实履行党章和宪法赋予的职责，充分发挥监督保障执行、促进完善发展作用，纪检监察工作高质量发展取得新的成效。

（一）聚焦创新理论武装，不断增强政治判断力、政治领悟力、政治执行力。坚持把深入学习贯彻落实习近平新时代中国特色社会主义思想作为首要政治任务，严格执行“第一议题”学习制度，通过纪委常委会、理论学习会、“三会一课”等方式，深入学习贯彻党的二十大精神、习近平总书记关于西藏工作的重要指示和新时代党的治藏方略，跟进学习习近平总书记最新重要讲话和重要指示批示精神，自觉用党的创新理论武装头脑、指导实践、推动工作，不断提高政治判断力、政治领悟力、政治执行力。深入开展主题教育，研究制定《措美县纪委监委领导班子调研提纲》，班子成员围绕主题教育讲党课 2 次，整改检视三批 9 个问题；践行“四下基层”要求，督促政府办、教育局等部门牵头解决 2 个方面问题。推动解决拖欠民工工资及运输费 81 人 15 万余元。全年召开县纪委常委会会议 22 次、理论学习会 15 次、支部学习会 34 次，撰写交流发言材料 140 余份。严格落实双重领导体制要求，制定实施《措美县纪委监委向市纪委监委和县委请示报告报备重大事项清单》，坚持重大事项、重大案件、重要工作及时向市纪委监委和县委请示报告。研究制定《措美县纪检监察机关 2023 年意识形态宣传工作要点》，将意识形态工作纳入委机关班子成员自身建设的重要内容，督促全县纪检监察巡察干部自觉清退微信群 159 个。

（二）聚焦“两个维护”，推进政治监督具体化精准化常态化。坚持把党中央重大决策部署、区委决策部署、市委和县委重要工作安排作为监督重点，研究制定《措美县纪委监委关于以“贯彻落实新时代党的治藏方略推动‘四个创建’和山南‘六个走在全区前列’”为重点强化政治监督的工作方案》，紧盯各级党组织学习贯彻党的二十大精神，贯彻落实新时代党的治藏方略推动“四个创建”和山南“六个走在全区前列”等重点任务开展监督检查 10 余次，发现并反馈问题 28 个。组织召开反腐败协调小组会议，强化反腐败协调小组成员单位的协作配合。深刻汲取纪国刚严重违纪违法典型案例教训，不断压实党委（党组）管党治党政治责任；围绕主题教育、项目建设、富民惠民政策落实等情况开展监督检查；紧盯党员干部、农牧民党员信仰宗教、参与宗教活动等问题，开展专项监督检查 4 次，督促整改问题 3 个；紧盯中央、自治区环保督察反馈问题整改情况监督检查4次，推动整改问题6个；对维稳措施落实情况监督检查7次，发现并督促整改问题9个；聚焦促进农牧民群众增收、年度重点项目推进、落实区委市委县委优化营商环境工作部署要求开展监督检查，督促各级党组织认真履行主体责任、职能部门履行监管责任；对十届县委第四轮被巡察党组织反馈问题整改情况开展日常监督，下发纪律检查建议书3份，问责十届县委四轮巡察整改不力党组织“一把手”6人次。

（三）坚持标本兼治，一体推进“三不腐”。全年共受理处置问题线索23件，其中立案2件，简易程序2件，初核了结3件，谈话函询了结7件，移交有关党组织处理4件。精准运用“四种形态”批评教育帮助和处理13人次，其中乡科级干部7人，一般干部1人，农村等其他人员5人；给予党纪处分5人（开除党籍1人），发出纪律检查建议书5份、纪检监察建议书1份，教育回访受处分人员2人次；严把党员领导干部政治关、廉洁关，全年回复党风廉政意见663人次。对21名党委（党组）“一把手”开展履职监督谈话，紧盯防汛救灾、安全生产等重点工作开展监督，发现并督促整改问题15个，向分管县级领导制发履责提醒函5份，督促县政府党组通报批评1名县直部门“一把手”。按照自治区纪委办公厅《关于印发〈领导干部廉政档案管理办法〉的通知》要求，认真开展2023年度县管干部廉政档案更新管理工作。通过邀请上级领导授课、举办廉政警示教育展览、组织观看警示教育片、下发典型案例通报、寄送廉洁家书、集中廉政谈话、发放廉政教育书籍手册等方式，教育引导党员干部坚定理想信念、绷紧纪律之弦、守牢廉洁底线；县、乡纪委联动，全覆盖开展村（社区）两委班子、农牧民党员的警示教育活动，增强党员遵纪守法意识；严格落实“三个区分开来”，坚持严管和厚爱结合、激励和约束并重，激发干事创业热情。以县纪委监委2022年查办的“第四种形态”案件制作警示教育片《粮仓里的硕鼠》，召开深化粮食购销领域腐败问题专项整治工作会议，制发纪检监察建议书，继续追赃挽损，收缴违纪资金0.76万元，督促案发单位做好以案促改、以案促治、以案促建。

（四）聚焦正风肃纪，持之以恒纠“四风”树新风。坚持严的基调，紧盯元旦春节、藏历新年、端午、中秋、国庆等重要节点，发送廉政短信6000余条，利用措美融媒和“网信措美”微信公众号发布节前廉洁提醒7次，转载转发典型案例通报4起。持续开展落实中央八项规定及其实施细则精神监督检查，聚焦公车私用、私车公养、公款吃喝、违规收受礼品礼金、滥发津贴补贴、餐饮浪费等突出问题，开展监督检查14次，督促整改问题48个；联合公安机关采取“四不两直”、随机抽查等方式，开展党员干部酒驾、醉驾情况监督检查4次，立案审查2人；查处违规发放津补贴问题2人，收缴违纪资金1.2万余元，督促县委组织部、财政局等单位开展违规发放津补贴专项整治工作“回头看”；强化对驻村干部监督管理，督促整改问题4个；围绕区、市经济工作会议和区、市纪委全会等重要会议持续开展会风会纪监督检查10余次。

（五）厚植为民情怀，全力维护群众切身利益。组织召开巩固拓展脱贫攻坚成果同乡村振兴有效衔接专项监督工作例会，制定《乡村振兴领域不正之风和腐败问题专项整治的实施方案》，紧紧围绕自治区纪委“20个盯”、市纪委“7个紧盯”开展监督检查6次，发现并督促整改问题5个，查处乡村振兴领域问题线索1件2人。围绕巩固拓展脱贫攻坚成果同乡村振兴有效衔接考核反馈问题整改情况、和美乡村建设项目中盲目“造景”、落实“河（湖）长制”“林（草）长制”等突出问题开展监督检查4次，推动整改问题13个。聚焦惠农利民、产业项目、基层治理等领域漠视侵害群众利益的不正之风和腐败问题开展监督检查4次，督促纠治问题6个。围绕统计造假屡禁难绝专项治理、劳务派遣单位截滞留稳岗返还资金问题专项整治、医疗领域腐败问题集中整治等工作开展监督检查5次，发现并督促整改问题8个；围绕农牧民合作社、农村固定资产管理、基层减负、学生餐微腐败问题扎实开展监督；聚焦粮食购销领域腐败问题专项整治和耕地保护开展监督检查7次，督促整改问题13个，联合县委宣传部、市场监督管理局等7家单位发布倡议书，倡导养成节约粮食，杜绝餐饮浪费的良好习惯。

（六）深化政治巡察，充分发挥巡察利剑作用。县委召开常委会会议5次、书记专题会3次、领导小组会6次，认真学习贯彻习近平总书记关于巡视巡察重要论述、《中央巡视工作规划(2023—2027年)》和李希在二十届中央第二轮巡视工作动员会上的讲话精神，修订《十届措美县委巡察工作规划》。按照党中央、区委巡视和市委、县委巡察工作推进会上的部署要求，把贯彻落实党的二十大精神情况作为巡察工作重点，全年对24家党组织开展2轮常规巡察，同步开展意识形态工作责任制落实情况监督检查，十届县委第四、五轮巡察反馈问题352个。加强巡察干部队伍能力建设，进一步充实巡察人才库12人，组织开展2轮49人次巡前培训。

(七)聚焦推进改革，加强规范化法治化正规化建设。根据区、市纪委监委关于县级纪检监察体制改革工作要求，调整优化内设机构，有序完成机构更名挂牌；以联系监督的方式实现县直部门、国有企业、寺管会和学校监督全覆盖；建立南北2个纪检监察协作片区，制定《乡镇纪检监察协作片区运行管理办法》《协作片区干部管理制度》等，明确协作片区工作职责、工作程序、健全完善工作台账；依法有序完成县监委向县人大常委会首次报告专项工作，认真办理反馈意见；完成22名监察官首确工作，推动纪检监察干部自觉接受监督、正确履职用权。

(八)聚焦自身建设，锻造堪当新时代新征程重任的高素质纪检监察队伍。扎实开展纪检监察干部队伍教育整顿，聚焦学习教育、检视整治、巩固提升3个阶段，通过组织学习指定篇目、班子成员讲专题党课、正反面典型教育、观看案件庭审实况、开展廉洁家访等方式，不断提升纪检监察巡察干部廉洁履职能力。全县纪检监察巡察干部围绕"信仰缺失"等六个方面检视问题706条，制定措施732条。深入开展借用人员管理不规范、案件质量问题、重复举报化解不力、违规办案行为、巡察信息管理不规范专项整治。建立健全《"八小时外"活动监督管理规定》《打听过问、干预插手案件备案和责任追究办法》《关于规范纪检监察巡察干部与联系单位、监督对象非工作交往的监督约束制度》等，规范机关文明用语20条、明确工作忌语20条；强化教育监督管理，严格落实规范饮酒、禁止赌博相关规定。选派纪检监察干部参加中国纪检监察学院等线上线下业务培训和西藏纪检监察大讲堂10人次，到区、市、县纪委监委跟班跟案、巡视巡察15人次，举办业务讲坛等集中培训8次，组织开展村务监督委员会成员业务培训。

二、全县全面从严治党工作面临的新形势

总体来看，全县全面从严治党、党风廉政建设和反腐败工作取得的成绩值得肯定，面临新形势、新挑战，一些问题依旧不容忽视。一是个别党委(党组)对全面从严治党、党风廉政建设和反腐败斗争的认识不到位，在全面落实意识形态责任制上还存在一定偏差；二是从纪律监督、巡察监督情况来看，个别党委(党组)落实全面从严治党主体责任不够坚决有力，在履行全面从严治党主体责任、"第一责任人"责任、"一岗双责"责任上还有差距；三是个别党委(党组)贯彻落实上级安排部署还不同程度存在以文件落实文件的情况，调查研究工作不经常、不深入；四是纪检监察机关自身建设还存在短板弱项，个别纪检监察干部能力素质还不能完全适应新形势新任务要求，对政治监督"三化"认识不够深刻，主动监督意识不强。上述存在的问题和不足，我们要引起高度重视，认真研究解决。

三、2024年主要工作

2024年是新中国成立75周年，是实施"十四五"目标任务的关键之年，是深入贯彻落实党的二十大和自治区第十次党代会精神的攻坚之年。做好今年纪检监察工作的总体要求是：坚持用习近平新时代中国特色社会主义思想凝心铸魂，深入学习贯彻习近平总书记关于党的自我革命的重要思想，全面贯彻落实党的二十大、二十届二中全会精神，贯彻落实二十届中央纪委三次全会和自治区党委十届五次全会精神，贯彻落实自治区纪委十届四次全会和市委二届七次全会精神，贯彻落实市纪委二届四次全会和县委十届七次全会精神，深刻领悟"两个确立"的决定性意义，增强"四个意识"、坚定"四个自信"、做到"两个维护"，时刻保持解决大党独有难题的清醒和坚定，对反腐败斗争的新情况新动向要有清醒认识，对腐败问题产生的土壤和条件要有清醒认识，坚持稳中求进工作总基调，巩固拓展主题教育和教育整顿成果，忠实履行党章和宪法赋予的职责，坚定不移扛起"两个维护"重大政治责任，持续发力、纵深推进党的自我革命，一体推进不敢腐、不能腐、不想腐，坚决打赢反腐败斗争攻坚战持久战，为措美长治久安和高质量发展取得新进步提供坚强保障。

（一）持续巩固拓展主题教育成果，在深化内化转化上精准发力。坚持以习近平新时代中国特色社会主义思想为指导，严格落实“第一议题”制度，深入学习贯彻习近平新时代中国特色社会主义思想特别是习近平总书记关于党的自我革命的重要思想，深刻领会习近平总书记关于西藏工作的重要指示和新时代党的治藏方略，不断用党的创新理论回答和解决纪检监察工作面临的新情况新问题，认真总结提炼主题教育中的好经验、好做法，切实把学习成果转化为纵深推进新征程纪检监察工作高质量发展的具体行动和实际成效，充分发挥监督保障执行、促进完善发展作用，坚定不移推动全面从严治党向纵深发展。忠实履行党章和宪法赋予的职责，坚定维护党章和宪法的尊严权威，更好地履行监督责任，确保党永远不变质、不变色、不变味。严格落实请示报告重大事项制度。严格落实监督执纪工作规则和监督执法工作规定，进一步健全完善落实内控制度机制，确保依规依纪依法行使纪检监察权。

（二）持续强化政治监督，在忠诚履行“两个维护”政治责任上精准发力。聚焦学习贯彻习近平总书记重要指示批示和党中央重大决策部署、区委决策部署、市委和县委具体工作安排，紧盯各级党委（党组）贯彻落实新时代党的治藏方略推动“四个创建”“四个走在前列”和山南“六个走在全区前列”工作，着力推进政治监督具体化精准化常态化。进一步严明政治纪律和政治规矩，聚焦政治忠诚、政治安全、政治责任、政治立场、党内政治生活，坚决纠正政治偏差。聚焦经济社会发展、优化营商环境、民族团结进步创建、乡村振兴政策落实落地、农牧民增收任务完成等重点工作常态化开展监督，确保党中央和区委决策部署、市委和县委的具体工作安排不折不扣地执行落实。聚焦重要时间节点，严肃查处党员信仰宗教、搞封建迷信和分裂破坏活动等问题。紧盯“关键少数”，督促各级党委（党组）严格落实《党委（党组）落实全面从严治党主体责任规定》，对“一把手”和领导班子加强日常监督，督促其严于律己、严负其责、严管所辖。聚焦监督检查过程中发现的问题，利用好纪律检查建议书和监察建议书，提出务实有效的意见建议。

（三）持续巩固反腐败斗争成果，在一体推进“三不腐”上精准发力。坚持不敢腐、不能腐、不想腐一体推进，同时发力、同向发力、综合发力，以零容忍态度反腐惩恶，更加有力遏制增量，更加有效消除存量。充分发挥反腐败协调小组作用，加强纪律监督、监察监督、联系监督、巡察监督与审计、统计、财会等监督的贯通协调，坚决查处政治问题和经济问题交织的腐败，坚决防止党员干部成为利益集团的代言人，坚决纠治政商勾连破坏政治生态和经济发展环境问题。深入整治资源富集、资金密集、权力集中领域的腐败，坚决惩治群众身边的“蝇贪”，坚持行贿受贿一起查。持续开展乡村振兴领域不正之风和腐败问题专项整治，持续巩固拓展扫黑除恶专项斗争成果。紧盯教育、医疗、养老、社保、环保、医药、安全生产、基建工程等领域方面强化监督，坚决惩治惠民政策资金项目落实落地、集体“三资”管理分配使用、教育“三包”经费和就业培训经费管理使用、中小学校园食品安全等方面的“蝇贪蚁腐”，切实增强群众的获得感幸福感安全感。严格落实《措美县纪委监委领导班子信访接访制度》，统筹用好县乡村监督力量，健全基层监督网络，拓宽一线监督渠道，形成精准监督发现问题、反馈问题并督促解决问题闭环。加强新时代廉洁文化建设，深化开展党性教育、廉政教育、警示教育和家风教育，使严厉惩治、规范权力、教育引导紧密结合，不断取得更大治理效能。

（四）持续深入纠治“四风”，在筑牢夯实中央八项规定堤坝上精准发力。坚持党性党风党纪一起抓、正风肃纪反腐一体推进，密切关注“四风”苗头性、倾向性、隐蔽性问题，重点纠治形式主义、官僚主义，坚决破除特权思想和特权行为。紧盯春节、藏历新年等重要时间节点，严查公车私用、违规发放津贴补贴、公款吃喝等问题。坚持纠“四风”树新风并举，教育引导党员干部牢记“三个务必”，持续推动改进作风狠抓落实工作常态化长效化。紧盯贯彻党中央和区委决策部署、市委和县委具体部署不担当不作为问题，重点纠治文山会海、监督督查检查调研扎堆、工作过度留痕、任务层层加码、“表”哥“表”妹、“指尖上墙面上的形式主义”等行为，严肃整治损害党的形象、群众反映强烈的形式主义、官僚主义、享乐主义、奢靡之风，深挖根源、找准症结、精准纠治。

（五）持续加强党的纪律建设，在推动管党治党责任落实上精准发力。坚持把纪律建设摆在更加突出位置，使严的要求贯彻到党纪教育、执纪监督全过程，既让铁纪“长牙”、发威，又让党员干部重视、警醒、知止，形成遵规守纪的高度自觉。严格执行党规党纪，教育引导党员干部牢固树立党章意识，认真学习新修订的《中国共产党纪律处分条例》，坚决纠正对党规党纪不上心、不了解、不掌握等问题。高度重视年轻干部纪律教育，为年轻干部思想“筑坝”、行为“划线”，扣好年轻干部廉洁从政“第一粒扣子”，帮助其养成在受监督和约束环境中工作生活的习惯。严格落实“三个区分开来”，规范运用“四种形态”，激励干部敢于担当、积极作为，实现政治效果、纪法效果、社会效果有机统一。

（六）持续深化政治巡察，在更好发挥巡察利剑作用上精准发力。全面贯彻落实中央、区、市巡视巡察工作规划，把“两个维护”作为根本任务，把严的要求贯彻到政治巡察全过程各环节。科学制订年度工作计划，推动有形覆盖和有效覆盖相结合。强化巡察监督与纪律监督、监察监督、组织监督统筹衔接，与其他各类监督贯通融合，做好信息通报、线索移交、成果运用、整改监督工作。深入落实关于加强巡视巡察整改和成果运用的实施意见，强化“双反馈”和签收制，增强巡察反馈的严肃性和权威性，对落实整改责任不到位，敷衍整改、整改不力、拒不整改的，严肃追责问责。

（七）持续发扬自我革命精神，在锻造高素质专业化干部队伍上精准发力。深入学习领会习近平总书记关于加强纪检监察干部队伍建设的重要讲话和重要指示精神，始终做到绝对忠诚、绝对可靠、绝对纯洁。充分发挥纪委常委会带头表率作用，带头践行“三个忠诚”，带头落实“三个务必”，带动全县纪检监察干部做自我革命的表率、遵规守纪的标杆。牢记打铁必须自身硬，认真践行“六个表率”，发扬彻底的自我革命精神，弘扬伟大建党精神，发扬斗争精神，坚定斗争意志，增强斗争本领，践行“三严三实”，打造敢于善于斗争的纪检监察铁军。持续加强纪检监察干部的教育培训，依托中国纪检监察学院线上线下业务培训、西藏纪检监察大讲堂、市纪委业务大讲堂等平台，不断提高纪检监察干部的政治理论水平和日常监督、执纪审查、依法调查工作能力。持续深入开展借用人员管理不规范、案件质量问题、重复举报化解不力、违规办案行为、巡察信息管理不规范专项整治，不断加强自身权力运行机制和管理监督体系。坚持严管和厚爱相结合，把一体推进“三不腐”理念贯穿自身建设，自觉接受党内监督和其他各方面监督，加强对纪检监察干部全方位管理和经常性监督，坚决防止“灯下黑”。持续深化巩固纪检监察体制改革成果，充分发挥协作片区机制作用，加大对村务监督委员会成员的培训力度。

新时代呼唤新作为，新征程要有新担当。同志们，让我们更加紧密地团结在以习近平同志为核心的党中央周围，高举中国特色社会主义伟大旗帜，在县委和市纪委监委坚强领导下，深入学习贯彻习近平新时代中国特色社会主义思想和习近平总书记关于党的自我革命的重要思想，沿着党的二十大指引的方向，以一往无前的奋斗姿态、永不懈怠的精神状态，不断推进全面从严治党、党风廉政建设和反腐败斗争向纵深发展，为推动措美长治久安和高质量发展取得新进步作出更大贡献。

措美县人民检察院工作报告（节选）

——在措美县第十三届人民代表大会第七次会议上

措美县人民检察院副检察长　达　娃

（2024年1月20日）

2023年工作回顾

2023 年，措美县人民检察院在县委和上级检察机关的坚强领导下，在县人大及其常委会的有力监督下，在县政府、县政协和社会各界的关心支持下，坚持以习近平新时代中国特色社会主义思想为指导，全面贯彻习近平法治思想，深入贯彻党的二十大精神，忠实履行宪法和法律赋予的职责，全面加强新时代法律监督，牢牢把握检察现代化的要求服务措美经济社会高质量发展，各项检察工作取得新进展。

一、坚持政治统领，确保党对检察工作的绝对领导

强化政治引领。坚持每月开展理论学习中心组、“三会一课”和主题党日活动。开展理论学习中心组 13 次，主要领导专题讲党课 5 次，专题研讨 4 次，开展主题党日活动 12 次。坚决扛起民族团结进步政治责任，开展铸牢中华民族共同体意识讲党课 2 次。鼓励和支持干警通过“互联网 + 党建”方式，学习党建与业务知识，每月对“学习强国”“检答网”进行一次通报。强化全面从严治党。将廉政警示教育列入理论学习中心组、集中学习和“三会一课”学习内容，认真学习贯彻党章党规、各级纪委会议精神，开展廉政教育 4 次，节假日廉政提醒 6 次。邀请人大、政协委员等参加检察开放日 5 场次，主动接受监督，零距离感受检察机关。强化主体责任。年初制定了《2023 年党建工作实施方案》《2023 年党建工作要点》，列出六类 17 项工作要点，严格贯彻落实《党委（党组）落实全面从严治党主体责任规定》，召开党组会议共 15 次，要求干警上报廉政风险点及防控措施表，采取“四不两直”方式不定期检查干警执行纪律和作风情况。全面履行意识形态工作的领导责任，明确党组全面领导责任和党组成员“一岗双责”责任。不断完善意识形态网格化建设，及时补齐补强党支部 + 网格员。

二、坚持主责主业，全面提升法律监督工作质效

2023 年以来，我院树立一盘棋思想，高度重视检察业务数据形态，抓住优势项目“稳盘”、短板不足“翻盘”、空白数据“清盘”、整体工作“复盘”的践行落实，我院检察业务数据指标比往年大幅度提升，截至目前排全市第四名。多措并举，做实刑事检察监督工作。依法严惩刑事犯罪，共受理刑事案件 9 件 11 人，其中提起公诉案件 3 件 4 人，法院作出有罪生效判决 3 件 4 人，量刑建议采纳率 100%。依法作出不起诉案件 2 件 2 人，提请逮捕案件 4 件 5 人，2 件 2 人作出不批准逮捕，2 件 3 人作出批准逮捕。适用认罪认罚从宽制度 4 件 5 人。其中办理的贪污案作为监察体制改革以来首起顺利提起公诉并作出有罪生效判决，标志着我县首起留置案首战告捷，并向案发单位制发首份职务犯罪刑事检察社会治理类检察建议书 1 份，办理的 1 起危险驾驶案件召开拟不起诉公开听证会并作出不起诉决定。1 名干警赴昌都开庭支持公诉“5 · 13 专案”。指派业务骨干通过协作机制提前介入侦查机关案件 4 件 5 人，有效引导取证，向侦查机关制发首份侦查活动监督通知书。通过补短板、固优势，全面提升了刑事检察工作质效。服务大局，做强民事检察工作。我院以精准监督为指引，以司法办案为第一要务，主动担当作

为，对人民法院民事审判程序、民事执行活动中的违法行为开展监督，结合开展延伸执法司法案件“回头看”专项活动，共计171件民事案件开展集中评查，对评查中发现问题的民事案件9件、执行案件5件进行立案，并制发检察建议书2份，县法院采纳并已整改。为强化审判监督，检察长首次列席法院民事案件审判委员会1次。我院牵头与我县九个行政执法部门签订《民事支持起诉工作协作机制》，并召开联席会1次，努力推动民事检察高质量发展，双赢共赢，做好公益诉讼检察工作。我院充分履行公益诉讼检察监督职责，针对我县生态环境和资源保护、食品药品、个人信息保护等领域出现的损害公益问题摸排线索18条，立案8件，制发检察建议书2份，磋商2件，8件均已结案并整改完毕。首次在个人信息领域立案，拓宽了案件领域。认真履行“河（湖）长+检察长”职责，开展巡河工作3次，为加大我县生态资源保护力度提供坚强的法治保障。市人大首次莅临我院专题调研公益诉讼工作并充分肯定了我院公益诉讼工作。努力打造并实现了双赢共赢多赢的检察监督新格局。善作善成，做实行政检察工作。全面深化行政检察监督实效，开展道路交通安全和运输执法领域突出问题专项整治工作，调取相关行政机关行政处罚类案件28件28卷，立案5件，下发检察建议4份，均已整改完毕，检察建议采纳率达到100%。首次召开行政案件检察官联席会议，对调取的行政处罚案件查阅情况进行深入交流，切实最大化发挥了检察官联席会的作用。

三、坚持服务大局，积极践行为民司法宗旨

司法救助解民忧。全面落实“以人民为中心”的司法办案理念。今年来，我院办理了司法救助案件3件3人，系在办理1件2人的刑事盗窃案中发现司法救助案件线索并移交给控申部门，是首起部门间线索移交的案件，首次启动我院建设完善的听证室，对扎某某等3人申请司法救助案件召开公开听证会，该听证会首次在中国检察听证网进行直播，向3名救助申请人发放司法救助金共计3.38万元人民币，并获赠一面写有“司法救助 温暖人心”锦旗。“未”你护航伴成长。坚持让未成年人法治教育“活”起来，发挥法治副校长作用，分别赴哲古镇完小、扎扎完小、措美县中学开展“开学法治第一课”等法治宣讲活动4场次，其中赴哲古镇完小开展的“快乐暑假 法治护航”的暑期宣传教育活动简报被山南市政法等新媒体采纳。综合办案深入分析研判学校、医院等单位依法履行强制报告义务情况，同时专门打造未成年人温馨检察室，着力于实现未成年人检察办案场所专业化，通过以点带面，培育和发展措美未检工作特色和亮点。专项监督促整改。全面履行检察监督理念，开展“雷霆”2023专项活动，安排专人调取同级法院职务犯罪案件财产刑执行案件台账、卷宗6册，对涉财产刑裁判和执行活动中有无违法行为进行全面审查监督，针对1件财产刑执行案件存在程序违规情形，检察长亲自承办该案件，首次向同级法院制发财产刑法律监督意见书1份，县法院采纳并已整改，该法律监督意见书是全市第一份财产刑法律监督意见书。强化服务勇担当。我院持续做好为群众办实事活动，为联系点定巴村完善生活便民设施，清扫社区道路和卫生死角。并积极开展党员“三包五带五促”慰问活动，为9户困难党员送去价值4000余元的米、面、油等慰问品，走访慰问2名退休干部，对结对帮扶户每季度进行1次走访慰问，用实际行动践行共产党人的初心使命与责任担当。

四、坚持全面从严治检，锻造堪当重任检察铁军

打造典型成果。山南市人民检察院党组书记、检察长刘发林首次对措美检察作出“措美县院海拔高、条件差，但格局大、想得远，能站在全市角度去谋划工作、带队伍，能在带队伍上克服自身困难去担当，在全市检察机关起到典型引领作用”的批示，并将批示抄清发至全市两级检察机关，对我院检察一体化及队伍建设思路给予了充分肯定。助推活力队伍。牢固树立“人才是第一资源”的理念，一体推动和锻造堪当时代重任的高素质检察队伍。为优化班子结构，给青年党员干警更多的发挥空间，增强党支部的活力，今年我院严把人选、好中选优、优中选强，把优化班子成员结构作为换届工作重点，对党支部班子成员进行了按期换届，调整充实了党组班子队伍，并配齐检察综合部主任。全面砺身塑能。把队伍素能建设作为基础性、战略性工程来抓，组织党员干警开展学习贯彻习近平新时代中国特色社会主义思想主题教育，组织读书班、专题学习、专题研讨、理

论测试(线上)等80余次，班子成员及干警参加中检网政治业务学习等活动20余次，积极填写自查自纠问题整改台账，撰写心得体会、研讨材料等60余篇。选派1名干警参加上级院业务部门组织的跟班实训为期半年，1名检察官赴成都、林芝等地参与办理上级院案件为期1年，1名干警参与县委巡察工作，5名干警参加业务培训，干警的政治理论和业务素能得到有效提升。锻造廉洁队伍。为进一步落实全面从严治党治检要求，切实筑牢干警拒腐防变思想。我院组织干警前往山南市廉政教育基地观摩1场次，观看警示教育片6次，认真落实廉政谈话制度，开展谈心谈话12人次，做到早发现早提醒。贯彻执行防止干预“三个规定”，干警填报“重大事项报告表”144人次，有情况填报3人次，领导班子全覆盖，开展“三个规定”问卷调查和应知应会测试12人次，锻造清正廉洁检察队伍。深化检务公开。认真落实上级院各项决策部署，自觉接受监督，组织召开营造法治化营商环境座谈会1次，邀请7名民营企业代表走进检察院，面对面聆听企业代表心声，实对实开展检察问需问计；在“两微一端”、门户网站发布检察信息260余条，阅读量达到36万余次，其中60余条被微山南、山南政法、山南检察、网信措美等媒体采纳，公开案件信息24条，进一步提升司法公信力，让群众真正感受到“看得见的正义”。

各位代表，过去的一年，我院刑事检察质效稳步提升，民事检察、行政检察开创新局，公益诉讼检察势头强劲，各项工作取得了新进步新发展新成绩。这些成绩的取得，得益于习近平新时代中国特色社会主义思想、党的二十大的科学指引，得益于县委和上级院的正确领导，得益于各党政机关，各位代表、委员和社会各界的关心支持帮助。对此，我代表措美县人民检察院表示衷心的感谢，致以崇高的敬意！

对标对表新时代对检察工作的新要求，我院的工作还有不少亟待补强的短板。一是政治建设不够有力。政治理论学习形式单一，吸引力感染力不强，政治理论、政治要求转化为推动检察工作现代化的能力还需提升。二是职能发挥不够充分。在办理新型案件中存在畏难情绪，业务数据分析的作用发挥不够充分。三是队伍建设跟不上发展需要。领导班子的凝聚力、战斗力不强，专业人才紧缺，不能适应司法办案需要。问题就是责任，我们要以更大力气解难题、开新局。

2024年工作计划

各位代表，新的一年，我院将坚持以习近平新时代中国特色社会主义思想为指导，深入学习贯彻习近平法治思想，紧紧围绕服务保障、学习贯彻党的二十大精神这条主线，在县委和上级院的领导下，聚焦高质量发展主题，坚持稳中求进工作总基调，依法能动履职，切实提高办案质量和效率，扛牢为大局服务、为人民司法的政治责任、法治责任、检察责任，奋力谱写措美检察工作新篇章。

(一)着力政治建设，在加强党的绝对领导上下功夫。认真学习贯彻党的二十大精神和《中国共产党政法工作条例》，努力做到以政治标准审视业务工作，以业务成效检验政治自觉，着力推动讲政治与抓业务融为一体，坚持通过领导上讲台、检察长讲党课、定期研讨、互动交流等方式，强化理论武装，履行意识形态责任。落实“谁执法谁普法”责任制，以案例为载体，加强法治宣传教育，在每一个司法案件办理中贯彻以人民为中心的发展思想，真正通过检察履职厚植党的执政根基。

(二)着力案件质效，在确保业务建设上下功夫。补齐民事、行政检察短板，深化运用“案—件比”评价标准和业务数据分析研判，发挥数据指标的“风向标”作用，统筹推进“四大检察”“十大业务”全面充分协调发展，准确规范适用认罪认罚从宽制度，加强对刑事立案、审判、侦查活动的监督。巩固深化群众信访“件件有回复”、治理信访成果，促进在办案中秉持客观公正立场，兼顾天理国法人情，实现双赢多赢共赢。

(三)着力以人为本，在增强队伍建设上下功夫。在干部任用、人员考核、教育培训、廉政建设上下功夫，落实能上能下制度，激发队伍内生动力，为优秀年轻干警创造锻炼成长的机会、搭建干事创业的舞台，同时注重干警能力培养，让干警通过参加精细化、实战化的岗位练兵或业务竞赛等活动，提升干警的素质能力。主动接受人大监督和政协民主监督，广泛接受社会监督，确保检察权规范运行，持之以恒地加强队伍司法理念、履职能力和纪律作风建设，扎实建好班子、带好队伍、做好工作。

各位代表：感受着新时代的召唤，回应着群众的期盼，新的一年，我院将开启新的征程，更加紧密地团结在以习近平同志为核心的党中央周围，锚定党中央擘画的宏伟蓝图，贯彻党的二十大精神，在县委和上级院的坚强领导下，在县人大及其常委会的有力监督下，以站位全局的政治自觉，以忠诚履职的检察担当，只争朝夕、不负韶华，为全面建设社会主义现代化新措美提供更加高质效的法治保障！

有关用语说明

1.“四大检察”“十大业务”：2019 年 3 月 15 日，第十三届全国人大第二次会议通过关于最高人民检察院工作报告的《决议》，要求检察机关“全面深化司法体制改革，加强过硬队伍建设，更好发挥人民检察院刑事、民事、行政、公益诉讼各项检察职能，为决胜全面建成小康社会提供更高水平司法保障”，标志着检察机关“四大检察”监督职能得到最高国家权力机关的肯定。十大业务是在四大检察权架构下的十大检察业务类别：普通刑事犯罪检察、重大刑事犯罪检察、职务犯罪检察、经济犯罪检察、刑事执行和司法工作人员职务犯罪检察、民事检察、行政检察、公益诉讼检察、未成年人检察、控告申诉检察。

2.“认罪认罚从宽”：认罪认罚从宽制度贯穿刑事诉讼全过程，适用于侦查、起诉、审判各阶段。“认罪”，是指犯罪嫌疑人被告人自愿如实供述自己的罪行，对指控的犯罪事实没有异议。“认罚”，是指犯罪嫌疑人、被告人真诚悔罪，愿意接受处罚。“从宽”既包括实体上从宽处罚，也包括程序上从简处理。办理认罪认罚案件，应当依照刑法、刑事诉讼法的基本原则，根据犯罪的事实、性质、情节和对社会的危害程度，结合法定、酌定的量刑情节，综合考虑认罪认罚的具体情况，依法决定是否从宽、如何从宽。

3. 公开听证：是指人民检察院对于符合条件的拟不起诉案件、刑事申诉案件、民事诉讼监督案件、行政诉讼监督案件、公益诉讼案件等，组织召开听证会，就事实认定、法律适用和案件处理等问题听取听证员和其他参加人意见的案件审查活动。

4. 检察建议：人民检察院依法履行法律监督职责，参与社会治理，维护司法公正，促进依法行政，预防和减少违法犯罪，保护国家利益和社会公共利益，维护个人和组织合法权益。保障法律统一正确实施的重要方式。检察建议分为再审检察建议、纠正违法检察建议、公益诉讼检察建议、社会治理检察建议和其他检察建议。

5. 公益诉讼法定领域：2017 年修改民诉法、行政诉讼法，赋予了检察机关生态环境和资源保护、食品药品安全、国有财产保护、国有土地使用权四个传统法定领域。近年来，检察机关认真贯彻落实“拓展公益诉讼案件范围”的会议精神，拓展了公共安全、文物和文化遗产保护、个人信息安全、特殊群体保护、涉及国防军事公益保护等公益诉讼法定新领域。

6.“三个规定”：《领导干部干预司法活动、插手具体案件处理的记录、通报和责任追究规定》《司法机关内部人员过问案件的记录和责任追究规定》和《关于进一步规范司法人员与当事人、律师、特殊关系人、中介组织接触交往行为的若干规定》。

7. 司法救助：是人民检察院在办理案件过程中，对遭受犯罪侵害或者民事侵权，无法通过诉讼获得有效赔偿，生活面临急迫困难的当事人采取的辅助性救济措施。

措美县人民法院工作报告（节选）

——在措美县第十三届人民代表大会第七次会议上

措美县人民法院党组书记、院长　卢　露

（2024年1月18日）

2023年主要工作

2023年，是全面贯彻落实党的二十大精神的开局之年，措美法院在县委坚强领导、人大及其常委会有力监督、市中级人民法院正确指导和政府、政协及社会各界关心支持下，始终高举中国特色社会主义伟大旗帜，坚持以习近平新时代中国特色社会主义思想为指导，坚持以全面学习、全面把握、全面落实党的二十大精神为主线，深入贯彻习近平法治思想、习近平总书记关于西藏工作、政法工作重要指示和新时代党的治藏方略，贯彻落实自治区第十次党代会、十届自治区党委历次全会精神和王君正书记在山南、自治区高院调研时的指示要求，贯彻落实山南市第二次党代会及二届市委历次全会精神，紧紧围绕“努力让人民群众在每一个司法案件中感受到公平正义”目标，深刻领悟“两个确立”的决定性意义，增强“四个意识”、坚定“四个自信”、做到“两个维护”，牢记“三个务必”，锚定“四件大事”“四个确保”，聚力“四个创建”“四个走在前列”和“六个走在全区前列”，以推进法治措美建设为根本，坚持以人民为中心的发展思想，坚持全面从严管党治警，充分发挥人民法院打击犯罪，调解经济社会关系、化解矛盾纠纷、维护社会和谐稳定的职能作用，不断满足人民群众日益增长的司法需求，切实承担起保障人民安居乐业的司法职责，为措美县长治久安和高质量发展提供有力的司法服务保障，一年来，受理各类案件184件，结案率97.28%，其中刑事案件4件、占2.1%，民商事案件93件、占50.5%，执行案件87件、占47.2%，保全、鉴定等案件3件、占1.6%；审执结179件，未结5件，法定审限内结案率达100%。

一、把旗帜鲜明讲政治、讲忠诚作为第一要求、第一标准，牢牢把握正确政治方向

*持之以恒用党的创新理论凝心铸魂。*坚持以习近平新时代中国特色社会主义思想引领审判工作，忠实践行习近平法治思想，扎实开展“学习贯彻习近平新时代中国特色社会主义思想”主题教育，认真贯彻落实“学思想、强党性、重实践、建新功”的总要求，坚持学思用贯通、知信行统一，坚持理论学习、调查研究、检视整改、建章立制等有机融合，一体推进；全面落实学习宣传贯彻党的二十大精神“三个活动”，始终把学习贯彻习近平新时代中国特色社会主义思想作为首要政治任务，作为法院干警理论学习“第一议题”和“必修课”，借助网络化、信息化平台，“线上＋线下”的方式，狠抓学习教育工作，今年以来，以理论学习中心组学习为龙头、党支部学习为重点、个人自学为基础，深化政治教育、警示教育、英模教育，全年党支部集中学习32次，理论学习中心组学习12次，开展理论测试2次，警示教育会4次，开展党员“双报到”志愿活动4次，并引导干警通过“学习强国”等方式进行自学，教育引导全院干警坚决维护“两个确立”，增强“四个意识”、坚定“四个自信”、做到“两个维护”；党支部有计划地组织开展“以学铸魂、以学增智、以学正风、以学促干”等研讨4次；检视影响制约审判工作高质量发展的突出问题4个，制定整改措施6条，已整改到位。主动开门纳谏，邀请人大代表、政协委员视察法院工作，征求意

见建议2条。

持之以恒坚持党的绝对领导。深刻认识人民法院首先是政治机关，牢记人民法院姓党是永远不变的根和魂，铸牢对党忠诚，自觉坚持党的全面领导，坚定维护党中央权威和集中统一领导，不断提高政治判断力、政治领悟力、政治执行力，始终在政治立场、政治方向、政治原则、政治道路上同党中央保持高度一致，把对党忠诚体现到贯彻落实好党中央决策部署的实际行动上，确保司法审判事业沿着正确的政治方向前进，认真贯彻落实《中国共产党政法工作条例》《中国共产党重大事项请示报告条例》，主动向县委、县委政法委和上级法院请示报告重大事项、重要工作、重要案件30余次；充分发挥党组把方向、管大局、保落实的领导作用，讨论和决定“三重一大”事项23件，确保党中央、区委、市委、县委各项决策部署在人民法院不折不扣落到实处。

持之以恒镇守意识形态主阵地。健全完善党组抓意识形态、管意识形态工作机制，不断增强做好意识形态工作思想自觉、政治自觉和行动自觉，坚持中国特色社会主义司法制度，坚决同西方“宪政”“三权鼎立”“司法独立”等错误思潮作斗争，勇当司法审判领域意识形态安全的忠诚捍卫者，全年召开专题推进会3次；严格执行“三审三校”制度，加大稿件审核，加强新闻宣传，讲好法院故事，传播司法正能量，全年发布信息81条，西藏政法、西藏法院、山南法院等市级以上新闻媒体采用30余条，网信措美采用20余条，为法院高质量发展提供强有力的舆论支持。本年度继续保留了山南市文明单位荣誉称号。

二、把履行职责使命维护社会稳定作为着眼点，铸牢社会和谐稳定的根基

坚持稳定压倒一切，依法打击渗透颠覆破坏、民族分裂等危害国家安全犯罪，坚决捍卫国家主权安全、政治安全。充分发挥刑事审判惩治、震慑、预防、教育功能，始终坚持宽严相济刑事政策，做到了人权保障和司法公正有机统一，全年受理刑事案件4件，审结4件，结案率100%，切实提升公众安全感，维护措美县的安全稳定。深入开展常态化扫黑除恶。把扫黑工作作为维护稳定的重要组成部分和基础工作，坚决贯彻党中央、区委、市委和县委决策部署，研究制定了《措美县人民法院常态化扫黑除恶工作实施方案》，明确责任要求，细化任务分工，强化工作落实。今年召开了专题工作推进会1次，学习会议5次，切实为社会和谐稳定奠定基础，1名干警抽调至区党委政法委（扫黑办），为期6个月协助开展工作。有效化解民商事纠纷，保障社会经济发展。牢固树立“关注民生、服务群众、维护民权、消除民怨”的民事审判理念，充分发挥民商事审判调解社会关系、维护经济秩序、促进经济发展的积极作用。全年受理民商事案件93件，审结88件，结案率为94.62%，妥善化解市场经济活动中的矛盾纠纷，积极创造良好的法治化环境。优化营商环境行动力，推动社会诚信建设。持续深化“规范执行行为、提升执行质效”活动，加大执行工作力度，依靠执行信息化、规范化建设，不断提升执行查控、失信惩戒等工作成效，更好地推动社会诚信建设。受理执行案件87件，审结87件，执结率为100%，执结率排全区第一。结案标的达5056.42万余元，实际到位率为629.21万元，限制高消费7人，纳入失信黑名单7人，布控9人，触控3人，车辆查封1辆，为当事人免后顾之忧，保障当事人的合法权益及时兑现，真正发挥执行工作“真金白银”作用；坚决落实维护稳定第一职责，贯彻总体国家安全观，严厉打击达赖集团等境内外敌对势力渗透、破坏、颠覆、分裂活动，依法严惩破坏社会秩序等犯罪，加强涉诉信访隐患风险排查化解工作，营造安全稳定的政治社会环境。今年以来在全国两会等维稳重点时段参与维稳工作36人次，值班备勤300余人次，出动车辆20余台次，开展反间谍安全防范风险隐患排查2次，深入揭批十四世达赖反动本质专题研讨会1次，圆满完成各项维稳工作任务。

三、把强化保障和改善民生作为着力点，为全面推进平安建设提供司法服务保障

便捷诉服暖民心。满足群众多元诉讼需求，加强立案信访窗口建设畅通诉讼服务渠道，坚持和完善“一站式”多元解纷和诉讼服务工作制度，在诉讼服务中心开展调解、速裁、快审“一站式”解纷工作，通过绿色窗口和12368诉讼服务热线等方式提供法律咨询服务42人次，来信来访57件；围绕全面推进乡村振兴，坚持“三个便于”“三个面向”“三个服务”，以车载流动法庭为载体，开展巡回办案103件，不断延伸参与基层治理的途径，车载科技流动法庭

行程3.3万千米，牢固树立能动司法意识，把巡回办案作为重要方式，把司法服务送到“家门口”，让人民群众感受到司法的温度；对一起婚姻家庭纠纷当事人无力抚养孩子提出的国家司法救助申请决定立案受理，并按照程序召开听证会议，决定对其进行司法救助，救助金1.4万元，为结对帮扶困难户解决资金1.36万元。

阳光司法惠民心。持续深化阳光司法，全面推进司法公开，维护法律权威和司法公信力，人民陪审员参审案件13件，网上公开审判流程、审判信息、执行信息6篇，公开裁判文书11篇，庭审直播13场次，总观看人数达1448人次，让公平正义经得起围观，让阳光下的正义可触可感可评；为进一步激发人民陪审员工作热情，促进人民陪审工作再上新台阶，组织召开2022—2023年度人民陪审员表彰大会暨培训会议，进一步增强了人民陪审员政治能力、思维能力、业务能力和实践能力，为今后更好履行人民陪审员职责奠定坚实的基础。

化解纠纷解民忧。充分发挥化解矛盾纠纷，维护社会稳定的前沿阵地作用，创新参与基层治理工作模式，主动融入共建共治共享的社会治理制度，为群众提供标准化、规范化、便利化司法服务，推动基层社会治理现代化。深入推进“调研+宣传+排查化解”工作模式，全力推进矛盾纠纷源头化解，充分利用哲古镇多元解纷诉讼便民服务站，安排立案庭业务人员每月前往各乡镇村居开展“一站式”宣传和排查矛盾纠纷工作，为群众提供上门立案服务，解决群众立案“最后一公里”。今年以来，深入开展“敲门行动”矛盾纠纷排查化解活动，共排查民事矛盾纠纷5件，现场摸排91户，摸排人数110余人，牢牢掌握我县社会动态和社情民意，及时消除各类风险隐患，为构建平安措美提供坚实有力的法治保障；充分发挥审判职能作用，强化责任担当，主动作为，突出排查涉恶案件重点任务，结合开展执法司法案件“回头看”暨执法监督检查活动，对往年185件案件开展了“回头看”逐案梳理，排查各类重点案件及时发现问题，全面检视执法司法工作薄弱环节，整治执法司法突出问题，不断提升执法司法公信力，不断提高人民群众对执法司法活动的满意度。源头治理顺民意。坚持和发展新时代“枫桥经验”，主动参与社会治理，充分发挥司法作用，引导自治、指导法治、倡导德治，促进传统无诉文化与现代法治精神有机融合，在县域形成办事依法、遇事找法、解决问题用法、化解矛盾靠法的法治环境。聚焦执源治理开展“雷霆2023”专项活动、聚焦诉源治理开展“三进”工作，一体推进诉源治理和执源治理，促成当事人之间达成执行和解协议59件，立案庭“走出去”加强与司法部门和乡镇及村（社区）人民调解组织等多元纠纷解决主体间的沟通衔接，形成强大工作合力，不断强化矛盾多元化解、联合调解，最大限度将矛盾纠纷化解在初始阶段；通过人民法院调解平台办理诉前调解案件48件，其中33件指派基层调解组织在我院法官指导下采用“诉前调解+司法确认”程序进行调解；转立案出具调解书14件，20件当场履行；为坚持和发展新时代“枫桥经验”，进一步完善基层矛盾纠纷多元化解机制，以无讼村居建设为抓手，开展一站式多元解纷和诉讼服务体系建设及诉前治理等方面调查研究工作，推进诉源治理，提前介入化解矛盾纠纷，形成纠纷化解机制，将矛盾化解在当地、解决在诉前，并利用法官联系乡镇制度定期深入乡镇村居，为村民提供普法宣传、上门立案、诉前调解、释法析理等服务，构建无讼村居，营造“无讼”和谐社会新风尚。

普法宣传伴民行。认真贯彻落实“谁执法谁普法”的普法责任制，不断创新法治宣传形式，提升普法工作质量，以法治宣传为抓手，组建“法官+助理+书记员+调解员”诉非联动工作团队，开展“大走访、大调研、大化解”“法律九进”等群众性法治宣传活动，以及公开庭审、巡回办案、以案释法、法治讲堂等举措，积极培育多元化解决纠纷观念，引导群众理性选择恰当的纠纷解决方式，促进法治思维入脑入心，培育群众尊法守法学法用法意识，增强群众预防和自我化解纠纷的能力，降低社会矛盾纠纷成诉率。通过“法官站着宣讲”“微信群普法”“面对面+一对一”等方式进一步拉近与群众的距离，普法宣传入户、入商场、进茶馆、走街道等方式，拓展法治宣传的广度和深度，全年开展“法律九进”宣传活动32次，街道宣传8次，发放宣传资料8200余份，受教群众6500余人，解答法律咨询30余人次；落实普法宣传资金18万元。

四、把锻造忠诚干净担当队伍作为落脚点，激发审判执行工作高质量发展的内生动力

强化法院队伍建设。主动扛起全面从严管党治警政治责任，坚决履行党组主体责任。始终树立“抓党建带队建促审判”工作思路，发挥党员干部的先锋模范作用，严格执行党章关于党内政治生活的各项规定，坚持民主集中制，严格落实党组书记末位表态，认真落实“三会一课”、民主生活会、组织生活会、谈心谈话等制度。今年认真开展党支部换届选举工作，严格按照换届要求，召开大会组织党员公开推荐、民主测评、党组研究决定以及任职公示等程序，圆满完成了党组织换届工作，为更好地开展党建各项工作注入了新鲜血液；严格遵循发展党员原则、程序和要求，扎实做好发展党员工作，今年发展党员2人，入党积极分子2人，为推动党的建设高质量发展积蓄人才。

强化司法能力建设。坚持实战实用的导向，依托国家法官学院西藏分院教育培训平台，加强岗位练兵，参加政治理论教育、审判业务、汉语和藏语骨干法官，司法警察技能等培训12次，推进审判队伍正规化、专业化建设；参加各类视频培训80余次，450余人次；3名干警先后参加县委、县政府举办2次文秘培训，文秘工作的能力与水平明显提升；1名干警抽调至市中级人民法院执行局跟案学习，让干警在历练中经风雨见世面长才干。

强化廉洁司法建设。严格落实党风廉政建设责任制，强化领导干部履行“一岗双责”的行动自觉。坚持党性党风党纪一起抓，一体推进“不敢腐、不能腐、不想腐”，狠抓司法作风建设，巩固拓展政法队伍教育整顿成果、严格执行中央八项规定及其实施细则精神、防止干预司法“三个规定”和“十个严禁”“十个一律”等铁规禁令，打造风清气正的政治生态。全年召开党风廉政建设和反腐败工作会议2次，班子成员和党支部书记讲党课3次，集中观看警示教育片、学习曹艳群、鲍卫忠等英模先进事迹5次，参观廉政教育基地1次，干警填报“三个规定”报告表128份，持续筑牢拒腐防变的思想堤坝；强化作风建设，进一步推进“转理念、转模式、转作风”，扎实开展“强作风、清积案百日行动”、抓好日常监督管理工作，严肃工作纪律，促进作风建设，树立法院良好的工作形象。

推进司法体制综合配套改革。全面落实司法责任制，认真完成财务统管工作，严格按照时间节点，先后完成，经费基数划转、非税收入上缴、固定资产盘点等工作，完成财务统管工作，确保法院经费保障机制的重大改革任务稳步推进；完善绩效考核办法、完善办案人员权责清单，细化法官、法官助理、书记员职责，加强“四类案件”监管，完善《关于司法责任制改革院庭长履行监督职责的实施意见（试行）》《法官审判权力和责任清单（试行）》，规范院庭长审判监督管理职责。完善《案件评查管理办法》，开展各类案件评查，确保案件质量，全年院庭长办案121件，占64.7%；完善《速裁案件要素式审判若干规定（试行）》《简化速裁快审案件诉讼程序规范（试行）》《小额诉讼程序的实施细则（试用）》，加大简易程序诉讼适用力度，充分利用其快立、快审、快结特点，使大量案件得到及时化解，为人民群众提供高效便捷的诉讼通道，形成了简案快审、繁案精审工作格局。法官人均结案为20件，审理平均天数30余天。

诉讼服务中心项目建设情况。法院诉讼服务中心建设项目于2023年4月2日正式开工，该项目总投资为306万元，资金由国家投资，工期为6个月，项目完成投资275.3万元，投资进度为90%，该项目竣工验收已完成，预计于2024年3月中旬投入使用。建设完成后我院将努力把诉讼服务中心打造成方便人民群众诉讼的第一窗口，化解社会矛盾的第一关口，彰显法院形象的第一品牌，让人民群众在每一项服务中感受到司法的温度。

五、把主动接受监督作为行动自觉，为推动法院工作高质量发展增添新动力

把接受监督作为公正司法的重要保障，增强接受监督的自觉性和主动性，践行全过程人民民主，不断提升司法公信力。今年自觉接受人大及其常委会监督，向县人大常委会报告诉源治理工作情况，主动邀请人大代表、政协委员视察法院28人次、旁听庭审48人次；今年接受检察建议2份，已全部整改完毕；在职务犯罪刑事案件中接受纪检到庭监督1次15人；认真接受民主监督，加强与政协沟通，广泛听取政协委员和社会各界意见，把各界意见建议作为推动审判工作的重要发展和途径，逐条梳理、逐件督

办、逐项反馈，做到事事有回音、件件有落实；主动接受社会各界监督，促进公正廉洁司法。

各位代表，2023年，在习近平新时代中国特色社会主义思想正确指引下全体干警面对案件数量持续增长，审理执行难度加大的形势下，用服务大局书写忠诚，用司法为民诠释担当，用公正司法彰显使命，奋力拼搏、攻坚克难，圆满完成了各项工作任务，这些成绩的取得得益于县委的正确领导，得益于县人大的有力监督、政协的民主监督，得益于县政府的坚强支持和社会各界的关心帮助。其中也凝结着各位代表、委员的关心厚爱。在此，我代表县法院，向大家表示衷心的感谢！

回顾过去，我们清醒地认识到存在一定的问题和不足。一是司法理念、司法能力、工作机制难以完全适应新时代新征程新任务，与人民群众的司法需求还有差距；二是服务保障“四个创建”“四个走在前列”和“六个走在全区前列”的工作举措、司法水平有待提升；三是新时代审判工作带来新的挑战，现有的审判队伍素质上还有差距，需要不断加强学习最新理论政策和业务实用知识。

2024年工作计划

2024年，措美县人民法院将坚持以习近平新时代中国特色社会主义思想为指导，深入学习贯彻党的二十大精神和习近平法治思想，贯彻落实习近平总书记关于西藏工作的重要指示和新时代党的治藏方略，贯彻落实自治区第十次党代会和市第二次党代会精神，县委部署要求，进一步找准司法服务保障“四件大事”“四个创建”和山南“六个走在全区前列”的职责定位，聚焦“努力让人民群众在每一件司法案件中感受到公平正义”的司法工作主线，紧紧围绕公平正义司法目标，固根本、扬优势，补短板、强弱项，激发实干、担当、奋进精气神，全力推动法院工作实现新发展，为建设更高水平平安措美，交出人民法院满意答卷。

*一是在旗帜鲜明加强人民法院政治建设上有更高站位。*坚持不懈用习近平新时代中国特色社会主义思想凝心铸魂，坚定捍卫“两个确立”，把增强“四个意识”、坚定“四个自信”、做到“两个维护”作为职责本分、政治操守、忠诚诠释，不断提升政治判断力、政治领悟力、政治执行力；坚决把习近平法治思想作为法院工作思想旗帜、理论指引、根本遵循，从中悟方向、悟思路、悟办法，永葆人民法院政治机关本色；始终坚持党对法院工作的绝对领导，落实“从政治上看、从法治上办”要求，充分、准确发挥职能作用，把党的领导优势转化为公正、高效、权威审判的效能优势，不断厚植党的执政根基；认真贯彻落实新时代党的建设总要求，主动扛起党要管党、全面从严治党政治责任，把政治标准放在第一位，在思想上、工作上、能力上跟上党中央、区委、市委和县委要求，跟上新时代步伐、跟上事业发展需求。

*二是在服务保障四个创建，提升服务工作大局上有更大作为。*坚持服务保障民族团结进步模范区创建，坚决把维护稳定作为第一位的工作任务，坚持警钟长鸣、警惕常在，坚持遏制极端、抵御渗透、打击犯罪，始终保持对分裂破坏活动高压严打态势，常态化开展扫黑除恶斗争，依法严惩刑事犯罪，扎实开展维稳各项工作；妥善处理民商事纠纷，优化法治化营商环境，服务高质量发展，用崭新的司法业绩为措美县经济社会发展提供更加优质高效的司法保障；巩固和深化司法责任制、立案登记制、一站式多元化解纷和诉讼服务体系等建设成果，坚持为民便民利民，坚持高效公正文明执法，健全执行难长效机制，确保胜诉当事人合法权益，坚持用改革的思维和办法解决新情况新问题，建设更高水平的社会主义政治和法律文明高度，努力实现权利与责任平衡、用权与监督结合、公正与效率统一，强化审判管理和审判监督，提高案件质效，全力提高司法公信力。

*三是在站稳人民立场，增强群众司法获得上有更实举措。*践行司法为民宗旨，真正把实质性化解纠纷作为审判的目标导向，以“如我在诉”的意识，在每一个工作环节把案结事了、服判息诉做到极致；坚持和发展新时代“枫桥经验”落实“四下基层”工作制度，解决好人民群众打官司过程中的急难愁盼问题，立足司法职能，不断调整工作理念和举措，积极回应人民群众新要求、新期待；发挥能动作用，做实为大局服务、为人民司法，保障当事人合法权益，促进社会公平正义，做到“案结事了政通人和”；以“功成不必在我”的境界和“功成必定有我”的担当，

妥善审理教育、医疗、养老、社会保障等涉民生领域的每一起案件；深化家事审判，妥善化解婚姻家庭纠纷，依法保护弱势群体合法权益；始终把人民群众对美好生活的向往、对公平正义的向往作为奋斗目标，用心用情解决群众操心事、烦心事、揪心事，确保人民赋予的司法权始终为人民谋利益。

四是在深化诉源治理，"抓前端、治未病"上有更优成效。把"枫桥经验"与坚持"抓前端、治未病"现代化审判理念融会贯通，在党委的领导下，做实新时代"枫桥经验"，加强对人民调解的业务指导，坚持把诉调对接的"调"再向前延伸，促进实现"抓前端、治未病"，根据人民群众的司法需求，推行巡回办案、就地办案，推动矛盾纠纷就地发现、就地调处、就地化解，从源头上减少进入诉讼的案件；推进古堆乡"无讼村居"试点创建，发挥人民调解员调解作用，法官联系乡镇村居作用，为群众提供法律咨询，矛盾调处，诉讼指引，巡回审判等上门便捷司法服务，逐步形成止诉、少诉、无诉的良好社会氛围。

五是在努力锻造新时代人民法院过硬队伍上有更严要求。牢记"三个务必""两个永远在路上"，全面落实党风廉政建设责任制，坚持党性党风党纪一起抓，严格落实中央八项规定及其实施细则精神和防止干预司法"三个规定"、新时代政法干警"十个严禁"等铁规禁令，驰而不息正风肃纪、反腐强警，以廉洁司法保证公正司法；严格落实全面从严治党责任，持续改进作风狠抓落实，坚持从严教育、从严管理、从严监督，以零容忍态度严惩司法腐败，努力建设一支让党放心、让人民满意、忠诚可靠、清正廉洁的新时代法院铁军。

各位代表、万里征程风正劲，千钧重任再奋蹄。新的一年，我们将更加紧密地团结在以习近平同志为核心的党中央周围，在县委的坚强领导、县人大及其常委会有力监督、山南市中级人民法院正确指导，县政府及社会各界的关心支持下，认真贯彻落实本次大会决议，忠实履行宪法法律赋予的职责使命，踔厉奋发、笃行不怠，努力推进新时代法院工作高质量发展，为建设更高水平平安措美、法治措美贡献司法力量，为谱写全面建设社会主义现代化措美篇章作出新的更大贡献。

相关用语说明

1. 学习宣传贯彻党的二十大精神"三个活动"：是指党的二十大召开后，自治区党委政法委部署开展的"学习二十大·铁军铸忠魂"学习教育活动、"改进司法作风·维护社会公平正义"活动、"丹心向核心·护航新征程"实践活动。

2. "雷霆2023"：是最高人民法院最高人民检察院联合开展的对党的十八大以来判决生效的职务犯罪案件刑事裁判涉财产部分执行工作进行全面检查，做到应执尽执，促进执行活动依法、公正、规范、高效进行，推动刑事裁判涉财产部分执行的执源治理和综合治理工作。

3. "三进"工作：推进人民法院调解平台进乡村、进社区、进网络工作。

4. "跨域立案"：即建立就近受理申请、管辖权属不变、数据网上流传的联动办理机制，对不善于或者不便于使用网上立案的当事人，在异地法院享受到与管辖法院相同的服务。通过协作法院和管辖法院的协调配合，让当事人可以不受地域、审级的限制，在就近的任何一家法院的诉讼服务大厅就可以办理立案事务。

5. 防止干预司法"三个规定"："三个规定"即《领导干部干预司法活动、插手具体案件处理的记录、通报和责任追究规定》《司法机关内部人员过问案件的记录和责任追究规定》《关于进一步规范司法人员与当事人、律师、特殊关系人、中介组织接触交往行为的若干规定》。

6. "一站式"多元解纷：通过完善党委领导、政府负责、民主协商、社会协同、公众参与、法治保障、科技支撑的社会治理体系，建设人人有责、人人尽责、人人享有的社会治理共同体，与诉调对接实质化和"分调裁审"机制，形成矛盾纠纷从源头治理预防到前端解决，再到诉讼终局裁判的分层递进、繁简结合、衔接配套的一站式、多元化解体系。

7. 诉讼服务体系：诉讼服务中心的立体化、集约化、信息化，通过建设"厅网线巡"为一体诉讼服务中心，为当事人提供一站式通办、一网通办、一号通办、一次通办的诉讼服务。

8. 诉源治理：就是对法院诉讼的源头治理，通过多种治理手段，预防潜在纠纷、化解已有纠纷、减少进入诉讼环节的案件数量或有效分流诉讼中的案件。

9. 执源治理：就是在执行案件的前端建立各项机制和举措，通过教育引导、强制威慑等方式督促义务人自动履行义务，帮助权利人及时兑现权益，从源头上减少进入强制执行阶段的案件数量。

10. 跨域立案：即建立就近受理申请、管辖权属不变、数据网上流转的联动办理机制，对不善于或者不便于使用网上立案的当事人，在异地法院享受到与管辖法院相同的服务。通过协作法院和管辖法院的协调配合，让当事人可以不受地域、审级的限制。在就近的任何一家法院的诉讼服务大厅就可以办理立案事务。

11. 三个规定：即《领导干部干预司法活动、插手具体案件处理的记录、通报和责任追究规定》《司法机关内部人员过问案件的记录和责任追究规定》《关于进一步规范司法人员与当事人、律师、特殊关系人、中介组织接触交往行为的若干规定》。

12. 十个严禁：严禁搞两面派、做两面人；严禁有令不行、有禁不止；严禁放任错误思潮侵蚀影响；严禁不当交往、干预执法司法；严禁玩忽职守、徇私枉法；严禁违规参与营利活动；严禁包庇纵容黑恶势力；严禁滥用执法司法权；严禁不作为乱作为、要特权抖威风；严禁跑风漏气、失密泄密。

13. 十个一律：凡是政治上不忠诚不老实、充当两面人、“骑墙派”、不守政治纪律、政治规矩的，一律严惩并清除政法队伍；凡是政治立场不坚定，在大是大非问题上立场摇摆，贯彻执行党中央决策部署做选择、搞变通、打折扣的，一律严惩；凡是涉黑涉恶、充当“保护伞”的，一律严惩并撤职查办；凡是违法“三个规定”、徇私枉法、充当司法掮客、干预执法司法的，一律通报并按相关规定处理；凡是不依法办案造成冤假错案的，一律取消职业资格并按相关规定查办；凡是滥用执法司法权，酒后执法、选择性执法的，一律停职并依法处理；凡是不担当不作为、工作中“庸懒散浮拖”的，一律停职并按相关规定查处；凡是脱离人民群众、工作“冷硬横推”的，一律派遣至条件艰苦的基层单位学习锻炼；凡是违法廉洁纪律、腐化堕落，违规参与营利活动，参与赌博、影响政法队伍形象的，一律撤职并按规定查处；凡是泄露党和国家秘密、政法工作秘密、商业秘密和公民个人信息的，一律撤职查办。

附件1：

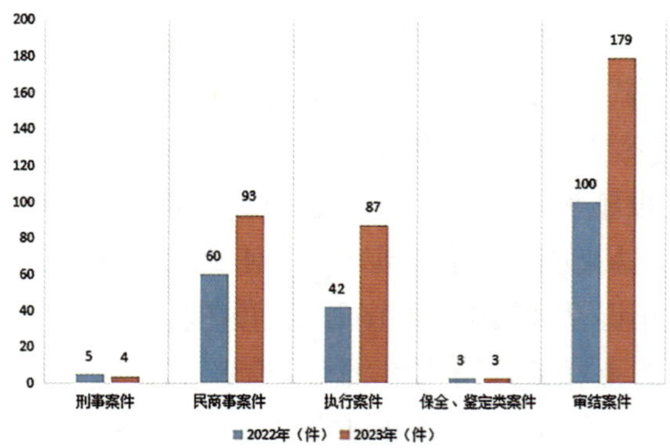

2022–2023年措美法院受理、审结各类案件变化情况

附件2：

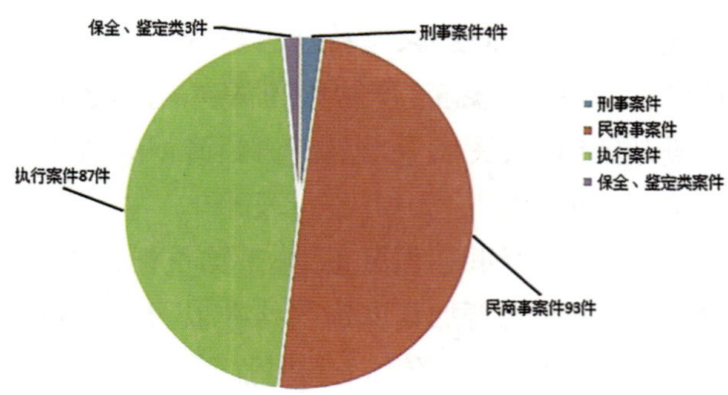

2023年度措美法院不同类型案件受理情况

措美县2023年国民经济和社会发展计划执行情况与2024年国民经济和社会发展计划的报告（节选）

——在措美县第十三届人民代表大会第七次会议上

措美县发展和改革委员会

（2024年1月18日）

一、2023 年国民经济和社会发展计划执行情况

今年以来，在自治区、山南市委政府和县委坚强领导下，在安徽省的大力支援下，在县人大、县政协的有力监督和大力支持下，全县上下坚持以习近平新时代中国特色社会主义思想为指导，全面贯彻落实党的二十大精神，按照中央、自治区、山南市及县委经济工作会议和《政府工作报告》等安排部署，锚定“四个创建”“四个走在前列”和“六个走在全区前列”目标，坚持稳字当头、稳中求进，全面贯彻新发展理念，积极主动服务融入新发展格局，着力推动高质量发展，突出狠抓投资落实，持续扩大市场消费，推动产业转型升级，着力深化改革开放，全县国民经济持续恢复、总体回升向好，高质量发展迈出坚实步伐。

2023 年，完成地区生产总值 112191.9 万元，同比增长 9.8%；完成全社会固定资产投资 108604 万元，同比增长 58.82% 以上；完成社会消费品零售总额 20620 万元，同比增长 10% 左右；完成财政收入 3705 万元，同比增长 473% 以上；完成税收收入 5287 万元，同比增长 391% 以上；完成农村居民人均可支配收入 20060 元，同比增长 13% 左右；居民消费价格指数同比涨幅基本持平。总体看，全县主要经济指标保持较快增长，就业物价总体稳定，人民生活持续改善，发展动能加速壮大，发展质量稳步提升，发展环境更加安全。

（一）坚持抓项目促投资，项目建设成效显著。深入实施狠抓投资落实年活动，实行重点项目定期调度和重大项目领导包保机制，做到周调度、月盘点、季总结，以有效投资为经济高质量发展提供强劲动力。全年重点实施项目 33 个，其中新建项目 19 个，续建项目 14 个（2022 年报告今年计划任务为 34 个，主要原因为 2023 年市发改委下达任务为 34 个，新建项目 19 个，续建项目 15 个，其中措美县 2020 年公租房项目重复体现在续建和新建项目中），完成固定资产投资 108604 万元（其中：国家投资 64795 万元，招商引资 43668 万元，民间投资 141 万元），达当大道建成通车，县城供暖进入试运营、下巴水库、老旧小区改造、县城污水处理厂、市政管网改造、雨污分流项目、雪热村次马龙至恰杂公路等一批重大项目落地开工。

（二）坚持推动高质量发展，不断发展优势产业。农牧业保持稳定科学调整粮经饲比例为 68∶11∶21，农作物播种面积 14741 亩，粮食产量完成 3315.98 吨；投入 250 余万元，积极协助乡镇巩固整治耕地抛荒撂荒“非农化”、基本农田“非粮化”隐患点工作，年内整治“非粮化”隐患点 900 余亩。牲畜存栏 129617 头（只、匹），预计牲畜出栏数 59860 头（只、匹），肉产量预计达 2400.61 吨、奶产量预计达 5301.4 吨。清洁能源不断壮大，始终在抢抓机遇、发挥优势上想办法、出实招，全力推动风电、光伏等清洁能源资源优势转化为发展优势、经济优势。聚力

发展狠抓规划建设。成立清洁能源发展领导小组,组织招商团赴区外开展招商引资工作,围绕光伏风电等清洁能源项目,招商团与协合新能源集团进行了深度洽谈,签署投资意向协议,为进一步推动清洁能源对外合作打下了坚实基础。同时结合我县实际,制定《措美县风光热储一体化发电项目规划》,措美县协合光伏电站项目,总投资2800万元;措美县哲古50兆瓦风电项目,总投资44094.86万元;措美协合30兆瓦光伏保供项目总投资18000万元,均建设完成并网发电。文化旅游逐步复苏,一年来,我们久久为功推动生态环保,绵绵用力推动美丽措美建设走深走实,文旅工作扎实推进,成功举办第14届哲古牧人节和第22届物资交流会;全年接待区内外游客11.03万人次,实现旅游综合收入337.1万元,同比分别增长90%和108%。

(三)坚持深化改革开放,发展活力加速释放。深入推进"放管服"改革,大力实施"互联网+政务服务"和"一网一门一次"改革,共办理事项4578件,办结率100%。坚持"因地制宜、分类指导、依法依规,循序渐进"的思路,以清产核资为基础,加快农村集体产权制度改革工作进度,完成3850户股权证书制定工作。发展"村集体经济+牧户"养殖模式,完成总投资2149.66万元的哲古牧业改革试点项目;巩固农村集体产权制度改革成果,对全县55家集体经济组织合作社开展赋码信息核对工作,进一步强化集体资产管理运营水平;针对易地搬迁群众难以返回耕种的实际困难,实行粮食生产托管服务1600余亩。深化受援工作,完成援藏项目9个,实施区外"组团式"市场化就业16人。

(四)坚持区域协调发展,城乡面貌日新月异。全面实施乡村振兴战略。坚持巩固拓展脱贫攻坚成果同全面推进乡村振兴有效衔接,扎实做好考核评估反馈问题整改工作。严格落实"四个不摘"要求,精准识别监测户26户86人,坚决守住不发生规模性返贫的底线,2023年脱贫群众人均可支配纯收入预计达18112元,同比增长14.1%,顺利完成既定增收目标。争取衔接资金14665.03万元,实施乡村振兴项目14个。措美镇雪热村波里曲防洪堤项目、乃西乡下藏灌区工程、农村公路安防工程、乡村振兴人畜过往桥建设、哲古镇哲古居美丽宜居、措美县集中式牲畜棚圈建设项目等城乡基础设施项目稳步实施,城乡基础设施短板得到有效补齐;深入推进新型城镇化战略。大力推进城乡基础设施建设,县城供暖、达当大道、老旧小区二期、措美县2020年公租房建设项目、县城污水处理及收集系统、措美县雨污分流建设项目、措美县城区道路改造工程、措美县公立医院供暖等项目实施有力推进县城面貌焕然一新。

(五)坚持强化民生保障,人民生活水平不断提高。持续提升公共服务水平。全面落实党的系列惠民利民富民政策,城乡低保、特困人员救助、临时救助、残疾对象"两项补贴""十大民心"生活补贴等资金及时足额兑现。中、小学入学率达100%,城乡幼儿学前三年入园率达100%;广播和电视覆盖率均达到98%以上。开展新生儿、孕产妇产后访视64人次,全民健康体检12159人次。对23名大病贫困患者,实施分类救治,精准服务;对1757人慢病落实签约服务制度,签约服务率达100%。五大保险参保率均达100%。统筹做好退役军人事务、双拥各项工作,完成退役军人优待证发放工作。联乡包村、结对帮扶持续推进,极大帮助农牧民群众解决了一批急难愁盼问题,群众获得感、幸福感、安全感持续提升。紧盯就业增收工作,制定和实施《措美县全面消除村级集体经济薄弱村三年行动计划(2023—2025年》,实施薄弱村集体经济提升行动,整合强基惠民等资金223.6万元,组织实施"整乡抱团""联村抱团""飞地模式"村集体经济项目4个、覆盖村(社区)9个,因地制宜发展村集体经济。开展了农牧民技能培训9期646人,完成转移就业5218人,创收6614万元;150名高校毕业生实现全部就业,落实农牧民首次创业补贴及高校毕业生各类创业就业补贴211万元,兑现1784名生态岗位补助资金624.4万元,全县各族人民的生活更加殷实、更加美满、更加幸福。

(六)坚持绿色发展,生态环境保持良好。坚持生态保护第一,严格执行环境保护"三线一单"制度,高质量完成"三区三线"划定,实行最严格水资源管理制度,创建自治区级生态文明示范乡镇2个,示范村(社区)14个。29个主要河湖和20个山林全面落实河湖长制、林长制,扎实推进植树造林"先造后补"工程、2021年重点区域生态保护和修复项目等6个项目建设。县域空气质量保持优良,集中式饮用水水源质量达标率100%。中央生态环境保护督察，我县主动认领18个共性问题，制定58条具体整改措施，目前已完成整改5个问题34条整改措施，其他整改任务正在按时序整改。

（七）坚持多措并举，社会大局和谐稳定。坚持把维护稳定作为第一位的工作任务，深入推进平安措美创建，扎实做好“双联户”服务管理工作。坚持和发展新时代“枫桥经验”，受理办结信访事项24批34人，解决拖欠农民工工资297.8万元，涉及143人次；排查解决矛盾纠纷隐患716次95件，均得到有效化解。加强民族团结和创新寺庙管理，宗教领域“三个意识”教育深入开展，扎实推进民族团结示范创建，表彰民族团结进步集体10家，授牌53家单位为县级民族团结示范单位。严格落实安全生产“十五条硬措施”，加强道路交通、危险化学品、建筑施工领域等8个重点行业领域安全生产管理，开展安全隐患排查270次，检查单位1300余家，排查整治安全隐患470余处，防灾减灾抗灾能力逐步提升，未发生重特大安全生产事故。

一年来，全县经济社会发展进步的态势更为巩固、新的动能更为强劲、好的氛围更为浓厚、稳的基础更为坚实，为加快建设社会主义现代化新措美创造了有利条件。但也要清醒地认识到，我县经济运行好转主要是在2022年低基数基础上呈现出的恢复性增长态势，自身保持经济稳步增长的内生动力还不强，加之投资边际效益愈加明显，市场消费需求不足，产业结构有待优化等问题，需要我们在今后的工作中采取切实有效的措施妥善解决。

二、2024年全县经济社会发展主要预期目标及重点任务

2024年是落实“十四五”规划的关键一年，保持经济平稳运行意义重大。做好全年经济工作，必须坚持以习近平新时代中国特色社会主义思想为指导，全面贯彻落实党的二十大和二十届二中全会精神，深入贯彻习近平总书记关于西藏工作的重要指示和新时代党的治藏方略，贯彻落实中央、区委、市委和县委经济工作会议精神，坚持稳中求进、以进促稳、先立后破，完整、准确、全面贯彻新发展理念，紧紧围绕高质量发展这个首要任务和构建新发展格局这个战略任务，锚定“四件大事”，聚力“四个创建”，围绕“六个走在全区前列”，抓实抓牢“五个必须”，把握和处理好“四对关系”，统筹扩大内需和深化供给侧结构性改革，统筹新型城镇化和乡村全面振兴，统筹高质量发展和高水平安全，全面深化改革开放，积极扩大有效投资，持续保障改善民生，切实增强经济活力、防范化解风险、改善社会预期，巩固和增强经济回升向好态势，持续推动经济实现质的有效提升和量的合理增长。2024年经济社会发展主要预期目标是：地区生产总值增长8%左右；全社会固定资产投资增长13%左右；社会消费品零售总额增长10%左右；农村居民人均可支配收入增长12%左右；城镇调查失业率控制在4.5%以内，居民消费价格涨幅控制在3%以内。

为圆满实现目标任务，重点抓好以下几个方面的工作。

（一）积极扩大有效投资。坚持稳投资作为经济工作的重中之重，发挥投资对增加供给，拉动增长的关键作用。要加强对上衔接协调，紧盯中央、自治区、市政策导向，多下“跑”的功夫、多想“要”的办法，抓住重要“时间窗口”，全力争取更大支持，切实把政策红利转化为实实在在的资金和项目，特别是要做好国家投资、乡村振兴衔接资金、中央万亿国债等申报工作，确保完成固定资产投资增长13%以上的目标任务。要做深做细做实项目前期工作，坚持要素跟着项目走，建立项目前期工作联动机制，严格落实联审联批、限时办结等措施，缩短前期工作周期。合力推动项目用地规划、环评、稳评、水土保持等各项前置审批手续办理，提升前期工作质量，切实解决“钱等项目”问题。要加快项目建设进度，科学制订全县年度重点项目建设计划，严格落实重点项目调度机制和重大项目县级领导包保推进工作机制，做到一周一碰头、一旬一盘点、一月一调度、一季一汇总，加快推进哲古垃圾处理厂二期、次马龙至恰杂公路、下巴水库等重点项目实施，要提前启动“十五五”规划项目谋划工作，确保储备项目总投资达到70亿元以上。要加强项目监管，继续落实县级领导督办、“两办”督查、集中梳理调度等工作制度。坚持重点项目建设分析研判、定期调度、项目台账管理等制度，强化项目协调、跟踪问效，确保项目真开工、快建成、早见效。严格项目预算管理，健全投资概算、施工预算、

项目决算全过程评审机制，严控设计变更和投资追加，最大限度地节约资金。加强项目质量管理，继续打造阳光工程、精品工程、廉洁工程。

（二）加快建设现代化产业体系。要提升一产，大力发展特色农牧业，实行最严格的耕地和草场保护制度，全面推进农业农村现代化，大力推进高标准农田建设，深入实施种业振兴行动，确保粮食、肉蛋奶产量持续提升；按照市委关于将措美打造成牧业强县的定位，积极探索土地集中管理新模式，坚持用现代化的视野和理念谋划推进设施农业、现代牧业等实体经济，发展高品质、高附加值农畜产品，特别是大力发展黑青稞、雪菊、牛羊短期育肥、奶清等产业，持续提升农畜产品的商品转化率。确保完成播种面积 1.4741 万亩以上，力争粮食总产量达到 3310 吨以上。仔畜成活率达 94％以上、牲畜免疫密度达 100％。肉类、奶类产量完成上级目标任务。要做强二产，大力发展清洁能源和轻工业，抢抓国家“双碳”的机遇期和窗口期，不遗余力探索清洁能源开发利用，加强跑办对接，强化要素配置，大力推进风电、光伏等清洁能源安全高效持续开发利用，加快推进哲古三峡 150 兆瓦风电项目、古堆协和 100 兆瓦风电项目、哲古山高 50 兆瓦风力发电项目。加强与洛扎、浪卡子、错那、隆子等县清洁能源开发合作，探索共同投资、规模运营、收益共享的合作新模式；有序推进农林废弃物等生物质能综合开发利用，大力发展民族手工业、藏医药等产业，做大做强畜产品加工；加快推进 4 个计划实施的产业项目，切实推动资源优势转化为发展优势、经济优势，力争完成资金 4500 万元。要繁荣三产，大力发展旅游服务业，坚持文旅融合发展，创新宣传营销模式，全力推动哲古国家级草原自然公园、哲古景区暨文旅产业发展项目建设，充分发挥恰拉脱岗雪山资源优势，积极推进国道 219 措美段旅游线路融入藏南旅游环线，优化全域旅游资源开发利用，力争哲古景区创建 3A 级以上景区。健全完善“吃、住、行、游、购、娱”旅游要素，有效带动农牧民吃上“旅游饭”；加快推进“飞地”经济，着力创建电子商务进农村综合示范县；围绕市场需求施策，支持金融保险、节能环保等生产性服务业和养老育幼、家政物业等生活性服务业及新兴产业发展；增强优质消费供给，开展形式多样的消费促进活动，持续释放消费潜力。

（三）在发展中保障和改善民生。坚持以人民为中心的发展思想，加大惠民生暖民心工作力度，切实维护好最广大人民群众的根本利益，要坚持促进城乡区域协调发展。加快推进以人为核心的新型城镇化，精心开展城市更新行动，健全管线、道路、环卫、绿化等公共基础设施管理维护机制，加大市政服务设施建设力度，扎实推进公租房建设、供暖工程等项目建设，优化提高物业管理水平，全力打造新型现代化城镇；根据城乡发展需求和特点，合理规划城乡空间布局，促进城乡空间有机融合，提高城乡空间效益和质量，不断缩小城乡区域发展差距。健全社会保障体制机制，建立健全社会保险制度为基础的社会保障体系，包括养老保险、医疗保险、事业保险等多个方面，确保各类社保参保率保持在 98% 以上；持续开展“送医送药义诊”活动，加强基层医疗卫生领域设施建设，提升乡（镇）、村（社区）医疗卫生服务水平，做好医疗救助与基本医疗保险、大病保险及相关保障制度的衔接工作，巩固城乡居民异地就医直接结算；接续开展好助孤救残等活动，调动各种资源为留守儿童妇女、老年人提供关爱服务，确保有集中供养意愿的特困人员 100% 集中供养。配合落实好异地就医结算制度，用好大病救助基金。统筹做好退役军人事务各项工作，落实优抚安置制度。要持续促进农牧民就业增收，把就业作为最大的民生，鼓励大学毕业生、退伍军人等返乡创业，强化农牧民技能培训，拓宽就业渠道，实施有组织的劳务输出，在信息推送、权益维护等方面提供优质服务。严格落实“八个一批”扶持政策，大力开发区外“组团式”市场化就业，落实大学生各项创业优惠政策，确保应届高校毕业生就业率保持在 98% 以上、区外就业占 10% 以上。坚持项目利民、项目惠民原则，严格执行 400 万元以下项目交由符合条件的本地农牧民施工企业实施，切实吸纳本地农牧民劳动力。发挥能人带动作用，大力发展村级集体经济，千方百计让群众腰包鼓起来。

（四）全面深化改革扩大开放。要不断深化改革，坚持深化改革不停顿、扩大开放不止步，为经济社会持续健康发展提供不竭动力。持续打造更优的营商环境，深化政府“放管服”改革，加快社会信用体系建设，全面实施市场准入负面清单制度，大力推行“政务服务一网通办”“最多跑一次”等模式和并联审批、容缺审批。深化“证照分离”改革，加大“照后减证”力度，推动电子营业执照跨部门、跨行业、跨领域互通互认，压缩项目前置手续办理时限，促进市场主体保持良性增长。要提升对外开放水平，进一步深化援藏合作，持续做好经济、文化、卫生、科技、就业全方位、高层次援藏受援工作，极力争取计划外援藏资金。鼓励两地各族群众加强经商、旅游合作往来。加大计划外投资项目争取力度和实施进度，确保为推动措美经济高质量发展增活力添动力；切实加强短期人才援藏、干部培训交流、援藏扶贫等工作，努力构建藏皖两地联系更加紧密、交往更加频繁、合作更加宽广、友谊更加厚实的大好局面；充分发挥措美区位优势，力争在与周边县区协同发展、助力边境地区建设上取得新突破。

（五）持之以恒统筹发展安全。要维护社会稳定，坚持总体国家安全观，坚决落实维护稳定第一位的工作任务，警钟长鸣、警惕常在，坚决克服麻痹思想、侥幸心理和松懈情绪，把常态化开展维护稳定工作做在日常、做到基层，深入开展反分裂斗争，全力维护意识形态领域绝对安全，坚决落实安全生产责任制，确保重点领域、节点、部位、人员持续保持和谐稳定。要加强安全生产，严格落实安全生产责任制，加大道路交通、非煤矿山、建筑工地、森林防火、校园安全、寺庙文物等领域安全隐患排查整治力度，持续做好雨雪冰冻、洪涝等自然灾害监测预警和防灾减灾救灾工作，坚决防范和遏制重特大事故发生，切实保护群众生命财产安全。要加强民族团结全面把握好铸牢中华民族共同体意识的新任务，扎实做好民族工作，积极创建国家级民族团结进步示范县。积极推进藏传佛教中国化，引导藏传佛教与社会主义社会相适应，与中国特色社会主义新时代相适应，持续深入开展“三个意识”教育，促进宗教事务管理制度化、法制化、规范化。提高宗教事务治理能力，加强和改进宗教活动场所管理，巩固和发展最广泛的爱国统一战线，加强国家安全人民防线建设，严厉打击分裂破坏活动。要防范化解风险，树牢底线思维和风险意识，及时化解涉金融、涉意识形态、涉政府债务等领域风险隐患，坚决守住不发生系统性、区域性风险底线；加强和改进信访工作，坚持和发展新时代“枫桥经验”，推广“浦江经验”，严格落实领导下访和三级信访接待日制度，紧盯经济工作中的征地拆迁、“双拖欠”等问题，及时排查调处矛盾纠纷，落实“三到位一处理”，加大信访积案化解力度，确保把矛盾化解在基层和萌芽状态。

措美县2023年财政预算执行情况和2024年财政预算的报告（节选）

——在措美县第十三届人民代表大会第七次会议上

措美县财政局

（2024年1月18日）

2023年，是全面贯彻落实党的二十大精神的开局之年，也是落实自治区、市、县历次党代会各项决策部署的关键之年。县政府坚持以习近平新时代中国特色社会主义思想为指导，全面贯彻落实党的二十大和中央、区委、市委、县委经济工作会议及中央第七次西藏工作座谈会精神，深入贯彻落实党中央、国务院和自治区委、区政府、市委、市政府决策部署，紧紧围绕县委重大决策，聚焦"四件大事"、聚力"四个创建"和"六个走在全区前列"，更好统筹发展和安全，全面深化改革开放，大力提振市场信心，突出做好稳增长、稳就业、稳物价工作，有效防范化解重大风险，为全县经济稳步向好和社会和谐稳定提供了有力支撑。

一、2023年财政预算收支情况

（一）一般公共预算执行情况。2023年全县总财力达到159286.26万元。其中上级转移支付98536.59万元，本级一般公共预算收入预计3705万元，同比增长473%（从结构来看，税收收入2712万元，与去年同期相比增加3653万元，同比增长388.26；非税收入993万元，与去年同期相比减少595万元，同比减少37.46%）。一般债务收入4658万元，上年结转41725.35万元，动用预算稳定调节基金10661.32万元。

全县一般公共预算支出总量159286.26万元，其中一般公共预算支出114392万元，与去年同期相比增加21914万元，同比增长23.69%，上级调减支出497.79万元（调减教育事业费77.59万元；中央支持地方文化事业费5万元；中央服务业发展专项资金400万元；医疗服务与保障能力提升15.2万元）。补充预算稳定调节基金10669.04万元，结转下年支出33727.43万元。

（二）政府性基金预算执行情况。2023年全县政府性基金预算收入总量8456.34万元。其中上级下达基金46.9万元，本级政府性基金预算预计收入2193.17万元，上年结转3627.41万元，继续使用上年结余收入2181.17万元，调入资金407.69万元。全县政府性基金支出总量为8456.34万元，其中当年支出4700.91万元，结转下年支出3755.43万元。

（三）国有资本经营预算执行情况。全县国有资本经营预算总财力为0.052万元。其中上级下达0.026万元，上年结转0.026万元。全县国有资本经营预算支出总量为0.052万元，其中当年支出0万元，结转下年支出0.052万元

（四）地方政府债券发行情况。2023年市转贷我县政府一般债券4658万元，主要用于次恰公路建设资金。截至2023年12月底，我县各项债务总计16558万元。其中：专项债券5900万元，已支出5442.78万元，支出率92.25%；一般债券10658万元，已支出8042.4万元，支出率75.45%.

二、落实人大决议及财政重点工作开展情况

（一）优先保障重点领域，着力推动走在前列。一是全力保障"四件大事"。落实资金7582.91万元，

用于提升社会治安管理体系和治理能力现代化水平，深化平安措美建设，支持全国民族团结进步示范市创建，持续铸牢中华民族共同体意识。落实资金17112.08万元，支持县城老旧小区改造、县城供暖、县城供氧二期、县城综合管廊建设等重点市政基础项目建设，着力完善中心城镇功能和基础设施，增强城镇综合承载能力。争取新增债券额度4658万元，重点用于次恰公路建设。落实资金9684.64万元，支持水污染防治及环境综合治理、重点生态保护区修复治理等，着力推进国家生态文明高地和美丽措美建设。落实资金500.58万元，支持搬迁群众生产生活，确保边防巩固边境安全。二是助企纾困提振信心。聚焦稳经济一揽子政策措施、稳经济若干临时性措施、提振经济发展保市场主体保就业的若干措施，真抓实干落实好各项财税政策，支持经济循环畅通。新增减税降费606万元，不折不扣实施组合式税费支持政策，持续推动各类惠企政策应享尽享、全额兑现。落实资金72.94万元，补贴小微企业、个体工商户承租非国有房屋租金，减免县属国有企业承租国有房屋租金，切实减轻服务业、小微企业和个体工商户经营困难，降低企业生产经营成本。三是精准施策涵养财源。坚持发展壮大国有企业，增强财政综合实力，让县委、县政府的“钱袋子”更有底气。向县国有企业注入资金1355.31万元。在拉萨山南市选购商铺收取租金，确保国有企业不断壮大，业务范围不断拓展，贡献越来越大。四是持续关注民生领域。投入500万元持续开展民生实事项目人大代表票决制工作，投入60万元持续开展政协委员提案办理工作，受到了代表委员的一致好评。

（二）兜牢兜实民生底线，不断增进民生福祉。一是全力支持乡村振兴。2023年累计统筹整合各类衔接资金27486.6188万元。支持巩固拓展脱贫攻坚成果与乡村振兴有效衔接。支持高标准农田建设工程，提升农业综合生产能力，保障粮食安全。二是全力支持创业就业。落实资金55617万元，重点支持高校毕业生就业创业扶持、三支一扶人员补助、农牧民技能培训，加大一次性吸纳就业等补贴力度，推进实施“三支一扶”计划、大学生志愿服务西部计划等。三是全力支持教育发展。落实资金9994.82万元，持续扩大教育资源供给，重点支持高海拔学校供暖全覆盖、教育“三包”、农牧区义务教育学校营养改善和薄弱环节改善与能力提升等。四是全力支持卫生产业。落实资金7926.93万元，重点支持医疗卫生机构能力建设、重大传染病防控、公立医院综合改革。扎实做好患者救助、医疗人才“组团式”援藏、高海拔地区乡镇医务人员岗位补贴、全区基层人才能力提升培训、县级公立医疗机构供暖建设等。五是全力支持社会保障。落实资金1604.29万元，落实好困难群众救助补助、老年人“两项补贴”和残疾人事业发展补助。支持健全覆盖全民、城乡统筹、公平统一、安全规范、可持续的多层次社会保障体系。六是全力支持文化产业。落实资金3390.88万元，加大文艺精品创作，加强文物和文化遗产保护，支持公共文化服务及场所设施设备更新。持续加大文化惠民力度，推进公共文化服务体系建设，推动文化产业繁荣发展。

（三）持续规范财政管理，切实保障平稳运行。一是坚定不移过紧日子。进一步加强部门预算管理，强化预算的约束力，从源头上践行厉行节约原则，进一步减少单位公用经费的开支，遏制公用经费的增长，近年来“三公经费”总体保持压减态势，节省资金全部用于基层和重点民生领域。进一步严格财政支出管理，大力优化支出结构，盘活、调整调剂资金39160.39万元，重点保障全县重大战略决策落地落实，有效提高财政资源配置效率。二是兜牢兜实“三保”底线。严格“三保”支出预算编制、执行、库款保障等各环节管理，结合财会监督专项行动，全面摸排“三保”保障情况，督促发现问题及时整改到位。三是切实加快预算执行。

按照“资金跟着项目走”原则，按月调度预算执行情况，将300万元以上未支出的项目纳入通报范围，压紧压实预算单位主体责任，切实加快支出进度。四是持续强化绩效管理。按照《山南市本级财政支出预算绩效目标管理暂行办法》，聘请第三方对2023年度以前完工项目开展事后绩效评价，涉及资金5.1亿元，涉及项目31个。五是积极稳妥防范风险。开好政府合法举债的“前门”，用足用好政府债务限额，支持高原经济高质量发展。严堵违法违规举债的“后门”，持续保持政府债务监管高压态势，严肃查处违法违规行为，牢牢守住不发生系统性风险的底线。

2023年财政改革发展各项工作扎实推进，财政运行总体平稳，有力保障了县委、县政府重大决策部署落地见效。同时，预算执行和财政工作中还存在一些困难和问题。主要表现在：一是预算管理意识薄弱。零基预算理念运用不够，支出固化、僵化，部分单位仍然存在“占盘子”思想，编制预算时，习惯按往年惯例申报，没有结合政策变化、实际执行进度、绩效评估、实际需求等情况进行申报预算。二是部门责任划分不清。部门主体责任落实不到位，存在项目前期工作不扎实、不深入，预算执行中未及时跟踪督促，管理责任出现“悬空”，部分资金存在“钱等项目”、使用效率不高的问题。三是收支矛盾依然突出。稳住经济大盘、保障民生改善、债务还本付息等重点和刚性项目需求增速较快，预算平衡难度加大，收支矛盾较以往进一步凸显。下一步我们将采取更加积极的措施加以解决。

三、2024年财政收支预算（草案）

2024年，是全面贯彻落实党的二十大精神承上启下之年，是实施“十四五”规划的攻坚之年，做好预算编制和财政工作意义重大。根据预算法及其实施条例、自治区财政厅、市财政局关于2024年预算编制部署暨培训会精神和关于做好2024年预算编制工作的20条措施的工作要求，按规定程序征求各方意见后，编制形成2024年预算草案。

（一）2024年预算编制指导思想

坚持以习近平新时代中国特色社会主义思想为指导，全面贯彻落实党的二十大精神，深入贯彻落实习近平总书记关于西藏工作的重要指示和新时代党的治藏方略，认真贯彻落实区市县三级经济工作会议精神，聚焦县委、县政府决策部署，坚持以政领财、以财辅政，坚持稳中求进、以进促稳工作总基调，完整、准确、全面贯彻新发展理念，更好统筹发展和安全，积极的财政政策适度加力、提质增效，用好财政政策空间，提高资金效益和政策效果。优化财政支出结构，严格转移支付资金监管，严肃财经纪律。

增强财政可持续性，兜牢基层“三保”底线。严控一般性支出，进一步增进民生福祉，促进社会大局和谐稳定，为全面建设社会主义现代化新措美提供财政力量。

2024年预算编制工作原则：一是坚持统筹兼顾。根据年度重点保障事项进行梳理整合，优化支出结构，不折不扣把中央、自治区和市委、县委重大决策部署保障到位。二是坚持政策发力。更加注重全局性思考、整体性谋划，突出系统性观念，继续实施减税降费政策，合理运用贷款贴息、政府采购等政策工具，加强财政政策与货币、产业、就业等各类政策的协调配合，形成共促发展合力。三是坚持绩效优先。建立年度预算安排与人大审查、审计监督发现问题、预算执行情况、结转结余情况、绩效评价结果挂钩机制，强化“谁使用、谁负责”，“花钱必问效、无效必问责”的资金使用机制，努力实现财政资金的最大效益。四是坚持党政机关过紧日子。加强紧平衡政策下的预算管理，增强财政可持续性，兜牢兜实基层“三保”底线，严控一般性支出，强化勤俭节约意识，切实做到精打细算，全力做好“三保”。

（二）2024年预算安排总体情况

目前，市2024年度对下转移支付尚未完全到位，参照2023年度市提前告知财力规模、执行中新增财力及结余结转情况，将2024年财政收支预算预计安排如下：

1. 一般公共预算。县本级一般公共预算收入总量预计为102825.06万元，其中：一般公共预算收入安排2800万元，上级补助收入55628.59万元，补充预算稳定调节基金10669.04万元，结转下年支出33727.43万元。全县一般公共预算支出总量为102825.06万元。收支平衡。

2. 政府性基金预算。县本级政府性基金预算收入总量预计为4800.68万元，其中：地方政府性基金预算收入777.75万元，上年结转3755.43万元（财政预留261.38万元），上级补助267.5万元。县本级政府性基金预算支出总量为4800.68万元。收支平衡。

3. 国有资本经营预算执行情况。全县国有资本经营预算总财力为0.078万元。其中上级下达0.026万元，以前年度结转0.052万元。全县国有资本经营预算支出总量为0.078万元。收支平衡。

（三）2024年预算安排重点方向

一是精准施策统筹资源，全力保障中心工作。支持维护社会大局和谐稳定，安排资金730万元，用于政法系统办案业务经费，切实保障反分裂斗争和维护稳定工作，稳步提升政法系统办案、维稳、处突能力和水平。支持铸牢中华民族共同体意识，安排资金130万元，用于深入开展爱国主义教育、依法管理宗教事务等工作，不断加强和改进党的民族工作，扎实推进民族团结进步事业。支持基层治理，安排资金500万元，用于基层党组织建设、强基惠民工作，持续夯实基层党组织战斗堡垒作用，推进以党建引领基层治理，着力把社会治理的制度优势转化为治理效能。支持完善公共安全和应急保障体系，安排资金300万元，用于安全生产、灾害防治、宣传教育等体系建设，保障城市安全有序运行，强化城市韧性。支持筑牢国家安全屏障，安排资金56万元，用于搬迁群众生产生活补助，不断改善搬迁群众的生产生活条件，持续吸引人口向边境聚集，切实守护好边境、治理好边境。支持改善生态环境，安排资金9050万元，用于山水林田湖草沙冰一体化保护治理、造林绿化、污染防治等，持续巩固生态治理成果，扎实推进美丽措美建设。二是落实积极财政政策，集中财力支持发展。支持实体经济提质增效，安排资金20万元，用于扶持招商引资企业、非公企业、中小微企业。坚持把发展经济的着力点放在实体经济上，不断优化区域投资环境，提升产业发展承载力。支持扩大内需，安排资金400万元，用于电商物流业发展扶持、农产品物流和住房购房补贴等，继续提振消费信心，释放消费市场潜力，充分发挥消费对经济增长的拉动作用。支持基础设施建设，安排资金18320万元，用于城市排洪沟、城镇功能提升工程、生活垃圾处置等县城基础设施建设及维护，全力优化县城发展格局。支持科技创新和人才工作，安排资金40万元，支持科技人才队伍建设，推动科技成果转化，依靠科技创新实现高质量发展和长治久安。三是以民为本兜牢底线，持续增进民生福祉。坚持在发展中保障和改善民生，把民生作为积极财政政策的优先保障领域，确保投入基层和民生领域资金占总财力80%以上，推进共同富裕取得积极进展。巩固拓展脱贫攻坚成果同乡村振兴有效衔接，安排资金35000万元，用于乡村产业发展壮大和基础设施建设。进一步支持社会保障，安排资金9400万元，落实社会救助政策，加强困难群众基本生活保障，做好机关事业单位干部职工医疗保险和养老保险、城乡居民基本医疗保险和养老保险补助配套，做好工伤、失业和生育保险单位缴费补助配套等。支持教育发展，安排资金14750.7万元，用于十五年公费教育、教育“三包”、大学生资助等政策落实，推动义务教育优质均衡发展，办好学前教育、特殊教育、职业教育。支持文化旅游事业，安排资金970万元，用于文旅产业发展，增强群众性文化产品供给，进一步促进措美旅游发展。支持健康措美工程，安排资金1370万元，加强卫生健康人才队伍建设，做好包虫病、大骨节病等地方病防治。支持创业就业，安排资金310万元，深入实施就业优先战略，充分发挥市场机制作用，落实好扶持奖励政策，引导高校毕业生市场就业、自主创业，加大技能培训力度，促进农牧民持续就业增收。支持人大政协工作，继续安排500万元用于开展民生实事项目人大代表票决制工作，安排60万元用于政协提案办理工作，保障代表委员工作推进。

四、2024年财政重点工作

坚持围绕中心、服务大局，积极贯彻预算法及其实施条例，认真落实国家有关进一步深化预算管理制度改革和推进省以下财政体制改革的意见，着力健全现代预算制度，更好发挥财政在推进政府治理体系和治理能力现代化建设中的职能作用，为加快建设社会主义现代化新措美提供坚实保障。

（一）加强财政资源统筹。把稳增长摆在突出位置，积极培植财源，加强收入统筹，强化部门和单位主体责任，依法依规将取得的收入纳入预算管理。加强财税部门联动，密切跟踪经济形势变化，关注重点行业、重点企业纳税趋势变化，强化分析研判，依法征管，应收尽收。紧扣中央和自治区委、市委、市政府、县委、县政府政策方向和资金投向，靠前谋划、靶向发力，积极向上争取政策资金。持续做好债券项目谋划和储备工作，聚焦重点支持领域，努力争取新增债券额度。

（二）优化财政资源配置。把落实区委、区政府和市委、市政府、县委、县政府重大决策部署作为财力保障的首要任务，加大对经济社会发展薄弱环节和关键领域的投入力度。统筹转移支付资金和自有财力，强化“三保”责任落实，加强库款保障情况监测预警，确保基层“三保”不出问题。切实保障和改善民生，持续做好义务教育、基本医疗、基本住房等民生保障。

（三）提升财政资金效益。要坚持“党政机关过紧日子”，严格执行各项经费开支标准，从严从紧控制一般性支出，从严从紧核定“三公”经费，把更多的财政资源腾出来，用在发展紧要处、民生急需处。强化对预算执行的督导力度，提高预算执行的时效性、均衡性，保障资金尽早转化为实物工作量，增强对经济的拉动作用。

（四）做好财政风险防控。结合稳增长和防风险需要，在有效支持高质量发展中保障财政可持续和地方政府债务风险可控，牢牢守住不发生系统性风险的底线。坚持“三保”支出在财政支出中的优先顺序，合理安排和调整预算。加快推进行政事业单位各类国有资产盘活利用，建立健全资产盘活工作机制，通过自用、共享、调剂、出租、处置等多种方式，有效盘活闲置房屋、商铺等国有资源，减少闲置浪费，提升资产盘活利用效率，缓解财政收支压力。

（五）强化财经纪律执行。坚持依法理财，强化财会监督作用，督促预算单位履行主体责任，对预算完整性、规范性、真实性以及执行结果负责。强化日常监管与专项监督同向推进，健全沟通协调机制，促进财会监督与人大监督、民主监督、行政监督、司法监督、审计监督、统计监督等其他监督贯通协调，健全完善信息沟通、线索移送、措施配合、成果共享机制，促进各类监督更好发挥协同效应，以此推动依法理财、科学理财、廉洁理财各项要求落实落细。

各位代表，凡事成之，必在干之。做好2024年的财政工作任务艰巨、责任重大，我们将以习近平新时代中国特色社会主义思想为指导，坚决把思想和行动统一到县委、县政府各项决策部署上来，主动接受县人大、政协和社会各界的监督，踔厉奋发、笃行不怠，以更加务实的作风、更加有为的担当，扎实推进财政各项工作，为谱写措美高质量发展新篇章贡献财政的智慧和力量！

措美县2023年国民经济和社会发展统计公报

措美县统计局

一、综合

经核算，2023年末全县完成了地区生产总值（GDP）112191.9万元，可比价增长9.8%，其中第一产业6185.3万元，可比价增长24.1%；第二产业62634.8万元，可比价增长11.9%；第三产业43371.8万元，可比价增长7.1%。全年农村经济总收入38849.49万元，比上年增长7.17%。

二、种植业和畜牧业

据统计，今年我县农作物总播种面积为982.73公顷，其中粮食作物播种面积666.71公顷；实现粮食产量3315.98吨，比上年同期增长0.07%；油菜籽播种面积70.59公顷，实现油菜产量191.72吨，比上年同期下降1.46%；蔬菜播种面积33.33公顷，实现产量576.37吨，比上年同期下降43.48%；青饲料播种面积212.10公顷，实现产量1798.41吨，比上年同期增长15.84%。措美县粮经饲比例由2022年的68∶13∶19逐渐调整到2023年的68∶10∶22。种植结构调整力度较稳，但经济作物种植面积始终没有突破。

2023年牲畜存栏数为129617头（只、匹），比上年同期增加2312头（只、匹），其中：牛25585头，比去年增加493头；羊103912只，比去年增加1883只；新生仔畜成活数44200头（只、匹），年内成畜死亡960头（只），死亡率0.82%。据统计本年累计出售和自宰的猪牛羊数59860头（只）；牛出栏11179头；羊出栏48681只，家禽出栏220只。肉类总产量实现2400.6吨，比上年同期增加100吨，增长4.36%。奶类产量5301.4吨，比上年同期增加24吨，增长0.45%，羊毛产量98.21吨，比上年同期减少10吨，下降9.65%。

三、工业和建筑业

2023年实现规模以下工业生产总值2038万元，可比价增长54.3%。实现建筑业生产总值60596.5万元，可比价增长11.5%。

四、固定资产投资

措美县2023年末在库项目57个，5000万元以上投资项目6个，500万元以上投资项目51个，其中国家投资48个，招商引资2个，专项债券项目1个，民间投资项目2个，企业自筹项目1个，援藏项目2个，一般专项项目1个。本年固定资产投资完成108604万元（反馈数），包含市局反馈的882万元，比上年增长59.5%。

五、商业

据统计，2023年1—12月，措美县实现社会消费品零售总额21250万元，同比增长13.4%。

按销售单位所在地分：城镇累计零售总额为12749万元，比上年同期增长9.8%。乡村累计零售总额为8501万元，比上年同期增长19.3%。

六、交通、旅游

全县通车里程约737.688千米，其中国省道通车里程301.286千米、农村公路通车里程436.402千米；我县公路养护里程436.402千米。

全年接待国内外游客11.03万人次，实现旅游总收入337.1万元，增长108%。

七、财政和金融

1—12月，一般公共预算收入3705万元，比上年同期增加3059万元，同比增长473.53%，其中：税收收入2712万元，比上年同期增加3653万元，同比增长388.2%；非税收入993万元，比上年同期减少594万元，同比下降37.43%。

1—12 月全县一般公共预算总支出为 114392 万元，比上年同期增加 21914 万元，增长 23.7%。

各项存款余额达到 69900 万元，其中：住户储蓄存款余额 46000 万元；各项贷款余额达 48987 万元。

八、教育

全县共有各类学校 20 所，普通中学 1 所、小学 4 所、幼儿园 15 个，其中：幼儿园在园儿童共 361 人，女童 177 人；小学在校生共有 937 人，女生 431 人；初中在校生共有 342 人，女生 158 人；幼儿园在编教师 45 人，其中女教师 33 人；专任教师 41 人，女教师 31 人；小学在编教师 137 人，其中女教师 57 人，专任教师 124 人，女教师 52 人；初中在编教师 42 人，其中女教师 17 人。

九、卫生、文化

年末全县卫生机构 19 个，床位 34 张。其中，医院 1 个，床位 18 张；乡镇卫生院 4 个，床位 16 张；疾病预防控制中心（防疫站）1 个，村卫生室 12 个，门诊、诊所（卫生所、医务室）1 个。卫生人员总数（包括村级卫生人员）142 人，其中，卫生技术人员 110 人。

全县民间艺术团 1 个，从业人员 30 人，广播电视综合人口覆盖率 100%。

十、人口、人民生活和社会保障

城镇居民人均可支配收入 47289 元，农村居民人均可支配收入 19874 元。

2023 年机关事业参保人数 2046 人，企业参保人数 648 人，工伤保险参保人数 1347 人，失业保险参保人数 1452 人，征缴养老金 419 万元，征缴失业保险金 9 万元；征缴工伤保险金 2 万元；城乡居民养老保险待遇领取 1934 人（按 12 月人数），兑现资金 621.4 万元（含丧葬费），正常缴费 5668 人，征缴资金 112.1 万元；待遇领取人员资格认证共 1881 人，参保人员信息数据清理 8644 人。

年末全县享受城镇最低生活保障有 17 户 34 人，已落实城镇低保资金 12.65 万元，全县农村低保对象 176 户 251 人，已落实农村低保资金 60.83 万元。我县共有农村五保供养对象 103 人，其中：分散供养 24 人，集中供养 79 人，全年落实农村五保对象供养经费 146.47 万元。全年共救助困难群众 2 人，救助金额 0.03 万元。临时救助 13 户，共发放救助资金 24.1 万元。享受城乡低保失能老人 28 人，共计落实补贴资金 1.68 万元。

十一、安全生产

2023 年以来，全县共发生道路交通事故 3 起，死亡 3 人，受伤 3 人，其他生产安全领域未发生安全事故。

注：1. 对外交通、旅游、财政、金融、人社局、文广局、税务局、教育局、民政局、卫生局、安全生产方面的数据由有关部门提供。

2.GDP、各产业增加值绝对数按现价计算，增长速度按可比价计算。

措美县农村基本情况及农业生产条件一览表

表 10

指标	单位	绝对值	2022年	2023年	措美镇2022	措美镇2023	哲古镇2022	哲古镇2023	乃西乡2022	乃西乡2023	古堆乡2022	古堆乡2023
一、农村基层组织情况												
乡镇个数	个	0	4	4	1	1	1	1	1	1	1	1
其中：镇个数	个	0	2	2	1	1	1	1			0	
村民委员会个数	个	0	13	13	3	3	4	4	4	4	2	2
居委会个数	个	0	2	2	1	1	1	1			0	
二、农村基础设施		0	0	0								
自来水受益村数	个	0	13	13	3	3	4	4	4	4	2	2
通有线电视村	个	0	0	0								
通汽车村数	个	0	13	13	3	3	4	4	4	4	2	2
通电话村数	个	0	13	13	3	3	4	4	4	4	2	2
通电的村	个	0	13	13	3	3	4	4	4	4	2	2
通邮的村	个	0	13	13	3	3	4	4	4	4	2	2
能收看电视的村	个	0	13	13	3	3	4	4	4	4	2	2
通宽带的村	个	0	13	13	3	3	4	4	4	4	2	2
三、乡村人口与从业人员		0	0	0								
乡村户数	户	10	3284	3274	1193	1181	1286	1289	466	461	339	343
农业户	户	17	1659	1642	1193	1181			466	461		
牧业户	户	7	1625	1632			1286	1289			339	343
半农半牧户	户	0	0									
乡村人口数	人	22	11739	11717	3871	3857	5349	5344	1372	1369	1147	1147
1.男	人	14	5729	5715	1857	1845	2610	2629	666	665	596	576
2.女	人	8	6010	6002	2014	2012	2739	2715	706	704	551	571
其中：农业人口	人	17	5243	5226	3871	3857			1372	1369		
牧业人口	人	5	6496	6491			5349	5344			1147	1147
半农半牧业人口	人	0	0	0								
乡村劳动力资源数	人	19	6794	6775	2139	2067	3172	3172	778	756	705	780
占乡村人口的比重		3	233	236	55	54	59	59	57	55	61	68
1.男	人	21	3377	3398	1099	1063	1522	1522	378	380	378	433
2.女	人	40	3417	3377	1040	1004	1650	1650	400	376	327	347
其中：劳动年龄内	人	39	6751	6712	2139	2067	3172	3172	735	693	705	780
乡村从业人员数	人	224	5343	5567	2000	1757	1903	2412	735	693	705	705
占乡村劳动力比重		5	348	343	94	85	60	76	94	92	100	90
其中：劳动年龄内	人	224	5343	5567	2000	1757	1903	2412	735	693	705	705
（一）按性别分		224	5343	5567	2000	1757	1903	2412	735	693	705	705
1.男	人	9	2899	2908	1002	966	1141	1158	378	350	378	434
其中：从事农业人员		82	784	866	250	145	273	441	63	82	198	198

续表 10

指标	单位	绝对值	2022年	2023年	措美镇2022	措美镇2023	哲古镇2022	哲古镇2023	乃西乡2022	乃西乡2023	古堆乡2022	古堆乡2023
2.女	人	215	2444	2659	998	791	762	1254	357	343	327	271
其中：从事农业人员		173	703	876	280	237	319	512	55	78	49	49
（二）按国民经济行业分		224	5343	5567	2000	1757	1903	2412	735	693	705	705
1.农业从业人员	人	255	1487	1742	530	382	592	953	118	160	247	247
2.工业从业人员	人	4	260	264	23	23	145	145	21	25	71	71
3.建筑业从业人员	人	161	2681	2520	1280	1201	620	620	465	383	316	316
4.交通运输、仓储和邮电业从业人员	人	0	254	254	18	19	148	150	45	42	43	43
5.信息、传输、计算机服务和软件业	人	0	13	13	13	13		0				
6.批发零售从业人员	人	5	223	218	26	24	161	163	28	23	8	8
7.住宿和餐饮业	人	90	164	254	14	15	105	194	25	25	20	20
8.其他行业从业人员	人	41	261	302	96	80	132	187	33	35		
四、农业用地情况		0	0	0								
1.耕地	公顷	0	982.73	982.73	466.06	466.06	22.40	22.40	369.54	369.54	124.73	124.73
2.园地	公顷	0	5	5					5.27	5.27		
3.林地	公顷	0	30834.6	30834.6	2083.00	2083.00	8826.50	8826.50	17915.00	17915.00	2010.10	2010.10
4.草地	公顷	0	348007	348007	53248.28	53248.28	20211209	20211209	41159.00	41159.00	51488.00	51488.00
5.设施农业用地	公顷	3	1.90	4.89	1.90	3.70	0.00	0.28		0.87	0.00	0.04
五、农业机械化情况		0	0	0							0.00	
（一）农用机械总动力合计	千瓦	1116	59682	58565.54	21886.83	20791.68	25727.94	25727.94	5351.54	5183.22	6715.70	6862.70
1.柴油发动机动力	千瓦	969	24108	23138.54	12184.83	11089.68	884.94	884.94	4543.04	4521.72	6495.20	6642.20
2.汽油发动机动力	千瓦	147	35574	35427.00	9702.00	9702.00	24843.00	24843.00	808.50	661.50	220.50	220.50
3.电动机动力	千瓦	0	0	0.00							0.00	
4.其他机械动力	千瓦	0	0	0.00							0.00	
（二）主要农业机械与设备		0	0	0.00							0.00	
大中型拖拉机25马力	台	17	829	812.00	360.00	346.00	28.00	28.00	118.00	110.00	323.00	328.00
	千瓦	312	15233	14920.50	6615.00	6357.75	514.50	514.50	2168.25	2021.25	5935.13	6027.00
小型拖拉机18马力	台	18	230	212.00	166.00	156.00	28.00	28.00	32.00	24.00	4.00	4.00
	千瓦	238	3043	2804.76	2196.18	2063.88	370.44	370.44	423.36	317.52	52.92	52.92
大中型拖拉机配套农具	台	93	877	784.00	360.00	346.00	76.00		118.00	110.00	323.00	328.00
小型拖拉机配套农具	台	18	230	212.00	166.00	156.00	28.00	28.00	32.00	24.00	4.00	4.00
农用排灌电动机	台	0	0	0.00								
	千瓦	0	0	0.00								
农用排灌柴油机	台	0	0	0.00								
	千瓦	0	0	0.00								
联合收割机120马力	台	4	35	39.00	27.00	29.00	0.00		8.00	10.00	0.00	
	千瓦	353	3087	3439.80	2381.40	2557.80	0.00	0.00	705.60	882.00	0.00	0.00

续表 10

指标	单位	绝对值	2022年	2023年	措美镇2022	措美镇2023	哲古镇2022	哲古镇2023	乃西乡2022	乃西乡2023	古堆乡2022	古堆乡2023
自走式机动收割晒机	台	0	0	0.00								
	千瓦	0	0	0.00								
机动脱粒机（15马力）	台	70	249	179.00	90.00	10.00			113.00	118.00	46.00	51.00
	千瓦	772	2745	1973.48	992.25	110.25	0.00	0.00	1245.83	1300.95	507.15	562.28
农用运输车（100马力）	辆	2	484	482.00	132.00	132.00	338.00	338.00	11.00	9.00	3.00	3.00
	千瓦	147	35574	35427.00	9702.00	9702.00	24843.00	24843.00	808.50	661.50	220.50	220.50
机电井	眼	0	0	0								
节水灌溉机械	套	0	0	0								
农用水泵	台	0	0	0								
（三）农机作业情况		0	0	0								
机耕面积	公顷	189	618.86	807.59	466.06	466.06			152.80	341.53		
机播面积	公顷	0	573.05	573.05	466.06	466.06			106.99	106.99		
机收面积	公顷	250	557.96	807.59	466.06	466.06			91.90	341.53		
六、农业主要能源及物资消耗		0	0	0								
1.乡、村办水电站数	个	0	1	1					1.00	1.00		
装机容量	千瓦	0	150	150					150.00	150.00		
发电量	千瓦小时	0	0	0								
2.农村用电量	千瓦小时	2406	1314441	1312035	52342	51464	946000	946000	191060	189010	125039.00	125561.00
3.农用化肥施用量（实物）	吨	0	117	117.00	73.39	73.39	4.10	4.10	28.01	28.01	11.50	11.50
其中：氮肥	吨	0	83	83.0	53.75	53.75	2.50	2.50	16.05	16.05	10.70	10.70
磷肥	吨	0	34	34.0	19.64	19.64	1.60	1.60	11.96	11.96	0.80	0.80
钾肥	吨	0	0	0								
复合肥	吨	0	0	0								
4.农用化肥施用量（折纯）	吨	55		55.18								
其中：氮肥（46%）	吨	38		38								
磷肥（50%）	吨	17		17.0								
钾肥（46%）	吨	0										
复合肥（38%）	吨	0										
5.农用塑料薄膜使用量	吨	0	0	0								
其中：地膜使用量	吨	0	0	0								
地膜覆盖面积	公顷	0	0	0								
6.农用柴油使用量	吨	23	18.50	42						17.99	18.50	23.84
7.农药使用量	吨	0	0.28	0.43	0.14	0.14			0.128	0.283	0.01	0.008
七、农田水利建设情况		0	0	0								
有效灌溉面积	公顷	0	982.73	982.73	466.06	466.06	22.40	22.40	369.54	369.54	124.73	124.73
旱涝保收面积	公顷	0	0	0								

续表 10

指标	单位	绝对值	2022年	2023年	措美镇2022	措美镇2023	哲古镇2022	哲古镇2023	乃西乡2022	乃西乡2023	古堆乡2022	古堆乡2023
机电排灌面积	公顷	0	0	0								
八、农村专业合作组织	个	0	0	0								
经济人	个	0	0	0								
其中：签订定单的农业户	个	0	0	0								
签订定单的牧业户	个	0	0	0								
九、自然灾害情况												
受害面积合计	公顷	7	7	0					6.76			
成灾面积合计	公顷	7	7	0					6.76			
粮食减产面积	公顷	7	7	0					6.76			
减产粮食	吨	45	45	0					45.06			
减产油料	吨	45	45	0					45.06			
死亡人口	人	0	0	0								
死亡大牲畜	头	0	0	0								
死亡羊	只	36	20	56	20.00	56.00						
倒塌民房	间	0	0	0								
损坏民房	间	0	0	0								
成灾人口合计	人	0	0	0								
缺粮人口	人	0	0	0								
牛粪	吨	479	19316	18837	8665.00	8229.00	7615.00	7616.00			3036	2992
薪柴	立方	4	2561	2557					2561.42	2557.00		
沼气	立方	0	0	0								
十、农村人居环境建设和环境综合整治		0	0	0								
有贸易市场的村	个	0	1	1	1	1						
有绿化建设的村	个	0	8	8	3	3	1	1	4	4		
有农家书屋的村	个	0	13	13	3	3	4	4	4	4	2	2
有综合文化体育设施的村	个	0	13	13	3	3	4	4	4	4	2	2
村级广播站	个	0	13	13	3	3	4	4	4	4	2	2
观看流动电影的村	个	0	13	13	3	3	4	4	4	4	2	2
有卫生站的村	个	0	13	13	3	3	4	4	4	4	2	2
有太阳能公共照明的村	个	0	13	13	3	3	4	4	4	4	2	2
有硬化道路的村	个	0	13	13	3	3	4	4	4	4	2	2
有农村垃圾污水治理的村	个	0	0	0								

措美县农业主要产品生产情况（播种面积）一览表

表 11

指　标	计量单位	绝对值	2022年	2023年	措美镇2022	措美镇2023	哲古镇2022	哲古镇2023	乃西乡2022	乃西乡2023	古堆乡2022	古堆乡2023
农作物总播种面积	公顷	0.00	982.73	982.73	466.06	466.06	22.40	22.40	369.54	369.54	124.73	124.73
一、粮食作物合计	公顷	0.19	666.52	666.71	347.05	347.05	0.00	0.00	259.47	259.66	60.00	60.00
（一）谷物	公顷	1.14	654.52	653.38	347.05	347.05	0.00	0.00	247.47	246.33	60.00	60.00
1.稻谷	公顷	0.00	0.00	0.00								
2.小麦	公顷	5.86	54.52	60.38	7.05	7.05			47.47	53.33		
春小麦	公顷	0.00	0.00	0.00								
冬小麦	公顷	5.86	54.52	60.38	7.05	7.05			47.47	53.33		
3.玉米	公顷	0.00	0.00	0.00								
其中：杂交玉米	公顷	0.00	0.00	0.00								
4.其他谷物	公顷	7.00	600.00	593.00	340.00	340.00	0.00		200.00	193.00	60.00	60.00
其中：青稞	公顷	7.00	600.00	593.00	340.00	340.00			200.00	193.00	60.00	60.00
大麦	公顷	0.00	0.00	0.00								
荞麦	公顷	0.00	0.00	0.00								
（二）豆类合计	公顷	1.33	12.00	13.33					12.00	13.33		
其中：1.大豆	公顷	0.00	0.00	0.00								
2.杂豆	公顷	0.00	0.00	0.00								
3.豌豆	公顷	1.33	12.00	13.33					12.00	13.33		
（三）薯类（按折粮计算）	公顷	0.00	0.00	0.00								
其中：马铃薯	公顷	0.00	0.00	0.00								
二、油料合计	公顷	0.54	71.13	70.59	35.33	35.33	19.07	12.33	16.73	22.93	0.00	
其中：花生	公顷	0.00	0.00	0.00								
油菜籽	公顷	0.54	71.13	70.59	35.33	35.33	19.07	12.33	16.73	22.93		
三、烟草类	公顷	0.00	0.00	0.00								
四、菜类合计	公顷	0.00	0.00	0.00								
五、蔬菜	公顷	26.66	59.99	33.33	25.66	16.67		0.28	34.33	16.34		0.04
六、瓜果类	公顷	0.00	0.00	0.00								
其中：西瓜	公顷	0.00	0.00	0.00								
草莓	公顷	0.00	0.00	0.00								
七、其他作物	公顷	27.01	185.09	212.10	58.02	67.01	3.33	9.79	59.01	70.61	64.73	64.69
其中：青饲料	公顷	27.01	185.09	212.10	58.02	67.01	3.33	9.79	59.01	70.61	64.73	64.69

措美县农业主要产品生产情况（产量）一览表

表 12

指标	计量单位	绝对值	2022年	2023年	措美镇2022	措美镇2023	哲古镇2022	哲古镇2023	乃西乡2022	乃西乡2023	古堆乡2022	古堆乡2023
一、粮食作物合计	吨	2.48	3313.50	3315.98	1783.00	1783.00	0.00	0.00	1275.00	1276.98	255.50	256.00
粮食亩产					685.01	685.01			655.18	655.72	567.78	568.89
（一）谷物	吨	3.40	3295.58	3298.98	1783.00	1783.00	0.00	0.00	1257.08	1259.98	255.50	256.00
1.稻谷	吨	0.00	0.00	0.00								
2.小麦	吨	37.90	282.08	319.98	40.00	40.00			242.08	279.98		
小麦亩产		766.64	689.85	1456.49	756.50	756.50			679.95	699.99		
冬小麦	吨	37.90	282.08	319.98	40.00	40.00			242.08	279.98		
3.玉米	吨	0.00	0.00	0.00								
其中：杂交玉米	吨	0.00	0.00	0.00								
4.其他谷物	吨	34.50	3013.50	2979.00	1743.00	1743.00	0.00	0.00	1015.00	980.00	255.50	256.00
其中：青稞	吨	34.50	3013.50	2979.00	1743.00	1743.00			1015.00	980.00	255.50	256.00
大麦	吨	0.00	0.00	0.00								
荞麦	吨	0.00	0.00	0.00								
青稞亩产		0.15	669.67	669.81	683.53	683.53			676.67	677.03	567.78	568.89
（二）豆类合计	吨	0.92	17.92	17.00					17.92	17.00		
豆类亩产		29.07	199.11	170.04					199.11	170.04		
1.大麦	吨	0.00	0.00	0.00								
2.杂豆	吨	0.00	0.00	0.00								
3.豌豆	吨	0.92	17.92	17.00					17.92	17.00		
（三）薯类（折粮计算）	吨	0.00	0.00	0.00								
其中：马铃薯	吨	0.00	0.00	0.00								
二、油料合计	吨	2.85	194.57	191.72	97.57	97.80	52.00	32.00	45.00	61.92	0.00	0.00
其中：花生	吨	0.00	0.00	0.00								
油菜籽	吨	2.85	194.57	191.72	97.57	97.80	52.00	32.00	45.00	61.92		
油料亩产		2.59	364.72	362.13	368.22	369.09	363.57	346.04	358.64	360.05	#DIV/0!	#DIV/0!
三、野生植物的采集		0.00	0.00	0.00								
1.野生药材	公斤	0.00	0.00	0.00								
虫草	公斤	0.00	0.00	0.00								
贝母	公斤	0.00	0.00	0.00								
天麻	公斤	0.00	0.00	0.00								
红景天	公斤	0.00	0.00	0.00								
雪莲花	公斤	0.00	0.00	0.00								
2.柴草	吨	0.00	0.00	0.00								
四、蔬菜	吨	443.38	1019.75	576.37	428.00	234.18	0.00	0.29	591.75	341.51	0.00	0.39
蔬菜亩产		39.22	2266.49	2305.71	2223.95	2245.00		138.10	2298.28	2786.70	#DIV/0!	1300.00
五、瓜果类	吨	0.00	0.00	0.00								
其中：西瓜	吨	0.00	0.00	0.00								
草莓	吨	0.00	0.00	0.00								
六、其他作物	吨	245.94	1552.47	1798.41	637.55	753.98	8.50	0.00	663.67	793.93	242.75	250.50
其中：青饲料	吨	245.94	1552.47	1798.41	637.55	753.98	8.50		663.67	793.93	242.75	250.50
青饲料亩产		289.57	3805.06	3515.49	1465.13	1500.00	340.34	0.00	1499.57	1499.18	500.03	516.31

措美县蔬菜及特种作物生产情况（播种面积）一览表

表 13

指标	计量单位	绝对值	2022年	2023年	措美镇2022	措美镇2023	哲古镇2022	哲古镇2023	乃西乡2022	乃西乡2023	古堆乡2022	古堆乡2023
一、蔬菜合计	公顷	−26.66	59.99	33.33	25.66	16.67	0.00	0.28	34.33	16.34	0.00	0.04
1.叶菜类	公顷	−0.01	0.80	0.79	0.80	0.79	0.00	0.00	0.00	0.00	0.00	0.00
其中：菠菜	公顷	0.25	0.20	0.45	0.20	0.45						
芹菜	公顷	−0.26	0.60	0.34	0.60	0.34						
油菜	公顷	0.00	0.00									
2.白菜类	公顷	−4.57	7.14	2.57	1.22	0.99		0.20	5.92	1.34		0.04
其中：大白菜	公顷	−4.57	7.14	2.57	1.22	0.99		0.20	5.92	1.34		0.04
3.瓜菜类	公顷	−0.26	0.64	0.38	0.64	0.38						
其中：黄瓜	公顷	−0.26	0.64	0.38	0.64	0.38						
南瓜	公顷	0.00	0.00	0.00								
4.块根、块茎类	公顷	−20.59	48.87	28.28	21.46	13.27	0.00	0.08	27.41	14.93	0.00	0.00
其中：白萝卜	公顷	−10.27	16.30	6.03	5.32	4.86		0.03	10.98	1.14		
胡萝卜	公顷	0.04	0.26	0.30	0.26	0.30						
其他蔬菜（土豆）	公顷	−10.36	32.31	21.95	15.88	8.11		0.05	16.43	13.79		
5.茄果类	公顷	−0.29	1.48	1.19	1.48	1.19	0.00	0.00	0.00	0.00	0.00	0.00
其中：茄子	公顷	0.00	0.00	0.00								
辣椒		−0.11	0.81	0.70	0.81	0.70						
西红柿	公顷	−0.18	0.67	0.49	0.67	0.49						
6.葱蒜类	公顷	−0.94	1.06	0.12	0.06	0.05	0.00	0.00	1.00	0.07	0.00	0.00
其中：大葱	公顷	−0.44	0.53	0.09	0.03	0.02			0.50	0.07		
蒜头	公顷	−0.50	0.53	0.03	0.03	0.03			0.50			

措美县蔬菜及特种作物生产情况（产量）一览表

表 14

指标	计量单位	绝对值	2022年	2023年	措美镇2022	措美镇2023	哲古镇2022	哲古镇2023	乃西乡2022	乃西乡2023	古堆乡2022	古堆乡2023
一、蔬菜合计	吨	−424.38	1000.75	576.37	428.00	234.18	0.00	0.29	572.75	341.51	0.00	0.39
1.叶菜类	吨	−0.20	2.04	1.84	2.04	1.84	0.00	0.00	0.00	0.00	0.00	0.00
其中：菠菜	吨	0.50	0.50	1.00	0.50	1.00						
芹菜	吨	−0.70	1.54	0.84	1.54	0.84						
油菜	吨	0.00	0.00									
2.白菜类	吨	−83.98	92.16	8.18	3.36	2.49	0.00	0.27	88.80	5.03	0.00	0.39
其中：大白菜	吨	−83.98	92.16	8.18	3.36	2.49		0.27	88.80	5.03		0.39
3.瓜菜类	吨	−0.31	1.41	1.10	1.41	1.10						
其中：黄瓜	吨	−0.31	1.41	1.10	1.41	1.10						
4.块根、块茎类	吨	−334.02	896.87	562.85	418.92	226.85	0.00	0.02	477.95	335.98	0.00	0.00
其中：白萝卜	吨	−236.82	359.11	122.29	131.06	96.65	0.00	0.01	228.05	25.63		
胡萝卜	吨	0.17	1.11	1.28	1.11	1.28						
其他蔬菜（土豆）	吨	−97.37	536.65	439.28	286.75	128.92		0.01	249.90	310.35		
5.茄果类	吨	−0.42	2.20	1.78	2.20	1.78	0.00	0.00	0.00		0.00	0.00
其中：茄子	吨	0.00	0.00	0.00								
辣椒		0.98		0.98	1.21	0.98						
西红柿	吨	−0.19	0.99	0.80	0.99	0.80	0.00					
6.葱蒜类	吨	−5.45	6.07	0.62	0.07	0.12	0.00	0.00	6.00	0.50	0.00	0.00
其中：大葱	吨	−1.50	2.03	0.53	0.03	0.03			2.00	0.50		
蒜头	吨	−3.95	4.04	0.09	0.04	0.09			4.00			

措美县设施农业生产情况一览表

表 15

指标	计量单位	绝对值	2022年	2023年	措美镇2022	措美镇2023	哲古镇2022	哲古镇2023	乃西乡2022	乃西乡2023	古堆乡2022	古堆乡2023
一、蔬菜	公顷	2.99	1.90	4.89	1.9	3.7	0	0.28		0.87	0	0.04
其中：生姜	公顷	0.00	0.00	0.00								
辣椒	公顷	0.47	0.23	0.70	0.23	0.7						
菠菜	公顷			0.45								
芹菜	公顷	0.24	0.10	0.34	0.1	0.34						
油菜	公顷	0.00	0.00	0.00								
菜芽	公顷	0.00	0.00	0.00								
黄瓜	公顷	0.18	0.20	0.38	0.2	0.38						
西红柿	公顷	0.31	0.18	0.49	0.18	0.49						
其他	公顷	1.34	1.19	2.53	1.19	1.79		0.28		0.87		0.04
二、瓜果类	公顷	0.00	0.00	0.00								
其中：草莓	公顷	0.00	0.00	0.00								
三、花苗树	公顷	0.00	0.00	0.00								
四、食用菌	公顷	0.00	0.00	0.00								
五、其他作物	公顷	0.00	0.00	0.00								
设施数量	个	24.00	49.00	73.00	49	49		7.000		15		2
设施占地面积	公顷	2.99	1.90	4.89	1.9	3.7		0.280		0.874		0.04
设施使用面积	公顷	2.98	1.90	4.88	1.90	3.70		0.280		0.86		0.04
蔬菜	吨	−15.51	24.41	8.90	24.41	8.61	0	0.29		2.25	0	0.39
其中：生姜	吨	0.00	0.00	0.00								
辣椒	吨	0.70	0.28	0.98	0.28	0.98						
菠菜				1.00								
芹菜	吨	0.62	0.22	0.84	0.22	0.84						
油菜	吨	0.00	0.00	0.00								
菜芽	吨	0.00	0.00	0.00								
黄瓜	吨	0.64	0.46	1.10	0.46	1.10						
西红柿	吨	0.55	0.25	0.80	0.25	0.80						
其他	吨	−19.02	23.20	4.18	23.2	4.89		0.290		2.25		0.39
其他作物	吨	0.00	0.00	0.00								

措美县茶叶、水果生产情况一览表

表 16

指标	计量单位	绝对值	2022年	2023年	措美镇2022	措美镇2023	哲古镇2022	哲古镇2023	乃西乡2022	乃西乡2023	古堆乡2022	古堆乡2023
一、茶叶产量	吨	0.00										
红毛茶	吨	0.00										
绿毛茶	吨	0.00										
其他茶	吨	0.00										
二、园林水果	吨	0.00	1.17	1.17					1.17	1.17		
1.苹果	吨	0.00	0.80	0.80					0.80	0.80		
其中：国光苹果	吨	0.00	0.00	0.00								
2.梨	吨	0.00	0.21	0.21					0.21	0.21		
3.柑橘	吨	0.00	0.00	0.00								
4.其他园林水果	吨	0.00	0.16	0.16					0.16	0.16		
其中：桃子	吨	0.00	0.16	0.16					0.16	0.16		
葡萄	吨	0.00										
三、坚果	吨	0.00										
沙棘果	吨	0.00										
四、年末实有茶园面积合计	公顷	0.00										
其中：本年采摘面积	公顷	0.00										
五、年末实有果园面积合计	公顷	0.00	5.27	5.27					5.27	5.27		
其中：苹果园	公顷	0.00	2.00	2.00					2.00	2.00		
梨园	公顷	0.00	1.93	1.93					1.93	1.93		
桃子	公顷	0.00	1.34	1.34					1.34	1.34		
葡萄	公顷	0.00										
柑橘	公顷	0.00										

措美县畜牧业主要产品生产情况一览表

表 17

指标	计量单位	绝对值	2022年	2023年	措美镇2022	措美镇2023	哲古镇2022	哲古镇2023	乃西乡2022	乃西乡2023	古堆乡2022	古堆乡2023
牲畜总头数	头	2312	127305	129617	25141	28239	77190	76962	7912	7137	17062	17279
一、大牲畜	头	429	25276	25705	3826	4384	16628	16403	1906	1926	2916	2992
其中：从事农事劳役的	头	−13008	13128	120	301	53	11143	0	97	48	1587	19
当年成畜死亡	头	15	84	99	8	24	22	31	30	29	24	15
当年生仔畜	头	334	8990	9324	760	828	7034	7246	463	603	733	647
1.牛	头	493	25092	25585	3765	4331	16628	16403	1809	1878	2890	2973
其中：肉牛	头	13003	9669	22672	1678	2742	5465	16391	1809	1233	717	2306
奶牛	头	434	2479	2913	1847	1589	20	12		645	612	667
役用牛	头	−12944	12944	0	240		11143				1561	
能繁殖的母畜	头	0	14321	14321	2468	2678	9361	9523	1000	878	1492	1242
当年购入牛	头	238	2199	2437	1371	1622	648	0	118	362	62	453
当年生仔畜	头	338	8985	9323	760	827	7034	7246	458	603	733	647
1～2岁	头	1198	7663	8861	655	673	5844	7010	435	457	729	721
2～3岁	头	269	7325	7594	558	627	5844	5812	319	435	604	720
当年出售牛	头	−108	108	0	0	0	0		0		108	0
成畜死亡	头	10	78	88	6	23	22	31	29	20	21	14
年初存栏	头	−185	25277	25092	3740	3765	16327	16628	2172	1809	3038	2890
牛出栏头数		−4	11183	11179	2100	1860	7359	7440	910	876	814	1003
（1）黄牛	头	508	2440	2948	1205	1696	34	23	708	765	493	464
能繁殖的母畜	头	75	2259	2334	1173	1477	20	12	704	538	362	307
当年购入黄牛	头	414	695	1109	566	800	0		67	177	62	132
当年生仔畜	头	420	654	1074	253	443	14	12	244	460	143	159
1～2岁	头	55	583	638	180	253	18	10	260	244	125	131
2～3岁	头	46	508	554	180	178	18	0	193	260	117	116
当年出售黄牛	头	0	0	0	0							
成畜死亡	头	11	13	24	1	11	1		7	9	4	4
年初存栏	头	−572	3012	2440	1449	1205	38	34	1095	708	430	493
黄牛出栏头数	头	−257	1908	1651	1062	741	17	23	691	571	138	316
（2）良种及改良乳牛	头	0	0	0								
能繁殖的母畜	头	0	0	0								
当年购入乳牛	头	0	0	0								
当年生仔畜	头	0	0	0								
1～2岁	头	0	0	0								
2～3岁	头	0	0	0								
当年出售乳牛	头	0	0	0								
成畜死亡	头	0	0	0								
年初存栏	头	0	0	0								
（3）牦牛	头	296	22332	22628	2256	2635	16594	16380	1085	1104	2397	2509
能繁殖的母畜	头	101	11883	11984	1125	1201	9341	9511	287	337	1130	935
当年购入牦牛	头	−176	1504	1328	805	822	648		51	185		321

续表 17

指标	计量单位	绝对值	2022年	2023年	措美镇2022	措美镇2023	哲古镇2022	哲古镇2023	乃西乡2022	乃西乡2023	古堆乡2022	古堆乡2023
当年生仔畜	头	5	8244	8249	421	384	7020	7234	213	143	590	488
1～2岁	头	1168	7055	8223	451	420	5826	7000	174	213	604	590
2～3岁	头	223	6816	7039	378	449	5826	5812	125	174	487	604
当年出售牦牛	头	–108	108	0							108	
成畜死亡	头	–1	65	64	5	12	21	31	22	11	17	10
年初存栏	头	306	22026	22332	2073	2256	16289	16594	1056	1085	2608	2397
牦牛出栏头数		–52	9269	9217	1038	815	7342	7417	213	298	676	687
（4）犏牛	头	–311	320	9	304	0			16	9		
能繁殖的母畜	头	–176	179	3	170				9	3		
当年购入犏牛	头	0	0	0					0	0		
当年生仔畜	头	–87	87	0	86				1	0		
1～2岁	头	–25	25	0	24				1	0		
2～3岁	头	0	1	1					1	1		
当年出售犏牛	头	0	0	0					0			
成畜死亡	头	0	0	0					0	0		
年初存栏	头	81	239	320	218	304			21	16		
犏牛出栏头数		305	6	311		304	0		6	7		
2.马	匹	–38	121	83	38	36	0		73	42	10	5
能繁殖的母畜	匹	–20	42	22	23	18			13	0	6	4
当年购入马	匹	0	0	0							0	
当年生仔畜	匹	–4	5	1		1			5	0	0	
1～2岁	匹	3	2	5					2	5	0	
2～3岁	匹	–7	9	2	5				4	2	0	
3～4岁	匹	0	9	9	8	5			0	4	1	
当年出售马	匹	1	33	34	14	3			12	27	7	4
成畜死亡	匹	4	1	5	0				0	4	1	1
年初存栏	匹	–29	150	121	52	38			80	73	18	10
3.驴	头	–26	63	37	23	17	0		24	6	16	14
当年生仔畜	头	0	0	0					0		0	
当年购入驴	头	0	0	0					0		0	
1～2岁	头	0	0	0							0	
2～3岁	头	–4	4	0			4				0	
当年出售驴	头	–9	29	20	3	5	12		8	13	6	2
成畜死亡	头	1	5	6	2	1			1	5	2	
年初存栏	头	–34	97	63	28	23	12		33	24	24	16
		0	0	0								
4.骡	头	0	0	0								
当年购入骡	头	0	0	0								
当年生仔畜	头	0	0	0								
1～2岁	头	0	0	0								
2～3岁	头	0	0	0								

续表 17

指标	计量单位	绝对值	2022年	2023年	措美镇2022	措美镇2023	哲古镇2022	哲古镇2023	乃西乡2022	乃西乡2023	古堆乡2022	古堆乡2023
3～4岁	头	0	0	0								
当年出售骡	头	0	0	0								
成畜死亡	头	0	0	0								
二、猪	头	0	0	0								
其中：藏香猪	头	0	0	0								
能繁殖的母畜	头	0	0	0								
当年购入猪	头	0	0	0								
当年生仔畜	头	0	0	0								
当年出售猪	头	0	0	0								
成畜死亡	头	0	0	0								
年初猪存栏数	头	0	0	0								
猪出栏头数		0	0	0								
三、羊	只	1883	102029	103912	21315	23855	60562	60559	6006	5211	14146	14287
能繁殖的母畜	只	1033	69758	70791	11105	12315	46204	46268	3167	3164	9282	9044
当年购入羊	只	3951	3373	7324	1101	5042	355	1739	1242	263	675	280
当年生仔畜	只	2618	41582	44200	6771	7308	26318	27001	2309	2905	6184	6986
当年出售羊	只	0	0	0	0	0	0	0	0	0	0	0
成畜死亡	只	371	589	960	156	155	278	392	93	23	62	390
年初存栏头数	只	1257	100772	102029	20458	21315	61699	60562	6581	6006	12034	14146
羊出栏头数		5572	43109	48681	6859	9655	27532	28351	4033	3940	4685	6735
1.山羊	只	–111	5068	4957	377	399	2884	2944	1278	1047	529	567
能繁殖的母畜	只	–217	3329	3112	205	206	2018	2034	820	580	286	292
当年购入山羊	只	–513	574	61	204	41			173	20	197	
当年生仔畜	只	18	2254	2272	121	102	1500	1704	462	249	171	217
当年出售山羊	只	0	0	0								
成畜死亡	只	15	61	76	2	10	32	42	25	5	2	19
年初存栏数	只	–6091	11159	5068	368	377	9000	2884	1520	1278	271	529
山羊出栏头数		–6490	8858	2368	314	111	7584	1602	852	495	108	160
2.绵羊	只	1994	96961	98955	20938	23456	57678	57615	4728	4164	13617	13720
能繁殖的母畜	只	1250	66429	67679	10900	12109	44186	44234	2347	2584	8996	8752
当年购入绵羊	只	4464	2799	7263	897	5001	355	1739	1069	243	478	280
当年新生仔畜	只	2600	39328	41928	6650	7206	24818	25297	1847	2656	6013	6769
当年出售绵羊	只	0	0	0								
成畜死亡	只	356	528	884	154	145	246	350	68	18	60	371
年初存栏数	只	7348	89613	96961	20090	20938	52699	57678	5061	4728	11763	13617
绵羊出栏头数		12062	34251	46313	6545	9544	19948	26749	3181	3445	4577	6575
四、家禽	只	–220	1050	830	1050	830						
鸡	只	–220	1050	830	1050	830						
其中：肉鸡	只	–70	150	80	150	80						
蛋鸡	只	–150	900	750	900	750	0		0		0	
禽蛋	吨	–1	2	2	2.40	1.50						

续表 17

指标	计量单位	绝对值	2022年	2023年	措美镇2022	措美镇2023	哲古镇2022	哲古镇2023	乃西乡2022	乃西乡2023	古堆乡2022	古堆乡2023
其中：鸡蛋	吨	–1	2	2	2.40	1.50						
五、当年出售和自宰的肉用猪	头	0	0	0	0		0		0		0	
六、当年出售和自宰的肉用牛	头	–4	11183	11179	2100	1860	7359	7440	910	876	814	1003
七、当年出售和自宰的肉用羊	只	5572	43109	48681	6859.00	9655.00	27532.00	28351.00	4033.00	3940.00	4685.00	6735.00
其中：出售和自宰的肉用绵羊	只	12062	34251	46313	6545	9544	19948	26749	3181	3445	4577	6575
其中：出售和自宰的肉用山羊	只	–6490	8858	2368	314	111	7584	1602	852	495	108	160
八、出售自宰的家禽	只	–1522	1742	220	960	220	782					
其中：鸡	只	–1522	1742	220	960	220	782.00					
九、当年肉类总产量	吨	100	2300.36	2400.60	415.62	423.98	1501.51	1531.51	194.33	194.50	188.91	250.62
1.当年猪牛羊肉总产量	吨	103	2297.75	2400.27	414.18	423.65	1500.34	1531.51	194.33	194.50	188.91	250.62
其中：猪肉	吨	0	0	0.00	0.00		0.00		0.00	0.00	0.00	
猪出栏率	%	0	0	0.00	0.00		0.00		0.00		0.00	
牛肉	吨	11	1694	1704.80	318.15	283.65	1114.89	1134.60	137.87	133.59	123.32	152.96
牛出栏率	%	0	2	2	0.56	0.49	0.45	0.45	0.42	0.48	0.27	0.35
羊肉	吨	92	604	695.48	96.03	140.00	385.45	396.91	56.46	60.91	65.59	97.66
羊出栏率	%	0	2	2	0.34	0.45	0.45	0.47	0.61	0.66	0.39	0.48
（1）山羊肉	吨	–90	124	33.54	4.4	1.61	106.2	22.43	11.9	7.18	1.5	2.32
（2）绵羊肉	吨	182	480	661.94	91.63	138.39	279.27	374.49	44.53	53.73	64.08	95.34
2.家禽肉产量	吨	–2	3	0.33	1.44	0.33	1.17		0.00		0.00	
鸡	吨	–2	3	0.33	1.44	0.33	1.17		0.00		0.00	
十、奶类产量	吨	24	5278	5301.40	1215.30	1265.10	2927.20	2975.00	584.40	461.00	550.80	600.30
其中：牛奶产量	吨	14	5119	5132.40	1215.30	1265.10	2768.20	2806.00	584.40	461.00	550.80	600.30
羊奶产量	吨	10	159	169.00			159.00	169.00				
十一、羊毛产量	吨	–10	109	98.21	29.75	20.78	58.55	58.30	6.50	4.68	13.90	14.45
		–109	109	0.00	29.75		58.55		6.50		13.90	
绵羊毛产量	吨	–11	102	90.91	29.50	20.60	52.70	52.43	5.73	4.16	13.60	13.72
	吨	–11	102	90.91	29.50	20.60	52.70	52.43	5.73	4.16	13.60	13.72
半细羊毛	吨	0	0	0.00								
山羊毛	吨	0	7	7.30	0.25	0.18	5.85	5.87	0.77	0.52	0.30	0.73
其中：山羊粗毛	吨	0	6	5.75	0.20	0.14	4.50	4.52	0.77	0.52	0.3	0.57
山羊绒	吨	0	1	1.55	0.05	0.04	1.35	1.35				0.16
十二、牛毛产量	吨	1	54	55.33	5.29	5.70	40.72	40.13	2.28	2.76	6.00	6.74
十三、牛绒产量	吨	0	0	0								
十四、牛皮产量	张	–4	11183	11179	2100	1860	7359	7440	910	876	814	1003
十五、羊皮产量	张	5572	43109	48681	6859	9655	27532	28351	4033	3940	4685	6735
其中：绵羊皮产量	张	12062	34251	46313	6545	9544	19948	26749	3181	3445	4577	6575
十六、牛犊皮	张	22	0	22						22		
十七、羔皮	张	61	2293	2354			2293	2354				
十八、牛尾	公顷	0	0	0								

措美县耕地面积一览表

表 18

指标	计量单位	绝对值	2022 年	2023 年	措美镇 2022	措美镇 2023	哲古镇 2022	哲古镇 2023	乃西乡 2022	乃西乡 2023	古堆乡 2022	古堆乡 2023
耕地面积情况												
一、年初耕地总资源	公顷	3.01	982.72	982.73	466.06	466.06	22.39	22.40	369.54	369.54	124.73	124.73
二、年内增加	公顷	0.00										
其中：新开荒地	公顷	0.00										
园地改为耕地	公顷	0.00										
三、年内减少	公顷	0.00										
其中：国家基建占地	公顷	0.00										
其他基建占地	公顷	0.00										
退耕还林还草占地	公顷	0.00										
耕地改为园地	公顷	0.00										
四、年末耕地总资源	公顷	3.01	982.72	982.73	466.06	466.06	22.39	22.40	369.54	369.54	124.73	124.73
（一）常用耕地面积	公顷	3.01	982.72	982.73	466.06	466.06	22.39	22.40	369.54	369.54	124.73	124.73
其中：水田	公顷	0.00										
水浇地	公顷	0.01	982.72	982.73	466.06	466.06	22.39	22.40	369.54	369.54	124.73	124.73

措美县草场建设情况一览表

表 19

指　　标	计算单位	绝对值	2022 年	2023 年	措美镇 2022	措美镇 2023	哲古镇 2022	哲古镇 2023	乃西乡 2022	乃西乡 2023	古堆乡 2022	古堆乡 2023	全民
总草场面积	公顷	0.00	357535.90	357535.90	53248.28	53248.28	202112.09	202112.09	34039.33	34039.33	50418.00	50418.00	17718.20
其中：可利用草场面积	公顷	0.00	357536.90	357536.90	53248.28	53248.28	202112.09	202112.09	34039.33	34039.33	50418.00	50418.00	17719.20
其中：已利用草场面积	公顷	0.00	357537.90	357537.90	53248.28	53248.28	202112.09	202112.09	34039.33	34039.33	50418.00	50418.00	17720.20
围草场面积	公顷	0.00	236815.89	236815.89	77.27	77.27	202112.09	202112.09	34039.33	34039.33	587.20	587.20	
其中：网围栏面积	公顷	0.00	22558.27	22558.27		0.00	21104.40	21104.40	866.67	866.67	587.2	587.20	
当年禁牧面积	公顷	0.00	59333.21	59333.21	16666.67	16666.67	5333.33	5333.33	14000.00	14000.00	23333.21	23333.21	
草场灌溉面积	公顷	0.00	74635.30	74635.30		0.00	25700.00	25700.00	233.30	233.30	48702	48702.00	
人工种草面积	公顷	0.00	1289.63	1289.63	233.56	233.56	762.87	762.87	233.30	233.30	59.90	59.90	

措美县农村经济收入分配一览表

表 20

指标	绝对值	2022 年	2023 年	措美镇 2022	措美镇 2023	哲古镇 2022	哲古镇 2023	乃西乡 2022	乃西乡 2023	古堆乡 2022	古堆乡 2023
（一）农村经济总收入	2601.55	36247.94	38849.49	12685.93	13611.42	16530.24	17701.47	3577.08	3837.09	3454.69	3699.51
其中：出售产品收入	535.19	6767.32	7302.51	853.50	753.00	5808.76	6099.27	105.06	431.76	0.00	18.48
1.第一产业收入	315.53	13128.90	13444.43	2887.03	2614.21	7804.40	8123.80	1376.18	1399.22	1061.29	1307.20
其中：出售产品收入	470.38	6416.72	6887.10	853.50	753.00	5458.16	5683.86	105.06	431.76		18.48
（1）种植业收入	49.78	1579.05	1628.83	978.33	990.86	7.03	4.20	525.58	423.43	68.11	210.34
其中：粮食收入	–88.42	651.92	563.50	361.20	363.54			263.35	145.00	27.37	54.96
（2）林业收入	84.27	123.33	207.60					123.33	207.60		
（3）牧业收入	181.48	11426.52	11608.00	1908.70	1623.35	7797.37	8119.60	727.27	768.19	993.18	1096.86
（4）渔业收入	0	0.00	0.00								
2.第二产业收入	–59.33	8728.31	8668.98	4801.50	5121.42	1949.60	2175.73	713.98	579.41	1263.23	792.42
（1）工业收入	203.61	887.56	1091.17	475.80	604.22	350.60	415.41	38.46	51.04	22.70	20.50
其中：出售产品收入	–371.21	833.22	462.01	475.80		350.60	415.41		36.96	6.82	9.64
（2）建筑业收入	–262.94	7840.75	7577.81	4325.70	4517.20	1599.00	1760.32	675.52	528.37	1240.53	771.92
3.第三产业收入	2345.35	14390.73	16736.08	4997.40	5875.79	6776.24	7401.94	1486.92	1858.46	1130.17	1599.89
（1）交通运输业收入	681.67	1173.66	1855.33	650.11	838.69	269.77	267.52	148.35	279.11	105.43	470.01
（2）商业、饮食业收入	414.76	2269.99	2684.75	673.19	762.08	1477.54	1785.86	103.48	112.40	15.78	24.41
（3）服务业收入	863.2	3988.93	4852.13	1253.90	1803.40	2535.79	2794.39	116.67	156.74	82.57	97.6
（4）其他收入	385.72	6958.15	7343.87	2420.20	2471.62	2493.14	2554.17	1118.42	1310.21	926.39	1007.87
（二）总费用39.5%	921.87215	14317.94	15239.81	5010.94	5308.45	6529.44	6992.08	1412.95	1496.47	1364.60	1442.81
其中：生产费用38%	344.2668645	5569.87	5914.13	1954.27	2070.30	2546.48	2726.91	536.92	568.66	532.19	548.27
（三）纯收入	1679.67785	21930.00	23609.68	7674.99	8302.97	10000.80	10709.39	2164.13	2340.62	2090.09	2256.70
1.国家税收	0	0.00	0.00								
2.提留	0	0.00	0.00								
3.农民所得	1679.67785	21930.00	23609.68	7674.99	8302.97	10000.80	10709.39	2164.13	2340.62	2090.09	2256.70
（四）农村经济内部积累	0	0.00	0.00								
下算后农村居民人均可支配收入（元/人）	1468.61548	18681.32	20149.94	19826.89	21527.01	18696.57	20040.02	15774	17097	18222.21	19674.81
其中：人均现金收入57%	–29850.49841	41335.96	11485.46	11301.33	12270.39	10657.04	11422.81	8990.93	9745.48	10386.66	11214.64
附：农村经济总收入	2601.55	36247.94	38849.49	12685.93	13611.42	16530.24	17701.47	3577.08	3837.09	3454.69	3699.51
1.乡（镇）村办企业收入	0	0.00	0.00								
2.集体统一经营收入	0	0.00	0.00								
3.新经济联合体收入	0	0.00	0.00								
4.农民家庭经营收入	–451.4	29289.79	28838.39	10265.73	11139.80	14037.10	15147.30	2458.66	2526.88	2528.30	24.41
5.其他收入	385.72	6958.15	7343.87	2420.20	2471.62	2493.14	2554.17	1118.42	1310.21	926.39	1007.87

措美县劳动力外出务工情况一览表

表 21

指标	计量单位	绝对值	2022年	2023年	措美镇2022	措美镇2023	哲古镇2022	哲古镇2023	乃西乡2022	乃西乡2023	古堆乡2022	古堆乡2023
一、外出务工人员		224.00	5343	5567	2000	1757	1903	2412	735	693	705	705
其中：本区	人	252.00	1339	1591	272	252	797	1061	23	20	247	258
本县	人	−11.00	840	829	448	432	167	210	112	73	113	114
本乡	人	−16.00	3145	3129	1269	1063	933	1135	598	598	345	333
区外	人	−1.00	19	18	11	10	6	6	2	2		
二、外出务工人员情况		224.00	5343	5567	2000	1757	1903	2412	735	693	705	705
1.男	人	3.00	2899	2902	1002	966	1141	1158	378	344	378	434
2.女	人	221.00	2444	2665	998	791	762	1254	357	349	327	271
三、外出务工人员按从事行业分		224.00	5343	5567	2000	1757	1903	2412	735	693	705	705
1.农林牧渔及服务业	人	260.00	1487	1747	530	382	592	953	118	165	247	247
2.工业	人	3.00	260	263	23	23	145	145	21	24	71	71
3.建筑业	人	−187.00	2681	2494	1280	1201	620	620	465	357	316	316
4.交通运输及邮电通信业	人	1.00	254	255	18	19	148	150	45	43	43	43
5.信息、传输、计算机服务和软件业	人	0.00	13	13	13	13		0			0	
6.批零贸易	人	−5.00	223	218	26	24	161	163	28	23	8	8
7.住宿和餐饮业	人	90.00	164	254	14	15	105	194	25	25	20	20
8.其他行业	人	62.00	261	323	96	80	132	187	33	56		
四、外出务工人员收入情况		0.00	0	0								
1.外出务工得到的总收入	元	−6141713	69325196	63183483	14000000	12474700	45101100	28942372	5396000	18584591	4828096	3181820
其中：年内已得到的收入	元	−6141713	69325196	63183483	14000000	12474700	45101100	28942372	5396000	18584591	4828096	3181820
尚未得到的收入	元	0.00	0	0								
外出务工人均收入	元	5540.28	44889.85972	50430.13653	7000.00	7100.00	23700.00	11999.33	7341.50	26817.59	6848.36	4513.22

措美县农林牧渔业增加值一览表

表 22

指　　标	2023 年	2022 年	增速（%）
一、农、林、牧、渔业总产值	8236.10	6918.78	19.0
1.农业	1816.27	1685.55	7.8
2.林业	38.00	11.00	245.3
3.牧业	6024.58	4964.03	21.4
4.渔业			
5.农林牧渔业服务业	357.25	258.20	38.4
中间消耗占总产值的比重	0.40	0.41	（2.2）
二、中间消耗	3306.79	2839.82	16.4
（一）中间物质消耗			
1.农业	889.76	845.68	5.2
2.林业	13.40	9.06	47.8
3.牧业	2328.49	1921.75	21.2
4.渔业			
5.农林牧渔业服务业	75.14	63.33	18.6
（二）对生产服务支出			
三、增加值	4929.31	4078.96	20.8
1.农业	926.51	839.87	10.3
2.林业	24.60	1.94	1167.6
3.牧业	3696.08	3042.28	21.5
4.渔业			
5.农林牧渔业服务业	282.11	194.87	44.8

索 引

说 明

一、本索引采用主题分析法编制。索引范围包括篇目、类目、部(门)目、条目等。
二、本索引按主题词首字汉语拼音音序(同音按音调)排列,若首字拼音相同则按第二字音序排列,以此类推。
三、索引款目后的数字表示内容所在的页码,数字后的拉丁字母(a、b、c)表示栏别(从左至右)。
四、篇目、类目、部(门)目用黑体字。

D

K

L

M

N

P

Q

R

S

T

W

X

Y

Z